임동석중국사상100

춘추좌전
春秋左傳

左丘明 撰 / 林東錫 譯註

1. 隱公 2. 桓公 3. 莊公 4. 閔公

"상아, 물소 뿔, 진주, 옥. 진괴한 이런 물건들은 사람의 이목은 즐겁게 하지만 쓰임에는 적절하지 않다. 그런가 하면 금석이나 초목, 실, 삼베, 오곡, 육재는 쓰임에는 적절하나 이를 사용하면 닳아지고 취하면 고갈된다. 그렇다면 사람의 이목을 즐겁게 하면서 이를 사용하기에도 적절하며, 써도 닳지 아니하고 취하여도 고갈되지 않고, 똑똑한 자나 불초한 자라도 그를 통해 얻는 바가 각기 그 자신의 재능에 따라주고, 어진 사람이나 지혜로운 사람이나 그를 통해 보는 바가 각기 그 자신의 분수에 따라주되 무엇이든지 구하여 얻지 못할 것이 없는 것은 오직 책뿐이로다!"

《소동파전집》(34) 〈이씨산방장서기〉에서 구당(丘堂) 여원구(呂元九) 선생의 글씨

책 머리에

　무려 19만 6,800여 자나 되는 이 방대한 저술을 역주하는데 내가 생각해도 참 애 많이 썼다. 세상에 완벽함이란 없다. 완벽을 추구하는 것만으로도 이미 그 가치는 어느 정도 인정받을 수 있으리라는 소박한 자기합리화에 만족한다.

　자료를 모아 선뜻 손을 대었다가 너무 힘들고 지쳐 '내가 왜 이 짓을 하나?' 하고 후회해본 것이 한두 번이 아니다. 나에게는 단순반복 작업을 울면서라도 그냥 해내는 묘한 힘이 있다. 이는 어릴 때 깊은 산속에서 살 때 배운 철리哲理였다. 나뭇짐에 실어온 큰 등걸나무에 톱질을 하면서 백 번을 썰면 끊어지겠지 하던 의지였다. "당연한 고통은 참고 넘겨라. 그것이 이치에도 맞다"라는 자기 최면이었다. 이 작업도 그런 생각을 하면서 나도 모르게 다시 컴퓨터 앞에 앉아 있기 일쑤이며 풀리지 않던 부분이 다른 자료와 교차 검증하다가 해결되자 나도 모르게 성취감에 들떠 점심 식사도 거른 경우도 부지기수다. 공자가 말한 "吾嘗終日不食, 終夜不寢, 以思, 無益, 不如學也"가 바로 이러한 경지리라 감히 깨닫는 자체가 송구스럽다.

　금년 새해 벽두 북경에 갔다가 책방에 들러 다시 자료를 눈에 띄는 대로 욕심내다가 그만 너무 많아졌음에도 이를 들고 오다가 우편으로 부칠 것을 그랬나 하고 끙끙대며 수속을 마치고 인천 공항을 나서면서는 그래도 얼른 볼 수 있으니 고생값이 있으랴다 하고 안위의 기쁨에 매서운 한겨울 추위도 반가웠다. 아니 조선시대 같았으면 이러한 책을 어찌 이토록 쉽게 얻어 볼 수 있었겠는가 하는 비교우위 행복감에 젖어 공항 리무진 버스 창문 밖을 내다보니 밤빛 찬란한 서울의 한강 가가 참으로 아름다운 곳이라는 생각이 들었다.

이렇게 다시 작업은 이어졌지만 지루한 재점검은 다시 반 년 넘더니 또 한해가 흘렀다. 들여다보면 볼수록 미진하거나 아차 잘못된 탈자, 오자, 오류가 나를 주눅들게 하였다. 마치 비밀 번호를 숨겨놓은 것과 같은 문장, 수수께끼를 풀도록 숙제를 안겨주는 것과 같은 내용, 역사적 배경과 인물의 특징, 242년의 얽히고 설킨 수많은 제후국들의 국내외 사정, 족보가 뒤얽힌 경대부들의 가계, 忠과 賊이 무시로 바뀌는 끝없는 반전의 인간군상, 봄풀 나서 봄 한 철 살고, 사람 나서 한 일생 산다는 만물의 원리를 번연히 알고 있으면서도 영원히 살 것처럼 욕심과 배신의 굴레 속에서 날뛰는 사람들의 이야기. 정말 너무 복잡하여 어떻게 손을 대고 어떻게 진행해 나아가야 할지 막막할 때가 많았다.

그보다 유가儒家의 경전이라는 엄숙한 명제 앞에 내 기분나는 대로 마구 풀이해 나갈 수도 없었다. '미언대의微言大義'라는 대원칙을 숨겨놓았고, 포폄褒貶과 시비是非를 바로잡고자 성인이 찬집했다니 범속한 사람이 다루어도 될까 적이 두려움이 엄습하기도 하였다. 아니 두예杜預는 천재성을 발휘하였고 스스로 '좌전벽左傳癖'이 있다고 자처할 정도였으니 내용을 훤히 알고 좋아서 한 일이었을 것이다. 그 때문에 그의 '집해集解'는 가위

믿을 만하고 경탄스럽다. 마찬가지로 '정의正義'를 붙인 공영달孔穎達이나 기타 수많은 학자들도 그 당시 공구서도 그리 많지 않았을 것이니 머릿속에 모든 것이 들어 있지 않고서야 어찌 한 치의 오차도 없이 그렇게 착종錯綜해 낼 수 있었겠는가?

그러나 나도 '이미 벌여놓은 춤'(已張之舞)이니 다 추고 무대에서 내려올 수밖에 없는 상황에 이제 마무리를 지었다. 미진하기 그지없지만 단락은 지어야 한다. 강호제현江湖諸賢께서 해량하시어 오류와 탈자, 누소漏疏함이 있을 것이란 전제 아래 참고해 주시기 바라며 끝없고 혹독한 질책을 내려 주시기도 아울러 바란다.

줄포茁浦 임동석林東錫이 부곽재負郭齋에서 적음.

일러두기

1. 책 이름은 《春秋左傳》, 《春秋左氏傳》, 《左氏春秋》, 《左氏傳》, 《左傳》 등 여러 가지가 있으나 《春秋》의 經文과 左丘明 傳文을 모두 포함한다는 뜻의 《春秋左傳》으로 하였다.
2. 이 책은 《左傳正義》(十三經注疏本, 臺灣 藝文印書館 印本), 《春秋經傳集解》(杜預, 上海古籍出版社 活字本), 《春秋左傳注》(楊伯峻, 中華書局), 《左傳會箋》(竹添光鴻, 臺灣 鳳凰出版社 印本) 등을 저본으로 하여 相互 交叉 對照하여 經文과 傳文 전체를 완역한 것이다.
3. 그 외 《左傳全譯》(王守謙 外 貴州人民出版社 1991), 《春秋左傳今註今譯》(李宗侗 臺灣商務印書館 1980), 《左傳》(漢籍國字解全書 早稻田大學出版部 明治 42년(1909)) 등도 매우 유용한 참고 자료로 활용하였다.
4. '經文'은 전체 1,861조항을 001(隱公 元年. B.C.722. 己未)부터 1,861(哀公 16년. B.C.479. 壬戌) "夏四月己丑, 孔丘卒"까지 모두 일련번호를 부여하고 괄호 안에 공의 이름과 재위 연도 및 해당 기사의 일련번호를 넣어 찾기 쉽도록 하였다.
5. 각 해당 공의 재위 연도가 시작되는 앞에 周나라와 기타 諸侯國의 당해 연도 군주의 묘호와 이름을 표로 작성하고 이를 제시하여 이해에 도움이 되도록 하였다.
6. '傳文'은 해당 경문의 아래에 넣되 ㊛으로 조항의 구분을 표시하여 經文과의 관계 및 내용의 정확한 소속관계를 알 수 있도록 하였다.
7. 한문 원문을 앞에 제시하고 해석을 하였으며 해석 다음에 人名, 地名, 事件名, 用語, 御諱 등 해석상 註釋이 필요한 것들을 제시하고 풀이하였다.
8. 註釋은 이미 제시된 것이라 할지라도 해당 장의 이해에 필요하다고 여겨 지는 것은 반복하여 실은 것도 있다.

9. 직역을 위주로 하였으나 문의를 순통하게 하기 위하여 일부 의역을 한 곳도 있으며, 특히 미묘한 '微言大義'를 위한 표현 등은 지면상 번거로운 해석을 피하기 위하여 부연설명하지는 않았다.
10. 주석의 근거는 孔穎達 疏나 기타 학자들의 의견을 인용할 경우 가능하면 이를 밝혔으며 그 문장은 따로 해석해 넣지 않고 원문을 그대로 제시하였다.
11. 작업상 오자, 탈자, 오류 등은 불가피하였던 부분에 대해서는 발견되는 대로 앞으로 계속 수정 보완해 나갈 것이다.
12. 이 책의 역주 작업에 참고한 문헌은 다음과 같다.

● 참고문헌
1. 《左傳注疏》十三經注疏本(宋本) 嘉慶 21년 江西 南昌府學開彫. 臺灣 藝文印書館 印本.
2. 《春秋經傳集解》晉, 杜預 上海古籍出版社 1988 上海
3. 《春秋管窺》(印本) 文淵閣本(故宮博物院所藏)
4. 《左傳會箋》(日, 1903)竹添光鴻 鳳凰出版社(覆印本) 1977 臺北
5. 《春秋左傳》(十三經全文標點本) 吳樹平 北京燕山出版社 1991 北京
6. 《春秋經傳集解》(四部叢刊) 晉, 杜預(撰) 唐, 陸德明(音義) 景玉田蔣氏藏本 書同文(電子版) 北京
7. 《春秋左傳》韓廬甫 普天出版社 1973 臺中 臺灣
8. 《春秋左傳注》楊伯峻 中華書局 2009 北京

9. 《左傳全譯》王守謙(外) 貴州人民出版社 1991 貴陽 貴州
10. 《春秋左傳今註今譯》李宗侗 臺灣商務印書館 1980 臺北
11. 《左傳》(漢籍國字解全書) 早稻田大學出版部 明治 42년(1909) 東京
12. 《春秋傳》毛奇齡〈皇淸經解〉漢京文化事業有限公司 印本 1983 臺北
13. 《春秋說》惠士奇〈皇淸經解〉漢京文化事業有限公司 印本 1983 臺北
14. 《春秋地理考實》江永〈皇淸經解〉漢京文化事業有限公司 印本 1983 臺北
15. 《春秋正辭》莊存與〈皇淸經解〉漢京文化事業有限公司 印本 1983 臺北
16. 《春秋異文箋》趙坦〈皇淸經解〉漢京文化事業有限公司 印本 1983 臺北
17. 《左傳杜解補正》顧炎武〈皇淸經解〉漢京文化事業有限公司 印本 1983 臺北
18. 《春秋左傳補註》惠棟〈皇淸經解〉漢京文化事業有限公司 印本 1983 臺北
19. 《春秋左傳補疏》焦循〈皇淸經解〉漢京文化事業有限公司 印本 1983 臺北
20. 《左氏春秋考證》劉逢祿〈皇淸經解〉漢京文化事業有限公司 印本 1983 臺北
21. 《春秋左傳補注》馬宗璉〈皇淸經解〉漢京文化事業有限公司 印本 1983 臺北
22. 《春秋左傳正義》晉 杜預(注), 唐 孔穎達(疏)〈四庫全書〉文淵閣(印本) 臺灣商務印書館
23. 《春秋釋例》杜預(撰)〈四庫全書〉文淵閣(印本) 臺灣商務印書館
24. 《春秋左氏傳補注》元 趙汸(찬)〈四庫全書〉文淵閣(印本) 臺灣商務印書館
25. 《左傳杜林合注》明 趙如源(等)〈四庫全書〉文淵閣(印本) 臺灣商務印書館
26. 《春秋世族譜》清 陳厚耀(撰)〈四庫全書〉文淵閣(印本) 臺灣商務印書館
27. 《公羊傳注疏》十三經注疏本(宋本) 嘉慶 21년 江西 南昌府學開彫. 臺灣藝文印書館 印本.
28. 《穀梁傳注疏》十三經注疏本(宋本) 嘉慶 21년 江西 南昌府學開彫. 臺灣藝文印書館 印本.

29.《春秋左傳詞典》楊伯峻・徐提(編) 中華書局 1985 北京
30.《世本》周渭卿(點校) 齊魯書社 2010 濟南 山東
31.《帝王世紀》晉,皇甫謐(撰).陸吉(點校) 齊魯書社 2010 濟南 山東
32.《逸周書》袁宏(點校) 齊魯書社 2010 濟南 山東
33.《竹書紀年義證》雷學淇 藝文印書館 1977 臺北
34.《竹書紀年》張潔・戴和冰(點校) 齊魯書社 2010 濟南 山東
35.《十三經注疏》藝文印書館 印本
36.《史記》鼎文書局(活字本) 1978 臺北
37.《二十五史》鼎文書局(活字本) 1978 臺北
38.《中國歷史紀年表》華世出版社 1978 臺北
39.《中國歷史大事年表》上海辭書出版社 1986 上海
40.《中國歷史年表》柏楊 星光出版社 1979 臺北
41.《中國帝王皇后親王公主世系錄》柏楊 星光出版社 1979 臺北
42.《中國帝王譜》田鳳岐(編) 天津市普文印務公司 2003 天津
43.《經學辭典》黃開國(編) 四川人民出版社 1993 成都
44.《中國儒學辭典》趙吉惠・郭厚安(編) 遼寧人民出版社 1989 瀋陽
45.《中國大百科全書》(哲學) 中國大百科全書出版社 1992 北京
46.《中國大百科全書》(歷史) 中國大百科全書出版社 1992 北京
47.《中國儒學百科全書》中國大百科全書出版社 1997 北京
48.《郡齋讀書志》宋,晁公武(撰),孫猛(校證) 上海古籍出版社 1990 上海
49.《簡明中國古籍辭典》邱蓮梅(編) 吉林文史出版社 1987 長春
50.《詩經直解》陳子展 復旦大學出版社 1991 上海
51.《四書集註》林東錫(譯) 東西文化社 2009 서울

52. 《漢書藝文志問答》臺灣中華書局 1982 臺北
53. 《列子集釋》新編諸子集成 中華書局 1979 北京
54. 《荀子集解》(印本) 藝文印書館 1973 臺北
55. 《中國通史》李符桐(外) 文鳳出版社 1973 臺北
56. 《圖說中國歷史》周易(主編) 二十一世紀出版社 2002 南昌 江西
57. 《圖說中國歷史》中央編譯出版社 2007 北京
58. 《說話中國》李學勤(外) 上海文藝出版社 2004 上海
59. 《中國史綱》張蔭麟 九州出版社 2005 北京
60. 《上古史》張清華 京華出版社 2009 北京
61. 《正說中國三百五十帝》倉聖 黑龍江人民出版社 2006 哈爾濱
62. 《中國歷史》聞君 北京工業大學出版社 2006 北京
63. 《中國歷史》周佳榮(外) 香港教育圖書公司 1989 香港
64. 《中國歷史博物》朝華出版社(編) 2002 北京
65. 《國學導讀叢編》周何·田博元 康橋出版社 1979 臺北
66. 《經學通論》王靜芝 國立編譯館 1982 臺北
67. 《中國學術概論》林東錫 傳統文化研究會 2002 서울
68. 《說文解字》,《太平御覽》,《山海經》등.
    工具書 등 기타 文獻은 기재를 생략함.

해제

```
Ⅰ. 《春秋》
Ⅱ. 《春秋左傳》
Ⅲ. 《春秋左傳集解》
Ⅳ. 《春秋釋例》
Ⅴ. 杜預
Ⅵ. 《春秋左傳正義》
Ⅶ. 孔穎達
```

Ⅰ. 《春秋》

1. 史書로서의 《春秋》

'春秋'란 원래 孔子 이전 각 나라마다 있었던 '國史'를 통상적으로 부르던 일반명사였다. 예를 들면 《公羊傳》 莊公(7년) 傳에 "不修春秋", "魯春秋云", 《左傳》 昭公(2년) 傳에 "晉韓起聘魯, 觀書於太史氏, 見易象與魯春秋" 등의 기록은, 공자가 근거로 했다는 魯나라 사서는 이미 원래부터 '春秋'라 불렸던 것임을 알 수 있다. 또한 《國語》 楚語의 "教之以春秋"나 晉語의 "羊舌肸習於春秋"로 보아 楚나라나 晉나라 역사도 역시 '춘추'라 불렸던 것임을 알 수 있다. 그 외, 《管子》의 "故春秋之記", 《韓非子》의 "魯哀公問於孔子云: 「春秋之記, 冬十二月, 霜不殺菽, 何謂記此?」", 《戰國策》의 "今臣逃而奔齊趙,

是可著爲春秋" 등 많은 기록에 '史書'를 곧 '春秋'라 부른 예는 널리 찾을 수 있다.

한편, 여기서 말하는 《春秋》는 현존하는 중국 최초의 編年體 史書이며 동시에 儒家의 經典으로 초기 六經(五經)의 하나이다. 이는 공자가 魯나라 역사를 근거로 노나라 군주의 世系를 '紀'로 하여 簡策의 기록을 재정리한 것이다. 年, 時(四時), 月, 日(干支)을 근간으로 하였으며 그 중 時, 즉 四時, 春夏秋冬의 '春'과 '秋' 두 글자를 취하여 《춘추》라 부르게 된 것이다. 공자가 《춘추》를 刪定하였다는 기록은 《孟子》, 《史記》, 《漢書》 등에 널리 실려 있다.

우선 《孟子》滕文公(下)에 "世衰道微, 邪說暴行有作, 臣弑其君者有之, 子弑其父者有之. 孔子懼, 作春秋. 春秋, 天子之事也. 是故孔子曰:「知我者其惟春秋乎! 罪我者其惟春秋乎!」 …… 孔子成春秋而亂臣賊子懼."라 하였고, 離婁(下)에도 "孟子曰:「王者之迹熄而詩亡, 詩亡然後春秋作. 晉之乘, 楚之檮杌, 魯之春秋, 一也. 其事則齊桓·晉文, 其文則史. 孔子曰:『其義則丘竊取之矣.』」"라 하였으며 盡心(下)에도 "春秋無義戰"이라 하는 등 가장 강하게 거론하였다. 이에 司馬遷은 《史記》 孔子世家에서 "子曰:「弗乎弗乎, 君子病沒世而名不稱焉. 吾道不行矣, 吾何以自見於後世哉?」 乃因《史記》作春秋, 上至隱公, 下訖哀公十四年, 十二公. 據魯, 親周, 故殷, 運之三代. 約其文辭而指博. 故吳楚之君自稱王, 而春秋貶之曰'子'; 踐土之會實召周天子, 而春秋諱之曰「天王狩於河陽」: 推此類以繩當世. 貶損之義, 後有王者舉而開之. 春秋之義行, 則天下亂臣賊子懼焉. 孔子在位聽訟, 文辭有可與人共者, 弗獨有也. 至於爲春秋, 筆則筆, 削則削, 子夏之徒不能贊一辭. 弟子受春秋, 孔子曰:「後世知丘者以春秋, 而罪丘者亦以春秋.」"라 하여 자세히 설명하고 있으며, 〈十二諸侯年表〉序에도 "孔子明王道, 干七十餘君, 莫能用; 故西觀周室, 論史記舊聞, 興於魯, 而次

《春秋》. 上記隱, 下記哀之獲麟, 約其文辭, 去其煩重, 以制義法. 王道備, 人事浹"이라 하였다. 班固의 《漢書》 藝文志에는 "古之王者世有史官, 君擧必書, 所以愼言行, 昭法式也. 左史記言, 右史記事, 事爲春秋, 言爲尙書, 帝王靡不同之. 周室旣微, 載籍殘缺, 仲尼思存前聖之業. ……"이라 하였다.

그러나 공자의 일상과 언행을 자세히 적은 《論語》에는 도리어 이러한 언급이나 기록이 단 한 마디도 없어 이 때문에 錢玄同 같은 학자는 《춘추》를 공자가 지었다고 확정적으로 말할 수는 없다고 회의를 표하기도 하였다. 좌우간 공자는 이 《춘추》를 육경의 하나로 삼아 제자들을 가르친 것으로 알려져 있으며 공자의 역사관, 정치관 등 사상의 일면을 깊이 담고 있는 고전이다.

한편 기록 내용은 경학 중에 《尙書》와 함께 역사 부분에 해당한다. 그러나 그 기록은 아주 간략하여 역사 배경이나 사건의 전말 등은 거의 알아볼 수 없을 정도의 綱目 위주로, 마치 '大事年表'와 같다. 문자의 숫자로 보아도 제일 많은 것이 47자(僖公 4년), 적게는 1자 '螟'(隱公 8년)로만 되어 있는 것도 있다. 이처럼 《춘추》는 기록이 매우 은미隱微하여 사건마다 오직 결과와 결론만 있을 뿐 경과나 전모는 생략되어 있다. 그 때문에 뒷사람의 많은 부연설명의 여지를 남기고 있었던 것이다.

모두 12편으로 되어 있으며 기간은 魯 隱公 원년(B.C. 722)으로부터 哀公 14년(B.C. 482)까지 242년 간, 12명의 公의 역사이며 대체로 1만 7,000여 자에, 그 經文의 條項도 1,834조에 불과하다. 그러나 이는 《公羊傳》과 《穀梁傳》을 기준으로 한 것이며 左傳에는 哀公 16년(B.C. 479) 4월 己丑 孔子의 죽음까지 기록하여 모두 244년까지이며 經文은 1,861조이다. 《公羊傳》 昭公 12년 傳의 徐彦 疏에는 《春秋說》을 인용하여 "孔子作春秋一萬八千字, 九月而

書成"이라 하여 "1만 8,000자이며 9개월 만에 마쳤다"라 하였으나 지금이는 억설로 보고 있다.

한편 《춘추》는 공자가 직접 저술하고 교재로 사용한 육경의 하나이기 때문에 이를 해석하고 부연 설명한 저작들은 '傳'이라 불렀다. '漢'나라 때까지만 해도 이미 이러한 전이 5종류가 있었다. 즉 《公羊傳》, 《穀梁傳》, 《左氏傳》, 《鄒氏傳》, 《夾氏傳》이 그것이다. 이들 중 지금은 '公, 穀, 左'만 남아 이를 「春秋三傳」이라 하여 《춘추》 연구에 아주 중요한 자료로 활용되고 있다.

《公羊傳》과 《穀梁傳》은 《춘추》의 의리, 즉 '微言大義'를 疏正한 것이며, 《左氏傳》은 《춘추》 經文의 구체적인 史實과 역사적 경과, 배경 등을 서술한 것이다. 《漢書》 藝文志에 실려 있는 《春秋古經》 12편이 바로 《춘추》 經文만을 의미하는 것이 아닌가 한다. 한편, 《좌전》은 古文經을 근거로 한 것으로 보고 있으며, 《공양전》과 《곡량전》은 今文經을 근거로 한 것으로 보고 있다. 즉 금문과 고문은 문체는 같으나 금문은 莊公과 閔公(閔公은 2년밖에 되지 않음)의 합하여 한 편을 줄여 11편이 된 것이다. 그리고 《좌전》은 공자의 죽음(哀公 14년)까지 경문이 실려 있으나, '공·곡'은 '獲麟'(哀公 14년)에서 경문이 끝을 맺고 있어 2년 차이가 나는 것이다. 그러나 《춘추》의 경문은 지금 모두 삼전의 傳文 앞에 나누어 실려 있으며 단행본은 없다. 杜預는 《좌씨전》과 《춘추고경》을 합하여 集解를 붙여 《춘추좌씨전》이라 하였고, 《公羊傳》과 《穀梁傳》은 《춘추금문경》을 기준으로 이를 각기 傳文 앞에 실어 단행본 《춘추경》은 아예 사라지고 말았다. 그러나 금문의 《춘추경》과 《공양전》, 《穀梁傳》과의 배합은 실제 어느 때부터 시작되었는지는 확실치 않다. 何休의 《公羊傳解詁》에는 다만 傳文만 해석해 놓아 杜預의 《經傳集解》 와는 체제가 다르며, 漢 熹平石經의 《공양전》 殘片에는 傳文만 있다. 이로 보아 漢末까지도 今文經과 傳은 각기 따로 있었던 것이 아닌가 한다, 다만 〈四庫全書總目提要〉에는 今文經과 《公羊傳》의 배합은 그 義疏를 쓴 唐의 徐彦에 의해, 또 《穀梁傳》과의 배합은 그 集解를 쓴 晉 范寧에 의해 시작된 것이라 보고 있다. 이러한 과정을 거쳐 宋代까지 오면서 九經, 十二經, 十三經 등의 변화를 거쳐 지금은 모두 十三經에 들어 있으며 이들만을 묶어「春秋三傳」이라 하게 된 것이다.

2.「十二公」과「三世」

《春秋》에서 紀가 되는 魯나라 12公은 隱, 桓, 莊, 閔, 僖, 文, 宣, 成, 襄, 昭, 定, 哀公까지의 총 242년에 대한 기록은 흔히 公羊家들에 의하면 三世로 나뉜다. 즉 공자가 전해들은 세대(所傳聞之世), 공자가 들은 세대(所聞之世), 공자가 직접 보았던 세대(所見之世)이다.

(1) 孔子所傳聞之世(총 96년)
① 隱公(11) ② 桓公(18) ③ 莊公(32) ④ 閔公(2) ⑤ 僖公(33)

(2) 孔子所聞之世(총 85년)
⑥ 文公(18) ⑦ 宣公(18) ⑧ 成公(18) ⑨ 襄公(31)

(3) 孔子所見之世(총: 61년)
⑪ 昭公(32) ⑫ 定公(15) ⑬ 哀公(14)

3. 《春秋》의 本義(本旨)

《춘추》의 本義(本旨)는 대체로「正名分」,「寓褒貶」,「明是非」등 세 가지를 들고 있다. 그러나 혹은 '寓褒貶'을 大義로 삼고, '정명분'과 '명시비'를 그 하위개념으로 낮추어 설정하기도 하며 혹 '정명분'을 '명시비'와 같은 것으로 여겨 '정명분'과 '우포폄' 두 가지라고 하기도 한다. 그러나 司馬遷은 '微言大義'를 가장 주된 본지로 여겨 《史記》太史公自序에서 "上大夫壺遂曰:「昔孔子何爲而作春秋哉?」太史公曰:「余聞董生曰: '周道衰廢, 孔子爲魯司寇, 諸侯害之, 大夫壅之. 孔子知言之不用, 道之不行也, 是非二百四十二年之中, 以爲天下儀表, 貶天子, 退諸侯, 討大夫, 以達王事而已矣.' 子曰: '我欲載之空言, 不如見之於行事之深切著明也.' 夫春秋, 上明三王之道, 下辨人事之紀, 別嫌疑, 明是非, 定猶豫, 善善惡惡, 賢賢賤不肖, 存亡國, 繼絶世, 補敝起廢, 王道之大者也. 易著天地陰陽四時五行, 故長於變; 禮經紀人倫, 故長於行; 書記先王之事, 故長於政; 詩記山川谷禽獸草木牝牡雌雄, 故長於風; 樂樂所以立, 故長於和; 春秋辯是非, 故長於治人. 是故禮以節人, 樂以發和, 書以道事, 詩以達意, 易以道化, 春秋以道義. 撥亂世反之正, 莫近於春秋. 春秋文成數萬, 其指數千. 萬物之散聚皆在春秋. 春秋之中, 弑君三十六, 亡國五十二, 諸侯奔走不得保其社稷者不可勝數. 察其所以, 皆失其本已. 故易曰'失之豪釐, 差以千里'. 故曰'臣弑君, 子弑父, 非一旦一夕之故也, 其漸久矣'. 故有國者不可以不知春秋, 前有讒而弗見, 後有賊而不知. 爲人臣者不可以不知春秋, 守經事而不知其宜, 遭變事而不知其權. 爲人君父而不通於春秋之義者, 必蒙首惡之名. 爲人臣子而不通於春秋之義者, 必陷簒弑之誅, 死罪之名. 其實皆以爲善, 爲之不知其義, 被之空言而不敢辭. 夫不通禮義之旨, 至於君不君, 臣不臣, 父不父, 子不子. 夫君不君則犯, 臣不臣則誅, 父不父則無道, 子不子則不孝. 此四行者, 天下之大過也. 以天下之大過予之, 則受而弗敢辭. 故春秋者, 禮義之大宗也. 夫禮禁未然之前, 法施已

然之後; 法之所爲用者易見, 而禮之所爲禁者難知."라 하였다. 이에 여기서는 '정명분'과 '우포폄'을 예를 들어 간단히 설명하기로 한다.

(1) 「正名分」
① 事物의 名分을 바르게 함.
《論語》子路篇에 "子路曰:「衛君侍子而爲政, 子將奚先?」子曰:「必也正名乎!」子路曰:「有是哉, 子之迂也! 奚其正?」子曰:「野哉, 由也! 君子於其所不知, 蓋闕如也. 名不正, 則言不順; 言不順, 則事不成; 事不成, 則禮樂不興; 禮樂不興, 則刑罰不中; 刑罰不中, 則民無所措手足. 故君子名之必可言也, 言之必可行也. 君子於其言, 無所苟而已矣."라 하였으며 董仲舒의 《春秋繁露》深察名號篇에는 구체적으로 "《春秋》辨物之理, 以正其名, 名物如其眞, 不失秋毫之末, 故名霣石, 則後其五, 言退鶂, 則先其六. 聖人之謹於正名如此, 君子於其言, 無所苟而已, 五石六鶂之辭是也"라 하여 僖公 16년 "十有六年春王正月戊申朔, 霣石于宋五. 是月, 六鶂退飛, 過宋都"에서 '五'자를 뒤로, '六'자는 앞으로, '石'자를 '鶂'자로보다 먼저 쓴 것을 두고 분석한 것으로《公羊傳》에는 "曷爲先言霣而後言石? 霣石記聞, 聞其磌然, 視之則石. 察之則五, ……曷爲先言六而後言鶂? 六鶂退飛, 記見也. 視之則六, 察之則鶂, 徐而察之則退飛"라 하여 정확하고 과학적인 관찰을 통한 사물의 기록이라는 뜻이다.

② 君臣上下의 名分을 바로잡음.
《춘추》는 君臣, 上下, 尊卑, 貴賤 등의 名分을 중시하여 봉건 전통을 고수하고자 하였다. 예를 들면 楚와 吳는 자신들은 王을 참칭했지만 끝까지 '子'를

칭했고, 齊와 晉은 처음 작위를 받은 그대로 '侯'로 불렀으며, 宋은 비록 약소국이었지만 '公'으로 부른 예가 이것이다.

(2) 「寓襃貶」
《춘추》의 포폄에 대한 판단은 기사 속에 나타난다. 예를 들면 36번이나 '弑君'의 사실을 기록하면서도 그 판단은 그 때의 상황이나 사건 발단의 원인, 선악의 소재에 따라 표현 방법이 달랐다.
이를 몇 가지 거론해 보면 다음과 같다.
① 隱公 4년 3월 戊申 "衛州吁弑其君完": '弑'를 넣어 州吁에게 죄가 있음을 밝힘.
② 桓公 2년 正月 戊申 "宋督弑其君與夷及其大夫孔父": 대부 孔父를 임금과 함께 적음으로써 그의 忠을 높임.
③ 文公 元年 10월 丁未 "楚世子商臣弑其君": '世子商臣'을 밝힘으로써 아들이 아버지이며 임금인 윗사람을 시해하였음을 표현한 것.
④ 宣公 2년 9월 乙丑 "晉趙盾弑其君夷皐": 임금을 죽인 자는 趙穿이었으나 趙盾이 이를 토벌하지 않았으므로 趙盾이 죽인 것으로 기록함.
⑤ 隱公 4년 9월: "衛人殺州吁于濮": 殺을 넣어 마땅히 죽임을 당할 대상이었음을 시사하였으며 州吁가 당시 임금이었으나 君을 칭하지 않은 것은 백성이 인정하지 않았고, 濮이라는 지명까지 밝혀 衛人이 外力을 빌려 그를 죽였음을 드러낸 것.
⑥ 文公 16년 10월 "宋人弑其君杵臼": 피살된 임금(杵臼, 昭公)의 위치는 인정하여 '君'을 칭하였으나 그 자리를 스스로 지켜내지 못하였음을 지적한 것.

⑦ 文公 18년 "莒弑其君庶其": 나라 이름(莒)을 들어 그 임금을 시해했다는 것은 전체 백성의 원망을 샀다는 뜻으로 임금의 不德을 심히 폄하한 것이며 이곳에 마땅히 태자 僕의 이름이 거론되어야 하나 기록하지 않음.
⑧ 成公 18년 "晉弑其君州蒲": 실제 임금을 죽인 자는 欒書였음에도 그렇게 기록하지 않고 나라 이름을 들어 임금을 시해한 것으로 기록함으로써 임금의 악행이 지나쳐 백성의 이름으로 시해한 것임을 표현한 것.

4. 三傳의 차이

漢代까지 5가의 전이 있었음은 앞에 밝혔다. 지금은 三傳만 전하며 이 모두 十三經에 들어 있다. 그러나 이 三傳은 각기 다른 특색을 가지고 있다. 특히 각기 다른 각도와 관점에서 春秋 經文을 해석하였으므로 당연히 그 차이 및 장단점에 대하여 역대 이래 의견이 많았다. 그 중 元나라 吳澄의 평이 비교적 합당한 것으로 여기고 있다. 그는 "載事則左氏詳於公穀, 釋經則公穀精於左氏"라 하여 《좌전》은 사건의 서술에 뛰어났고, 《공양전》과 《곡량전》은 경문의 해석에 뛰어났다고 평가를 내린 것이다. 《좌전》은 역사 사건을 기록하여 경문의 짧고 간단한 표현을 알 수 있도록 뒷받침하고 있으며 《공·곡》은 訓詁의 傳으로 經義를 해석하는 데에 주력하였다. 특히 《공·곡》은 아예 질문을 만들어 제시하고 그 풀이의 정답을 밝혀줌으로써 포폄의 내용은 물론 서술에 사용된 낱자의 이유를 알 수 있도록 하고 있다.

그러나 范寧의 〈穀梁傳序〉에는 "左氏艷而富, 其失也誣; 公羊辯而裁, 其失也俗; 穀梁淸而婉, 其失也短"이라 하여 각기 단점을 들고 있으며, 그 밖에 鄭玄은 〈六論〉에서 "左氏善於禮, 公羊善於讖, 穀梁善於經"이라 하여 각기 그 장점을 들고 있다. 그 밖에 皮錫瑞는 《春秋通論》에서 "惟公羊兼傳大義微言, 穀梁不傳微言, 但傳大義. 左傳並不傳義, 特以紀事詳贍, 有可以贈春秋之義者"라 하였다.

Ⅱ. 《春秋左傳》

1. 작자

《史記》,《漢書》 등에는 《春秋左傳》의 작자를 공자와 동시대 인물 左丘明이라 하였으나 역대 이래 이에 대한 의혹은 끊임없이 제기되어 왔다. 무려 19만 6,800여 자나 되는 이 방대한 저술은 그 양이나 질, 내용으로 보아 일찍이 편찬자가 분명히 밝혀졌을 수도 있었으나 실제로는 그렇지 않다.

우선 左丘明이 지은 것으로 알려진 것은 《史記》 十二諸侯年表에 "是以孔子明王道, 干七十餘君, 莫能用; 故西觀周室, 論史記舊聞, 興於魯, 而次《春秋》. 上記隱, 下記哀之獲麟, 約其文辭, 去其煩重, 以制義法. 王道備, 人事浹. 七十子之徒口受其傳指, 爲有所刺譏襃諱挹損之文辭不可以書見也. 魯君子左丘明懼弟子人人異端, 各安其意, 失其眞, 故因孔子史記具論其語, 成左氏春秋"라 한 것이 그것이다. 그 뒤 劉向, 劉歆, 桓譚, 班固 등도 이를 그대로 따랐으며 특히 班固는 《漢書》 藝文志에서 "古之王者世有史官, 君擧必書, 所以愼言行, 昭法式也. 左史記言, 右史記事, 事爲春秋, 言爲尙書, 帝王靡不同之. 周室旣微, 載籍殘缺, 仲尼思存前聖之業, 乃稱曰:「夏禮吾能言之, 杞不足徵也; 殷禮吾能言之, 宋不足徵也. 文獻不足故也, 足則吾能徵之矣」以魯周公之國, 禮文備物, 史官有法. 故與左丘明觀其史記, 據行事, 仍人道, 因興以立功, 就敗以成罰. 假日月以定曆數, 藉朝聘以正禮樂, 所褒諱貶損, 不可書見. 口授弟子退而異言. 丘明恐弟子各安其意, 以失其眞. 故論本事而作傳, 明夫子不以空言說經也. 春秋所貶損大人當世君臣, 有威權勢力, 其事實皆形於傳, 是以隱其書而不宣, 所以免時難也. 及末世口說流行, 故有公羊·穀梁·鄒·夾之傳. 四家之中, 公羊·穀梁立於學官, 鄒氏無師, 夾氏未有書"라 하였으며, 《漢書》 劉歆傳에도 "歆以爲左丘明好惡與聖人同, 親見夫子, 而公羊·穀梁載七十子後, 傳聞之與親見之,

其詳略不同"이라 하여, 공자와 같은 시기에 몸소 겪은 일을 적은 것으로 보았다.

또한 杜預의 《春秋經傳集解》에는 "左丘明受經於仲尼, ……身爲國史, 躬覽載籍, 必廣記而備言之"라 하여 國史 벼슬로 몸소 많은 책을 보고 갖추어 적었다고까지 하였으며, 孔穎達은 《左傳正義》에서 沈氏의 말을 인용하여 "孔子將修春秋, 與左丘明乘, 如周, 觀書於周史, 歸而修春秋之經; 丘明爲之傳, 共爲表裡"라 하여 기정 사실화하였다.

2. 左丘明

左丘明이란 사람이 어느 때의 어떤 사람인지가 확실하지 않음으로써 문제가 발단된 것이다. 더구나 공자와 동시대로서 제자도 아니면서 공자의 經을 바탕으로 傳을 지었을 가능성은 확실성에서 의문을 자아낸다. 여러 역사 기록에 실린 것을 근거로 보면, 左丘明은 《左傳》의 작자라 알려진 것 외에 《漢書》藝文志에는 魯나라 太師라 하였고, 《史記》, 《漢書》 등에는 魯나라 君子로서 공자와 동시대 인물이라 하였으며, 《論語》公冶長篇에는 "子曰:「巧言·令色·足恭, 左丘明恥之, 丘亦恥之. 匿怨而友其人, 左丘明恥之, 丘亦恥之.」"라 하여 또한 공자보다 연장자로 공자가 존경하였던 인물로 보았으며 〈四書集註〉夾註에는 "或曰:「左丘明非傳春秋者耶?」朱子曰:「未可知也.」"라 하여 朱子 당시에도 같은 인물인지 모른다고 하였다. 그런가 하면 《史記》太史公自序에는 "左丘失明, 厥有國語"라 하여 실명한 뒤 발분하여 《國語》를 지은 인물로 보았다. 이로 인해 여기서 말하는 左丘明이 어느 때

인물인지,《左傳》을 지은 바로 그 사람인지, 또는《左傳》은 과연 春秋經目에 대해 傳을 쓰는 입장에서 씌어진 것인지 하는 의문이 생긴다. 더구나 經을 근거로 하였다면 어찌하여《春秋經》보다 멀리 17년이나 더 많은지,《左傳》과《國語》는 같은 체재로 쓰인 책이 아닌 점, 즉《左傳》이 편년사임에 비해《國語》는 別國史이며 이를 근거로《國語》를 「春秋外傳」이라고도 부르게 된 경위,《左傳》은 과연 劉歆이 위조한 것인가 등의 문제가 속출한다. 이 때문에 唐의 趙匡, 宋의 王安石·葉夢得·鄭樵, 元의 程端學, 淸의 劉逢祿, 그리고 근대의 康有爲·錢玄同(이상 張心澂의《僞書通考》를 참조할 것) 등은 모두 의심을 버리지 못하였다. 趙匡은《論語》에서 말한 左丘明은 공자보다 앞선 시대의 현인으로,《左傳》을 지은 左氏는 公羊이나 穀梁처럼 모두가 공자 문인 이후의 인물로 논어에 보이는 좌구명과는 전혀 다른 인물이라 하였고, 王安石은 11가지를 들어《左傳》은 左丘明의 작이 아니라 하였다. 또 葉夢得은《左傳》의 기록에 智伯까지 등장하는 것으로 보아 전국시대에 이루어진 것이라 하였으며, 鄭樵는 8가지를 들어《左傳》의 작자 左氏는 丘明이 아니고 楚나라의 다른 인물이라 하였다. 그리고 청대에 今文學에 대한 홍기로 劉逢祿은《左氏春秋考證》을 지었고, 康有爲는《新學僞經考》를 지어 劉歆이《國語》를 근거로 僞造한 것이라 주장하였다. 한편 左丘明의 이름에 대해서도 어떤 이는 左丘는 複姓(衛聚賢,《左傳的研究》), 복성이 아니다(兪正燮,《癸巳類稿》), 혹은 左는 官名이며 丘가 姓씨이고 明이 이름이며 이를 丘氏傳이라 하지 않은 것은 孔子 弟子들이 孔子의 이름(丘)을 휘(諱)하여 한 것(劉師培,《左傳問答》) 등 다양한 의견이 있다.

3. 《左傳》의 出現

이 《좌전》이 언제 나타났는지에 대해서는 확실치 않다. 대체로 세 가지 說이 있다.

① 漢代에 秘府에 소장되었다가 劉歆에 의해 발견되었다는 설
《漢書》劉歆傳에 실려 있는 劉歆의 〈移讓太常博士書〉에 "春秋左氏, 丘明所修, 皆古文舊書. ……藏於秘府, 伏而未發. 孝成皇帝, 閔學殘文缺, 稍離其眞. 乃陳發秘藏, 校理舊文, 得此三事"라 하였는데 여기서 三事란 《左傳》,《古文尙書》,《逸禮》를 가리킨다. 또 劉歆本傳에 "歆校秘書, 見古文春秋左氏傳. ……初左氏傳多古字·古言, 學者傳訓故而已. 及歆治左氏, 引傳文以解經, 轉相發明, 由是章句義理備焉"이라 하여 劉歆이 《左傳》을 발견하게 된 경위가 설명되어 있다.

② 漢初에 張蒼이 바쳤다는 설
許愼의 《說文解字》序에 "北平侯張蒼, 獻春秋左氏傳"이라 하였고,《隋書》經籍志에는 이 설을 근거로 "左氏, 漢初出於張蒼之家, 本無傳者"라 하였다.

③ 공자의 구택 벽 속에서 발견되었다는 설
王充의 《論衡》案書篇에 "春秋左氏傳者, 蓋藏孔壁中. 孝武皇帝時, 魯恭王壞孔子敎授堂以爲宮. 得佚春秋三十篇·左氏傳也"라 한 것이 그 근거이다.

그러나 이상의 세 가지 설은 모두 충분한 믿음을 주지 못하며, 더구나 서한 이전의 책에는 기록이 전혀 없어 더욱 알 길이 없다.

4. 《左傳》과 《春秋》와의 관계

《좌전》에 대하여 고문학자들은 《春秋經》을 해석한 것이라 하였다. 고래로 '傳'이란 '經'의 다음 단계의 기록으로 《博物志》文籍考에 "聖人制作曰經, 賢者著述曰傳·曰章句·曰解·曰論·曰讀"이라 하였다. 그러나 금문학자들은 《左傳》을 별개의 史書로 보아 《춘추》를 해석한 것이 아니고 《呂氏春秋》과 같은 계통이라 여겼다. 따라서 《公羊傳》, 《穀梁傳》과 같은 계열로 취급하여 묶어서 三傳이라 하는 것은 부당하다고 주장한다. 이는 《左傳》이 史實에 대한 기록 위주로서 公·穀처럼 訓詁를 위주로 한 經文 해석이 아니기 때문이다. 더구나 三傳과 經과 傳을 비교해 보면 《左傳》과 다른 두 傳의 현격한 차이를 발견할 수 있다.

① 《左傳》과 經文·傳文은 서로 다루고 있는 부분이 다르다. 즉 《左傳》에서는 經文이 魯 哀公 16年, 즉 공자의 卒年까지로 되어 있어, 실제 《春秋》 本經의 魯 哀公 14년보다 2년이 많다. 또 傳文에 있어서도 哀公 27년을 넘어 다음의 悼公 4년까지 이어져 《春秋》 본경에 비하면 무려 17년이나 더 많다.

② 《左傳》과 《春秋》를 비교해 보면 經에서는 다루었으나 傳에서는 다루지 않고 빠진 부분이 있다. 예를 들면 莊公 26년의 經文에는 "春: 公伐戎." "夏: 至自伐戎." "曹殺其大夫." "秋: 公會宋人, 齊人伐徐." "冬: 十有二月癸亥朔, 日有食之"등의 기록이 있으나, 傳에는 전혀 상세한 기록이 없이 다만 간단한 다른 이야기만 나열되어 있다. 이에 대해 杜預는 《集解》에서 "此年經傳各自言其事者, 或經是直文, 或策書雖存, 而簡牘散落, 不究其本末. 故傳下復申解, 但書傳事而已"라 하여 강변을 하고 있지만 어쨌든 公·穀 二傳과는 크게 다르다.

5. 《左傳》의 傳授

陸德明의 《經典釋文》에 의하면 左丘明은 이를 曾申에게, 申은 衛의 吳起에게, 吳起는 그의 아들 吳期에게, 期는 다시 楚의 鐸椒에게, 鐸椒는 趙의 虞卿에게, 이는 다시 荀況에게, 荀況은 다시 張蒼에게 전수한 것으로 되어 있으며, 이때부터 한인의 《左傳》 연구가 시작되었다고 한다. 그 후에 賈誼, 張禹, 翟方進, 劉歆 등이 계속해서 이어왔으며, 유흠은 이를 동한의 賈逵에게 전하였는데, 가규는 《左傳長義》,《左氏解詁》 등을 지었다. 그 뒤에 陳元, 鄭衆, 馬融, 服虔 등은 모두 주석을 달았으며 한말의 鄭玄에 이르러 《鍼膏盲》,《發墨守》,《起廢疾》을 지어 何休와 대립하였다. 그 후 진에 이르러 杜預는 《左傳》에 심취하여 賈逵, 服虔의 注를 중심으로 하여 《春秋經傳集解》와 《春秋釋例》를 지어 지금까지 전하고 있다. 청대에도 《左傳》에 대한 연구가 깊었으며, 그 중에 洪亮吉의 《春秋左傳詁》, 李貽德의 《賈服古注輯述》과 劉文淇의 《春秋左氏傳舊注疏正》, 姚培謙의 《春秋左傳補輯》, 章炳麟의 《春秋左傳讀》, 현대 왕백상의 《春秋左傳讀本》, 楊伯峻의 《春秋左傳注》 등을 대표로 꼽을 수 있다. 그리고 日本에서도 일찍이 竹添光鴻의 《左傳會箋》이 明治 36년(1903)에 나와 널리 알려져 있다.

Ⅲ.《春秋左傳集解》

西晉 杜預가 지은 것으로《춘추좌전》에 관한 해석들을 모으고 자신의 의견과 주석을 추가한 것으로 현존《춘추좌전》에 대한 最古의 해석서이다. 두예는 西晉 開國 元勳으로 정치와 군사면에서도 커다란 공훈을 세운 인물이기도 하다. 그는 三國의 마지막 吳나라를 평정하고 돌아와 그 당시 새로 출토된〈汲冢叢書〉를 참조하여 비로소 이 책을 마쳤다고 하였다(序文을 볼 것). 당시 晉나라 武帝 太康 2년(281)으로부터 5년이 소요된 것이다. 序文에서 그는《춘추》와《좌전》의 성격, 가치,《좌씨》의 經傳 조례를 歸納, 漢代 古文經學에 있어서의「春秋學」에 대한 개괄을 집중적으로 설명하고 있다. 《集解》는 모두 30권이며 馬融, 鄭玄의 '分傳附經'의 방법을 택하여 원래 《춘추》와 분리되어 있던《좌전》을 하나로 묶어 배합하였다고 하였다. 이에 劉歆, 賈逵, 許淑, 穎谷 등의 설을 광범위하게 채택하였으며 거기에 더하여 결론과 문자의 훈고, 文意의 해석에 精密함을 다하였으며, 제도와 지리 등에 대해서도 아주 상세하게 주석을 더하여 독창적인 주석서로 탄생시켰다. 이 때문에 唐代〈五經正義〉와 淸代〈十三經注疏〉에는 모두 杜預의 이 《집해》를 표준으로 하였던 것이다.

이《집해》의 판본은 아주 널리 판각되어 단행본과 孔穎達 疏를 함께 묶은 합간본 등이 있었다. 단행본으로는 宋代〈巾箱本〉, 嘉定 9년의 興國軍의 〈遞修本〉,〈足利本〉, 송대〈鶴林于氏刊本〉,〈相台岳氏本〉,〈永懷堂本〉 등이 있으며, 합간본으로〈注疏本〉, 남송 慶元 연간 吳興의〈沈中賓刊本〉,〈明監本〉, 〈汲古閣本〉, 淸 阮元의〈阮刻本〉및〈四庫全書本〉 등이 있다.

Ⅳ.《春秋釋例》

《춘추》와 《좌전》에 대한 依例를 밝힌 현존 最古의 全釋 자료이다. 역시 西晉 杜預가 지은 것이며 《集解》와 함께 저술한 것으로 原書는 모두 40부 15卷이다. 《崇文總目》의 목록에 의하면 모두 「53例」였으나 명나라 때 이미 사라지고 〈永樂大全〉에 30篇이 수록되어 있다. 〈四庫全書〉에는 이를 바탕으로 하고 다른 典籍을 輯佚하여 15권, 47편으로 정리하여 싣고 있다. 그 중 43편은 '例'라 칭하여 〈公卽位例〉, 〈會盟例〉 등이 있으며 나머지 4편은 《釋土地名》, 《世族譜》, 《經傳長曆》, 《會盟圖疏》 등으로 되어 있다. 지금 전하는 것으로 〈四庫全書本〉외에 〈聚珍本〉, 〈葉氏山房本〉, 〈古經解匯函本〉 등이 있다. 《釋例》는 《春秋經》의 '條貫'은 모두 《左傳》에 나타나 있다고 여겼으며 《좌전》의 條貫 依例는 모두 '凡'이라는 표현에 귀속시켰다. 따라서 《左傳》에 '凡'이라 귀납된 글자 50여 조항을 '五十凡'이라 하여 이는 周公의 '正例'에서 나온 것이라 하였다. 이러한 주장은 뒷사람에게 큰 영향을 미쳐 南朝 齊나라 杜乾光은 이를 위해 《引序》를 지었다 하나 지금은 전하지 않는다.

V. 杜預(222-284)

　　《春秋左傳集解》(春秋經傳集解)를 지은 杜預는 西晉 초기 경학가이며 정치가, 군사가로 널리 알려진 인물이다. 자는 元凱, 京兆郡 杜陵(지금의 陝西 西安) 사람이다. 魏末에 한 때 鎭西將軍 鍾會의 副官으로 長史가 되어 蜀을 멸하는 전투에 참가하기도 하였고 법률을 제정하는 작업에 임하기도 하였다. 司馬氏가 西晉을 건국하자 武帝(司馬炎) 太始 연간에는 河南尹을 거쳐 文官黜陟考課法을 만들기도 하였다. 武帝를 도와 吳나라 공격에 나서서 羊祜가 죽자 鎭南大將軍·荊州都督諸軍事가 되어 吳나라 평정에 온힘을 쏟았다. 과연 오나라를 멸하고 실질적인 통일 대업을 이루자 그 공으로 當陽侯에 봉해지기도 하였다. 평소 經學을 좋아하여 스스로 "左傳癖을 가지고 있다"라 할 정도였으며 당시 玄學의 영향도 받은 것으로 알려져 있다. 만년에 《春秋左氏傳經傳集解》,《春秋釋例》,《春秋長曆》 등을 지어 '春秋學'을 집대성하였다. 그는 《춘추》에 대하여 '正例'와 '變例'라는 條例를 만들어 正例는 周公으로부터, 變例는 孔子로부터 나왔다는 설을 제창하기도 하였다. 그 중 《經傳集解》는 南朝와 隋, 唐, 宋, 明에 이르도록 장기간 學官에 교재로 채택되었으며 그 공로는 중국 경학에 큰 영향을 미친 것으로 널리 평가받고 있다.
　　그의 逸話는 《世說新語》 등 많은 전적에 널리 실려 있으며, 그의 傳記는 《三國志》와 《晉書》에 전하고 있다. 그 중 두 史書의 전을 轉載하여 참고로 삼는다.

○ 杜預傳

1. 《三國志》(16) 魏書 杜畿·杜恕傳(附)

甘露二年, 河東樂詳年九十, 上書訟畿之遺績, 朝廷感焉. 詔封恕子預爲豐樂亭侯, 邑百戶.

(註) 預字元凱, 司馬宣王女壻. 王隱《晉書》稱預智謀淵博, 明於理亂, 常稱「德者非所以企及, 立功立言, 所庶幾也」. 大觀群典, 謂《公羊》·《穀梁》, 詭辨之言. 又非先儒說《左氏》未究丘明意, 而橫以二傳亂之. 乃錯綜微言, 著《春秋左氏傳集解》, 又參考衆家, 謂之〈釋例〉, 又作〈盟會圖〉·〈春秋長曆〉, 備成一家之學, 至老乃成. 尚書郎摯虞甚重之, 曰:「左丘明本爲《春秋》作傳, 而《左傳》遂自孤行;〈釋例〉本爲傳設, 而所發明何但《左傳》, 故亦孤行.」預有大功名於晉室, 位至征南大將軍, 開府, 封當陽侯, 食邑八千戶. 子錫, 字世嘏, 尚書左丞.

2. 《晉書》(34) 杜預傳

杜預字元凱, 京兆杜陵人也. 祖畿, 爲尚書僕射. 父恕, 幽州刺史. 預博學多通, 明於興廢之道, 常言:「德不可以企及, 立功立言, 可庶幾也」初, 其父與宣帝不相能, 遂以幽死, 故預久不得調.

文帝嗣立, 預尚帝妹高陸公主, 起家拜尚書郎, 襲祖爵豐樂亭侯. 在職四年, 轉參相府軍事. 鍾會伐蜀, 以預爲鎭西長史. 及會反, 僚佐並遇害, 唯預以智獲免, 增邑千一百五十戶.

與車騎將軍賈充等定律令, 既成, 預爲之注解, 乃奏之曰:「法者, 蓋繩墨之斷例, 非窮理盡性之書也. 故文約而例直, 聽省而禁簡. 例直易見, 禁簡難犯.

易見則人知所避，難犯則幾於刑厝．刑之本在於簡直，故必審名分．審名分者，必忍小理．古之刑書，銘之鍾鼎，鑄之金石，所以遠塞異端，使無淫巧也．今所注皆網羅法意，格之以名分．使用之者執名例以審趣舍，伸繩墨之直，去析薪之理也．」詔班于天下．

　泰始中，守河南尹．預以京師王化之始，自近及遠，凡所施論，務崇大體．受詔爲黜陟之課，其略曰：「臣聞上古之政，因循自然，虛己委誠，而信順之道應，神感心通，而天下之理得．逮至淳樸漸散，彰美顯惡，設官分職，以頒爵祿，弘宣六典，以詳考察．然猶倚明哲之輔，建忠貞之司，使名不得越功而獨美，功不得後名而獨隱，皆疇咨博詢，敷納以言．及至末世，不能紀遠而求於密微，疑諸心而信耳目，疑耳目而信簡書．簡書愈繁，官方愈偽，法令滋章，巧飾彌多．昔漢之刺史，亦歲終奏事，不制算課，而清濁粗舉．魏氏考課，即京房之遺意，其文可謂至密．然由於累細以違其體，故歷代不能通也．豈若申唐堯之舊，去密就簡，則簡而易從也．夫宣盡物理，神而明之，存乎其人．去人而任法，則以傷理．今科舉優劣，莫若委任達官，各考所統．在官一年以後，每歲言優者一人爲上第，劣者一人爲下第，因計偕以名聞．如此六載，主者總集採案，其六歲處優舉者超用之，六歲處劣舉者奏免之，其優多劣少者敍用之，劣多優少者左遷之．今考課之品，所對不鈞，誠有難易．若以難就優，以易而否，主者固當準量輕重，微加降殺，不足復曲以法盡也．〈己丑詔書〉以考課難成，聽通薦例．薦例之理，即亦取於風聲．六年頓薦，黜陟無漸，又非古者三考之意也．今每歲一考，則積優以成陟，累劣以取黜．以士君子之心相處，未有官故六年六黜清能，六進否劣者也．監司將亦隨而彈之．若令上下公相容過，此爲清議大積，亦無取於黜陟也．」

　司隸校尉石鑒以宿憾奏預，免職．時虜寇隴右，以預爲安西軍司，給兵三百人，騎百匹．到長安，更除秦州刺史，領東羌校尉・輕車將軍・假節．屬虜兵强盛，石鑒時爲安西將軍,使預出兵擊之. 預以虜乘勝馬肥, 而官軍懸乏, 宜并力大運, 須春進討, 陳五不可·四不須. 鑒大怒, 復奏預擅飾城門官舍, 稽乏軍興, 遣御史檻車徵詣廷尉. 以預尚主, 在八議, 以侯贖論. 其後隴右之事卒如預策.

是時朝廷皆以預明於籌略, 會匈奴帥劉猛擧兵反, 自幷州西及河東·平陽, 詔預以散侯定計省闥, 俄拜度支尚書. 預乃奏立藉田, 建安邊, 論處軍國之要. 又作人排新器, 興常平倉, 定穀價, 較鹽運, 制課調, 乃以利國外以救邊者五十餘條, 皆納焉. 石鑒自軍還, 論功不實, 爲預所糾, 遂相讐恨, 言論諠譁, 並坐免官, 以侯兼本職. 數年, 復拜度支尚書.

元皇后梓宮將遷於峻陽陵. 舊制, 旣葬, 帝及羣臣卽吉. 尚書奏, 皇太子亦宜釋服. 預議「皇太子宜復古典, 以諒闇終制」, 從之.

預以時曆差舛, 不應晷度, 奏上〈二元乾度曆〉, 行於世. 預又以孟津渡險, 有覆沒之患, 請建河橋于富平津. 議者以爲殷周所都, 歷聖賢而不作者, 必不可立故也. 預曰:「『造舟爲梁』, 則河橋之謂也.」及橋成, 帝從百僚臨會, 擧觴屬預曰:「非君, 此橋不立也.」對曰:「非陛下之明, 臣亦不得施其微巧.」周廟欹器, 至漢東京猶在御坐. 漢末喪亂, 不復存, 形制遂絶. 預創意造成, 奏上之, 帝甚嘉歎焉. 咸寧四年秋, 大霖雨, 蝗蟲起. 預上疏多陳農要, 事在〈食貨志〉. 預在內七年, 損益萬機, 不可勝數, 朝野稱美, 號曰「杜武庫」, 言其無所不有也.

時帝密有滅吳之計, 而朝議多違, 唯預·羊祜·張華與帝意合. 祜病, 擧預自代, 因以本官假節行平東將軍, 領征南軍司. 及祜卒, 拜鎭南大將軍·都督荊州諸軍事, 給追鋒車·第二駙馬. 預旣至鎭, 繕甲兵, 耀威武, 乃簡精銳, 襲吳西陵督張政, 大破之, 以功增封三百六十戶. 政, 吳之名將也, 據要害之地, 恥以無備取敗, 不以所喪之實告于孫晧. 預欲間吳邊將, 乃表還其所獲之衆於晧. 晧果召政, 遣武昌監劉憲代之. 吳大軍臨至, 使其將帥移易, 以成傾蕩之勢.

預處分既定,乃啓請伐吳之期.帝報待明年方欲大舉,預表陳至計曰:「自閏月以來,賊但敕嚴,下無兵上.以理勢推之,賊之窮計,力不兩完,必先護上流,勤保夏口以東,以延視息,無緣多兵西上,空其國都.而陛下過聽,便用委棄大計,縱敵患生.此誠國之遠圖,使舉而有敗,勿舉可也.事爲之制,務從完牢.若或有成,則開太平之基,不成,不過費損日月之間,何惜而不一試之!若當須後年,天時人事不得如常,臣恐其更難也.陛下宿議,分命臣等隨界分進,其所禁持,東西同符,萬安之舉,未有傾敗之慮.臣心實了,不敢以曖昧之見自取後累.惟陛下察之.」預旬月之中又上表曰:「羊祜與朝臣多不同,不先博畫而密與陛下共施此計,故益令多異.凡事當以利害相較,今此舉十有八九利,其一二止於無功耳.其言破敗之形亦不可得,直是計不出己,功不在身,各恥其前言,故守之也.自頃朝廷事無大小,異意鋒起,雖人心不同,亦由恃恩不慮後難,故輕相同異也.昔漢宣帝議趙充國所上事效之後,詰責諸議者,皆叩頭而謝,以塞異端也.自秋已來,討賊之形頗露.若今中止,孫晧怖而生計,或徙都武昌,更完修江南諸城,遠其居人,城不可攻,野無所掠,積大船於夏口,則明年之計或無所及」時帝與中書令張華圍棊,而預表適至.華推枰斂手曰:「陛下聲明神武,朝野清晏,國富兵強,號令如一.吳主荒淫驕虐,誅殺賢能,當今討之,可不勞而定」帝乃許之.

預以太康元年正月,陳兵于江陵,遣參軍樊顯・尹林・鄧圭・襄陽太守周奇等率衆循江西上,授以節度,旬日之間,累克城邑,皆如預策焉.又遣牙門管定・周旨・伍巢等率奇兵八百,泛舟夜渡,以襲樂鄉,多張旗幟,起火巴山,出於要害之地,以奪賊心.吳都督孫歆震恐,與伍延書曰:「北來諸軍,乃飛渡江也」吳之男女降者萬餘口,旨・巣等伏兵樂鄉城外.歆遣軍出距王濬,大敗而還.旨等發伏兵,隨歆軍而入,歆不覺,直至帳下,虜歆而還.故軍中爲之謠曰:「以計代戰一當萬」於是進逼江陵.吳督將伍延僞請降而列兵登陴,預攻克之.既平上流,於是沅湘以南,至于交廣,吳之州郡皆望風歸命,奉送印綬,預仗節稱詔而綏撫之. 凡所斬及生獲吳都督‧監軍十四,牙門‧郡守百二十餘人. 又因兵威,徙將士屯戍之家以實江北,南郡故地各樹之長吏,荊土肅然,吳人赴者如歸矣.

王濬先列上得孫歆頭,預後生送歆,洛中以爲大笑. 時衆軍會議,或曰:「百年之寇,未可盡克. 今向暑,水潦方降,疾疫將起,宜俟來冬,更爲大舉.」預曰:「昔樂毅藉濟西一戰以并強齊,今兵威已振,譬如破竹,數節之後,皆迎刃而解,無復著手處也.」遂指授群帥,徑造秣陵. 所過城邑,莫不束手. 議者乃以書謝之.

孫皓既平,振旅凱入,以功進爵當陽縣侯,增邑并前九千六百戶,封子耽爲亭侯,千戶,賜絹八千匹.

初,攻江陵,吳人知預病癭,憚其智計,以瓠繫狗頸示之. 每大樹似癭,輒斫使白,題曰「杜預頸」. 及城平,盡捕殺之.

預既還鎮,累陳家世吏職,武非其功,請退. 不許.

預以天下雖安,忘戰必危,勤於講武,修立泮宮,江漢懷德,化被萬里. 攻破山夷,錯置屯營,分據要害之地,以固維持之勢. 又修邵信臣遺跡,激用滍淯諸水以浸原田萬餘頃,分疆刊石,使有定分,公私同利. 衆庶賴之,號曰「杜父」. 舊水道唯沔漢達江陵千數百里,北無通路. 又巴丘湖,沅湘之會,表裏山川,實爲險固,荊蠻之所恃也. 預乃開楊口,起夏水達巴陵千餘里,內瀉長江之險,外通零桂之漕. 南土歌之曰:「後世無叛由杜翁,孰識知名與勇功.」

預公家之事,知無不爲. 凡所興造,必考度始終,鮮有敗事. 或譏其意碎者,預曰:「禹稷之功,期於濟世,所庶幾也.」

預好爲後世名,常言「高岸爲谷,深谷爲陵」,刻石爲二碑,紀其勳績,一沈萬山之下,一立峴山之上,曰:「焉知此後不爲陵谷乎!」

預身不倦,敏於事而慎於言. 既立功之後,從容無事,乃耽思經籍,爲《春秋左氏經傳集解》. 又參攷衆家譜第, 謂之〈釋例〉. 又作〈盟會圖〉・〈春秋長曆〉, 備成一家之學, 比老乃成. 又撰《女記讚》. 當時論者謂預文義質直, 世人未之重, 唯秘書監摯虞賞之, 曰:「左丘明本爲《春秋》作傳, 而《左傳》遂自孤行. 〈釋例〉本爲傳設, 而所發明何但《左傳》, 故亦孤行.」時王濟解相馬, 又甚愛之, 而和嶠頗聚斂, 預常稱「濟有馬癖, 嶠有錢癖」. 武帝聞之, 謂預曰:「卿有何癖?」對曰:「臣有《左傳》癖.」

預在鎭, 數餉遺洛中貴要. 或問其故, 預曰:「吾但恐爲害, 不求益也.」

預初在荊州, 因宴集, 醉臥齋中. 外人聞嘔吐聲, 竊窺於戶, 止見一大蛇垂頭而吐. 聞者異之. 其後徵爲司隸校尉, 加位特進, 行次鄧縣而卒, 時年六十三. 帝甚嗟悼, 追贈征南大將軍・開府儀同三司, 諡曰成.

預先爲遺令曰:「古不合葬, 明於終始之理, 同於無有也. 中古聖人改而合之, 蓋以別合無在, 更緣生以示教也. 自此以來, 大人君子或合或否, 未能知生, 安能知死, 故各以己意所欲也. 吾往爲臺郎, 嘗以公事使過密縣之邢山. 山上有冢, 問耕父, 云是鄭大夫祭仲, 或云子產之冢也, 遂率從者祭而觀焉. 其造冢居山之頂, 四望周達, 連山體南北之正而邪東北, 向新鄭城, 意不忘本也. 其隧道唯塞其後而空其前, 不填之, 示藏無珍寶, 不取於重深也. 山多美石不用, 必集涒水自然之石以爲冢藏, 貴不勞工巧, 而此石不入世用也. 君子尙其有情, 小人無利可動, 歷千載無毀, 儉之致也. 吾去春入朝, 因郭氏喪亡, 緣陪陵舊義, 自表營洛陽城東首陽之南爲將來兆域. 而所得地中有小山, 上無舊冢. 其高顯雖未足比邢山, 然東奉二陵, 西瞻宮闕, 南觀伊洛, 北望夷叔, 曠然遠覽, 情之所安也. 故遂表樹開道, 爲一定之制. 至時皆用洛水圓石, 開隧道南向, 儀制取法於鄭大夫, 欲以儉自完耳. 棺器小斂之事, 皆當稱此.」

子孫一以遵之, 子錫嗣.

Ⅵ.《春秋左傳正義》

唐 太宗 貞觀 연간에 孔穎達이 찬술한 〈五經正義〉, 즉《周易正義》,《毛詩正義》,《尙書正義》,《禮記正義》,《春秋左傳正義》의 하나이다. 孔穎達은 谷那律, 楊士勛, 朱長才, 馬嘉運, 王德韶, 蘇德融 등과 함께 당시 전하던 五經을 편찬, 정리하고 趙弘智의 심의를 거쳐 貞觀 16년(642)에 완성하였다. 이에 대해《舊唐書》孔穎達傳에는 "先是, 與顔師古·司馬才章·王恭·王琰等諸儒受詔撰定《五經義訓》, 凡一百八十卷, 名曰《五經正義》. 太宗下詔曰:「卿等博綜古今, 義理該洽, 考前儒之異說, 符聖人之幽旨, 實爲不朽」"라 하여 처음에는《五經義訓》이었으나 太宗이 정식 이름으로《五經正義》라 한 것이며,《貞觀政要》崇儒學篇에도 "太宗又以文學多門, 章句繁雜, 詔師古與國子祭酒孔穎達等諸儒, 撰定五經疏義, 凡一百八十卷; 名曰《五經正義》, 付國學施行"라 하여 같은 기록이 실려 있다.

그 중《春秋左傳正義》는 注文은 杜預의 주를, 疏文은 劉炫의 義疏를 기본으로 하고 沈文何의 주로 보충하되 두 사람 주가 마땅하지 않을 때 자신의 의견을 가하여 밝혔다. 모두 36권이었다. 한편 書名에 대해서는 唐나라 때에는《春秋正義》로 불렸으나 宋 慶元 紹興刻本부터《春秋左傳正義》라 하였으나, 宋 劉叔剛의 〈刻本〉에는 다시《附釋音春秋左傳注疏》로 개명되었으며 권수도 60권으로 재편되었다. 그 뒤 淸 乾隆 英武殿本에는 이름을《春秋左氏傳注疏》로 하여 60권으로 하되 〈正義序〉1권, 〈左傳序〉1권, 〈原目〉1권, 〈傳述人〉1권이 더 있으며 말미에는 모두 〈校刊記〉가 실려 있다. 그 뒤 阮元 校刊本도 역시 60권으로 편정하였다. 한편 〈四庫繕寫本〉에서는 다시 이름을《春秋左傳正義》(60권)라 하였으며 〈四庫全書總目提要〉에는 "有注疏而後左氏之義明, 左氏之義明而後二百四十二年內善惡之迹――有征"이라 평하였다. 이러한 과정을 거쳐 오늘날 〈十三經注疏本〉에는《春秋左傳正義》로 굳어져 널리 활용되고 있다.

Ⅶ. 孔穎達(574-638)

《春秋左傳正義》를 쓴 孔穎達은 당나라 초기 경학가이며 자는 沖元, 冀州 衡水(지금의 河北 衡水) 사람이다. 북조 때 태어난 관료 집안 출신으로 당시 유학자이며 천문학자였던 劉焯에게 배워 隋 煬帝 大業 초(605) 明經科에 급제하여 河內郡博士에 올랐다. 隋末 대란 때에는 虎牢(武牢)로 피신하였다가 秦王 李世民이 王世充을 평정한 뒤 秦王府 文學館學士를 거쳐 高祖(李淵) 武德 9년(626)에 國子博士에 올랐다. 唐 太宗(李世民) 貞觀 초에 曲阜縣男으로 봉해졌다가 곧이어 給事中으로 자리를 옮겼으며 貞觀 6년(632) 國子司業에 올랐다. 그 뒤 太子右庶子를 거쳐 魏徵과 함께 《隋史》를 편찬하였고 그 공으로 散騎常侍에 올랐다. 11년에는 《五禮》를 편찬하였고 책이 완성되자 작위가 子爵으로 승격되었다. 이듬해 국자좨주國子祭酒가 되어 東宮의 侍講을 맡았으며 顔師古, 司馬才, 王恭, 王琰 등과 《五經義訓》을 편찬하여 貞觀 16년 (642) 이를 완성하였다. 모두 180권의 방대한 책으로 太宗이 이를 《五經正義》로 명명하여 널리 반포하도록 하였다. 17년 벼슬을 버리고 관직에서 물러났으며 18년 凌煙閣에 그 도상이 걸리는 영광을 얻기도 하였다. 貞觀 22년 생을 마치고 昭陵에 陪葬되었다. 太常卿을 추증받았으며 시호는 憲이다. 그의 일화는 《貞觀政要》 등에 널리 실려 있으며 전기는 《舊唐書》와 《新唐書》에 모두 실려 있다. 이를 전재하여 참고로 삼는다.

○ 孔穎達傳

1.《舊唐書》(73) 孔穎達傳

　　孔穎達字沖遠, 冀州衡水人也. 祖碩, 後魏南臺丞. 父安, 齊青州法曹參軍. 穎達八歲就學, 日誦千餘言. 及長, 尤明《左氏傳》・鄭氏《尙書》・王氏《易》・《毛詩》・《禮記》, 兼善算曆, 解屬文. 同郡劉焯名重海內, 穎達造其門, 焯初不之禮, 穎達請質疑滯, 多出其意表, 焯改容敬之. 穎達固辭歸, 焯固留不可, 還家, 以教授爲務. 隋大業初, 舉明經高第, 授河內郡博士. 時煬帝徵諸郡儒官集于東都, 令國子秘書學士與之論難, 穎達爲最. 時穎達少年, 而先輩宿儒恥爲之屈, 潛遣刺客圖之, 禮部尙書楊玄感舍之於家, 由是獲免. 補太學助教. 屬隋亂, 避地於武牢. 太宗平王世充, 引爲秦府文學館學士. 武德九年, 擢授國子博士. 貞觀初, 封曲阜縣男, 轉給事中.

　　時太宗初卽位, 留心庶政, 穎達數進忠言, 益見親待. 太宗嘗問曰:「《論語》云:『以能問於不能, 以多聞於寡, 有若無, 實若虛.』何謂也?」穎達對曰:「聖人設教, 欲人謙光. 己雖有能, 不自矜大, 仍就不能之人求訪能事; 己之才藝雖多, 猶以爲少, 仍就寡少之人更求所益. 己之雖有, 其狀若無; 己之雖實, 其容若虛. 非唯匹庶, 帝王之德, 亦當如此. 夫帝王內蘊神明, 外須玄黙, 使深不可測, 度不可知.《易》稱『以蒙養正』,『以明夷莅衆』, 若其位居尊極, 炫燿聰明, 以才凌人, 飾非拒諫, 則上下情隔, 君臣道乖, 自古滅亡, 莫不由此也.」太宗深善其對.

　　六年, 累除國子司業. 歲餘, 遷太子右庶子, 仍兼國子司業. 與諸儒議曆及明堂, 皆從穎達之說. 又與魏徵撰成《隋史》, 加位散騎常侍. 十一年, 又與朝賢修定《五禮》, 所有疑滯, 咸諮決之. 書成, 進爵爲子, 賜物三百段. 庶人承乾令撰《孝經義疏》, 穎達因文見意, 更廣規諷之道, 學者稱之. 太宗以穎達在東宮數有匡諫, 與左庶子于志寧各賜黃金一斤, 絹百匹. 十二年, 拜國子祭酒, 仍侍講東宮.

十四年,太宗幸國學觀釋奠,命穎達講《孝經》,既畢,穎達上〈釋奠頌〉,手詔褒美.後承乾不循法度,穎達每犯顏進諫.承乾乳母遂安夫人謂曰:「太子成長,何宜屢致面折?」穎達對曰:「蒙國厚恩,死無所恨.」諫諍逾切,承乾不能納.

先是,與顏師古‧司馬才章‧王恭‧王琰等諸儒受詔撰定《五經義訓》,凡一百八十卷,名曰《五經正義》.太宗下詔曰:「卿等博綜古今,義理該洽,考前儒之異說,符聖人之幽旨,實爲不朽」付國子監施行,賜穎達物三百段.時又有太學博士馬嘉運駁穎達所撰《正義》,詔更令詳定,功竟未成.十七年,以年老致仕.十八年,圖形於凌煙閣,讚曰:「道光列第,風傳闕里.精義霞開,摛辭颷起」二十二年卒,陪葬昭陵,贈太常卿,諡曰憲.

2.《新唐書》(198) 儒學傳(孔穎達)

孔穎達字仲達,冀州衡水人.八歲就學,誦記日千餘言,闇記《三禮義宗》.及長,明服氏《春秋傳》‧鄭氏《尚書‧詩‧禮記》‧王氏《易》,善屬文,通步曆.嘗造同郡劉焯,焯名重海內,初不之禮.及請質所疑,遂大畏服.

隋大業初,舉明經高第,授河內郡博士.煬帝召天下儒官集東都,詔國子秘書學士與論議,穎達爲冠,又年最少,老師宿儒恥出其下,陰遣客刺之,匿楊玄感家得免.補太學助教.隋亂,避地虎牢.

太宗平洛,授文學館學士,遷國子博士.貞觀初,封曲阜縣男,轉給事中.時帝新卽位,穎達數以忠言進.帝問:「孔子稱『以能問於不能,以多聞於寡,有若無,實若虛』.何謂也?」對曰:「此聖人教人謙耳.己雖能,仍就不能之人以咨所未能;己雖多,仍就寡少之人更資其多.內有道,外若無;中雖實,容若虛.非特匹夫,君德亦然. 故《易》稱『蒙以養正』,『明夷以莅衆』. 若其據尊極之位, 衒聰燿明, 恃才以肆, 則上下不通, 君臣道乖. 自古滅亡, 莫不由此.」帝稱善. 除國子司業, 歲餘, 以太子右庶子兼司業. 與諸儒議曆及明堂事, 多從其說. 以論撰勞, 加散騎常侍, 爵爲子.

皇太子令穎達撰《孝經章句》, 因文以盡箴諷. 帝知數爭太子失, 賜黃金一斤・絹百匹. 久之, 拜祭酒, 侍講東宮. 帝幸太學觀釋菜, 命穎達講經, 畢, 上〈釋奠頌〉, 有詔褒美. 後太子稍不法, 穎達爭不已, 乳夫人曰:「太子既長, 不宜數面折之.」對曰:「蒙國厚恩, 雖死不恨」剴切愈至. 後致仕, 卒, 陪葬昭陵, 贈太常卿, 諡曰憲.

初, 穎達與顏師古・司馬才章・王恭・王琰受詔撰《五經義訓》, 凡百餘篇, 號《義贊》, 詔改爲《正義》云. 雖包貫異家爲詳博, 然其中不能無謬冗, 博士馬嘉運駁正其失, 至相譏詆. 有詔更令裁定, 功未就. 永徽二年, 詔中書門下與國子三館博士・弘文館學士考正之, 於是尙書左僕射于志寧・右僕射張行成・侍中高季輔就加增損, 書始布下.

3.《貞觀政要》

1)「規諫太子」(12)

貞觀中, 太子承乾數虧禮度, 侈縱日甚, 太子左庶子于志寧撰《諫苑》二十卷諷之. 是時太子右庶子孔穎達每犯顏進諫. 承乾乳母遂安夫人謂穎達曰:「太子長成, 何宜屢得面折?」對曰:「蒙國厚恩, 死無所恨!」諫諍愈切. 承乾令撰《孝經義疏》, 穎達又因文見意, 愈廣規諫之道. 太宗並嘉納之, 二人各賜帛五百匹, 黃金一斤, 以勵承乾之意.

2)「謙讓」(19)

貞觀三年, 太宗問給事中孔穎達曰:「《論語》云:『以能問於不能, 以多問於寡; 有若無, 實若虛』. 何謂也?」孔穎達對曰:「聖人設教, 欲人謙光. 己雖有能, 不自矜大, 仍就不能之人, 求訪能事. 己之才藝雖多, 猶病以爲少, 仍就寡少之人, 更求所益. 己之雖有, 其狀若無; 己之雖實, 其容若虛. 非惟匹庶, 帝王之德, 亦當如此. 夫帝王內蘊神明, 外須玄默, 使深不可知. 故《易》稱『以蒙養正』,『以明夷莅衆』. 若其位居尊極, 炫耀聰明, 以才陵人, 飾非拒諫, 則上下情隔, 君臣道乖. 自古滅亡, 莫不由此也.」太宗曰:「《易》云:『勞謙, 君子有終, 吉.』誠如卿言.」詔賜物二百段.

3)「崇儒學」(27)

貞觀四年, 太宗以經籍去聖久遠, 文字訛謬, 詔前中書侍郎顏師古於秘書省考定五經. 及功畢, 復詔尚書左僕射房玄齡集諸儒重加詳議. 時諸儒傳習師說, 舛謬已久, 皆共非之, 異端蜂起. 而師古輒引晉宋已來古本, 隨方曉答, 援據詳明, 皆出其意表, 諸儒莫不歎服. 太宗稱善者久之, 賜帛五百匹, 加授通直散騎常侍, 頒其所定書於天下, 令學者習焉. 太宗又以文學多門, 章句繁雜, 詔師古與國子祭酒孔穎達等諸儒, 撰定五經疏義, 凡一百八十卷; 名曰《五經正義》, 付國學施行.

《春秋左傳注疏》(十三經注疏本) 臺灣 藝文印書館 覆印本

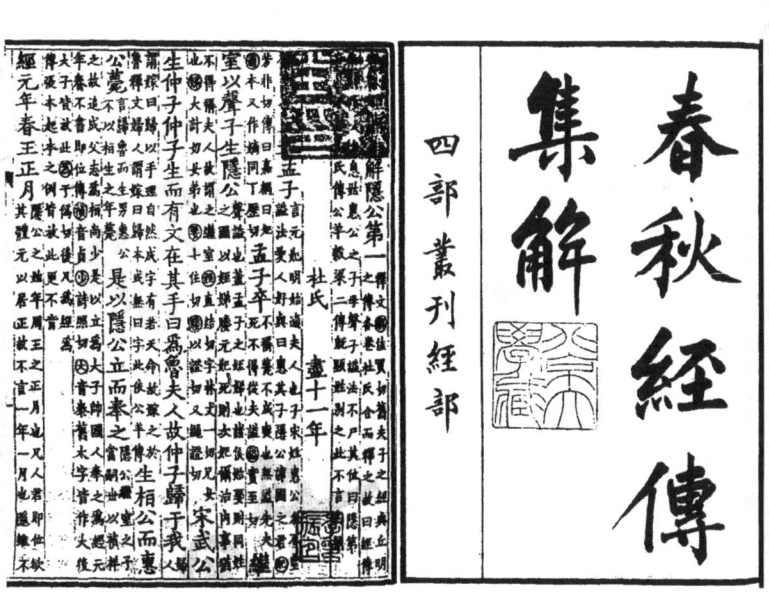

《春秋經傳集解》(杜預) 巾箱本. 四部叢刊本 初編 經部

春秋經傳集解僖上第五

杜氏 盡十五年

經元年春王正月齊師宋師曹師次于聶北救邢 齊師諸侯之師救邢也于聶北者案兵次於在莊三年聶北邢地

夏六月邢遷于夷儀 邢遷如歸故以自遷為辭夷儀邢地

傳例曰救患分災禮也一事而再列三國於文不可言諸侯師故

秋七月戊辰夫人姜氏薨于夷齊人以歸 傳在閔二年不言齊人殺諱之書地者明在外兒

八月公會齊侯宋公鄭伯曹伯邾人于檉 檉宋地陳國陳縣西北有檉城公及其會而不書盟還不以盟告

九月公敗邾師于偃 偃邾地

冬十月壬午公子友師師敗

春秋管窺

四庫善本叢書 初編 經部

欽定四庫全書

春秋管窺卷一

新昌縣縣丞徐廷垣撰

隱公

元年

元春始也嗣君逾年即位上承宗廟下臨萬民政
號令俱於是焉始君而敬其始則兢兢業業所以克
艱厥位也故不曰一年而謂之元年重始也此年為
魯隱公之元年非周天子之元年諸侯奉天子之正
朔宜遵天子之統而周失其政不頒朔於天下列國
固知所承故其國史各自以其君之年紀事而不能
達於四方則又以事表年如魯答襄公之齒曰會於
沙隨之歲我寡君以生晉推絳縣老人之年曰此卻
成子會於戍匠之歲是也春秋原為魯史故以魯年
紀事而始於隱元年者以平王東遷不能振興厥緒
下陵上替王室日卑聖人憂紀綱法度漸至泯滅故

《春秋管窺》(徐廷垣) 四庫善本叢書 初編 經部

春秋左氏傳序

箋曰。宋本卷作春傳作
傳石經同後悉從宋本

竹添光鴻會箋

春秋者魯史記之名也。箋曰。春秋非獨魯史記之名也昭元年韓宣子來聘觀書於大史氏見易象與魯春秋坊記魯春秋猶去夫人之姓曰吳其死曰孟子卒者春秋獨魯史之名則只言春秋記事者以事繫日以日繫月以月繫時以時繫年所以紀遠近別異也。箋曰。前年遠於後年後月近於前月異其年月則遠近明也共在月下則同月而足矣不必加魯字也。

史之所記。箋曰宋本所作之事各繫其月則異月之事觀其月則異同別矣宋本透作還後悉從宋本。

必表年以首事年有四時故錯舉以為所記之名也。故史之所記。箋曰宋本所作之事各繫其月則異月之事觀其月則異同別矣宋本透作還後悉從宋本。

周礼有史官。箋曰宋礼作禮石經同。掌邦國四方之事達四方之志。箋曰承受他國之赴也。襄廿五年南史執簡以往是簡者未編之稱聘禮記百名以上書於策不合詳隱十一年孟子曰楚謂之檮杌晉謂之乘而魯謂之春秋其實一也。箋曰春秋為列國史書之通名孟子所舉此晉楚所謂乘檮杌其實乘檮杌殷夏也然則所謂乘檮杌其別名耳周官大卜掌三易之法一曰連山二曰歸藏三曰周易則連山歸藏殷夏易也歸藏於夏殷則舉別名而於周易則舉本名者周之易無別名也。孟子論春秋於晉楚則舉別名而於魯則舉本名者魯之春秋無別名也。

諸侯亦各有國史大事書之於策小事簡牘而已。箋曰說文

皇清經解卷二百二十　　　　　　　　　學海堂

春秋毛氏傳　　　　　　　　　蕭山毛檢討奇齡著

皇清經解《卷二百二十　毛檢討春秋傳》　　一　庚申補刊

春秋者傳史之名也凡史官記事必先立年時月日而後書事于其下謂之記年晉謂之乘楚謂之檮杌此魯史所名故每歲所書四時必偹然而祗名春秋者春可以該夏秋可以該冬也舊爾春以善善秋以惡惡春秋者善惡之書則毛詩春秋匪懈孝經春秋祭祀之中庸春秋修其祖廟未間有善惡于其間正者蓋古來慣稱如是矣非具春取陽中秋取陰中則周正春皆是冬秋皆是夏由爲之說究何必然第春秋立名不始夫子在夫子未修前早有是名傳術輝宣
始秋重歷初剛剛合罔正而又由爲之說究何必然
子來聘觀易梁春秋此在昭二年夫子未修以前之文而坊記謂焉春秋記晉喪曰殺其君之子奚齊及其君卓其文在僖九年夫子且未嘗生也故公羊道聽塗說亦云有未修時春秋見莊七年傳而魯史至西狩獲麟後向有二年共二十六條皆日此皆春秋交也故孟子曰詩亡然後春秋作此夫子春秋也蓋之春秋交此舊春秋也
或又謂春秋是周時史書不止魯史者孔疏于杜氏序云孔子使子夏等十四人求周史記得百二十國寶書以爲春秋周世往則每國有史記當同名春秋又公羊引閔因敘云孔子春秋一名爲周史與列國諸史所共有之名不始夫子并不始魯史也

皇清經解卷五十　　　　　學海堂

學春秋隨筆　　　　　　　鄞萬斯大著

隱公元年

孔子曰天下無道禮樂征伐自諸侯出開卷元年二字便見王室之卑諸侯之僭何以言之君曰元首臣曰股肱天子為天下共主五等諸侯出作藩屏入為卿士佽然臣也一統天下成奉正朔同軌同文安有諸侯改元之理即曰國自為史亦必大書天子之年而分繫其事何休曰必天子然後改元此說是也孔穎達引鄭僖絔一公之有元此衰世之事不足以難之熊氏過日史記真公瀧已上為周王世表無諸侯年表真公當見諸侯僭端始見改元矣此為有據晉史書之天子因而不削以著之耳

春秋之始亦以見其僭云

春王正月不書即位

周正建子改月改時就春秋經傳考之原自瞭然書之經者冬十月雨雪冬十月隕霜殺菽之類見之傳者春正月如南門之災四月陳災火出於夏三月於商為四月五月弑齊侯商人周書泰誓記云正月戊午師渡孟津周書武成記云四月哉生明王來自商至于豐禮記文王世子記云文王九十七乃終武王九十三而終武王末受命九年而崩成王幼不能涖阼周公相踐阼而治抗世子法於伯禽所以善成王也聞之曰為人臣者殺其身有益於君則為之況於其身以善其君乎周公優為之也成王幼在襁褓之中周公抗世子法於伯禽欲令成王之知父子君臣長幼之義也成王有過則撻伯禽所以示成王世子之道也文王之為世子也此皆徒十二月之輿繁版有事孟子孟子徒云孟子曰五月居廬未有命戒百官族人曰斯足以為政矣亦無不合漢唐以來說春秋者都無異詞至程叔子乃曰周正月非春也假天時以立義耳似不修春秋本曰冬正月夫子修之改作春正月也此不但書正月而無春字也胡文定以為夏時冠月又似不修春秋元年冬十月夫子所加自是學者多疑之朱子不信文定說

皇清經解卷二百二十八　　學海堂

春秋說　　　　　　吳惠士士奇著

閔公

二年夏五月乙酉吉禘于莊公紀年曰康王三年定樂歌吉禘
也故曰大禘則終王定樂歌即所謂禘樂
左傳夏吉禘于莊公速也孔疏云襄十五年晉人答叔公辛十
君乙未祔廟當與先君相接穆之次爲昭果之次爲穆以
入廟當與先君相接穆之次爲昭其喪畢乃爲大禘而後
示二十八月而禘於此言三年喪畢之月乃爲大祭而後
日而後行事毎常以二十七月而禘其主於莊公何以書
公羊傳其言吉何者未可以吉也吉祭必三年而注云禘三年
未可以稱宮廟也廟禘之時則有祫禘其在三年之中矣
廟可禘於姑姊祖妣加吉明太廟不當祭未可以吉祭雖重不書
也三年矣易爲謂之未三年之喪實以二十五月注何
云時莊公喪至是適二十二月禮士虞記云期而小祥
薦此常事曰大祥而禮事也中月禫是月也吉禘其言
于莊公何未可言吉者未可以吉也
二十五月而禫其言于莊公何未可言吉者未可以吉也
以稱宮廟也以上時莊公未入太廟爲未可稱宮廟也
未可以稱宮廟在三年之中矣鬼神皆悲哀未可
公何以書譏爾譏始不三年也既饜吉祭又非祭
說許祫於後未畢而廢吉祭故非之也
穀梁傳吉禘者不吉者也喪事未畢而廢吉祭故非之也

僖公

八年秋七月禘于大廟用致夫人張氏拾日周禮兵死者何
先君見詠於方伯禪可以配祖廟秩丞晉予惡諱
公穀二傳不見囿史得之博聞未足信也故制之

《春秋地理考實》清，江永〈皇清經解〉學海堂本

皇清經解卷三百七十五　　　　　　　學海堂

春秋正辭

　　　　　　　　　　　　武進莊存與著

奉天辭弟一

皇清經解　卷三百七十五　莊侍郎春秋正辭　一　庚申補刊

初一曰建五始元正天端自貴者始同日進建相須成體天人大本萬物所繫春秋上之欽甚丕指次二曰宗文王文王受命武王述之文武既沒文不在茲稽占耆將道法所祖闇而知之萬世以為士次三曰大一統天無二日民無二王郊社宗廟尊無二上治非王則黜學非聖則黜次四曰通三統三代建正受之於天文質再復制作備爲師法在昔恭讓則堯舜乃有監撫偶一姓次五曰備四時籠佐於浮天羡於養人聖人以順動則日月光明庶物露生陰佐不可右刑誅不可任五辰之正蟄生在命次六曰正月日幾平其惟日不仁輿不仁同此日乎就能慎徵日無不吉歲餘而始之端在朔月主愛日之遐暇食夜日日餘天光在騰聞日歲候次七曰審天命廢興支輿人甚可畏也欲止其飢心仁愛也上下之間匪虛而質元奧壞奧飮歌戒奧民不驕罪聖人覺奧次八日察五行祥奧天氣憶慥撲相昜神乎雖知勿貶所護惟聖同天次九日張三世娛哀條隱隆薄以恩屈信之志詳畧之文智不危平與人不訕上有罪未知其辭可訪撥飢啟治漸於升平十二有象大平以成次十日俟後聖舊典禮經在邱多賢春秋應天受故知新穀梁繩恐子夏所傳拾遺補闕歷世多聞淵平公羊溫命作制孟子輿有言天子之事以託王法魯無惕爲以治萬世

《春秋正辭》清，莊存與〈皇清經解〉學海堂本

皇清經解卷一千三百零三　　　　　　　　　　學海堂

春秋異文箋　　　　　　　仁和趙坦君坦著

春秋異文箋　　　趙徵君春秋異文箋　一　庚申補刊

隱公元年

三月公及邾儀父盟于蔑

杜注邾今魯國鄒縣也蔑姑蔑魯地魯國卞縣南有姑城

釋文蔑亡結反

公羊

三月公及邾婁儀父盟于眛唐石經作眛

釋文婁力俱反邾人語聲後曰婁故曰邾婁禮記同左氏穀

梁無婁字眛亡結反穀梁同左氏眛唐石經作眛

穀梁

三月公及邾儀父盟于眛

釋文眛音妹左氏作蔑

謹案列國方言有謳登在歌者邾婁是也有諳登在前者旬

吳於越是也卽人名亦然失子壽夢寺人惠牆伊戾是也公

羊多齊言故邾作邾婁蔑作眛音同義通釋例世族譜邾今

魯國鄒縣是也　六書故邾邾同聲費一字也春秋時邾莒

用夷故邾謂之邾婁襄亦兩音力俱切者今邾婁之音爲邾

力溝切者合邾婁之音爲鄒也輿地廣記曰今滋州鄒平縣

古鄒國也兗州鄒縣鄒文公所遷本釋邑也有孟子家

韻正十八尤鄒古音則俱反公羊傳邾婁邾鄒合以一字爲

二字孟子題解邾國至孟子時魯穆公改曰鄒　釋例土地

名魯地蔑姑蔑二名魯國卞縣南有姑蔑城　　　竹書紀年平

王四十九年魯隱公及邾莊公盟于姑蔑　說文昔部蔑勞

皇清經解卷一

左傳杜解補正

崑山顧處士炎武著

學海堂

北史昔周樂遜著春秋序義通賈服說發杜氏違今杜氏單行而賈服之書不傳矣吳之先達邵氏寶有左觿百五十餘條又陸氏粲有左傳附注傅氏遜本之爲辨誠一書今多取之參以鄙見名曰補正凡三卷君經文大義左氏不能盡得而公穀得之公穀不能盡得而啖趙及宋儒得之者則別記之於書而此不具也

皇清經解 卷一 顧處士左傳補正 庚申補刊

隱元年莊公寤生驚姜氏 解寐寤而莊公已生恐無此事應不如早寤之寤之所 解使得其所宜改之言及今制之

勔鳳俗通曰兒寤地能開目視者爲寤生

未嘗君之羹 解食而不啜羹非也改云爾雅肉謂之羹

男生不及哀 杜氏主短喪之說每於解中見之謂旣葬除喪

諒闇三年非也改云不當旣封反哭之時

二年莒人入向 解讓國龍亢縣東南有向城鎮桓十六年城向宣四年公及齊侯平莒及鄆莒人不肯公伐莒取向襄二十年仲孫速會莒人盟於向杜氏於宣四年解曰向莒邑東海承縣東南向城遠疑也按春秋向見於經而杜氏解爲二地然其許一向也先爲國後升於莒而或屬莒或屬齊則以攝乎大國之間耳龍亢在今鳳陽之懷遠尤遠惟沂州之向城近
之

皇清經解卷三百二十八　　　　　　學海堂

春秋左傳小疏　　　　　　吳江沈彤君彤著

隱公元年經春王正月　書王正月乃列國史官記事之常法否則嫁從不禀正朔矣周時月並改而此不云王春者春天時不可繫於王也然王在春下正上則時月亦襄統之古書法有如此者

鄭伯克段於鄢　段剛強大傷傑而以出奔其未見獲故傳以加二君解之杜謂卽得僞例誤　爲之所謂居邑以可制之邑傳不如早爲之所　滋蔓喻居京

無使滋蔓　滋蔓喻居京

如二君故曰克　非得僞而日克故傳別解之趙子常以此爲

春秋持筆是也

謂之鄭志　鄭伯志於克不志於殺若請制而卽使居之則志於殺矣解據穀梁傳誤

吊生不及哀　自始及殯及反哭皆主人所至哀故哭踊無算否亦代哭不絕聲此句主吊葬言則所謂哀者指自啟至反哭時也吊葬之禮凡有五節一啟殯而期注

告於賓正義云知而來赴吊下經遂云主人拜賓請檟期

至於賓正義云拜賓出主人送檟弓所請檟弓云

君於大夫將葬弔於宮遂云主人拜賓有司請如期注

云當以告賓下經遂云賓出主人送檟弓所請檟弓

弔於朝是也朝亦弔於祖後一檟車將行而旣夕云

拜之正義云弔葬之賓下經遂云乃行是也一哀次而弔檟弓

皇清經解卷三百五十三

春秋左傳補註

吳惠徵君棟著

學海堂

春秋左傳補註

棟曾王父樸菴先生幼通左氏春秋至耄不衰常因杜氏之未備者作補註一卷傳序相授千今四世矣竊謂春秋三傳左氏先著竹帛名爲古學所載古文爲多賈宋以來鄭賈之學漸微而服杜盛行及孔頴達奉勅爲春秋正義又專爲杜氏一家之學値五代之亂服氏遂亡當時鄭康成之周禮鄭君宏嗣之國語純采先儒之說未乃已意分下可以考得失而箝論間與諸儒相違于是衆進序劉炫規過之書出焉頗少習是書戾閭庭訓每講杜氏解經頗多遺誤因剟取經傳附以先世遺聞廣爲補註六卷用以博異說祛俗議宗鄭之遺前修不揆敢梁劉之意規其中千古文之同異春无忘爲傅之子孫仰知四世之業勿替引之云爾戊戌冬日東吳惠棟定宇序

隱九年經公及邾儀父盟于蔑

北國人迫之敗講姑蔑是也隱公名息姑而當時史官爲之諱倘定公名宋氏廿四年傳宋人襲夏同來惠取千商不云宋也古人舍欲諱新故哀襄定諱定不爲隱諱汲郡古文云魯隱公及邾莊公盟于姑蔑則此經爲隱諱

明矣

傳都城過百雉國之害也

管子曰國小而郡大者稅

《春秋左傳補疏》清，焦循〈皇清經解〉學海堂本

皇清經解卷一千二百九十四　　學海堂

左氏春秋考證　　武進劉禮部逢祿著

左氏春秋考證

左氏春秋酒學子春秋呂氏春秋也直稱春秋太史公所據
舊名也嘗曰春秋左氏傳則東漢以後之以說傳說者矣此
亦可證向書序爲東晉人偽作
惠公元妃孟子
證曰此篇非左氏舊文比附公羊家言桓爲
右滕子嬿爲聲子生子息息長爲太子
公仲子云考仲子之官肯惠公之母敢采說是也曾世家云惠
而好惠公薨而自妻之生子尤堅宋女爲夫人以允爲太子至
年表桓公母宋武公女生手文爲聲夫人亦不云仲子爲太子
惠公適夫人無子賤妾聲子生子息長爲見於宋女子云
而脱子贖爲贖相立之文而作也不知惠公並非再娶經世家云
公仲子云考仲子之官肯惠公之母敢采說是也曾世家云惠

史公所見左氏舊文如此劉歆等改左氏爲傳春秋之書而
未及兼改史記往往可以發蒙護周司馬貞反因僞左氏疑
史記失之甚矣　　又云劉歆顚倒五經使學士迷惑因以秘府古文
博士在西漢殷爲昌明故不敢顚改經文而特以公羊第十一篇爲夫
書經爲十二篇曰春秋古經不知公穀第來昔十一篇爲夫
子之舊何邵公氏於莊公篇詳之矣欲迷惑公羊義例則多
設賢家立子注改作紀實則大窒礙矣　　又云余年十二讀
緣儒左氏春秋以舊其僞如此爛似與公羊相合然於公羊則
左氏春秋疑其菁法是非多失大義繼讀公羊及董子書乃
恍然於春秋非記事之書不必待左氏而明左氏爲戰國時
人故其書終三家分晉而續經乃劉歆妄作也嘗以語宋翔

皇清經解卷一千二百七十七　　　學海堂

春秋左傳補注　　　桐城馬進士宗璉著

賈服之注左傳循康成之注釋鄭元水經注不可殫擧其地名
有京相璠為之注釋鄭元水經注引之於三家誠融於賈逵
左傳學思過半矣凱集解於漢晉諸儒解未能擇善而從
其地理又未能摠度遠近為君所影附此則光伯規過之所
由作也嘗夷漢子嘗為證繼先儒聹廢賈服京君之注
挨引秦漢史舊先生棟連四代之絕學廣搜賈服京君之注
廿載於惠君補注間有遺牖復袞袞未議焉故子慎之作解
故家法是守鄭沖遠之為疏證曲說鮮通是亦惡君所仰望
於後學者也

卷三萬七　　馬進士春秋左傳補注

隱元年傳祭公寤生　泉經音義引祭頭篇云牡而有音曰
為之請制　鄧國志河南滎陽有制澤鄭元水經注滎陽作宛
陵荒宛古字通鄭元曰鄭有二城以東悉多陂澤即古
制澤

不義不暱　說文引作不義不䵣䵣與䵣同爾雅曰䵣䵣也䵣
先生晉涵曰釋訪亦訓也音不義者不能堅固故下文云
厚將崩今本作不䵣杜謂暱與厚將崩之辭不相屬

矢　遠祭商史蔡宓紀綸亦作不呢

二年經紀子帛　索水經淮水注薛水東北逕紀鄣故城南
故紀子帛鄭元以帛為紀子名也

三年傳四月鄭祭足帥師取溫之麥秋又取成周之禾　此傳

春秋左傳卷十二

【註】盡十年、

成公

【註】名黑肱宣公子諡法安民立政曰成、

【經】元年、春、王正月、公即位、

【註】無傳、

二月、辛酉、葬我君宣公、

【註】無傳、喪禮が調ったとなり、

無冰、

【註】無傳周二月、今之十二月而無冰書冬温、時ならず温かなり、

三月、作丘甲、

【註】周禮九夫爲井四井爲邑四邑爲丘丘十六井出戎馬一匹牛三頭四丘爲甸甸六十四井出長轂一乘戎馬四匹牛十二頭甲士三人、步卒七十二人此甸所賦今魯使丘出之譏重斂故書、軍兵を增すことである、【注】周、今魯では甸の地より出すべき大軍を丘より出させた、是では課役の過ぐるをそしつた、

夏、臧孫許及晉侯盟于赤棘、

【註】晉地、魯晉合體したなり、

秋、王師敗績于茅戎、

【註】茅戎、戎別種不言戰、王者至尊天下莫之得校故以自敗爲文不書敗地而書茅戎明爲茅戎所敗書秋從告、【注】茅。校は物を張り合ふことと、王に對して張り合ふものはない、それ故戰が有つても それを書かず、たゞ自然に敗れたと書く也、○不書。何れの地で敗れたとは書さぬ、然れども茅戎と書たは、茅戎に敗られたと云ことを明したものである、

《左傳》〈漢籍國字解全書〉早稻田大學出版部(日) 明治 43년(1909)

春秋正義卷第二

國子祭酒上護軍曲阜縣開國子臣孔穎達等奉

勅撰

春秋經傳集解隱公第一

正義曰五經題篇皆出注者之意人各有心故題文等準此本經傳別切則經傳各自有題注者以意裁定其本難可後知拠今服度所注題云左氏傳解詁第一不題春秋二字盡本傳之題也杜既集解經傳蓋是經之題也服言无氏傳三字盡亦言已備志故字蓋是經之題也服言无氏傳三字盡亦言已備志故傳春秋此書之大名故以春秋冠其上序說左氏所加甚餘皆歸本也經去左氏而當此題爲經傳集解四字是杜所加甚餘皆歸本也經者常也言爲典法可常遵用也傳者傳也博釋經意傳示後人分年相附集而解之故謂之經傳集解隱公魯君侯爵姓姬名息姑本旁引傳記以爲悉旋譜略記國之興滅譜云魯姬姓文王子周公旦之後也周室成王封其子伯禽於曲阜爲魯侯今魯國是也自哀以下九世二百一十七年而楚滅魯

春秋經傳卷第十六

襄公 盡二十二年

經十有六年春王正月葬晉悼公三月公會
晉侯宋公衛侯鄭伯曹伯莒子邾子薛伯杞
伯小邾子于溴梁戊寅大夫盟晉人執莒子
邾子以歸齊侯伐我北鄙夏公至自會五月
甲子地震叔老會鄭伯晉荀偃衛甯殖宋人
伐許秋齊侯伐我北鄙圍成大雩冬叔孫豹

春秋傳卷第一

左朝散郎充徽猷閣待制提舉江州太平觀賜紫金魚袋臣胡安國奉

聖旨纂修

隱公上

孟子曰王者之迹熄而詩亡詩亡然後春秋作今按邶而下多

春秋時詩也而謂詩亡然後春秋作何也自離降爲國風天下

無復有雅而王者之詩亡矣春秋作於隱公適當雅亡之後又按

小雅正月刺幽王詩也而曰赫赫宗周褒姒滅之逮魯孝公之末

幽王巳爲犬戎所斃惠公年周既東矣春秋不作於孝公惠公

者東遷之始流風遺俗猶有存者鄭武公入爲司徒善於其職則

猶用賢也侯捍王于艱錫之秬鬯則猶有誥命也王曰其歸視

爾師則諸侯猶來朝也義和之覠謚爲丈侯則列國猶有請也及

平王在位日夂不能自強於政治棄其九族葛藟有終遠兄弟之

刺不撫其民周人有束薪蒲楚之譏至其晩年失道滋甚乃以天

차례

❖ 책머리에
❖ 일러두기
❖ 해제
    Ⅰ. 《春秋》
    Ⅱ. 《春秋左傳》
    Ⅲ. 《春秋左傳集解》
    Ⅳ. 《春秋釋例》
    Ⅴ. 杜預
    Ⅵ. 《春秋左傳正義》
    Ⅶ. 孔穎達
❖ 〈春秋序〉 杜預
❖ 〈春秋後序〉 杜預

春秋左傳 上

1. 隱公 (총 11년)

001. 隱公 元年 ················· 100
002. 隱公 2年 ················· 119
003. 隱公 3年 ················· 126
004. 隱公 4年 ················· 140
005. 隱公 5年 ················· 150
006. 隱公 6年 ················· 163
007. 隱公 7年 ················· 170
008. 隱公 8年 ················· 177
009. 隱公 9年 ················· 187
010. 隱公 10年 ················ 193
011. 隱公 11年 ················ 200

2. 桓公(총 18년)

- 012. 桓公 元年 ················ 216
- 013. 桓公 2年 ················· 221
- 014. 桓公 3年 ················· 237
- 015. 桓公 4年 ················· 246
- 016. 桓公 5年 ················· 249
- 017. 桓公 6年 ················· 259
- 018. 桓公 7年 ················· 273
- 019. 桓公 8年 ················· 276
- 020. 桓公 9年 ················· 282
- 021. 桓公 10年 ················ 287
- 022. 桓公 11年 ················ 292
- 023. 桓公 12年 ················ 300
- 024. 桓公 13年 ················ 307
- 025. 桓公 14年 ················ 313
- 026. 桓公 15年 ················ 319
- 027. 桓公 16年 ················ 327
- 028. 桓公 17年 ················ 333
- 029. 桓公 18年 ················ 341

3. 莊公(총 32년)

- 030. 莊公 元年 ················ 352
- 031. 莊公 2年 ················· 358
- 032. 莊公 3年 ················· 361
- 033. 莊公 4年 ················· 365
- 034. 莊公 5年 ················· 371
- 035. 莊公 6年 ················· 374
- 036. 莊公 7年 ················· 380
- 037. 莊公 8年 ················· 384
- 038. 莊公 9年 ················· 393
- 039. 莊公 10年 ················ 400
- 040. 莊公 11年 ················ 410
- 041. 莊公 12年 ················ 416
- 042. 莊公 13年 ················ 421
- 043. 莊公 14年 ················ 425
- 044. 莊公 15年 ················ 433
- 045. 莊公 16年 ················ 436
- 046. 莊公 17年 ················ 442
- 047. 莊公 18年 ················ 445
- 048. 莊公 19年 ················ 450
- 049. 莊公 20年 ················ 457

050. 莊公 21年 ·················· 461
051. 莊公 22年 ·················· 466
052. 莊公 23年 ·················· 474
053. 莊公 24年 ·················· 481
054. 莊公 25年 ·················· 489
055. 莊公 26年 ·················· 494

056. 莊公 27年 ·················· 498
057. 莊公 28年 ·················· 504
058. 莊公 29年 ·················· 514
059. 莊公 30年 ·················· 519
060. 莊公 31年 ·················· 524
061. 莊公 32年 ·················· 527

4. 閔公(총 2년)

062. 閔公 元年 ·················· 542

063. 閔公 2年 ·················· 552

春秋左傳 三

5. 僖公(총 33년)

064. 僖公 元年 ·················· 634
065. 僖公 2年 ·················· 642
066. 僖公 3年 ·················· 649
067. 僖公 4年 ·················· 654
068. 僖公 5年 ·················· 669

069. 僖公 6年 ·················· 685
070. 僖公 7年 ·················· 690
071. 僖公 8年 ·················· 699
072. 僖公 9年 ·················· 705
073. 僖公 10年 ·················· 718

074. 僖公 11年	726	086. 僖公 23年	827
075. 僖公 12年	730	087. 僖公 24年	843
076. 僖公 13年	735	088. 僖公 25年	870
077. 僖公 14年	741	089. 僖公 26年	884
078. 僖公 15年	746	090. 僖公 27年	894
079. 僖公 16年	771	091. 僖公 28年	903
080. 僖公 17年	777	092. 僖公 29年	942
081. 僖公 18年	786	093. 僖公 30年	947
082. 僖公 19年	792	094. 僖公 31年	959
083. 僖公 20年	801	095. 僖公 32年	967
084. 僖公 21年	807	096. 僖公 33年	974
085. 僖公 22年	815		

6. 文公(총 18년)

097. 文公 元年	1000	106. 文公 10年	1113
098. 文公 2年	1015	107. 文公 11年	1122
099. 文公 3年	1031	108. 文公 12年	1130
100. 文公 4年	1041	109. 文公 13年	1142
101. 文公 5年	1050	110. 文公 14年	1153
102. 文公 6年	1058	111. 文公 15年	1170
103. 文公 7年	1075	112. 文公 16年	1186
104. 文公 8年	1093	113. 文公 17年	1199
105. 文公 9年	1102	114. 文公 18年	1210

春秋左傳 三

7. 宣公 (총 18년)

- 115. 宣公 元年 ················· 1288
- 116. 宣公 2年 ················· 1299
- 117. 宣公 3年 ················· 1316
- 118. 宣公 4年 ················· 1330
- 119. 宣公 5年 ················· 1344
- 120. 宣公 6年 ················· 1349
- 121. 宣公 7年 ················· 1355
- 122. 宣公 8年 ················· 1360
- 123. 宣公 9年 ················· 1369
- 124. 宣公 10年 ················ 1380
- 125. 宣公 11年 ················ 1394
- 126. 宣公 12年 ················ 1405
- 127. 宣公 13年 ················ 1447
- 128. 宣公 14年 ················ 1452
- 129. 宣公 15年 ················ 1461
- 130. 宣公 16年 ················ 1478
- 131. 宣公 17年 ················ 1485
- 132. 宣公 18年 ················ 1495

8. 成公 (총 18년)

- 133. 成公 元年 ················· 1506
- 134. 成公 2年 ················· 1512
- 135. 成公 3年 ················· 1555
- 136. 成公 4年 ················· 1571
- 137. 成公 5年 ················· 1579
- 138. 成公 6年 ················· 1590
- 139. 成公 7年 ················· 1604
- 140. 成公 8年 ················· 1616
- 141. 成公 9年 ················· 1631
- 142. 成公 10年 ················ 1648
- 143. 成公 11年 ················ 1658
- 144. 成公 12年 ················ 1668
- 145. 成公 13年 ················ 1675
- 146. 成公 14年 ················ 1692
- 147. 成公 15年 ················ 1700
- 148. 成公 16年 ················ 1716
- 149. 成公 17年 ················ 1759
- 150. 成公 18年 ················ 1783

春秋左傳 중

9. 襄公 (총 31년)

- 151. 襄公 元年 ………………… 1860
- 152. 襄公 2年 ………………… 1868
- 153. 襄公 3年 ………………… 1880
- 154. 襄公 4年 ………………… 1894
- 155. 襄公 5年 ………………… 1912
- 156. 襄公 6年 ………………… 1924
- 157. 襄公 7年 ………………… 1933
- 158. 襄公 8年 ………………… 1946
- 159. 襄公 9年 ………………… 1960
- 160. 襄公 10年 ………………… 1984
- 161. 襄公 11年 ………………… 2011
- 162. 襄公 12年 ………………… 2028
- 163. 襄公 13年 ………………… 2035
- 164. 襄公 14年 ………………… 2046
- 165. 襄公 15年 ………………… 2078
- 166. 襄公 16年 ………………… 2090
- 167. 襄公 17年 ………………… 2102
- 168. 襄公 18年 ………………… 2113
- 169. 襄公 19年 ………………… 2130
- 170. 襄公 20年 ………………… 2151
- 171. 襄公 21年 ………………… 2161
- 172. 襄公 22年 ………………… 2181
- 173. 襄公 23年 ………………… 2196
- 174. 襄公 24年 ………………… 2230
- 175. 襄公 25年 ………………… 2250
- 176. 襄公 26年 ………………… 2286
- 177. 襄公 27年 ………………… 2326
- 178. 襄公 28年 ………………… 2358
- 179. 襄公 29年 ………………… 2390
- 180. 襄公 30年 ………………… 2422
- 181. 襄公 31年 ………………… 2451

春秋左傳 중

10. 昭公 (총 32년)

- 182. 昭公 元年 ………………… 2534
- 183. 昭公 2年 ………………… 2586
- 184. 昭公 3年 ………………… 2600
- 185. 昭公 4年 ………………… 2625

186. 昭公 5年 ········· 2657
187. 昭公 6年 ········· 2682
188. 昭公 7年 ········· 2699
189. 昭公 8年 ········· 2735
190. 昭公 9年 ········· 2751
191. 昭公 10年 ········ 2765
192. 昭公 11年 ········ 2780
193. 昭公 12年 ········ 2799
194. 昭公 13年 ········ 2825
195. 昭公 14年 ········ 2869
196. 昭公 15年 ········ 2880
197. 昭公 16年 ········ 2894
198. 昭公 17年 ········ 2911
199. 昭公 18年 ········ 2928
200. 昭公 19年 ········ 2943
201. 昭公 20年 ········ 2957
202. 昭公 21年 ········ 2991
203. 昭公 22年 ········ 3012
204. 昭公 23年 ········ 3030
205. 昭公 24年 ········ 3053
206. 昭公 25年 ········ 3065
207. 昭公 26年 ········ 3099
208. 昭公 27年 ········ 3125
209. 昭公 28年 ········ 3144
210. 昭公 29年 ········ 3161
211. 昭公 30年 ········ 3177
212. 昭公 31年 ········ 3187
213. 昭公 32年 ········ 3199

春秋左傳 5

11. 定公(총 15년)

214. 定公 元年 ········ 3276
215. 定公 2年 ········· 3290
216. 定公 3年 ········· 3294
217. 定公 4年 ········· 3301
218. 定公 5年 ········· 3331
219. 定公 6年 ········· 3345
220. 定公 7年 ········· 3357
221. 定公 8年 ········· 3364
222. 定公 9年 ········· 3385
223. 定公 10年 ········ 3398

224. 定公 11年 ················ 3417	227. 定公 14年 ················ 3441
225. 定公 12年 ················ 3420	228. 定公 15年 ················ 3457
226. 定公 13年 ················ 3428	

12. 哀公 (총 27년)

229. 哀公 元年 ················ 3470	243. 哀公 15年 ················ 3665
230. 哀公 2年 ················ 3485	244. 哀公 16年 ················ 3680
231. 哀公 3年 ················ 3501	245. 哀公 17年 ················ 3700
232. 哀公 4年 ················ 3512	246. 哀公 18年 ················ 3716
233. 哀公 5年 ················ 3523	247. 哀公 19年 ················ 3720
234. 哀公 6年 ················ 3531	248. 哀公 20年 ················ 3722
235. 哀公 7年 ················ 3548	249. 哀公 21年 ················ 3727
236. 哀公 8年 ················ 3561	250. 哀公 22年 ················ 3730
237. 哀公 9年 ················ 3575	251. 哀公 23年 ················ 3732
238. 哀公 10年 ················ 3583	252. 哀公 24年 ················ 3736
239. 哀公 11年 ················ 3591	253. 哀公 25年 ················ 3741
240. 哀公 12年 ················ 3615	254. 哀公 26年 ················ 3750
241. 哀公 13年 ················ 3626	255. 哀公 27年 ················ 3762
242. 哀公 14年 ················ 3641	

춘추좌전 春秋左傳

〈춘추서 春秋序〉

杜預

《春秋》者, 魯史記之名也. 記事者, 以事繫日, 以日繫月, 以月繫時, 以時繫年, 所以紀遠近·別異同也. 故史之所記, 必表年以首事, 年有四時, 故錯擧以爲所記之名也. 《周禮》有史官, 掌邦國四方之事, 達四方之志, 諸侯亦各有國史, 大事書之於策, 小事簡牘而已.

孟子曰: 「楚謂之《檮杌》, 晉謂之《乘》, 而魯謂之《春秋》, 其實一也.」

韓宣子適魯, 見《易象》與《魯春秋》, 曰: 「周禮盡在魯矣, 吾乃今知周公之德與周之所以王.」

韓子所見, 蓋周之舊典, 《禮經》也. 周德旣衰, 官失其守, 上之人不能使《春秋》昭明, 赴告策書, 諸所記注, 多違舊章. 仲尼因魯史策書成文, 考其眞僞, 而志其典禮, 上以遵周公之遺制, 下以明將來之法. 其敎之所存, 文之所害, 則刊而正之, 而示勸戒. 其餘則皆卽用舊史, 史有文質, 辭有詳略, 不必改也.

故《傳》曰「其善志」,又曰「非聖人孰能脩之?」蓋周公之志,仲尼從而明之.左丘明受經於仲尼,以爲經者不刊之書也.故傳或先經以始事,或後經以終義,或依經以辯理,或錯經以合異,隨義而發.其例之所重,舊史遺文略不盡舉,非聖人所脩之要故也.

身爲國史,躬覽載籍,必廣記而備言之.記文緩,其旨遠,將令學者原始要終,尋其枝葉,究其所窮,優而柔之,使自求之;饜而飫之,使自趨之.若江海之浸,膏澤之潤,渙然冰釋,怡然理順,然後爲得也.其發凡以言例,皆經國之常制,周公之垂法,史書之舊章,仲尼從而脩之,以成一經之通體.其微顯闡幽,裁成義類者,皆據舊例而發義,指行事以正褒貶,諸稱「書」,「不書」,「先書」,「故書」,「不言」,「不稱」,「書曰」之類,皆所以起新舊,發大義,謂之變例.然亦有史所不書即以爲義者,此蓋《春秋》新意,故傳不言凡曲而暢之也.其經無義例,因行事而言,則傳直言其歸趣而已,非例也.

故發傳之體有三,而爲例之情有五.一曰「微而顯」:文見於此而起義在彼.「稱族尊君命,舍族尊夫人」,「梁亡」,「城緣陵」之類是也.二曰「志而晦」:約言示制,推以知例,「參會不地」,「與謀曰及」之類是也.三曰「婉而成章」:曲從義訓以示大順,「諸所諱辟」,「璧假許田」之類是也.四曰「盡而不汙」:直書其事,具文見意,「丹楹刻桷」,「天王求車」,「齊侯獻捷」之類是也.五曰「懲惡而勸善」:求名而亡,欲蓋而章,「書齊豹盜」,「三叛人名」之類是也.

推此五體,以尋經傳,觸類而長之,附于二百四十二年行事,王道之正, 人倫之紀備矣.

或曰:「《春秋》以錯文見義, 若如所論, 則經當有事, 同文異, 而無其義也, 先儒所《傳》, 皆不其然.」

答曰:「《春秋》雖以一字爲褒貶, 然皆須數句以成言, 非如八卦之爻, 可錯綜爲六十四也, 固當依《傳》以爲斷.」

古今言《左氏春秋》者多矣, 今其遺文, 可見者十數家, 大體轉相祖述, 進不成爲錯綜經文以盡其變, 退不守丘明之傳. 於丘明之傳有所不通, 皆沒而不說, 而更膚引《公羊》·《穀梁》, 適足自亂. 預今所以爲異, 專修丘明之傳以釋經, 經之條貫必出於傳, 傳之義例總歸諸凡, 推變例以正褒貶, 簡二傳而去異端, 蓋丘明之志也. 其有疑錯, 則備論而闕之, 以俟後賢. 然劉子駿創通大義, 賈景伯父子·許惠卿, 皆先儒之美者也, 末有潁子嚴者, 雖淺近亦復名家. 故特舉劉·賈·許·潁之違, 以見同異.

分經之年, 與傳之年相附, 比其義類, 各隨而解之, 名曰《經傳集解》. 又別集諸例及地名·譜第·厤數相與爲部, 凡四十部, 十五卷, 皆顯其異同, 從而釋之, 名曰《釋例》. 將令學者觀其所聚異同之說, 《釋例》詳之也.

或曰:「《春秋》之作, 《左傳》及《穀梁》無明文. 說者以仲尼自衛反魯, 修《春秋》, 立素王, 丘明爲素臣. 言《公羊》者亦云黜周而王魯, 危行言孫, 以辟當時之害, 故微其文, 隱其義. 《公羊》經止獲麟, 而《左氏》經終孔丘卒. 敢問所安?」

答曰:「異乎余所聞. 仲尼曰: 『文王旣沒, 文不在茲乎?』此制作之本意也. 歎曰: 『鳳鳥不至, 河不出圖, 吾已矣夫!』蓋傷時王之政也. 麟鳳五靈, 王者之嘉瑞也. 今麟出非其時, 虛其應而失其歸, 此聖人所以爲感也. 絕筆於獲麟之一句者, 所感而起, 固所以爲終也.」

曰:「然則《春秋》何始於隱公?」

答曰:「周平王東周之始王也, 隱公讓國之賢君也. 考乎其時則相接, 言乎其位, 則列國, 本乎其始則周公之祚胤也. 若平王能祈天永命, 紹開中興, 隱公能弘宣祖業, 光啓王室, 則西周之美可尋, 文武之迹不墜, 是故因其厤數, 附其行事, 采周之舊以會成王義, 垂法將來. 所書之王卽平王也, 所用之厤卽周正也. 所稱之公卽魯隱也. 安在其黜周而王魯乎? 子曰: 『如有用我者, 吾其爲東周乎!』此其義也. 若夫制作之文, 所以章往考來, 情見乎辭, 言高則旨遠, 辭約則義, 微此理之常, 非隱之也. 聖人包周身之防, 旣作之後, 方復隱諱以辟患, 非所聞也. 子路欲使門人爲臣, 孔子以爲欺天, 而云仲尼素王, 丘明素臣, 又非通論也. 先儒以爲制作三年, 文成致麟, 旣已妖妄, 又引經以至仲尼卒, 亦又近誣. 據《公羊》經止獲麟, 而《左氏》「小邾射不在三叛」之數, 故余以爲感麟而作, 作起獲麟, 則文止於所起爲得其實. 至於反袂拭面, 稱吾道窮, 亦無取焉.」

《춘추春秋》는 노魯나라 역사 기록의 명칭이다. 사건을 기록함에는 사건은 날짜에 매어 있고, 날짜는 달에 매어 있으며, 달은 사시에 매어 있고, 사시는 연도에 매어 있어, 이로써 시간의 원근遠近을 벼리로 하고 일의 이동異同을 구별하는 것이다. 그 때문에 역사 기록에는 반드시 사건의 첫머리에 연도를 표시하고 연도는 사시로써 세분하게 되는 것이며 그 까닭으로 사시 가운데

춘과 추 두 글자를 들어 그 기록의 명칭을 삼은 것이다. 《주례周禮》에 사관史官이 있어 국내와 사방 이웃나라의 일을 관장하여 사방의 의견들을 통달시켰으며 제후들 역시 각 나라별로 역사 기록이 있어, 대사大事는 책策에, 소사小事는 간독簡牘에 이를 기록했을 뿐이다.

맹자孟子는 "초楚나라는 《도올檮杌》, 진晉나라는 《승乘》이라 하였고, 노魯나라는 《춘추春秋》라 하였으나 그 실체는 똑같다"(楚謂之《檮杌》, 晉謂之《乘》, 而魯謂之《春秋》, 其實一也.)라고 하였다.

한선자(韓宣子, 韓起)가 노나라에 가서 《역易》,《상象》과 《노춘추魯春秋》를 처음으로 보고는 "주나라 때의 예禮가 노나라에 모두 있구나. 나는 지금 비로서 주공周公의 덕과 주나라가 왕이 될 수 있었던 이유를 알게 되었다"(周禮盡在魯矣, 吾乃今知周公之德與周之所以王)라 하였다.

한선자韓起가 본 것은 아마 주나라 때의 구전舊典으로 《예경禮經》이었을 것이다. 주나라 덕이 이윽고 쇠미해지기 시작하자 관에서는 자신들이 지켜야 할 업무를 잃게 되었고 윗사람들은 《춘추春秋》의 뜻을 제대로 밝히지 못하여 부고赴告와 책서策書 등 여러 기록들이 흔히 구장舊章에 어긋나고 있었다. 중니仲尼가 이 때문에 노사魯史의 책서를 근거로 문장을 만들되, 그 진위眞僞를 고찰하여 전례典禮를 표준으로 삼아, 위로는 주공의 유제遺制를 준수하고, 아래로는 장래 후세의 법칙을 명확히 하였다. 그러한 가르침을 존속시키고자 문장의 잘못된 부분은 삭제하고 바로잡아 권계勸戒를 보여준 것이다. 그 나머지 것들에 대해서는 모두 옛 역사 기록을 그대로 사용하되 문장의 질박함이나 서술의 상략詳略함에 대해서는 더 이상 고치지 않았다. 그 때문에 《좌전左傳》에서는 "그 뜻을 선하게 하였다"(其善志)라 하였고, 또 "성인이 아니면 누가 능히 이를 수정할 수 있겠는가?"(非聖人孰能修之?)라 하였으니 대체로 이는 주공의 뜻이요, 중니가 이를 이어받아 명확히 한 것이며, 좌구명左丘明은 공자의 경經을 받아 풀이하되 경이란 고칠 수 없는 것이라 여긴 것이리라. 그 까닭으로 《좌전》은 혹 경문經文 앞에 먼저 사건의 발단을 설명하기도 하고 혹 경문의 뒤에 그 의의를 마무리하기도 하며, 혹 경문에 의거하여 논리를 변론하기도 하고, 혹 경문과 나란히 대조시켜 상이한 이유를 합당하게 정리하고 하여 그 의義에 따라 내용을 펼쳐보였다. 그 체례에서 중히 여긴 바는 구사舊史에서 혹 빠지거나 생략된 문장이 있다 해도 모두 다시 거론하지는 않았으니 이는 성인 공자가 수정이 긴요한 것들로 여긴 것이 아니었기 때문이었다.

 그 자신이 나라의 사관이었으며, 몸소 많은 전적을 살폈으니 틀림없이 널리 기억하고 말들을 갖추었을 것이다. 그의 문장은 완만하나 그 지취는 심원하여 장차 학자들로 하여금 그 시작과 끝을 살펴, 그 지엽을 찾을 수 있도록 하며 그 끝을 살펴볼 수 있도록 해 주고 있다. 그리하여 우유優柔함은 스스로 찾아낼 수 있도록 하며 그 염어饜飫함은 스스로 자신 있게 달려 나갈 수 있도록 해 주고 있다. 마치 강해江海의 많은 물, 고택膏澤의 윤기와 같고, 시원하게 얼음이 깨어지듯 하며, 편안하여 순리에 맞도록 한 다음 이를 터득할 수 있도록 해 주고 있다. 그 발범發凡으로써 조례를 삼는 것은 모두가 경국經國의 상제常制이며 주공이 내려준 법칙이기도 하다. 이러한 사서史書의 옛 전장제도를 중니가 그대로 좇아 수정하여 하나의 '경의 통체通體'를 완성한 것이다. 그리하여 미현천유微顯闡幽하고 마름질하여 뜻에 맞도록 유별類別한 것은 모두가 옛 체례에 의거하여 의를 밝혀내는 방법으로써 해당되는 사건을 지칭하여 포폄褒貶을 정확히 한 것이다. 이를테면 여러 곳의 '書', '不書', '先書', '故書', '不言', '不稱', '書曰'이라 한 것들은 모두가 이미 있는 기록을 시작으로 하여 대의大義를 밝힌 것으로써 이를 일러 변례變例라 한다. 그러나 역시 사서에 기록되지 않은 것들로써 대의를 삼은 것도 있으니 이는 아마도 《춘추》에서 새롭게 의도한 것이리라. 그 때문에 전傳에서 무릇 완곡히 여겨 거론하지는 않았으나 이 역시 밝혀낸 것이다. 그리고 경에 의례義例는 말하지 않고 그 행동이나 사건에만 근거하여 기록한 것에 대해서라면 이는 전傳에서는 그 결과의 귀결만을 설명하고 있을 뿐인 것으로서 이는 비례非例이다.

 그러므로 전에서 밝히고 있는 체례는 세 가지가 있고, 조례로 삼은 체재는 다섯 가지가 있다. 첫째 '微而顯'이니 문장은 여기에 나타나지만 뜻은 저곳에서 시작되었음을 밝히는 경우이다. 이를테면 "稱族尊君命, 舍族尊夫人", "梁亡", "城緣陵" 등이 그런 예이다. 두 번째는 '志而晦'이니 말을 줄여 하나의 제도를 거론하였으나 이를 미루어 그 실례를 알 수 있도록 한 것이다. 이를테면 "參會不地", "與謀曰及"과 같은 예이다. 세 번째는 '婉而成章'으로써 완곡하게 하여 대의를 따라 풀이함으로써 그 대순大順을 보여주는 것이니 이를테면 "諸所諱辟", "璧假許田" 등이 그 예이다. 네 번째는 '盡而不汙'로써 그 사실을 직접 표현하여 문장을 모두 갖추어 뜻을 보여주는 것이니, 이를테면 "丹楹刻桷", "天王求車", "齊侯獻捷" 등이 그 예이다. 다섯 번째로는 '懲惡而勸善'으로써 이름을 얻고자 하는 자는 그 이름을 없애고, 죄악을 덮고자 하는 자는 그 이름을 드러내는 것이니, "書齊豹盜", "三叛人名" 등이 그 예이다.

이 다섯 가지 체례를 추정하여 경전經傳을 심구尋究하였으며, 분류하고 이를 넓혀 242년 동안 있었던 행사를 부기한 것이며, 이로써 왕도가 바르게 되고 인륜의 벼리가 갖추어진 것이다.

혹자는 이렇게 말하였다.

"《춘추》는 문자를 서로 배치하여 그 대의를 드러낸 것으로 그대가 논한 바와 같다면 경에 기록된 일들이 의당 같아야 한다. 《전》에 사용된 글자가 다르면 그 뜻에 대의가 없는 것이다. 그런데 선대 학자들이 전한 것은 모두가 그와 같지 않다."

나는 이렇게 대답하였다.

"《춘추》는 비록 한 글자로써 포폄의 뜻을 담고 있기는 하지만 그러나 말이란 몇 구절로써 이루어지는 것이니 이는 마치 팔괘八卦가 서로 배치되어 64개를 이루는 것과 같지는 않다. 그러니 의당 《전》에 의거하여 판단해야 하는 것이다."

고금古今에 《좌씨춘추左氏春秋》라 일컫는 경우가 많았으나 지금은 그들 문장은 유실되고 가히 볼 수 있는 것은 수 십 가지 정도이다. 대체로 서로 돌려가며 선생의 전술한 것으로써 진전시킨 것이라 해도 경문을 잘 엮어 그 변화를 모두 정리해 낸 것이 아니며 퇴보했다 해도 좌구명의 전을 제대로 지켜내지도 못한 것들이다. 좌구명의 전에 알 수 없는 바가 있으면 모두가 인멸시키고 거론하지 않은 채 도리어 《공양전》과 《곡량전》을 아주 가까이 하였으니 스스로 착란에 빠지기에 충분하였다. 나(杜預)는 지금 다르다고 여긴 것은 오로지 좌구명의 전을 깊이 연구하여 경문을 해석하였으며 경문의 조례는 반드시 전을 근거로 꿰어 나갔다. 그리고 전의 의례義例는 모두가 발범發凡에 귀착시켰으며, 변례를 추정하여 포폄을 바로잡았으며 《공·곡》 이전二傳을 간추려 이단異端은 제거하였다. 이것이 아마도 좌구명의 뜻일 것이다. 그 중 착간이 있다고 의심이 들 경우 논의를 갖추어 설명하되 비워두어 다음 사람의 똑똑한 판단을 기다렸다. 그러나 유자준(劉子駿, 劉歆)은 대의大義에 창통創通하였고, 가경백賈景伯 부자(賈徽, 賈逵), 허혜경(許惠卿, 許淑) 등은 모두가 선대 학자 중 뛰어난 이들이었다. 그 끝에 영자엄(潁子嚴, 潁谷)은 비록 천근淺近하기는 하나 역시 이름난 학자였다. 그 때문에 특별히 유흠, 가휘, 가규, 허숙, 영곡 등의 학설에 어긋난 것을 거론하여 자신과 의견이 같고 다름을 드러내 보였던 것이다.

경문을 연도별로 나누는 것은 전문과 서로 맞도록 하여 그 대의의 유별에 따라 각기 경문을 따라 해석하였으며 이를 《경전집해經傳集解》라 이름하였다. 또한 따로 여러 조례와 지명, 보제譜第, 역수厤數를 모아 각기 부部를 삼았는데 모두 40부, 15권이며 모두가 그 이동異同을 드러내어 그에 따라 해석하였으며 이를 《석례釋例》라 하였다. 장차 학자들로 하여금 이동의 학설들의 살피기에는 《석례》가 자세할 것이다.

혹자가 이렇게 물었다.

"《춘추》를 작업하면서 《좌전》 및 《곡량전》을 두고 설명한 문구가 없다. 전해오는 설에 중니께서 위衛나라에서 노나라로 돌아온 다음 《춘추》를 수찬하였다. 그가 소왕素王에 올랐으니 좌구명은 소신素臣인 셈이다. 《공양전》을 말하는 자 역시 주周나라를 출척하고 노나라를 왕으로 여긴 것으로 위험한 행동이면서 도리어 말은 겸손하였으니 당시의 위해를 피하고자 한 것이다. 그 때문에 그 문장은 미微하게 하고 그 대의는 은隱하게 한 것이다. 《공양전》의 경문은 획린獲麟에서 끝나는데 《좌씨전》의 경문은 공자의 죽음에서 끝나고 있다. 감히 묻건대 어느 쪽이 맞는가?"

나는 이렇게 대답하였다.

"내가 들은 바와는 다르다. 중니께서는 '문왕은 이미 죽고 없지만 그의 기록은 여기 있지 않으냐?'라 하였다. 이것이 제작의 본의이다. 그리고 '봉황도 나타나지 않고, 하도河圖도 나오지 않으니 나는 끝났나보다!'라고 탄식하셨으니 대체로 당시 왕도 정치를 두고 괴로워하신 것이리라. 인麟, 봉鳳과 오령五靈은 왕자王者가 나타날 때 함께 나타나는 가서嘉瑞이다. 지금 인이 나타난 것은 그 때가 아닌데 헛되이 응험하여 그 돌아갈 곳을 잃게 되었으니 이것이 성인께서 느낌을 받게 된 것이다. 획린 한 구절에서 절필絶筆하고 말았던 것은 그 느낀 바에서 시작된 것으로 진실로 끝났다고 여기신 것이다."

그가 다시 물었다.

"그렇다면 《춘추》는 어찌하여 은공隱公에서 시작한 것인가?"

나는 이렇게 대답하였다.

"주周 평왕平王은 동주東周의 첫 왕이며 은공은 나라를 양보한 현군賢君이다. 그 시기를 상고해보면 서로 접속된다. 그 지위를 두고 말한다면 열국의 시작이요, 그 시작을 근본으로 한다면 노나라는 주공周公이 봉을 받았던 나라의 후손이기 때문이다. 만약 평왕이 능히 하늘에 기도하여 사명을 길이 이어가서 중흥中興을 열었거나, 은공이 능히 조상의 업을 널리 펴서 왕실을 빛나게 계도하였다면 서주西周 시대의 아름다운 업적을 다시 찾을 수 있었을 것이며 문왕文王, 무왕武王의 자취도 사라지지 않았을 것이다. 이 까닭으로 그 역수에 근거하고 그 행사에 맞추어 주나라의 옛 법도를 채용하고 왕도의 대의를 이룩하여 장래 그 법을 내려뜨려 주었을 것이다. 따라서 기록된 왕은 바로 평왕이며 사용한 역법은 주력周曆이며, 칭한 바의 공은 바로 노 은공이었던 것이다. 그러니 어찌 주나라를 출척하고 노나라를 왕으로 여겼다는 것인가? 공자께서 '만약 나를 등용해주는 자가 있다면 나는 이 노나라를 동쪽의 주나라로 만들어 볼 텐데!'라 하였으니 그것이 그 대의일 것이다. 무릇 문자로 기록하여 문장을 짓는 것은 지나간 일을 드러내어 다가올 일을 상고하기 위한 것이니 사정은 그 언사에 드러나게 되는 것이다. 그런데 그 말이 높으면 뜻이 심원한 것이요, 말이 축약되면 그 대의는 은미하게 되는 것이다. 이것은 이치로 보아 마땅한 것이며 결코 숨기고자 한 것이 아니다. 성인께서 자신을 두루 방어하기 위하여 다 짓고 난 뒤 바야흐로 은폐하거나 기휘忌諱하여 환난을 피하고자 하였다는 말은 들어보지 못하였다. 자로子路가 공자

문인을 가신으로 삼으려 하자 공자께서 이는 하늘을 속이는 것이라 하였다. 또 공자는 소왕, 좌구명은 소신이라 한 것은 통론通論이 아니다. 선유先儒께서 3년에 걸쳐 《춘추》를 지으셔서 문장이 다 이루어지자 인麟이 나타났다고 여긴 것은 이미 요망妖妄스러운 논리이다. 또한 경문이 중니께서 졸하신 시기까지 이끌어 나간 것도 역시 무망誣罔함에 가깝다. 《공양전》에 근거하면 경문이 획린에서 끝났으나, 《좌씨전》에는 '小邾射不在三叛'의 숫자까지 다루고 있다. 그 때문에 나는 인이 나타나자 느낀 바 있어 춘추를 짓기 시작한 것이라 여기고 있다. 획린의 사건을 보고 춘추를 쓰기 시작하였다면 그 문장은 그것을 시작으로 삼게 된 실질도 있어야 한다. 소매를 뒤집어 얼굴을 닦았다거나 '나의 도가 다하였도다'라고 말한 것도 역시 받아들일 수 없다."

【序】이 序文에 대하여 陸德明은 杜預(元凱)의 作으로 經을 해석하고 나서 관례에 따라 音을 주석한 것으로 혹 제목을 〈春秋左傳序〉라 한다고도 하였음. 그런가 하면 沈文何는 이를 〈釋例序〉라 여겼음. 〈十三經注疏本〉에 "陸曰:「此元凱所作, 旣以釋經, 故依例音之, 本或題爲〈春秋左傳序〉者.」沈文何以爲〈釋例序〉, 今不用"이라 하고〈正義〉에는 "此序題目文多不同, 或云〈春秋序〉, 或云〈左氏傳序〉, 或云〈春秋經傳集解序〉, 或云〈春秋左氏傳序〉. 案: 晉宋古本及今定本, 並云〈春秋左氏傳序〉, 今依用之. 南人多云此本〈釋例序〉, 後人移之於此. 且有題曰〈春秋釋例序〉, 置之釋例之端. 今所不用. 晉大尉劉寔與杜同時人也. 宋大學博士賀道養去杜亦近, 俱爲此序作注, 題並不言〈釋例序〉, 明非〈釋例序〉也. 又晉宋古本序在集解之端. 徐邈以晉世言《五經音訓》爲此序作音, 且此序稱分年, 相附隨而解之, 名曰《經傳集解》. 是言爲集解作序也. 又別集諸例從而釋之, 名曰〈釋例異同之說〉, 釋例詳之, 是其據集解而指釋例, 安得爲〈釋例序〉也?"라 하였음.

【魯史記】魯나라 國事를 뜻함. 春秋시대 각국별로 역사 내용을 簡策에 적은 기록물이 있었음.

【錯擧】'錯'은 '措', '置'와 같음. 春夏秋冬 四季 중 '春'자와 '秋'자를 선택하여 書名을 취함. 《論語》爲政篇 "哀公問曰:「何爲則民服?」孔子對曰:「擧直錯諸枉, 則民服; 擧枉錯諸直, 則民不服.」" 朱熹 注에 "錯, 捨置也"라 함.

【周禮】 天地春夏秋冬으로 나누어 각 부서의 所管 업무와 내용 분담 등을 기록한 행정 조직 해설서. 十三經의 하나. 史官은 春官 宗伯의 屬官으로 太史 아래 대부 2명이 있었음.

【策】 고대 종이가 나오기 전 나무로 만든 木簡이나 대나무로 만든 竹簡에 이를 기록하였음을 말함. 蔡邕의 《獨斷》에 "策者, 簡也, 其制長二尺, 短者半之"라 함.

【簡牘】 1척 길이의 목간이나 죽간. 간단한 내용을 적을 수 있는 것,

【孟子】 이름은 軻. 자는 子輿, 鄒邑 출신으로 戰國時代 齊 宣王과 동시대 인물. 《孟子》7편을 남김. 〈離婁〉(下)에 "孟子曰:「王者之迹熄而詩亡, 詩亡然後春秋作. 晉之乘, 楚之檮杌, 魯之春秋, 一也. 其事則齊桓·晉文, 其文則史. 孔子曰:『其義則丘竊取之矣』」"라 함.

【春秋】 魯나라에서는 《春秋》라 불렸으나 楚나라는 《檮杌》, 晉나라 《乘》이라 하여 명칭만 다를 뿐 역사를 기록한 것임에는 모두 같음.

【韓宣子適魯】 晉나라 대부 韓起가 魯나라에 가서 처음으로 이를 보게 되었음. 昭公 2년 傳에 "二年春, 晉侯使韓宣子來聘, 且告爲政, 而來見, 禮也. 觀書於大史氏, 見《易》·《象》與《魯春秋》, 曰:「周禮盡在魯矣, 吾乃今知周公之德與周之所以 王也.」"라 함. 한편《易》,《象》은 묶어서《易象》하나의 책으로 보기도 함.

【禮經】 이 때 韓宣子가 본 것은 魯나라에서 오래도록 전수되어 오던《禮經》 이었음. 禮는 周나라 때부터 제정되었던 여러 制度와 禮法을 뜻함.

【赴告】 注에 "告, 古毒反; 一音: 古報反"이라 하여 告는 '곡', '고' 등으로 읽음. 한편 赴告는 "崩薨曰赴, 禍福曰告"라 함.

【勸戒】 勸善戒惡의 줄인 말. 褒貶을 분명히 밝히고자 한 것임. 〈疏〉에 "此說仲尼 改舊史之意, 敎之所存, 謂名敎仙樂義存於此事"라 함.

【其善志】 昭公 31년 傳에 "是以《春秋》書齊豹曰『盜』, 三叛人名, 以懲不義, 數惡 無禮, 其善志也. 故曰:『《春秋》之稱微而顯, 婉而辨. 上之人能使昭明, 善人勸焉, 淫人懼焉, 是以君子貴之』"라 한 것을 말함.

【非聖人孰能脩之?】 成公 14년 傳에 "故君子曰:「春秋之稱, 微而顯, 志而晦, 婉而 成章, 盡而不汙, 懲惡而勸善, 非聖人, 誰能脩之?」"라 함.

【受經】 左丘明이 孔子의 經文을 받아 傳을 지음. 〈正義〉에 "丘明爲經作傳, 故言 受經於仲尼. 未必面親授受使之作傳也"라 함.

【非聖人所脩之要】 "此說有經無傳之意"라 하여 經文은 있으나 傳文에 자세한 설명을 하지 않은 경우를 말함. 이를테면 桓公 元年 "秋大水"의 傳에 "凡平原 出水爲大水"라 하여 더 이상 설명을 하지 않은 예를 말함.

【身爲國史】左丘明 자신이 魯나라 史官이었음. 《漢書》 藝文志 《左氏傳》 注에 "左丘明, 魯太史"라 함.

【優而柔之】雙聲連綿語 '優柔'를 풀어 쓴 것. 뛰어나면서도 부드러움.

【饜而飫之】역시 雙聲連綿語 '饜飫'를 풀어 쓴 것. 음식 따위를 실컷 물리도록 맛봄. 〈疏〉에 "饜飫, 俱訓爲飽, 裕之意也"라 함.

【發凡】대체적인 큰 事案을 정리하는 학문 방법. '發微'에 상대되는 작업, 혹은 연구를 뜻함.

【微顯闡幽】《周易》 繫辭(下)에 "子曰:「乾·坤, 其易之門邪?」乾, 陽物也; 坤, 陰物也. 陰陽合德而剛柔有體, 以體天地之撰, 以通神明之德. 其稱名也, 雜而不越, 於稽其類, 其衰世之意邪? 夫易, 彰往而察來, 而微顯闡幽. 開而當名辨物, 正言斷辭, 則備矣. 其稱名也小, 其取類也大, 其旨遠, 其辭文, 其言曲而中, 其事肆而隱. 因貳以濟民行, 以明失得之報"라 함.

【褒貶】칭찬과 폄훼. '春秋大義'의 하나임.

【變禮】이미 여러 차례 개정과 변화를 거친 예에 대한 條例. 〈疏〉에 "諸傳之所稱書·不書·先書·故書·不言·不稱及書曰, 七者之類, 皆所以起新舊之例, 令人之發凡, 是舊七者. 是新發明經之大義, 謂之變例. 以凡是正例, 故謂此變例, 猶詩之有變風變雅也"라 함.

【曲】婉曲하게 표현함.

【非例】褒貶을 가할 수 없는 사건일 경우 그 결과만을 기술하는 방법. 〈疏〉에 "此一段說經無義例者, 國有大事, 使必書之, 其事旣無得失, 其文不著善惡, 故傳直言其指歸趣向而已. 非褒貶之例也. 春秋此類最多"라 함.

【體有三】正例, 變例, 非例를 가리킴.

【爲例之情有五】정황에 따라 풀이하는 釋例의 방법이 다섯 가지임. 아래에 그 조목별로 밝히고 있음.

【微而顯】미세하지만 드러내는 방법.

【稱族尊君命, 舍族尊夫人】成公 14년 傳에 "秋, 宣伯如齊逆女. 稱族, 尊君命也"라 한 것을 말함.

【梁亡】僖公 19년 經에 "梁亡"이라 하였고, 傳에 "梁亡, 不書其主, 自取之也. 初, 梁伯好土功, 亟城而弗處. 民罷而弗堪, 則曰:「某寇將至」. 乃溝公宮, 曰:「秦將襲我」. 民懼而潰, 秦遂取梁"이라 함.

【城緣陵】僖公 14년 經에 "十有四年春, 諸侯城緣陵"이라 하였고, 傳에 "十四年春, 諸侯城緣陵而遷杞焉, 不書其人, 有闕也"라 함.

【志而晦】 '志'는 '記', '晦'는 '微'와 같음. 기록하되 확연히 드러내지는 않음.
【參會不地】 桓公 2년 經에 "公及戎盟于唐"이라 하였고, 그 다음에 이어 "冬, 公至自唐"이라 하였으며 이어서 傳에 "凡公行, 告于宗廟; 反行, 飮至·舍爵·策勳焉, 禮也. 特相會, 往來稱地, 讓事也. 自參以上, 則往稱地, 來稱會, 成事也"라 한 것을 말함.
【與謀曰及】 宣公 7년 經에 "夏, 公會齊侯伐萊"라 하였고, 傳에 "夏, 公會齊侯伐萊, 不與謀也. 凡師出, 與謀曰「及」, 不與謀曰「會」"라 함.
【婉而成章】 완곡하게 표현하였으나 문장을 이루고 있음.
【諸所諱辟】 僖公 16년 經에 "冬十有二月, 公會諸侯·宋公·陳侯·衛侯·鄭伯·許男·邢侯·曹伯于淮"에 아직 돌아오지 않았을 때 17년 "夏, 滅項"이라 한 것을 말한다 함.
【璧假許田】 桓公 元年 經의 "三月, 公會鄭伯于垂, 鄭伯以璧假許田"을 가리킴.
【盡而不汙】 모두 밝혀내되 汙曲시키지는 않는 筆法. '汙'는 '汚'와 같음. 〈疏〉에 "直言其事, 盡其事實, 無所汙曲"이라 함.
【丹桷刻桷】 莊公 23년 經에 "秋, 丹桓宮楹"이라 하였고 24년 經에는 "二十有四年春王三月, 刻桓宮桷"이라 하였고, 그 傳에 "二十四年春, 刻其桷, 皆非禮也. 御孫諫曰:「臣聞之:『儉, 德之共也; 侈, 惡之大也』 先君有共德, 而君納諸大惡, 無乃不可乎?"라 한 것을 말함.
【天王求車】 桓公 15년 經에 "天王使家父來求車"라 하였고, 傳에 "天王使家父來求車, 非禮也. 諸侯不貢車·服, 天子不私求財"라 함.
【齊侯獻捷】 莊公 31년 經에 "齊侯來獻戎捷"이라 하였고, 傳에 "齊侯來獻戎捷, 非禮也. 凡諸侯有四夷之功, 則獻于王, 王以警于夷; 中國則否. 諸侯不相遺俘"라 함.
【懲惡而勸善】 勸善懲惡과 같음. 직접 악을 징계하고 선을 권하는 기술 방법을 사용함.
【求名而亡】 이름을 드러내고자 하는 자는 도리어 그 이름을 없앰. 〈疏〉에 "齊豹, 衛國之卿, 春秋之例, 卿皆書其名氏, 齊豹忿衛侯之兄, 起而殺之, 欲求不畏彊禦之名, 春秋抑之"라 함. 昭公 20년을 볼 것.
【欲蓋而章】 자신의 죄악을 덮고자 하면 도리어 이를 드러내는 筆法. '章'은 '彰'과 같음.
【書齊豹盜】 昭公 20년에 衛侯의 형 縶을 죽인 것을 말함.
【三叛人名】 襄公 21년 邾나라 庶其가 漆閭 땅을 가지고 도망 온 것, 昭公 5년

莒나라 牟夷가 牟婁와 防玆를 가지고 도망 온 것. 昭公 31년 邾 黑肱이 濫 땅을 가지고 도망 온 것 등 세 가지를 말함.

【二百四十二年】《春秋》전체의 기간. 隱公 元年(B.C.722)부터 哀公 14년(B.C.481) 까지.

【傳】《左傳》을 가리킴. 經文과 傳文이 다를 경우 傳文을 근거로 삼음.

【錯綜】서로 배치되고 얽혀 하나의 사물을 이룸.

【八卦】《周易》의 기본이 되는 小成卦 여덟 가지. ☰(乾), ☱(兌), ☲(離), ☳(震), ☴(巽), ☵(坎), ☶(艮), ☷(坤). 이들이 서로 錯綜되어 8×9=64의 大成卦를 형성함.

【左氏春秋】《漢書》儒林傳에 "漢興, 北平侯張蒼及梁太傅賈誼·京兆尹張敞·太中大夫劉公子皆修《春秋左氏傳》. 誼爲《左氏傳訓故》, 授趙人貫公, 爲河間獻王博士, 子長卿爲蕩陰令, 授淸河張禹長子. 禹與蕭望之同時爲御史, 數爲望之言《左氏》, 望之善之, 上書數以請說. 後望之爲太子太傅, 薦禹於宣帝, 徵禹待詔, 未及問, 會疾死. 授尹更始, 更始傳子咸及翟方進·胡常. 常授黎陽賈護季君, 哀帝時待詔爲郎, 授蒼梧陳欽子佚, 以《左氏》授王莽, 至將軍. 而劉歆從尹咸及翟方進受. 由是言《左氏》者本之賈護·劉歆"이라 함. 한편 漢 武帝 때에 五經博士를 두었을 때 《左傳》은 學官에 들지 못하였으나 平帝 때 王莽이 輔政하면서 강력히 주장하여 채택되었으나 東漢 때 이르러 다시 폐지되기도 하였음. 뒤에 鄭衆, 陳元, 賈逵, 馬融, 許惠卿, 服虔, 潁谷 등이 활발한 연구를 진행하였고 魏나라 때 王肅, 董遇 등이 注를 달았으며 晉나라 때 이르러 드디어 杜預가 이를 완성하게 된 것임.

【祖述】鼻祖나 祖宗으로 삼아 述解함. 《禮記》中庸에 "仲尼祖述堯舜"이라 하였으며 〈疏〉에 "謂前人爲始而述修之也"라 함.

【膚引】피부에 닿듯이 가까이 여겨 이를 인용함. 〈疏〉에 "淺近引之也"라 함.

【公羊】《公羊傳》. 《左傳》,《穀梁傳》과 더불어 「春秋三傳」의 하나. 子夏의 제자 齊나라 사람 公羊高가 지은 것으로 알려져 있으나 혹 公羊高의 玄孫 公羊壽가 胡母子都와 함께 지은 것이라고도 함.

【穀梁】《穀梁傳》. 역시 「春秋三傳」의 하나. 역시 子夏의 제자 魯나라 사람 谷梁赤이 지은 것으로 널리 알려져 있으나, 혹 荀子(荀卿, 荀況)의 제자 浮丘伯이 지은 것이라고도 함.

【適足自亂】〈疏〉에 "公羊·穀梁, 口相傳授, 因事起問意與左氏不同, 故引之以解左氏, 適足以自錯亂也"라 함.

【疑錯】〈疏〉에 "集解與釋例, 每有論錯闕疑之事, 非一二也"라 함.

【劉子駿】劉歆. 漢나라 때 유명한 목록학자 劉向의 아들. 자는 子駿. 아버지를 이어 秘府의 典籍을 정리하여《七略》을 지음.《漢書》楚元王傳 및 藝文志 참조.〈疏〉에 "劉歆字子駿, 劉德孫劉向少子也. 哀帝時, 歆挍秘書見古文《春秋左氏傳》, 大好之. 初《左氏傳》多古字古言, 學者傳訓詁而已. 及歆治左氏引傳文以解經, 經傳相發明, 由是章句義理備焉"이라 함.

【賈景伯】後漢 때 학자 賈逵. 자는 景伯. 扶風 사람. 아버지 賈徽는 자가 元伯이며 劉歆에게 배워 春秋條例를 만들었고, 이를 아들에게 물려주어 아들 가규는 《春秋訓詁》를 지음.

【許惠卿】許淑을 가리킴. 魏郡 출신으로《左傳》에 깊은 조예를 보였음.

【潁子嚴】潁容. 陳郡 출신이며 劉歆이나 賈逵에게는 미치지 못하였으나 역시 《春秋左傳》에 뛰어난 학자였음.

【分經】원래 經과 傳은 분리되어 있었으나 杜預가 연도별로 정리하여 함께 묶음.

【譜第】각 집안의 族譜, 家系譜를 가리킴.

【厤數】曆數와 같음. 曆法. 譜曆. 年度를 맞추어 정리한 曆書.

【自衛反魯】《論語》子罕篇에 "子曰:「吾自衛反魯, 然後樂正, 雅頌各得其所.」"라 하여 樂을 바르게 정리한 것이며 이 때에《春秋》도 정리하기 시작하였으리라는 설.

【素王】실질적인 권력을 가진 왕은 아니지만 왕과 같음.《孔子家語》本姓解에 "太史子與適魯, 見孔子, 孔子與之言道, 子與悅曰:「吾鄙人也, 聞子之名, 不睹子之形久矣, 而求知之寶貴也. 乃今而後, 知泰山之爲高, 淵海之爲大, 惜乎夫子之不逢明王, 道德不加於民, 而將垂寶以貽後世.」遂退而謂南宮敬叔曰:「今孔子先聖之嗣, 自弗父何以來, 世有德讓, 天所祚也. 成湯以武德王天下, 其配在文, 殷宗以下, 未始有也. 孔子生於衰周, 先王典籍, 錯亂無紀, 而乃論百家之遺記, 考正其義, 祖述堯舜, 憲章文武, 刪《詩》述《書》, 定《禮》理《樂》, 制作《春秋》, 讚明《易》道, 垂訓後嗣, 以爲法式, 其文德著矣. 然凡所敎誨, 束脩以上三千餘人, 或者天將欲與素王之乎, 夫何其盛也!」"라 함.

【素臣】孔子가 素王이므로 그의 經을 받아 풀이한 左丘明은 素臣에 해당한다는 논리.

【黜周王魯】孔子가 당시 종주국 周王을 인정하지 않고 자신의 魯나라를 王이라 인정하였다는 설. 이는《公羊傳》의 이론임.

【獲麟】哀公 14년 "十有四年春, 西狩獲麟"을 가리킴.《公羊傳》에는 '獲麟'(B.C.481)에서 經文이 끝나지만《左氏傳》은 공자의 죽음(B.C.479), 즉 "夏四月己丑, 孔丘卒"에서 經文이 끝나고 있음.

【文王旣沒】《論語》子罕篇에 "子畏於匡, 曰:「文王旣沒, 文不在玆乎? 天之將喪斯文也, 後死者不得與於斯文也; 天之未喪斯文也, 匡人其如予何?」"라 함.
【鳳鳥不至】역시 같은 《論語》子罕篇에 "子曰:「鳳鳥不至, 河不出圖, 吾已矣夫!」"라 함.
【麟鳳五靈】원래 麟, 鳳, 龜, 龍을 四靈이라 하였으며 혹 白虎를 더하여 五靈이라 함.
【平王】東周의 첫 임금. 西周 幽王 때 申侯와 犬戎을 피해 東都 洛邑으로 천도하여 周나라를 이어갔던 임금. B.C.770~720년까지 51년간 재위하고 桓王(姬林)이 뒤를 이음.
【隱公讓國】惠公이 죽자 서자였던 隱公이 나이가 많았으므로 먼저 올라 桓公을 섭정하여 나라를 다스렸으며 桓公이 적자였으므로 그를 받들어 모셨던 것임. 杜預 注에 "隱公追成父志, 爲桓尙少, 是以立爲大子, 帥國人奉之. 爲經元年春不書卽位傳"이라 하여 桓公이 적자이기는 하나 너무 어려 임금의 직책을 감당할 수 없어 자신이 攝政하게 된 것이며 이를 讓國으로 본 것임.
【祚胤】魯나라는 周公(姬旦)이 봉을 받았던 나라로써 周나라의 正統을 유지하고 있었다고 높이 여긴 것.
【周正】周曆. 周나라 曆法.
【如有用我者】《論語》陽貨篇에 "公山弗擾以費畔, 召, 子欲往. 子路不說, 曰:「末之也, 已, 何必公山氏之之也?」子曰:「夫召我者, 而豈徒哉? 如有用我者, 吾其爲東周乎!」"라 함.
【子路】孔子 제자 仲由.《論語》子罕篇에 "子疾病, 子路使門人爲臣. 病閒, 曰:「久矣哉, 由之行詐也! 無臣而爲有臣. 吾誰欺? 欺天乎! 且予與其死於臣之手也, 無寧死於二三子之手乎! 且予縱不得大葬, 予死於道路乎?」"라 함.
【小邾射不在三叛】'獲麟' 다음의 哀公 14년 經에 "小邾射以句繹來奔"라 한 것과 昭公 31년 傳의 "是以《春秋》書齊豹曰『盜』, 三叛人名, 以懲不義, 數惡無禮, 其善志也. 故曰:『《春秋》之稱微而顯, 婉而辨. 上之人能使昭明, 善人勸焉, 淫人懼焉, 是以君子貴之.』"라 한 것을 두고 말한 것.
【反袂拭面】《孔子家語》辨物篇에는 "孔子往觀之, 曰:「麟也, 胡爲來哉? 胡爲來哉?」反袂拭面, 涕泣沾衿. 叔孫聞之, 然後取之. 子貢問曰:「夫子何泣爾?」孔子曰:「麟之至爲明王也, 出非其時而見害, 吾是以傷焉.」"라 한 것을 말함.
【吾道窮矣】《公羊傳》에 "西狩獲麟, 孔子曰:「吾道窮矣.」"라 한 것을 말함.
【無取焉】杜預 注에 "自此以下至十六年, 皆《魯史記》之文, 弟子欲存「孔子卒」, 故幷錄以續孔子所修之經"이라 함.

〈춘추후서春秋後序〉

杜預

太康元年三月, 吳寇始平, 余自江陵還襄陽, 解甲休兵, 乃申杼舊意, 脩成《春秋釋例》及《經傳集解》始訖, 會汲郡汲縣有發其界內舊冢者, 大得古書, 皆簡編科斗文字, 發冢者不以爲意, 往往散亂. 科斗書久廢, 推尋不能盡通, 始者藏在秘府, 余晚得見之.

所記大凡七十五卷, 多雜碎怪妄, 不可訓知《周易》及《紀年》最爲分了,《周易》上下篇與今正同, 別有〈陰陽說〉, 而無〈彖〉·〈象〉, 〈文言〉·〈繫辭〉, 疑于時仲尼造之於魯, 尚未播之於遠國也.

其《紀年》篇起自夏殷周, 皆三代王事, 無諸國別也, 唯特記晉國, 起自殤叔, 次文侯·昭後, 以至曲沃莊伯. 莊伯之十一年十一月, 魯隱公之元年正月也, 皆用夏正建寅之月爲歲首, 編年相次. 晉國滅, 獨記魏事, 下至魏哀王之二十年, 皆魏國之史記也.

推校哀王二十年, 大歲在壬戌, 是周赧王之十六年, 秦昭王之八年, 韓襄王之十三年, 趙武靈王之二十七年, 楚懷王之三十年, 燕昭王之十三年, 齊湣王之二十五年也. 上去孔丘卒百八十一歲, 下去今大康三年五百八十一歲.

哀王於《史記》, 襄王之子惠王之孫也. 惠王三十六年卒而襄王立. 立十六年卒而哀王立. 古書《紀年》篇惠王三十六年改元, 從一年始, 至十六年而稱惠成王卒, 卽惠王也. 疑《史記》誤分惠成之世以爲後王年也. 哀王二十三年乃卒, 故特不稱諡, 謂之今王. 其著書文意大似《春秋經》, 推此足見古者國史策書之常也.

文稱「魯隱公及邾莊公盟于姑蔑」, 卽《春秋》所書「邾儀父, 未王命故不書爵, 曰儀父, 貴之也」. 又稱「晉獻公會虞師伐虢滅下陽」, 卽《春秋》所書「虞師・晉師滅下陽, 先書虞賄故也」. 又稱「周襄王會諸侯于下陽」, 卽《春秋》所書「天王狩于河陽, 以臣召君, 不可以訓也」. 諸若此輩甚多, 略舉數條, 以明國史皆承告據實而書時事, 仲尼脩《春秋》, 以義而制異文也.

又稱「衛懿公及赤翟戰于洞澤」, 疑'洞'當作'泂', 卽《左傳》所謂'熒澤'也. 「齊國佐來獻玉磬・紀公之甗」, 卽《左傳》所謂「賓媚人」也. 諸所記多與《左傳》符同, 異於《公羊》・《穀梁》. 知此二書近世穿鑿, 非《春秋》本意審矣. 雖不皆與《史記》・《尚書》同, 然參而求之, 可以端正學者.

又別有一卷, 純集疏《左氏傳》卜筮事, 上下次第及其文義皆與《左傳》同, 名曰《師春》, 《師春》似是抄集者人名也.

《紀年》又稱「殷仲壬卽位居亳, 其卿士伊尹, 仲壬崩, 伊尹放大甲于桐, 乃自立也. 伊尹卽位於大甲七潛年, 大甲出自桐, 殺尹乃立其子伊陟・伊奮, 命復其父之田宅而中分之」. 《左氏傳》

「伊尹放大甲而相之, 卒無怨色」, 然則大甲雖見放, 還殺伊尹, 而猶以其子爲相也. 此爲大與《尙書》敍說大甲事乖異, 不知老叟之伏生, 或致昏忘, 將此古書亦當時雜記, 未足以取審也. 爲其粗有益於《左氏》, 故略記之, 附《集解》之末焉.

 태강太康 원년 3월, 오吳나라를 비로소 평정하고 나는 강릉江陵으로부터 양양襄陽으로 돌아와 갑옷을 벗고 병사들을 쉬게 하고는 이에 옛날 뜻을 두었던 작업을 이루어 《춘추석례春秋釋例》 및 《경전집해經傳集解》를 마치게 되었다. 그런데 마침 급군汲郡 급현汲縣에 어떤 이가 그 경내의 오래 된 무덤을 발굴하여 많은 고서를 얻게 되었는데 모두가 죽간 묶음의 과두문자科斗文字였으며 간혹 흩어지고 뒤섞인 것이었다. 과두문자의 글씨는 폐기된 지 오래되어 추측하고 찾아보았으나 전체를 다 통할 수는 없어 우선 비부秘府에 소장하고 있었는데 나는 한참 지나서야 이를 얻어 볼 수 있게 되었다.
 그 기록물을 대체로 75권이었으며 거의가 잡쇄雜碎하고 괴망怪妄하여 알아볼 수가 없었다. 그 중 《주역周易》 및 《기년紀年》이 가장 분명하고 명료하였으며 《주역》의 상하편은 지금과 아주 똑같았다. 다만 따로 〈음양설陰陽說〉이 있었으며 〈단사彖辭〉·〈상사象辭〉, 〈문언전文言傳〉·〈계사전繫辭傳〉은 없었는데 아마 중니가 당시 이를 노魯나라에서 지었으나 아직 멀리 있는 다른 나라까지 전파되지 않았었기 때문이 아닌가 하였다.
 《죽서기년竹書紀年》은 하, 은, 주로부터 시작하고 있으며 모두가 삼대三代 왕들의 사적을 기록한 것이며 다른 나라 이야기는 없으나 오직 진晉나라만은 특별하게 기술하고 있다. 상숙殤叔을 시작으로, 문후文侯·소후昭後를 거쳐 곡옥장백曲沃莊伯까지이다. 장백의 11년 11월은 노魯 은공隱公 원년 정월이니 모두가 하정夏正의 건인지월建寅之月을 세수歲首로 삼고 있으며, 그에 따라 연도의 차례대로 편찬되어 있었다. 진나라 망한 다음에는 오직 위魏나라 사건만을 싣고 있으며 그 아래로 위 애왕哀王 20년까지 모두가 위나라 역사 기록이다.

추정하여 교정하건대 애왕 20년은 태세大歲로 임술壬戌이며 이 해는 주周 난왕赧王 16년, 진秦 소왕昭王 8년, 한韓 양왕襄王 13년, 조趙 무령왕武靈王 27년, 초楚 회왕懷王 30년, 연燕 소왕昭王 13년, 제齊 민왕湣王 2년이다. 공자가 죽은 뒤 181년 뒤이며 지금 태강 3년으로부터는 581년 전이다.

애왕은 《사기史記》에는 양왕의 아들이며 혜왕惠王의 손자가 하였다. 혜왕은 36년 만에 죽고 양왕이 들어섰으며, 양왕은 16년 만에 죽고 애왕이 들어섰다. 그보다 앞선 이 고서 《죽서기년》에는 혜왕이 36년에 원년을 고쳐 다시 1년이 시작되어 16년이 지나 혜성왕惠成王이라 칭하면서 죽은 것으로 되어 있으니 같은 혜왕이다. 의심컨대 《사기》는 오류를 범하여 혜성왕의 시대를 나누어 그 뒤를 이은 왕의 재위로 여긴 것이 아닌가 한다. 애왕은 23년 만에 죽어 그 때문에 특별히 그의 시호를 칭하지 않고 금왕今王이라 일컬은 것이다. 그 책의 저술 방법과 문의文意는 《춘추경春秋經》과 아주 흡사하다. 이로 미루어보건대 족히 고대 국사國史의 책서策書를 기록하는 상례를 알 수 있다.

그 문장에서 "노 은공 및 주 장공이 고멸에서 회맹을 하다"(魯隱公及邾莊公盟于姑蔑)는 바로 《춘추》에 기록된 "주 의보는 아직 왕명을 받지 않았으므로 그 때문에 그 작위를 쓰지 않고 의보라 칭하였으니 이는 귀히 여긴 것이다"(邾儀父, 未王命故不書爵, 曰儀父, 貴之也)이다. 그리고 또 "진 헌공이 우나라 군사를 모아 괵을 벌하고 하양을 멸하였다"(晉獻公會虞師伐虢滅下陽)는 기록은 《춘추》에 기록된 "우나라 군사와 진나라 군사가 하양을 멸하였다. 우나라 군사를 앞에 기록한 것은 뇌물을 받았기 때문이다"(虞師‧晉師滅下陽, 先書虞賄故也)이며, 또 "주 양왕이 하양에 제후들을 모아 회담하였다"(周襄王會諸侯于下陽)는 《춘추》의 "천왕이 하양에서 사냥을 하였다. 신하로서 임금을 불렀으니 이는 본보기가 될 수 없다"(天王狩于下陽, 以臣召君, 不可以訓也)이다. 여러 기록이 이러한 예가 아주 많으나 대략 몇 조항만 거론하여 국사는 모두가 사실에 근거하여 그 해당시기에 맞추어 기록하였음을 증명한다. 이처럼 중니께서 《춘추》를 수찬할 때는 대의로써 하되 기록이 다른 문장을 통제하였던 것이다.

또 "위 의공 및 적적이 동택에서 전투를 벌였다"(衛懿公及赤翟戰于洞澤)에서 '동洞'자는 의당 '형洞'자가 아닌가 한다. 즉 《좌전》에 말하는 '형택滎澤'이다. 그리고 "제나라 국좌가 옥경과 기공의 시루를 바쳐왔다"(齊國佐來獻玉磬·紀公之甗)는 기록은 《좌전》에서 말한 "빈미인賓媚人"의 사건이다. 이처럼 여러 기록들은 거의가 《좌전》과 부합하여 같으나 《공양전公羊傳》·《곡량전穀梁傳》과는 다르다. 이 두 책은 근세여 많은 천착穿鑿이 있었지만 《춘추》 본의를 제대로 살핀 것은 아님을 알 수 있다. 비록 《사기》·《상서》와 모두가 같지는 않지만 그럼에도 이를 참고하여 찾아보면 학문을 단정하게 할 수는 있을 것이다.

또한 따로 한 권이 있으니 이는 순전히 《좌씨전》의 복서卜筮의 사건만 모아 소疏를 붙인 것으로 상하의 차례 및 그 문의는 모두가 《좌전》과 같으며 이름을 《춘사師春》라 하였는데 《사춘》는 아마 이를 초집抄集한 자의 사람 이름으로 여겨진다.

《죽서기년》에는 "은殷나라 중임仲壬이 박亳에서 즉위하여 그 경사 이윤伊尹을 재상으로 삼았다. 중임이 죽자 이윤은 태갑大甲을 동桐 땅으로 추방하고 자신이 왕의 자리에 올랐다. 이윤은 태갑이 7년을 그곳에 유폐된 동안 재위해 있었다. 태갑은 동 땅에서 빠져나와 이윤을 죽이고 그의 아들 이척伊陟과 이분伊奮을 세워 아버지의 전택을 이어받도록 명하면서 그 재산을 반으로 나누어주었다"(殷仲壬卽位居亳, 其卿士伊尹, 仲壬崩, 伊尹放大甲于桐, 乃自立也. 伊尹卽位於大甲七潛年, 大甲出自桐, 殺尹乃立其子伊陟·伊奮, 命復其父之田宅而中分之)라 하였으나 《좌씨전》에는 "이윤이 태갑을 추방하고 재상 자리를 지켜 태갑은 조금도 그에게 원망하는 기색이 없었다(伊尹放大甲而相之, 卒無怨色)라 하였다. 그런데도 태갑이 비록 추방을 당하기는 했지만 돌아와 이윤을 죽이고, 그 아들로 재상을 삼은 것이 된다. 이는 《상서》에 기록된 태갑의 사건과 아주 다르며 어그러져 있다. 늙은이 복생伏生이 혹 혼망昏忘함에 빠져 그렇게 기록한 것인지, 아니면 이 고서 역시 당시의 잡된 기록이어서 충분히 제대로 살피지 않은 것인지는 알 수 없다. 그러나 거칠지만 《좌씨》를 연구하는 데에 도움이 되므로 그 때문에 간략하게 기록하여 《집해》의 끝에 이를 붙여놓는다.

【太康】280년. 太康은 晉 武帝 司馬炎의 연호이며 이해에 마지막으로 三國 중 吳나라 末帝 孫皓를 멸하고 통일을 이룩함.
【江陵】지금의 湖北 江陵. 옛 荊州. 杜預가 吳나라 정벌에 나섰던 곳.
【襄陽】지금의 湖北 襄樊.
【申杼】새롭게 일을 펴서 시작함.
【汲郡汲縣】晉나라 太康 2년(281) 당시 汲郡(지금의 河南 汲縣 서남)의 古墓에서 많은 竹書가 발견되었으며 이곳에서 나온 竹簡들을 〈汲冢叢書〉라 함.
【科斗文字】'科斗'는 '蝌蚪'와 같으며 올챙이를 뜻함. 고대 옻즙을 대나무 붓에 찍어 죽간이나 목간에 기록할 때 처음에는 굵게, 점차 가늘게 그 글자 형태가 나타나 마치 올챙이 같은 모습을 이루게 되어 생긴 글씨체. 당시 汲冢에서 나온 竹簡은 거의가 科斗文字로 쓰인 것이었음. 고대 문자의 일종으로 孔壁에서 나온 大篆體도 이와 같아《後漢書》盧植傳 "古文蝌蚪"의 注에 "古文, 爲孔子 壁中書也, 形似蝌蚪, 因以爲名"이라 하였고,《晉書》束晳傳에는 "蝌蚪者, 周時 古文也. 其頭粗尾細, 形似蝌蚪, 故名焉"이라 함. 한편 元, 吾衍은 "上古無筆墨, 以竹挺點漆書竹上, 竹硬漆膩, 書不能行, 故頭粗尾細, 似其形耳"라 함.
【紀年】《竹書紀年》을 가리킴. 戰國시대 기록된 編年體의 魏나라 史書로 원래 제목이 없었으나 汲冢에서 발견된 뒤《竹書紀年》,《汲冢紀年》,《汲冢古文》,《汲冢書》등으로 불림. 처음 발견되었을 때 심히 산란하여 낙양으로 옮겨 官府에 저장하였다가 晉 武帝가 荀勗, 和嶠 등올 하여금 정리토록 함. 모두 13편이며 五帝, 夏殷周를 거쳐 춘추시대 晉나라, 다시 三晉으로 분리된 뒤 魏나라를 이어 연대별로 기록함. 永嘉의 亂 때 다시 사라졌다가 다시 복원 되기도 하였음. 청대 이래 이에 대한 연구가 활발하며 중국 고대 역사 기록의 중요한 자료로 널리 평가받고 있음.
【彖】彖辭.《주역》에서 卦辭를 부연 설명한 것으로 卦名과 象도 아울러 해설함. 上下로 나뉘어져 있음.
【象】象辭. 大象과 小象으로 나뉨. 大象은 卦 전체의 뜻과 象, 下卦의 배치 원리 및 인간 관계 등을 설명한 것이며, 小象은 爻辭를 다시 부연 설명한 것임.
【文言】乾, 坤 두 괘에만 있으며 두 괘의 卦辭, 爻辭를 확대 해석하여 아름답게 풀이한 것.
【繫辭】《周易》전체의 원리를 설명한 것으로 彖辭나 象辭에서 다루지 못한 것을 총체적으로 다룸. 上下로 나뉨. 이상은《周易》十翼에 해당하며 모두 孔子가 지은 것으로 알려져 있음. 이 때문에 다른 먼 나라로 아직 퍼져 나가지 않았

다고 말한 것임.

【殤叔】戰國 초기 魏나라 군주.

【文侯】魏 文侯. 戰國初 魏나라 군주로 B.C.445~B.C.396년까지 50년간 재위함.

【曲沃莊伯】이름은 鮮이며 晉나라 초기 曲沃을 도읍으로 하여 그 때의 군주였음. 그의 재위 11년은 魯 隱公 원년에 해당함.

【魏哀王】戰國時代 魏나라 왕. 《史記》 등의 紀年表에는 魏 襄王 20년으로 되어 있으나 《竹書紀年》에는 이에 대한 기록이 다름.

【壬戌】B.C.299년. 이 해는 周 赧王(姬延) 16년, 秦 昭王 8년, 韓 襄王 13년, 趙 武靈王 27년, 楚 懷王 30년, 燕 昭王 13년, 齊 湣王 2(본문 25년은 오기임)년에 해당함.

【邾儀父, 未王命故不書爵, 曰儀父, 貴之也】隱公 元年 經에 "三月, 公及邾儀父盟于蔑"라 하였고, 傳에 "三月, 公及邾儀父盟于蔑, 邾子克也. 未王命, 故不書爵. 曰「儀父」, 貴之也. 公攝位而欲求好於邾, 故爲蔑之盟"라 함.

【虞師·晉師滅下陽, 先書虞賄故也】僖公 2년 經에 "虞師·晉師滅下陽"이라 하였고, 傳에 "晉荀息請以屈産之乘與垂棘之璧假道於虞以伐虢. 公曰: 「是吾寶也」 對曰: 「若得道於虞, 猶外府也」 公曰: 「宮之奇存焉」 對曰: 「宮之奇之爲人也, 懦而不能强諫. 且少長於君, 君暱之; 雖諫, 將不聽」 乃使荀息假道於虞, 曰: 「冀爲不道, 入自顚軨, 伐鄍三門. 冀之旣病, 則亦唯君故. 今虢爲不道, 保於逆旅, 以侵敝邑之南鄙. 敢請假道, 以請罪于虢」 虞公許之, 且請先伐虢. 宮之奇諫, 不聽, 遂起師. 夏, 晉里克·荀息帥師會虞師, 伐虢, 滅下陽. 先書虞, 賄故也"라 함.

【天王狩于河陽, 以臣召君, 不可以訓也】僖公 28년 經에 "天王狩于河陽"라 하였고, 傳에 "是會也, 晉侯召王, 以諸侯見, 且使王狩. 仲尼曰: 「以臣召君, 不可以訓. 故書曰『天王狩于河陽』, 言非其地也, 且明德也」"라 함.

【懿公及赤翟戰于洞澤】閔公 2년 經에 "十有二月, 狄入衛"라 하였고, 傳에 "及狄人戰于熒澤, 衛師敗績, 遂滅衛"이라 하여 '洞澤'이 '熒澤'으로 되어 있으며 같은 음인 '洞澤'이 되어야 한다고 여긴 것.

【賓媚人】成公 2년 經에 "秋七月, 齊侯使國佐如師. 己酉, 及國佐盟于袁婁"라 하였고, 傳에 "齊侯使賓媚人賂以紀甗·玉磬與地: 「不可, 則聽客之所爲」 賓媚人致賂, 晉人不可, 曰: 「必以蕭同叔子爲質, 而使齊之封內盡東其畝」"라 함.

【伊尹放大甲而相之, 卒無怨色】襄公 21년 經 "秋, 晉欒盈出奔楚"의 傳에 "鯀殛而禹興, 伊尹放大甲而相之, 卒無怨色; 管·蔡爲戮, 周公右王"이라 함. 한편 이에 관한 고사는 《史記》 殷本紀 및 《尙書》 등을 참조할 것.

【伏生】秦漢 시기의 학자이며 《尙書》 傳述者. 이름은 勝, 자는 子賤. 濟南 사람으로 秦나라 때의 博士. 秦始皇 焚書 때 《尙書》를 벽에 숨겼다가 漢初에 발견됨. 29편만이 남아 齊·魯 지역에 널리 퍼짐. 文帝가 그를 불렀으나 이미 90여 세가 되어 갈 수 없게 되자 晁錯을 보내어 伏生 딸의 구술을 받아옴. 이것이 今文經이며 뒤에 제자 張生, 歐陽生 등이 《尙書》 연구에 큰 업적을 남김. 《尙書大傳》은 복생이 지은 것이라고도 함.
【昏忘】伏生이 90여 세가 넘어 정신이 昏迷하고 기억력이 없어 잘못 말한 것일 수도 있음을 뜻함.

〈鎏金嵌玉鑲琉璃銀帶鉤〉(戰國 魏) 1951 河南 輝縣 출토

1. 〈隱公〉

◎ 魯 隱公 在位期間(11년: B.C.722~712년)

　惠公(弗皇)의 庶長子. 이름은 息姑. 伯禽의 7세손. 어머니는 聲子로 혜공의 계실이었음. B.C.722~712년까지 11년간 재위함. 뒤에 公子 羽父(翬)에게 시해되어 생을 마침. 〈謚法〉에 "不尸其位曰隱"이라 함. 혜공의 원래 적자는 桓公(姬允)이었으나 그가 어릴 때 아버지 혜공이 죽어 나이가 많았던 은공이 먼저 임금 자리에 올랐던 것이며 은공이 죽고 나서 환공이 뒤를 이음. 은공은 '太子'에 오르지 않은 채 '공자'라 불리다가 아우보다 먼저 임금 자리에 오른 것임.

　한편 魯나라는 姬姓이며 成王(姬誦)이 周公(姬旦)의 아들 伯禽을 원래 고대 奄國이었던 지금의 山東 曲阜에 봉하여 제후국이 되었으며 흔히 주공의 封國으로 널리 알려짐.《史記》魯世家에 의하면 伯禽으로부터 隱公까지는 이미 13군이 이어왔음.

㊤

惠公元妃孟子.

孟子卒, 繼室以聲子, 生隱公.

宋武公生仲子.

仲子生而有文在其手, 曰:「爲魯夫人.」

故仲子歸于我, 生桓公.

而惠公薨, 是以隱公立而奉之.

혜공惠公의 원비元妃는 맹자孟子이다.

맹자가 죽자 혜공은 성자聲子를 계실繼室로 삼아 은공隱公을 낳았다.

송宋 무공武公이 딸 중자仲子를 낳았다.

중자는 태어날 때 손바닥에 글자 같은 무늬가 있어 무공이 그것을 보고 말하였다.

"노魯나라 군주의 부인이 되겠구나."

그 중자가 우리 노나라로 시집와서 환공桓公을 낳았다.

혜공이 훙거薨去하자 이 까닭으로 은공은 서자였으므로 군주에 오르자 적자嫡子인 환공桓公을 받들었던 것이다.

【魯】魯나라는 周 문왕의 넷째 아들이며 동시에 武王의 아우였던 周公(姬旦)이 봉을 받은 나라. 그러나 실질적으로는 주공의 아들 伯禽이 다스리기 시작하였음. 작위는 侯爵이며 姓은 주나라 성씨인 姬였음. 처음 봉을 받은 곳은 河南 魯山縣으로 이 때문에 국호가 '魯'였음. 成王이 武庚의 난을 진압하고 伯禽의 봉지를 지금의 山東 曲阜로 옮겨주었으며 국호는 바꾸지 않음.

【公】周나라 爵位制度는 《孟子》萬章(下)에 公·侯·伯·子·男의 5등급이었다 하였으며, 제후국 군주들에게 이 작위를 주어 각기 그 등급과 호칭이 달랐음. 伯爵 작위를 받은 鄭나라의 경우 鄭伯이라 불렀으며, 齊나라와 衛나라는 侯爵이었으므로 齊侯·衛侯라 칭한 것임. 宋나라의 경우 殷의 후손을 봉하였던 나라로 이를 우대하여 宋公이라 칭하였음. 魯나라는 원래 侯爵이었으나 東周에 들어서면서 公爵의 작위를 사용하였음.

【元妃】임금의 正室 夫人. 金文에는 흔히 '元配'로 표기하기도 함. 즉위하고 제일 처음 맞아들인 妃를 가리킴. 文公 2년 傳에 "凡君卽位, 娶元妃以奉粢盛"이라 함.

【隱公】이름은 息姑. 惠公과 聲子 사이에서 태어났으며 '隱公'은 사후의 시호임. 諡號法에 "不尸其位曰隱"이라 함. 혜공이 죽자 어린 환공을 대신해 섭정을 맡았다가 뒷날 공자 羽父(翬)에게 시해를 당하였음. B.C.722~712년까지 재위함.
【惠公】孝公의 아들. 이름은 弗湟(不皇, 弗皇, 弗生). 隱公과 桓公의 아버지. B.C.768~723년의 46년 간 재위함. 諡號法에 "愛人好與曰惠"라 함.
【孟子】'子'는 宋나라 군주의 姓. '孟'은 첩이 낳은 자식의 맏이를 뜻함. 정실에게서 얻은 맏이는 '伯'자를 써서 字에 사용함.
【卒】신분이 높은 사람이 세상을 떠남.
【繼室】고대 귀족의 혼인에 시집가는 여인을 따라 그 조카나 여동생이 함께 갔으며 이를 '잉첩'媵妾이라 함. 뒤에 嫡婦人이 죽었을 경우 잉첩이 집안일을 맡아 처리하였으며 이를 '繼室'이라 함.
【聲子】맹자의 여동생이거나 혹은 조카딸. '聲'은 죽은 뒤의 시호. 諡號法에 "不生其國曰聲"이라 함.《史記》魯世家에는 聲子를 賤妾이라 하여 그 때문에 그에게서 난 아들 은공이 태자에 오르지 못한 것임.
【宋武公】宋나라는 子姓이며 작위는 公. 殷의 후손이 봉을 받은 나라. 周公이 武庚의 난을 진압한 뒤 殷나라 帝乙의 아들 微子(啓)를 宋公에 봉하여 나라를 이어감. 지금의 河南 商丘縣. 武公은 微子의 9세손이며 이름은 司空. 戴公의 아들로 B.C.765~748년까지 재위함. 戰國時代 이르러 齊, 魏, 楚 세 나라에 의해 나라가 망함.
【仲子】孟子의 여동생. 송나라 군주의 둘째 딸. 司馬遷《史記》魯世家에 의하면 "公賤妾聲子生子息. 息長, 爲娶於宋. 宋女至而好, 惠公奪而自妻之"라 하여 원래 아들 隱公(息姑)을 위해 맞이하였으나 미모가 뛰어나 惠公이 자신의 부인으로 삼았다 하였음. 여기에서 태어난 아들이 환공(允)이며 송녀 仲子가 嫡夫人이었으므로 桓公이 태자에 오름.
【桓公】이름은 允. 隱公이 시해된 뒤에서야 정식 군주로 올라 B.C.711~694년 동안 재위하였음. 그가 어릴 때 혜공이 죽자 서자였던 은공이 나이가 많았으므로 먼저 올라 환공을 섭정하여 나라를 다스렸으며 桓公이 적자였으므로 그를 받들어 모셨던 것임. 杜預 注에 "隱公追成父志, 爲桓尙少, 是以立爲大子, 帥國人奉之. 爲經元年春不書卽位傳"이라 하여 桓公이 적자이기는 하나 너무 어려 임금의 직책을 감당할 수 없어 자신이 攝政하게 된 것이며, 섭정을 하면서도 '公'의 명칭을 쓴 것은 周나라 때의 慣例라 함.
【薨】제후의 죽음을 뜻함. '諸侯謂死曰薨'이라 함.
＊이상은 隱公에 대한 서문에 해당함.

001. 隱公 元年(B.C.722) 己未

周	平王(姬宜臼)49년	齊	僖公(祿父) 9년	晉	鄂侯(郤) 2년 曲沃 莊伯(鱓)11년	衛	桓公(完) 13년
蔡	宣公(考父) 28년	鄭	莊公(寤生) 22년	曹	桓公(終生) 35년	陳	桓公(鮑) 23년
杞	武公 29년	宋	穆公(和) 7년	秦	文公 44년	楚	武王(熊通) 19년

※ 001(隱元-1)

元年, 春王正月.

원년 춘春, 주력周曆 정월.

【王正月】周曆을 뜻함. 周나라 왕실에서 쓰는 曆法으로 계산하면 正月에 해당함을 뜻함. 당시 주나라 역법은 실용적이지 못하여 주로 夏曆과 殷曆(商曆)을 썼음. 춘추시대 각 제후국은 자신의 正朔(역법)이 달라 晉은 夏正을 사용하여 10월을, 宋나라는 殷正을 사용하여 12월을 歲首로 삼았음. 孔子가 살던 魯나라는 周正을 지켜 11월을 歲首로 삼았으므로 이에 《春秋》에 '王正月'이라 표기하여 周正을 지키고 있었음을 밝힌 것임. 董作賓의 《殷曆譜》(下)에 "改制之初稱正月, 並列擧一月之舊名"이라 함.

㊀

元年春, 王周正月, 不書卽位, 攝也.

원년 봄, 주력 정월. '경'經에 노나라 은공이 '즉위하였다'고 쓰지 않은 것은 섭정攝政이었기 때문이다.

【不書卽位】孔子의《春秋》기록 방법에 元年일 경우 '卽位'라는 표현을 썼으나 隱公 元年에는 이를 쓰지 않음. 이는 隱公이 섭정을 하고 있었으므로 卽位式을 하지 않은 것임. 따라서 공자가 '卽位'라는 표현을 쓰지 않은 것임.
【攝】攝政. 隱公(息姑)이 서자였으므로 적자 桓公(允)의 政事를 섭정하는 지위였음을 말함.《史記》魯世家에 "惠公卒, 爲允少故, 魯人共令息攝政, 不言卽位"라 함.

✶ 002(隱元-2)

三月, 公及邾儀父盟于蔑.

3월, 은공隱公이 주邾나라 의보儀父와 멸蔑에서 동맹同盟을 맺었다.

【邾】周 武王이 祝融 八姓의 하나였던 邾俠(曹俠)을 封하여 부용국으로 삼았으며 '邾婁'로도 불렸음. 지금의 山東 鄒縣. 이 때문에 전국시대에 이름을 '鄒'로 바꾸었음. 曹姓이며 子爵 작위를 받았으나 魯나라에 예속되어 있었음.
【儀父】邾나라 군주. 이름은 克. '父'는 '甫'와 같으며 '보'로 읽음.
【蔑】魯나라 땅. 지금의 山東 泗水縣 동북에 姑蔑 故城이 있음. 定公 12년과《竹書紀年》등에는 '姑蔑'로 되어 있음.

傳
三月, 公及邾儀父盟于蔑, 邾子克也.
未王命, 故不書爵.
曰「儀父」, 貴之也.
公攝位而欲求好於邾, 故爲蔑之盟.

3월, 은공이 주邾나라 의보儀父와 멸蔑에서 동맹을 맺었는데 의보는 주邾나라 군주이며 이름은 극克이다.

그는 아직 천자로부터 제후로 임명을 받지 않았으므로 그 때문에 작위를 쓰지 않은 것이다.

'의보'라 한 것은 그를 존중하였기 때문이다.

은공은 섭정이지만 주나라와 우호를 다지기 위하여 그 때문에 멸에서 동맹을 맺은 것이다.

【諸侯】 周나라는 封建제도를 바탕으로 같은 姓을 지닌 형제나 인척 또는 공신에게 봉지를 주어 다스리도록 하였으며, 公侯伯子男의 다섯 등급의 작위를 주어 호칭하며 이들을 諸侯라고 부름.
【邾子】 '子'는 작위의 하나이나 혹 邊裔나 蠻夷戎狄의 군주는 거의 '子'를 넣어 칭하였음.
【曰儀父, 貴之也】 邾나라는 작은 나라로서 은공의 요구를 받아들여 동맹을 맺었으므로 그를 존중하여 이름을 밝혀 쓴 것임을 말함. '父'는 인명, 지명에서는 '보'로 읽음.

傳
夏四月, 費伯帥師城郎.
不書, 非公命也.

여름 4월, 비백費伯이 군사를 이끌고 낭郎에 성을 쌓았다.

그 사실을 적지 않은 것은 은공의 명령에 의한 것이 아니기 때문이었다.

【費伯】魯나라 大夫. 費庈夫의 食邑이 費 땅이었음. 費는 費亭. 지금의 山東 魚臺縣 서남쪽에 있었음.
【帥師】'帥'은 '率'과 같음. '솔사'로 읽음. '帥'은 '거느리다, 인솔하다, 통솔하다'의 뜻.
【郞】지금의 山東 魚臺縣 동북.

❊ 003(隱元-3)

夏五月, 鄭伯克段于鄢.

여름 5월, 정백鄭伯이 언鄢에서 단段을 이겼다.

【鄭伯】鄭나라 군주. 共叔寤生. 伯은 그 나라의 작위가 伯이었음을 말함. 鄭나라 莊公을 가리킴. 武公의 아들이며 B.C.743~702년까지 43년간 재위함. 그 뒤를 厲公, 昭公으로 이어짐.
【鄭】周 宣王이 자신의 아우 桓公(姬友)을 봉했던 나라. 같은 姬姓으로 본래는 陝西 華縣에 鄭나라를 받았으나 幽王 때 혼란이 일어나자 桓公의 아들 武公이 平王의 東遷(東周)을 도운 공으로 봉지를 지금의 河南 新鄭縣으로 옮겼으며 이 때문에 그곳을 '新鄭'이라 부른 것임. 春秋 후 韓나라에게 망함.《史記》에 鄭世家가 있음.
【克】세력이 엇비슷하여 이를 이겨냄을 뜻함. 흔히 諸侯끼리의 전투에서 승리함을 말함.
【段】鄭伯의 아우. 共叔段 '共叔'은 그가 난에 패하여 共나라로 도망하였기 때문에 '共叔'이라 부른 것. '京城大叔', '大叔' 등으로도 불림. 傳을 참조할 것.
【鄢】鄭나라 땅. 지금의 河南 鄢陵縣 서남쪽. 원래는 妘姓의 나라였으나 鄭 武公 때 망하여 鄭나라 땅이 됨.

㊉

初, 鄭武公娶于申, 曰武姜.

生莊公及共叔段.

莊公寤生, 驚姜氏, 故名曰寤生, 遂惡之.

愛共叔段, 欲立之.

亟請於武公, 公弗許.

及莊公卽位, 爲之請制.

公曰:「制, 巖邑也, 虢叔死焉. 佗邑唯命.」

請京, 使居之, 謂之京城大叔.

祭仲曰:「都, 城過百雉, 國之害也. 先王之制, 大都, 不過參國之一; 中, 五之一; 小, 九之一. 今京不度, 非制也, 君將不堪.」

公曰:「姜氏欲之, 焉辟害?」

對曰:「姜氏何厭之有? 不如早爲之所, 無使滋蔓! 蔓, 難圖也. 蔓草猶不可除, 況君之寵弟乎?」

公曰:「多行不義, 必自斃, 子姑待之.」

旣而大叔命西鄙・北鄙貳於己.

公子呂曰:「國不堪貳, 君將若之何? 欲與大叔, 臣請事之; 若弗與, 則請除之, 無生民心.」

公曰:「無庸, 將自及.」

大叔又收貳以爲己邑, 至於廩延.

子封曰:「可矣. 厚將得衆.」

公曰:「不義不暱. 厚將崩.」

大叔完聚, 繕甲兵, 具卒乘, 將襲鄭, 夫人將啓之.

公聞其期, 曰:「可矣.」

命子封帥車二百乘以伐京.

京叛大叔段, 段入於鄢.

公伐諸鄢.

五月辛丑, 大叔出奔共.

書曰:『鄭伯克段于鄢』段不弟, 故不言弟; 如二君, 故曰克; 稱鄭伯,譏失敎也, 謂之鄭志.
　不言出奔, 難之也.
　遂寘姜氏于城潁, 而誓之曰:「不及黃泉, 無相見也!」
　旣而悔之.
　潁考叔爲潁谷封人, 聞之, 有獻於公, 公賜之食.
　食舍肉.
　公問之.
　對曰:「小人有母, 皆嘗小人之食矣; 未嘗君之羹, 請以遺之.」
　公曰:「爾有母遺, 繄我獨無!」
　潁考叔曰:「敢問何謂也?」
　公語之故, 且告之悔.
　對曰:「君何患焉? 若闕地及泉, 隧而相見, 其誰曰不然?」
　公從之.
　公入而賦,「大隧之中, 其樂也融融.」
　姜出而賦,「大隧之外, 其樂也洩洩.」
　遂爲母子如初.
　君子曰:「潁考叔, 純孝也, 愛其母, 施及莊公.《詩》曰:『孝子不匱, 永錫爾類.』其是之謂乎!」

　당초, 정鄭 무공武公이 신申나라에서 아내를 맞아 그를 무강武姜이라 하였다.
　무강은 정 장공莊公과 공숙단共叔段을 낳았다.
　장공은 태어날 때 난산으로 무강을 놀라게 하여 그 때문에 이름을 오생寤生이라 불렀으며 결국 그를 미워하게 되었다.
　강씨는 공숙단을 사랑하여 그를 군주 자리에 앉히고자 하였다.
　그리하여 무공에게 자주 청하였지만 무공은 이를 허락하지 않았다.
　장공이 군주 자리에 오르게 되자 강씨는 공숙단을 위하여 그에게 제制 땅을 줄 것을 청하였다.
　그러자 장공이 말하였다.

"제 땅은 바위투성이의 험한 읍으로 괵숙虢叔이 지형을 지나치게 믿다가 죽은 곳입니다. 다른 곳이라면 명하시는 대로 주겠습니다."

강씨가 이번에는 경京 땅을 요청하자 장공은 그 땅을 공숙단에게 주어 그곳에 살도록 하면서 그를 경성태숙京城大叔이라 불렀다.

그러자 채중祭仲이 말하였다.

"도시는 성城이 1백 치雉를 넘으면 나라에 해가 됩니다. 선왕께서 만드신 법도에 큰 고을의 성은 국성國城의 3분의 1을 넘지 못하고, 중간 고을 성은 5분의 1, 작은 고을 성은 9분의 1이라 하였습니다. 지금 경 땅은 그러한 법도를 지키지 않으니 제도에 맞지 않습니다. 임금께서는 장차 감당해 내지 못할 것입니다."

장공이 말하였다.

"어머니 강씨께서 그 땅을 원하시는데 내 어찌 다른 곳으로 피할 수 있겠소?"

채중이 대답하였다.

"강씨의 욕망에 어찌 싫증이라는 것이 있겠습니까? 서둘러 조치를 취하여 공숙단으로 하여금 세력이 더 커지지 않도록 하느니만 못합니다! 커진 다음에는 대처하기가 어려울 것입니다. 마구 자란 풀도 잘라 낼 수가 없는 법인데, 하물며 군주께서 사랑하시는 아우임에야 어쩌겠습니까?"

장공이 말하였다.

"많은 행동이 옳지 못하면 틀림없이 스스로 멸망하는 법이오. 그대는 잠시 기다려 보시오."

이윽고 경성태숙은 정나라 서쪽 변두리와 북쪽 변두리에 명하여 장공을 배신하고 자신을 따르도록 명하였다.

공자公子 여呂가 장공에게 말하였다.

"나라란 백성이 두 마음을 품고 있으면 감당해 내기 어렵습니다. 군주께서는 장차 이 일을 어떻게 하시렵니까? 나라를 태숙에게 넘겨주시고자 하신다면 저는 청컨대 태숙을 섬기겠습니다. 그러나 만약 그에게 넘겨주실 것이 아니라면 그를 없애버리시기를 청합니다. 백성들에게 다른 마음이 생기지 않도록 해 주십시오."

장공이 말하였다.
"그럴 필요 없소. 장차 그는 스스로 화를 당할 것이오."
태숙은 배신한 서북 변두리 고을 땅을 거두어 자신의 영토로 삼았으며 그 세력이 늠연廩延까지 뻗어나갔다.
자봉子封이 말하였다.
"이제는 그를 없앨 기회입니다. 그의 영토가 더 이상 커지면 그는 큰 무리를 얻게 될 것입니다."
장공이 말하였다.
"의롭지 못한 자에게는 사람이 따르지 않는 법이오. 영토가 아무리 커져도 결국 망하고 말 것이오."
태숙은 성곽을 세우고 식량을 모았으며 갑옷과 무기를 수선하고, 병졸과 전차를 갖추어 장차 정나라를 습격하려 하였으며 부인 강씨가 그 일에 앞장을 서서 인도하고 나설 참이었다.
그 날짜를 전해들은 장공이 말하였다.
"이제 칠 만하다."
그리고는 자봉에게 전차 2백 승을 이끌고 경 땅을 치도록 하였다.
경 땅 사람들이 태숙(段)을 배반하자 단은 언鄢 땅으로 들어갔다.
장공은 언 땅에서 그를 쳤다.
5월 신축날, 태숙은 공共나라로 달아났다.
경經에 '정백鄭伯이 언鄢에서 단段과 싸워 이겼다'라고 기록한 것은 단은 아우로써의 직분을 지키지 않았으므로 그 때문에 '제弟'라 부르지 않고 그의 이름을 기록한 것이며, 두 나라 군주가 대결한 것과 같았기에 '극克'이라 표현한 것이며, '정백'이라 칭한 것은 형으로써 아우에 대한 가르침을 제대로 수행하지 못한 것을 기롱한 것이며 그것을 장공의 본심이라 여긴 것이다.
태숙단이 공나라로 달아난 것을 기록하지 않은 이유는 정백의 책임도 있었으므로 그 사실을 그대로 기록하기가 어려웠기 때문이었다.
드디어 장공이 어머니 강씨를 성영城潁에 유폐하고 이렇게 맹세하였다.
"내가 죽어서 황천에 이르기 전에는 어머니 당신을 만나지 않으리라!"

그러나 얼마 지나지 않아 장공은 후회하였다.

영고숙潁考叔은 영곡潁谷을 지키는 임무를 맡은 자로써 이러한 이야기를 듣고 장공에게 선물을 바치러 갔을 때 장공이 그에게 함께 식사할 수 있는 기회를 얻게 되었다.

그 때 영고숙은 고기는 먹지 않고 남겨두었다.

장공이 그 이유를 물었다.

그러자 그는 이렇게 대답하였다.

"소인에게는 어머니가 계십니다. 그런데 드시는 것이라곤 모두 다 소인이 날마다 먹는 것들뿐입니다. 군주께서 드시는 이런 고깃국은 이제까지 드셔본 적이 없습니다. 청컨대 어머니께 갖다드리고자 합니다."

장공이 말하였다.

"너는 고깃국을 드릴 어머니가 계시지만 나는 유독 그러한 어머니조차 없구나!"

영고숙이 말하였다.

"감히 여쭙습니다만 무슨 뜻인지요?"

장공은 그 이유를 말해주고 나서 또한 자신은 후회하고 있다고 털어놓았다.

영고숙이 말하였다.

"군주께서는 어찌 걱정하십니까? 만일 황천에 닿을 정도로 깊게 굴을 판 다음 지금이라도 서로 만나신다면 그 누가 군주께서 맹세를 지키지 않았노라 입방아를 찧겠습니까?"

장공이 그의 말을 따랐다.

장공은 굴을 통해 들어가 유폐된 어머니를 만나고는 이렇게 노래를 불렀다.

"큰 굴 안에서의 즐거움이 융융融融하도다!"

강씨도 아들을 보내고 나서 이렇게 노래를 지어 불렀다.

"큰 굴 밖으로 나와서 즐거움이 설설洩洩하구나!"

그리하여 마침내 어머니와 아들 사이가 처음과 같아졌다.

군자君子가 말하였다.

"영고숙은 지극한 효자였다. 그의 어머니에 대한 사랑이 장공에게까지 미쳤도다.《詩經》에 '효자의 효성은 다함없으니, 집안 대대로 효자가 나리로다'라 하였으니 바로 이를 두고 한 말이리라!"

【武公】鄭나라 2대 군주. 鄭 桓公(姬友)의 아들. 이름은 滑突(掘突). B.C.770~744년 동안 재위함.
【申】殷末 伯夷의 후손으로 姜姓이었으며 뒤에 楚나라에게 망함. 지금의 河南 南陽縣 일대였으며 군주의 姓은 姜이었음.
【武姜】제후의 부인을 일컬을 때에는 남편이 죽은 뒤 남편의 시호를 앞에, 그리고 자신의 출신 生家의 姓을 뒤에 붙여 불렀음. 따라서 '武公'의 부인이며 자신의 성은 '姜'이므로 '武姜'이라 부른 것임.《史記》十二諸侯年表에 "鄭武公十年娶申侯女武姜, 十四年生莊公寤生, 十七年生大叔段"이라 함.
【寤生】逆生, 逆産과 같음. 아이가 거꾸로 다리부터 나와 난산을 겪었음을 표현한 것. '寤'는 '牾'와 같으며 '迕'(逆)의 뜻임.《說文》에 "牾, 逆也"라 함. 한편 應劭의《風俗通》에는 "兒墮地能開目視者爲寤生"이라 함.
【亟】'기'로 읽으며 '屢'의 뜻.
【制】지명. 지금의 河南 汜水縣 서북쪽 虎牢關.
【虢叔】周 文王의 아우로 東虢을 봉지로 받았으나 험한 지형을 너무 믿고 방자하게 굴다가 鄭나라에 망함. 지금의 河南 汜水縣 서남쪽.《漢書》地理志 臣瓚의 注에 "鄭桓公寄帑與賄於虢會之間. 幽王旣敗, 二年而滅會, 四年而滅虢"이라 함.
【京】지금의 河南 滎陽縣 동남쪽.
【京城大叔】《史記》鄭世家에 "莊公元年, 封弟段于京, 號太叔"이라 함. '大'는 '太'와 같음.《左傳》전체는 '太'를 '大'로 표기하고 있음.
【祭仲】'祭'는 '채'(側界反)로 읽음. 祭足. 鄭나라 大夫. '祭'는 그의 식읍. 지금의 河南 中牟縣 祭亭.
【雉】3장 길이의 성벽을 뜻하는 말. 당시 8尺을 1丈이라 하였으며, 성인 남성의 키를 1장으로 여겼음. 그러나 賈逵, 馬融, 鄭元, 王肅 등 학자마다 그 주장이 다름.
【西鄙·北鄙】'鄙'는 도읍으로부터 먼 곳을 일컫는 말.
【貳】두 마음을 가짐. 배반함. 배신함. 반란을 일으킴. 순종하지 않음.
【公子呂】鄭나라 大夫이며 字는 子封.

【廩延】지명. 지금의 河南 延津縣 북쪽. 혹 滑縣이라고도 함.
【不義不暱】임금에게 충성을 다하지 않을 뿐 아니라 형에게 친밀하게 하지 않음.
【完聚】服虔의 설에 '完'은 성곽을 완성하는 것이며, '聚'는 군량을 모아들이는 것이라 하였음. 전투를 준비함을 뜻함.
【乘】1승에 甲兵 30명과 보병 72명을 배치하였음. 따라서 본문에 '二百乘'이라 한 것으로 보아 1만 5천 군사를 동원하였음을 알 수 있음.
【五月辛丑】5월 23일.
【共】당시 小國 이름. 지금의 河南 輝縣.
【難之也】기록하기가 어려웠다는 뜻.
【城潁】鄭나라 땅. 지금의 河南 臨潁县 서북쪽.
【潁考叔】인명. 潁은 지명이며 이를 봉지로 받아 성씨가 된 것. 考叔은 이름, 혹은 자. '穎考叔'으로도 표기함.
【潁谷】정나라 땅. 지금의 河南 登封縣 서남쪽.
【封人】국경의 수비를 맡은 낮은 벼슬아치.
【繄】'예'로 읽으며 뜻이 없는 語助辭. 發語詞.
【闕】'掘'과 같음. '굴을 파서 공간을 마련하다'의 뜻.
【隧】'隧窟'. 지하로 통할 수 있는 굴이나 통로.
【曰不然】'다시는 어머니를 보지 않겠노라'라고 했던 맹세를 거스른다고 비난함.
【賦】원래 文體의 일종. 여기서는 시를 지어 노래함을 뜻함.
【君子】左丘明이 첨언한 말. 자신의 의견을 빗대어 말할 때 쓰는 기록 방법.
【融融】'和樂하다'의 뜻.
【洩洩】매우 즐겁고 모든 울분이 사라진 상태. '泄泄'과 같음.
【君子曰】작자 자신의 의견을 덧붙일 때 쓰는 형식. 더러는 孔子를 내세워 자신의 의견을 대신 가탁하기도 함. 清 張照는 "君子之稱, 或以德, 或以位. 左氏小委君子者, 謂其時所謂君子其人者, 皆如是云云也, 非左氏意以如是云云者, 乃可稱君子之論也"라 함.
【詩】《詩經》大雅 既醉篇에 "威儀孔時, 君子有孝子. 孝子不匱, 永錫爾類. 其類維何, 室家之壺. 君子萬年, 永錫祚胤. 其胤維何, 天被爾祿. 君子萬年, 景命有僕. 其僕維何, 釐爾女士. 釐爾女士, 從以孫子"라 함.
【錫】'賜'와 같음. '윗사람이 아랫사람에게 물건 등을 내려주다. 하사하다'의 뜻.

❀ 004(隱元-4)

秋七月, 天王使宰咺來歸惠公·仲子之賵.

가을 7월, 천왕天王이 재宰 훤咺으로 하여금 혜공惠公과 중자仲子의 죽음에 예물을 드리도록 하였다.

【天王】 종주국이었던 周나라 天子를 가리킴. 春秋시대에는 周나라만 王號를 사용하였으나 楚나라가 참월하여 王을 칭한 예가 있으며 그 외 제후국은 모두 公侯伯子男의 칭호를 사용하였음. 당시는 平王(姬宜臼) 49년(B.C.722)에 해당함. 《左傳》에는 天王, 天子, 王 등으로 부르고 있음.
【宰】 天子의 太宰. 宰相. 원래는 宰는 요리하는 자이며, 相은 보행을 돕는 자였으나 秦나라 이후 최고행정관을 가리키는 말로 쓰이기 시작하였음. 주례에 의하면 天子는 太宰, 卿一人; 少宰, 中大夫二人; 宰夫, 下大夫四人을 둘 수 있도록 되어 있음.
【咺】 周나라 平王의 재상 이름.
【惠公】 魯 隱公과 桓公의 아버지.
【仲子】 魯 桓公의 어머니이며 惠公의 부인.
【賵】 '봉'으로 읽음. 상을 당한 집에 예물을 보내어 장례를 돕는 것. 賻儀와 같음. 《說苑》修文篇에 그 규정이 자세히 실려 있음.

㊉
秋七月, 天王使宰咺來歸惠公·仲子之賵.
緩, 且子氏未薨, 故名.
天子七月而葬, 同軌畢至; 諸侯五月, 同盟至; 大夫三月, 同位至; 士踰月, 外姻至.
贈死不及尸, 弔生不及哀, 豫凶事, 非禮也.

가을 7월, 주周 천자 평왕平王이 재상宰相 훤咺으로 하여금 혜공惠公과 중자仲子의 영전靈前에 봉賵을 내리도록 하였다.

1. 〈隱公元年〉 111

그러나 혜공이 죽은 지 오래되어 부조하기엔 이미 때가 지난 뒤였고, 게다가 자씨(子氏, 仲子)는 아직 살아있었기 때문에 경經에 그의 이름을 밝힌 것이다.

천자가 죽으면 7개월 뒤에 장례를 치르고 모든 제후들이 참석하며, 제후는 5개월 뒤에 장례를 치르며 동맹국 군주들이 참석하며, 대부는 3개월 뒤에 장례를 치르며 같은 지위에 있는 이들이 참석하며, 사士는 한 달을 넘겨 장례를 치르며 집 안팎 인척들이 모인다.

부의를 보낼 때 장례 기간에 맞추지 못하거나, 슬퍼하고 있을 때 조문하지 않거나, 사람이 죽는 흉사가 있기도 전인데 미리 예물을 보내는 것은 예禮가 아니다.

【緩】惠公이 죽은 지 오래되어 조문하기엔 이미 때가 지난 뒤였음.
【故名】장례가 이미 끝난 뒤이거나, 아직 살아있는데 잘못 알고 조문하는 일은 예에 어긋남. 이 때문에 그 사실을 지적하기 위해 재상 咺의 이름을 밝혔음을 말함.
【同軌畢至】'모든 제후국이 장례식에 참석하다'의 뜻. 軌는 수레 좌우 바퀴 사이 폭. 그 당시 제후들의 수레바퀴 폭이 똑같았으므로 제후들을 지칭하는 말로 쓰였음. 同軌는 四夷와 구별하기 위한 표현임.

㊓
八月, 紀人伐夷.
夷不告, 故不書.

8월, 기紀나라가 이夷나라를 쳤다.
그런데 이나라에서 그 사실을 노나라에게 알리지 않았으므로 '경'에 기록하지 않은 것이다.

【紀】지금의 山東 壽光縣 남쪽에 있던 나라. 姜姓이었음. 莊公 4년(B.C.690) 齊나라에게 망하였음. 많은 器銘에는 '己'로 표기하고 있음.
【夷】지금의 山東 即墨縣 서쪽에 있던 나라. 妘姓. 뒤에 齊나라에 병합되었음.

⟨傳⟩
有蜚.
不爲災, 亦不書.

메뚜기 떼가 일어났다.
재해로 번지지 않았기 때문에 이 또한 기록하지 않은 것이다.

【蜚】메뚜기 떼로 인한 재해. '蜚'는 '메뚜기'로 해석하였으나 《廣雅》에는 작은 벌레로서 둥글며 얇고 냄새가 나며 벼줄기에 기생하면서 벼꽃을 먹어 벼가 익지 못하도록 하는 해충이라 하였음. 《爾雅翼》에는 "蜚者, 似蟥而輕小, 能飛, 生草中, 好以淸旦集稻上, 食稻花. 田家率以早作掇拾至他所. 至日出, 即皆散去, 不可得矣. 旣食稻花, 又其氣臭惡, 能熯稻, 使不穧"이라 함.

❈ 005(隱元-5)

九月及宋人盟于宿.

9월, 송宋나라와 숙宿에서 동맹을 맺었다.

【宿】지명. 원래 風姓의 나라였으며 지금의 山東 東平縣 동쪽.

㊉

惠公之季年, 敗宋師于黃.

公立而求成焉.

九月, 及宋人盟于宿, 始通也.

혜공惠公 만년에 송宋나라 군사를 황黃에서 패배시켰다.

은공이 즉위하여 화해를 청하였던 것이다.

9월, 송나라와 숙宿에서 동맹을 맺은 뒤에야 두 나라가 비로소 통호하게 되었다.

【惠公】魯나라 군주. 隱公과 桓公의 아버지.
【季年】末年, 晩年.
【黃】宋나라 읍. 지금의 河南 民權縣 서쪽.
【求成】'화해를 청하다'의 뜻.
【通】通好. 修交를 맺어 화평을 이룸.

㊉

冬十月庚申, 改葬惠公.

公弗臨, 故不書.

惠公之薨也, 有宋師, 大子少, 葬故有闕, 是以改葬.

겨울 10월 경신날, 혜공惠公을 개장하였다.

은공이 참석하지 않았으므로 경經에 기록하지 않은 것이다.

혜공이 훙거할 당시 송나라와 전쟁이 있었고, 태자 나이가 어렸으므로 제대로 장례를 치르지 못하여 그 때문에 이때에 다시 장례를 치른 것이다.

【庚申】10월 1일.
【公弗臨】隱公은 뒷날 즉위하여 桓公이 대신 섭정하였으므로 겸양을 표시하기

위하여 장례에 참여하지 않은 것임.
【宋師】 당시 黃邑에 있던 송나라 군사. 노나라를 치고 있었으며 은공이 그 전투에 참여하고 있었음.
【大子】 太子. 桓公(允)을 가리킴. 惠公이 죽기 전에 이미 그를 태자로 책봉해 두고 있었음을 알 수 있음.

㊉
衛侯來會葬, 不見公, 亦不書.

위衛 환공桓公은 장례에 참석하였지만 은공과 만나지 않았으므로 이 역시 기록하지 않은 것이다.

【衛侯】 衛 桓公(完). 衛나라는 周 武王의 아우 康叔을 봉했던 나라. 姬姓. 지금의 河南 汲縣, 淇縣, 朝歌, 濮陽縣, 滑縣 일대에 있었음. 처음 朝歌에 도읍을 정했으나 成公 때 帝丘(濮陽)로 옮김. 작위는 侯爵. 戰國시대까지 존속하였으나 秦 二世에게 망함.

㊉
鄭共叔之亂, 公孫滑出奔衛.
衛人爲之伐鄭, 取廩延.
鄭人以王師·虢師伐衛南鄙.
請師于邾, 邾子使私于公子豫.
豫請往, 公弗許, 遂行, 及邾人·鄭人盟于翼.
不書, 非公命也.

정鄭나라 공숙共叔의 난에 그의 아들 활滑이 위衛나라로 달아났다.
위나라에서는 그를 위하여 정나라를 쳐서 늠연廩延을 취하였다.

정나라가 천자의 군사와 괵虢나라 군사로써 위나라 남쪽 변두리를 쳤다. 그러면서 주邾나라에도 군사를 지원해 줄 것을 요청하자 주나라 군주가 몰래 노나라 공자公子 예豫에게 사람을 보내어 만나줄 것을 부탁하였다.

공자 예가 주나라로 가겠다고 청하자 은공이 허락하지 않았지만 공자 예는 끝내 가서 주나라, 정나라와 함께 익翼에서 동맹을 맺었다.

이 일을 경에 기록하지 않은 것은 은공의 명령이 아니었기 때문이었다.

【共叔之亂】共叔段이 鄭 莊公에게 段에서 패하여 도망한 사건.
【滑】公孫滑. 共叔段의 아들.
【廩延】지명. 지금의 河南 延津縣 북쪽.
【虢】周 文王 동생 虢仲을 지금의 山西 平陸縣에 봉했던 나라. 이를 西虢이라 하며 뒤에 지금의 河南으로 옮겨 그때는 '南虢'이라 불렀음. 여기의 虢은 西虢을 가리킴. 孔穎達 疏에 "案傳, 燕國有二, 則一稱北燕, 邾國有二, 則一稱小邾. 此虢國有二, 而經傳不言東西者, 於是東虢已滅, 故西虢不稱西"라 함.
【邾子】邾子 克. 前出.
【公子豫】魯나라 公子이며 大夫.
【翼】邾나라 지명. 지금의 山東 費縣 서남쪽.

㊁
新作南門, 不書, 亦非公命也.

노魯나라가 남문南門을 새로 지었으나 이를 기록하지 않은 것 역시 공의 명령에 의한 것이 아니었기 때문이다.

【南門】'稷門'이라고도 하며 魯나라 도성의 남쪽 대문. 僖公 25년, 더 크고 높게 지어 '高門'이라고도 불렀음.

❋ 006(隱元-6)

冬十有二月, 祭伯來.

겨울 12월, 채백祭伯이 왔다.

【祭伯】周나라 朝廷의 卿士. 祭는 원래 周나라 公子가 받았던 봉지로 지금의 河南 長垣縣 祭城. 東周 시대의 周나라의 卿士였음. 주나라 朝廷의 卿士도 외부 諸侯들과 똑같이 公侯伯子男의 작위를 주어 칭하였음. '祭'는 '채'(側界反)로 읽음.

㊅
十二月, 祭伯來, 非王命也.

12월, 채백祭伯이 노나라에 왔으나 천자의 명으로 온 것이 아니었다.

【王命】天子의 명령에 의해 노나라에 온 것이 아니었음을 말함. 천자는 자신의 조정 卿士에게 명하여 모든 국제 관계를 처리하였음.

❋ 007(隱元-7)

公子益師卒.

공자公子 익사益師가 죽었다.

【公子翼師】魯나라 公子. 자는 衆父. 魯 隱公 할아버지이며 魯 孝公의 아들. 그 후손이 뒤에 衆氏가 됨.
【卒】大夫의 죽음을 일컫는 말.

㊉
衆父卒, 公不與小斂, 故不書日.

중보衆父가 죽었으나 은공이 소렴小斂에 참석하지 않았으므로 그 날짜를 기록하지 않은 것이다.

【小斂】죽은 이의 옷 등으로 수렴하는 의식. 楊伯峻의 注에 "以衣衾加於死者之尸曰小斂, 以死者之尸入棺曰大斂"이라 함. 隱公이 衆父의 소렴에 참여치 않은 것은 섭정이라 겸양을 표시하기 위한 것이었음.

002. 隱公 2年(B.C.721) 庚申

周	平王(姬宜臼)50년	齊	僖公(祿父) 10년	晉	鄂侯(郗) 3년	衛	桓公(完) 14년
蔡	宣公(考父) 29년	鄭	莊公(寤生) 23년	曹	桓公(終生) 36년	陳	桓公(鮑) 24년
杞	武公 30년	宋	穆公(和) 8년	秦	文公 45년	楚	武王(熊通) 20년

※ 008(隱2-1)

二年春, 公會戎于潛.

2년 봄, 은공이 융戎을 잠潛에서 만났다.

【戎】중국 서쪽에 살던 이민족을 일컫는 말. 여기서는 魯나라 동쪽 이민족을 말함. 지금의 山東 曹縣에 戎城이 있음. 春秋시대 中國에는 華, 夷, 狄, 戎, 蠻이 서로 섞여 살고 있었음.《水經注》濟水 注에 "濟瀆自濟陽縣故城南, 東逕戎城北, 春秋「公會戎于潛」是"라 함.
【潛】魯나라 땅. 지금의 山東 曹縣.《淸一統志》에 "山東省曹縣西北有戎城"이라 함.

㊟
二年春, 公會戎于潛, 修惠公之好也.
戎請盟, 公辭.

2년 봄, 은공이 잠潛에서 융戎과 만난 것은 혜공惠公 때의 우호를 다지기 위한 것이었다.

그때 융이 동맹을 맺기를 청하였지만 은공이 거절하였다.

【惠公】魯 隱公 직전의 노나라 군주. 이름은 弗湟. 隱公과 桓公의 아버지. B.C.768~723년까지 46년간 재위함.

✽ 009(隱2-2)

夏五月, 莒人入向.

여름 5월, 거莒나라가 상向나라로 들어갔다.

【莒】나라 이름. 작위는 子爵. 지금의 山東 莒縣. 曹姓이었음. 원래 介根, 즉 지금의 山東 膠縣 서남에 도읍을 두었다가 뒤에 莒로 옮김. 당시 中原에서는 蠻夷로 여겼음.
【向】나라 이름. 姜姓. 지금의 山東 莒縣 남쪽에 向城이 있음. 莒나라 남쪽에 맞닿아 있었음. '向'은 지명, 인명일 경우 '상'으로 읽음. 그러나 杜預 注에는 "譙國龍亢縣東南有向城"이라 하여 지금의 安徽 懷遠縣 서남으로 비정하였으나 거리로 보아 맞지 않은 듯함.

傳
莒子娶于向, 向姜不安莒而歸.
夏, 莒人入向, 以姜氏還.

거莒나라 군주가 상向나라에서 부인 강씨姜氏를 맞이하였으나 상강向姜은 거나라에서 살기가 불편하다 하여 상나라로 돌아가고 말았다.

여름, 거나라 사람이 상나라에 들어가 강씨를 다시 데리고 돌아갔다.

【向姜】向나라 公主로서 莒나라 군주의 부인이 되었음. 向나라 군주 성이 姜氏였으므로 '向姜'이라 부른 것. '向'은 지명, 인명 등에서 '상'으로 읽음.

❋ 010(隱2-3)

無駭帥師入極.

무해無駭가 군사를 이끌고 극極나라로 쳐들어갔다.

【無駭】魯나라 卿. 司空 벼슬을 지내던 大夫. 公子 展의 후손이며 展禽(柳下惠)의 아버지.
【極】노나라에 맞닿아 있던 나라로 附庸國이었음. 지금의 山東 魚臺縣에 極亭이 있음.

㊅
司空無駭入極, 費庈父勝之.

노나라 사공司空 무해無駭가 극極나라로 쳐들어가자 비금보費庈父가 승리를 거두어 극나라를 멸망시켰다.

【司空】魯나라에는 司徒·司馬·司空 등 三卿이 있었음. 司徒는 文敎를, 司馬는 軍事를, 司空은 토지와 백성, 토목공사에 관한 일을 관장하였음.
【費庈父】魯나라 大夫. 식읍이 費 땅이었으며 이름은 庈父. 앞에 나온 '費伯'이 바로 이 사람임.
【勝之】'勝'은 '멸망시켰다'로 풀이함.

011(隱2-4)

秋八月庚辰, 公及戎盟于唐.

가을 8월 경진날, 은공과 융戎이 당唐에서 동맹을 맺었다.

【庚辰】杜預의 註에 의하면 그해 8월에는 경진날이 없었고 7월 9일이어야 한다고 하였음.
【唐】魯나라 땅으로 지금의 山東 曹縣 동남쪽.

㊉
戎請盟.
秋, 盟于唐, 復修戎好也.

융戎이 동맹 맺기를 청하였다.
가을, 당唐에서 동맹을 맺고 융과 우호를 다시 회복하였다.

【戎】원래는 중원의 서쪽에 살던 이민족을 일컫는 말. 여기서는 魯나라 동쪽 이민족을 말함. 지금의 山東 曹縣에 戎城이 있음.

012(隱2-5)

九月, 紀裂繻來逆女.

9월, 기紀나라 열수裂繻가 공녀公女를 맞이하러 왔다.

【紀】姜姓이며 侯爵. 지금의 山東 壽光縣 동남쪽에 紀城이 있음.
【裂繻】紀나라 大夫로 字는 子帛.

【逆女】 '아내를 맞이하다'의 뜻. '逆'은 '迎'과 같음. 女는 은공의 딸. 公女.

㊉
九月, 紀裂繻來逆女, 卿爲君逆也.

9월, 기紀나라 열수裂繻가 공녀公女를 맞이하러 온 것은 기나라 경卿으로서 자신의 임금을 위한 것이다.

【公女】 제후의 아들은 公子, 딸은 公女라 부름.

❀ 013(隱2-6)
冬十月, 伯姬歸于紀.

겨울 10월, 백희伯姬가 기紀나라로 시집갔다.

【伯姬】 魯 惠公의 長女. 伯은 正室에게서 얻은 長女를 뜻함. 姬는 노나라 군주 姓. 혜공의 딸이며 隱公의 맏누이였음. '伯仲叔季', 혹 '孟仲叔季'의 순서에 따라 이름 앞에 부여함.
＊無傳

❀ 014(隱2-7)
紀子帛·莒子盟于密.

1. 〈隱公2年〉 123

기紀나라 자백子帛과 거자莒子가 밀密에서 동맹을 맺었다.

【子帛】紀나라 군주 裂繻의 자.《公羊傳》과《穀梁傳》에는 모두 '子伯'으로 되어 있음.
【莒子】莒나라 군주인 子爵.
【密】莒나라 땅. 지금의 山東 昌邑縣 동남쪽에 密鄕 故城이 있음.《淸一統志》에 "今山東省昌邑縣東而稍南十五里有密鄕"이라 함.

㊀
冬, 紀子帛·莒子盟于密, 魯故也.

겨울, 기紀나라 군주 자백子帛과 거莒나라 군주가 밀密에서 동맹을 맺은 것은 노魯나라 때문이었다.

【魯故】莒나라와 사이가 좋지 않았던 魯나라를 위해 동맹을 맺은 것임.

❋ 015(隱2-8)

十有二月, 乙卯, 夫人子氏薨.

12월 을묘날, 부인 자씨子氏가 세상을 떠났다.

【乙卯】12월 15일.
【夫人子氏】桓公 어머니 仲子.《穀梁傳》에는 子氏를 隱公의 妻로 보았고,《公羊傳》에는 隱公의 어머니라 하였으나 모두 잘못된 것임.
【薨】《禮記》曲禮(下)에 "天子死曰崩, 諸侯曰薨, 大夫曰卒"이라 함. 諸侯의

죽음이나 諸侯의 부인, 어머니의 죽음은 모두 '薨'으로 표현함. 小君(임금의 아내)은 君과 같은 지위이므로 '薨'으로 표기한 것. 그러나 제후와 혼동을 피하고자 할 경우에는 '卒'로 표기하기도 함.
＊無傳

016(隱2-9)

鄭人伐衛.

정鄭나라가 위衛나라를 쳤다.

【鄭人伐衛】衛나라가 公孫滑을 위해 鄭나라 廩延을 취한 일에 대한 보복이었음.

傳
鄭人伐衛, 討公孫滑之亂也.

정鄭나라가 위衛나라를 친 것은 공손활公孫滑의 난을 토벌하기 위한 것이었다.

【公孫滑】大叔段의 아들. 大叔段이 실패하자 그 아들 公孫滑이 衛나라로 도망하였으며 衛나라는 그를 위해 鄭나라를 쳐서 廩延을 차지하였음. 隱公 元年을 볼 것.

003. 隱公 3年(B.C.720) 辛酉

周	平王(姬宜臼)51년	齊	僖公(祿父) 11년	晉	鄂侯(郤) 4년	衛	桓公(完) 15년
蔡	宣公(考父) 30년	鄭	莊公(寤生) 24년	曹	桓公(終生) 37년	陳	桓公(鮑) 25년
杞	武公 31년	宋	穆公(和) 9년	秦	文公 46년	楚	武王(熊通) 21년

❀ 017(隱3-1)

三年, 春王二月, 己巳, 日有食之.

3년 봄 주력 2월 기사날, 일식日食이 있었다.

【己巳】 2월 1일. 천문 계산으로 B.C.720년 2월 22일 皆旣日蝕이 있었다 함.
【日食】 日蝕과 같음.
＊無傳

❀ 018(隱3-2)

三月, 庚戌, 天王崩.

3월 경술날, 천자가 붕어하였다.

【庚戌】 3월 12일.
【天王】 周나라 천자. 여기서는 구체적으로 東周 첫 임금 平王(姬宜臼)을 가리킴. 서주 幽王 때 申侯와 犬戎을 피해 東都 洛邑으로 천도하여 周나라를 이어갔던 임금. B.C.770~720년까지 51년간 재위하고 桓王(姬林)이 뒤를 이음.
【崩】 崩御. 天子의 죽음을 지칭하는 말.

⓪

三年春, 王三月, 壬戌, 平王崩.
赴以庚戌, 故書之.

3년 봄 주력 3월 임술날, 천자 평왕平王이 붕어하였다.
왕실에서 알려오기를 경술날이라고 하였으므로 경에 그대로 쓴 것이다.

【壬戌】 3월 24일. 경술은 임술보다 10일 앞선 날짜임. 周室에서 제후들이 빨리 오기를 희망하여 열흘 전에 통고한 것임. 杜預 注에 "欲諸侯之速至, 故遠日以赴"라 함.
【平王】 姬宜臼. 西周末 幽王의 난으로 洛邑으로 옮겨 첫 임금이 되었으며 이때부터 東周(春秋戰國)가 시작되었음. B.C.770~720년까지 51년간 재위함.
【赴】 조문을 오도록 사신을 보내어 통고함. '訃'와 같음.

❋ 019(隱3-3)

夏, 四月, 辛卯, 君氏卒.

여름 4월 신묘날, 군씨君氏가 죽었다.

【辛卯】 4월 24일.

【君氏】隱公의 어머니 聲子. 惠公의 正夫人이 아니었음.《公羊傳》과《穀梁傳》에는 '尹氏'로 잘못 표기되어 있음. 당시 隱公은 섭정이었으며 桓公이 자라면 讓位할 뜻을 가지고 있었으므로 지난해 12월 仲子가 죽자 '夫人'으로 모셔 禮를 갖추어 장례를 하였던 것임.

㊝
夏, 君氏卒, 聲子也.
不赴于諸侯, 不反哭于寢, 不祔于姑, 故不曰「薨」, 不稱「夫人」, 故不言葬, 不書姓.
爲公故, 曰「君氏」.

여름, 군씨君氏가 세상을 떠났는데 그는 은공의 생모 성자聲子이다.
그러나 은공은 이를 제후국들에게 알리지 않았으며, 장례를 마치고 돌아와서도 정침正寢에서 곡도 하지 않았고, 조고祖姑의 사당에 알리지도 않았으므로 그 때문에 '훙'薨이라 하지도 않았고, '부인'이라 일컫지도 않았던 것이며, 장례 지낸 일을 기록하지도 않았고 않고 성姓을 쓰지도 않았던 것이다.
이는 은공을 위한 이유 때문이며 그 때문에 그저 '군씨'라 표기한 것이다.

【寢】正寢. 제사를 지내는 正堂의 방.
【反哭于寢】장사를 지낸 뒤 돌아와 정침에서 곡하는 것이 그때 군주의 예법이었으며 隱公은 섭정이므로 겸양하여 법식을 생략한 것임.
【祔】선조 사당에 영혼의 위패를 모시는 일. 여자의 경우 祖姑廟에 祔하였음.
【不書姓】正室夫人이 아니었으므로 성씨를 기록하지 않음.
【君氏】君夫人. 君은 군주부인의 줄임말로 제후의 妃.

㊝
鄭武公·莊公爲平王卿士.

王貳于虢, 鄭伯怨王.
王曰:「無之.」
故周·鄭交質, 王子狐爲質於鄭, 鄭公子忽爲質於周.
王崩, 周人將畀虢公政.
四月, 鄭祭足帥師取溫之麥.
秋, 又取成周之禾.
周·鄭交惡.
君子曰:「信不由中, 質無益也. 明恕而行, 要之以禮, 雖無有質, 誰能間之? 苟有明信, 澗·谿·沼·沚之毛, 蘋·蘩·薀藻之菜, 筐·筥·錡·釜之器, 潢·汙·行潦之水, 可薦於鬼神, 可羞於王公, 而況君子結二國之信, 行之以禮, 又焉用質? 風有〈采蘩〉·〈采蘋〉, 雅有〈行葦〉·〈泂酌〉, 昭忠信也.」

정鄭 무공武公과 장공莊公이 주周 평왕平王의 경사卿士가 되었다.
그런데 천자가 괵虢나라 군주에게 권력을 주려는 두 마음을 가진 것을 알아차린 정나라 군주가 평왕을 원망하였다.
평왕은 이렇게 말하였다.
"그런 일은 없다."
그 때문에 주나라와 정나라가 서로 인질을 교환하여 왕자 호狐는 정나라에 인질로 가고 정나라 공자 홀忽은 주나라에 인질로 갔다.
평왕이 붕어하자 천자국 주나라는 괵나라 군주에게 정권을 맡기려 하였다.
4월, 정나라 대부 채족祭足이 군사를 거느리고 주나라 왕실 영토 온溫으로 가서 그곳의 보리를 베어버렸다.
가을, 성주成周의 곡물을 베어버려 주나라와 정나라는 서로 증오하는 관계가 되고 말았다.
군자가 말하였다.
"마음에서 믿음이 우러나지 않으면 인질은 이익이 될 수 없다. 명확한 용서로써 행동하고 예의로써 서로 요구한다면, 비록 인질이 없더라도 누가 능히 둘 사이를 이간질 시킬 수 있겠는가? 진실로 결백한 믿음이 있다면, 골짜기나 시내, 못이나 웅덩이에 난 풀이나, 광筐, 거筥, 기錡, 부釜 같은 기물, 또는 지저분한 웅덩이와 한길에 괸 물처럼 하찮은 것일지라도 귀신의 제사상에 바칠 수 있고 왕공王公의 음식으로 드릴 수 있을 것이다. 그런데 하물며 군자로서 두 나라 사이에 믿음으로써 결맹을 하고 예의로써 실행해야 함에 어찌 인질로써 그렇게 한다는 것인가?《시詩》 풍風에는 〈채번采蘩〉·〈채빈菜蘋〉이 있고, 아雅에는 〈행위行葦〉·〈형작泂酌〉이 있으니 이들은 모두 충忠과 신의信義를 소상히 밝힌 것이다."

【卿士】周나라 조정에는 六卿이 있었으며, 卿士는 執政者를 가리킴.
【貳于虢】虢은 西虢을 가리키며 지금의 河南 陝縣 동남쪽 虢城. 왕이 정권으로 虢에게 주고 鄭伯에게 전담하지 못하도록 한 것임. '貳'는 두 마음을 가진 것을 일컫는 표현.
【王子狐】姬狐. 平王의 아들. 임금의 아들로서 종주국 주나라는 王子, 제후국은 公子라 부름.
【公子忽】鄭伯의 아들. 鄭 莊公(寤生)의 태자.
【畀】넘겨줌. 공급해줌. 베풀어줌. 釋文에 "畀, 予也"라 함.
【祭足】鄭나라 대부 祭仲. 字는 仲足. '祭'는 '채'(側界反)로 읽음.
【溫】주나라 왕실 직영지로 지금의 河南 溫縣.
【成周】주나라 왕실 직영지로 지금의 河南 洛陽縣.《尙書》洛誥 序에 "召公旣相宅, 周公往營成周"라 함. 平王이 이곳으로 천도하여 그때부터 東周라 불리며 春秋時代가 시작됨.《說苑》修文篇에 "春秋曰:『天王入于成周』傳曰:「成周者何? 東周也.」"라 함.
【禾】수수. 벼. 조. 곡식을 통틀어 일컫는 말.
【信不由中】'中'은 '衷'과 같음.
【澗·谿·沼·沚】"山夾水曰澗, 山瀆無所通曰谿, 沼池曰沼, 小渚曰沚"라 함. '谿'는 '溪'와 같음.
【筐·筥·錡·釜】《詩》毛傳에 "方曰筐, 員曰筥, 有足曰錡, 無足曰釜"라 하여 '筐'은 네모진 대광주리, '筥'는 둥근 대광주리, '錡'는 발이 있는 솥, '釜'는 발이 없는 솥을 가리킨다 함.
【潢·汚·行潦】服虔은 "蓄小水謂之潢, 水不流謂之汚, 行潦, 道路之水是也"라 함.

'洿'는 '汙'와 같음.

【薦】祭需 用品을 바침.

【風】《詩經》六義의 하나.《詩經》의 시는 風・雅・頌의 세 종류로 나뉘며, 그중 風은 15개 나라의 민요. 雅는 공식 연회에서 쓰는 儀式용이며 동시에 상류계급의 개인시. 頌은 궁중제사 때 쓰는 樂詩.

【采蘩】《詩經》 召南 지역의 민요. 여인이 산 흰쑥을 뜯어 제사에 올리는 정성을 노래한 것이라 함. "于以采蘩, 于沼于沚. 于以用之, 公侯之事. 于以采蘩, 于澗之中. 于以用之, 公侯之宮. 被之僮僮, 夙夜在公. 被之祁祁, 薄言還歸"라 함.

【采蘋】여인이 물풀을 가져와 제사에 바치는 정성을 노래한 시. "于以采蘋, 南澗之濱. 于以采藻, 于彼行潦. 于以盛之, 維筐及筥. 于以湘之, 維錡及釜. 于以奠之, 宗室牖下. 誰其尸之, 有齊季女"라 함.

【行葦】大雅의 편명. 忠厚한 마음을 기려 노래한 것이라 함. "敦彼行葦, 牛羊勿踐履, 方苞方體, 維葉泥泥. 戚戚兄弟, 莫遠具爾, 或肆之筵, 或授之几. 肆筵設席, 授几有緝御. 或獻或酢, 洗爵奠斝. 醓醢以薦, 或燔或炙. 嘉殽脾臄, 或歌或咢. 敦弓旣堅, 四鍭旣鈞, 舍矢旣均, 序賓以賢. 敦弓旣句, 旣挾四鍭, 四鍭如樹, 序賓以不侮. 曾孫維主, 酒禮維醹. 酌以大斗, 以祈黃耇. 黃耇台背, 以引以翼. 壽考維祺, 以介景福"이라 함.

【泂酌】大雅의 편명. 忠信을 강조한 내용임. "泂酌彼行潦, 挹彼注茲, 可以饋饎. 豈弟君子, 民之父母. 泂酌彼行潦, 挹彼注茲, 可以濯罍. 豈弟君子, 民之攸歸. 泂酌彼行潦, 挹彼注茲, 可以濯漑. 豈弟君子, 民之攸墍"라 함.

✿ 020(隱3-4)

秋, 武氏子來求賻.

가을, 무씨武氏 아들이 와서 장례식의 부의賻儀를 요구하였다.

【武氏子】천자의 대부인 武氏의 아들. 平王이 죽고 나서 桓王이 아직 즉위하지 않은 상태여서 작위를 부르지 않고 아버지 성씨를 칭하여 그 아들임을 표시한

것임.
【賻】 장례를 돕기 위하여 주는 재물이나 돈.《周禮》宰夫 鄭玄 注에 "凡喪, 始死, 弔而含襚, 葬而賵贈, 其間加恩厚則有賻焉, 春秋譏武氏子求賻"라 함.

㊁
武氏子來求賻, 王未葬也.

무씨의 아들이 와서 부의를 요구한 것은 평왕平王의 장례가 아직 끝나지 않았기 때문이었다.

【武氏子】 平王의 장례가 끝나기 전이어서 아직 새 천자가 정사를 보지 않는 상황이었음. 또한 무씨의 아들을 大夫로 정식 임명하지 않았고 魯나라에 부의를 요구하는 명을 내리지도 않았을 때였음. 그런데 노나라에 미리 가서 부의를 내라고 요구하였기에 이렇게 기록하여 비판한 것임.

❋ 021(隱3-5)

八月, 庚辰, 宋公和卒.

8월 경진날, 송공宋公 화和가 죽었다.

【庚辰】 8월 15일.
【宋公和】 宋 穆公. 和는 이름. 시호는 穆公. B.C.728~720년까지 재위함. 宣公의 아우.
【卒】 諸侯의 죽음은 '薨'이었으나 여기서는 '卒'로 표기함. 원래《禮記》曲禮(下)에는 "天子死曰崩, 諸侯曰薨, 大夫曰卒"이라 하였으나 본국, 타국의 구별이 있으며 여러 경우가 있어 일률적인 것은 아님.

㊉

　宋穆公疾, 召大司馬孔父而屬殤公焉, 曰:「先君舍與夷而立寡人, 寡人弗敢忘. 若以大夫之靈, 得保首領以沒; 先君若問與夷, 其將何辭以對? 請子奉之, 以主社稷. 寡人雖死, 亦無悔焉!」

　對曰:「羣臣願奉馮也.」

　公曰:「不可. 先君以寡人爲賢, 使主社稷. 若弃德不讓, 是廢先君之擧也, 豈曰能賢? 光昭先君之令德, 可不務乎? 吾子其無廢先君之功!」

　使公子馮出居于鄭.

　八月庚辰, 宋穆公卒, 殤公卽位.

　君子曰:「宋宣公可謂知人矣. 立穆公, 其子饗之, 命以義夫!〈商頌〉曰:『殷受命咸宜, 百祿是荷』, 其是之謂乎!」

　송宋 목공穆公이 병이 들자 대사마大司馬 공보孔父를 불러 상공(殤公, 與夷)에게 뒤를 잇도록 할 것을 유촉하면서 이렇게 말하였다.

　"선군宣公께서 아들 여이與夷를 제쳐놓고 동생인 나를 군주로 세우셨소. 과인은 그것을 감히 잊을 수가 없소. 만약 대부大夫인 그대의 덕택으로 몸을 온전히 유지하여 평온하게 죽은 뒤, 저 세상에 계신 선군께서 나에게 여이에 대해 물으신다면 장차 뭐라고 대답하겠소? 청컨대 그대는 여이가 사직을 맡아 하는 일을 잘 받들어주시오. 그렇게만 된다면 나는 죽고 나서도 후회가 없을 것이오!"

　그러자 공보가 대답하였다.

　"신하들은 공자 빙馮을 받들기를 바라고 있습니다."

　목공이 말하였다.

　"안 되오. 선군께서는 과인을 어질다 여기셔서 나로 하여금 사직을 맡겨주셨소. 만약 덕을 버리고 군주 자리를 여이에게 물려주지 않는다면, 이는 선군께서 하신 훌륭한 일을 폐기하는 것이 되니, 어찌 나를 어진 사람이라 말할 수 있겠소? 선군의 훌륭한 덕이 빛이 나도록 하는 것을 어찌 힘쓰지 않을 수 있겠소? 그대는 선군의 공을 폐기하지 말아 주십시오!"

　그리하여 공자 빙으로 하여금 나라를 떠나 정鄭나라로 가서 그곳에 살도록 하였다.

8월 경진일, 송 목공이 죽자 상공이 군주 자리에 올랐다.

군자가 말하였다.

"송 선공宣公은 사람을 볼 줄 아는 자였다. 목공을 후계자로 세워 자기 아들이 뒤를 잇게 한 것은 그의 뜻이 올바른 도리였기 때문이리라! 《시詩》 〈상송商頌〉에 '은나라가 천명을 받은 것은 모두 마땅한 일일세. 그 많은 봉록을 감당함이 마땅하도다'라 하였으니 이를 두고 한 말이로다!"

【宋穆公】宋 宣公의 아우. 이름은 和. B.C.728~720년까지 9년간 재위함. 《史記》 宋世家에 "武公卒, 子宣公力立. 宣公有太子與夷. 十九年, 宣公病, 讓其弟和, 曰:「父死子繼, 兄死弟及, 天下通義也. 我其立和.」和亦三讓而受之. 宣公卒, 弟和立, 是爲穆公"이라 함.

【大司馬】軍事의 일을 맡아보던 벼슬.

【孔父】孔父嘉. 孔子의 6世祖라는 설이 있으나 공자는 송나라의 몰락가문 출신으로 아버지는 가난한 시골 무사였으므로 타당하지 않은 설로 여기고 있음. 昭公 7년 杜預 注에 의하면 孔子 선대의 世系는 宋 閔公→弗父何→宋父周→世子勝→正考父→孔父嘉→木金父→皇夷父→防叔→伯夏→叔梁紇→孔子로 되어 있음. 《孔子家語》本姓解篇에도 자세히 실려 있음.

【殤公】與夷. 宣公의 아들로서 穆公의 형. 목공의 뒤를 이어 임금에 올라 B.C.717~711년까지 9년간 재위함.

【先君】선대 군주. 宣公을 가리킴.

【寡人】'德이 적은 사람'이라는 뜻으로 諸侯들이 자신을 가리킬 때의 謙稱.

【得保首領以沒】몸을 온전히 유지하여 평온하게 죽음.

【吾子】'그대'. 공보를 가리킴.

【社稷】社는 土地神. 稷은 穀物神. 천자나 제후는 두 신을 궁궐 서쪽에 모셔놓았으며 국가를 대신하는 뜻으로 굳어짐.

【公子馮】'馮'은 '빙'(皮冰反)으로 읽으며, '憑'으로도 표기함. 穆公의 아들. 뒤에 宋 莊公이 됨. 710~692까지 19년간 재위함. 杜預 注에 "避殤公也"라 함.

【饗】'뒤를 잇다'의 뜻.

【命以義夫】'군주 자리에 오르도록 명한 것은 의리 있는 일'이라는 말. '夫'는 감탄 조사.

【八月庚辰】 8월 5일.
【商頌】 商頌 玄鳥에 "天命玄鳥, 降而生商, 宅殷土芒芒. 古帝命武湯, 正域彼四方. 方命厥后, 奄有九有. 商之先后, 受命不殆, 在武丁孫子. 武丁孫子, 武王靡不勝. 龍旂十乘, 大糦是承. 邦畿千里, 維民所止, 肇域彼四海. 四海來格, 來格祁祁, 景員維河. 殷受命咸宜, 百祿是何"라 함. 《詩經》의 頌은 周頌·魯頌·商頌으로 나뉘며, 周頌은 周나라 왕실 제사를 지낼 때 노래하는 樂章. 魯頌은 魯나라 군주가 제사에 쓴 악장. 商頌은 商(殷)나라 왕의 후손이 제사 때 노래한 악장.
【百祿是荷】 그 때문에 모든 복을 모두 짊어질 수 있음. 모든 복을 누림. 《詩經》에는 '百祿是何'로 되어 있음.

❋ 022(隱3-6)

冬十有二月, 齊侯·鄭伯盟于石門.

겨울 12월, 제후齊侯와 정백鄭伯이 석문石門에서 동맹을 맺었다.

【齊侯】 齊나라 군주. 侯爵이었음. 당시 제나라 군주는 僖公. B.C.730~697년까지 재위함. 齊나라는 姜姓으로 姜太公(呂尙, 姜尙, 姜子牙)이 시조였음. 春秋末 田氏(陳氏)가 나라를 빼앗아 戰國時代의 齊나라는 '田氏齊'라 하여 구분함.
【鄭伯】 鄭나라는 伯爵이며 당시 군주는 莊公(寤生).
【石門】 齊나라 지명. 지금의 山東 長淸縣 서남쪽. 《淸一統志》에 "石門, 在今山東省長淸縣西南約七十里"라 함.

⟨傳⟩
冬, 齊·鄭盟于石門, 尋盧之盟也.
庚戌, 鄭伯之車僨于濟.

겨울, 제齊나라와 정鄭나라가 석문石門에서 동맹을 맺은 것은 노盧에서 맺었던 동맹을 다지기 위함이었다.
　　경술날, 정 장공莊公이 탄 수레가 제수濟水로 굴러떨어졌다.

【尋】옛일을 다시 떠올려 확실하게 굳힘. 당시의 習語(常語).
【盧】齊나라 땅. 춘추시대 이전에 齊나라와 鄭나라는 이곳에서 동맹을 맺은 일이 있었음.《讀史方輿紀要》에 "當在今山東省長淸縣西南二十五里"라 함.
【庚戌】杜預의 주에 12월에는 庚戌날이 없었다 하였음.
【鄭伯】鄭 莊公(寤生).
【隕】엎어짐. 고꾸라짐. 굴러떨어짐.
【濟】濟水. 山東 경내를 흐르는 물 이름.《讀史方輿紀要》에 "大淸河在長淸縣西南二十里, 自平陰縣流入境, 又東北入齊河縣境, 卽濟水也. 鄭伯之車隕于濟, 蓋在縣界"라 함.

※ 023(隱3-7)

癸未, 葬宋穆公.

계미날, 송宋 목공穆公의 장례를 치렀다.

【癸未】12월 20일.
【宋穆公】《公羊傳》,《史記》 등에는 '穆'자를 흔히 '繆'자로 쓰기도 함.

㊅
衛莊公娶于齊東宮得臣之妹, 曰莊姜, 美而無子, 衛人所爲賦〈碩人〉也.
又娶于陳, 曰厲嬀, 生孝伯, 早死.
其娣戴嬀, 生桓公, 莊姜以爲己子.
公子州吁, 嬖人之子也.

有寵而好兵, 公弗禁.
莊姜惡之.
石碏諫曰:「臣聞愛子, 教之以義方, 弗納於邪. 驕·奢·淫·泆, 所自邪也. 四者之來, 寵祿過也. 將立州吁, 乃定之矣; 若猶未也, 階之爲禍. 夫寵而不驕, 驕而能降, 降而不憾, 憾而能眕者, 鮮矣. 且夫賤妨貴, 少陵長, 遠間親, 新間舊, 小加大, 淫破義, 所謂六逆也; 君義, 臣行, 父慈, 子孝, 兄愛, 弟敬, 所謂六順也. 去順效逆, 所以速禍也. 君人者, 將禍是務去, 而速之, 無乃不可乎?」
弗聽.
其子厚與州吁游, 禁之, 不可.
桓公立, 乃老.

위衛 장공莊公이 제齊나라 태자 득신得臣의 누이동생을 부인으로 맞이하여 그를 장강莊姜이라 불렀다. 그는 미인이었으나 아들을 낳지 못하여 위나라 사람들이 그녀를 위해 〈석인碩人〉이라는 시를 지어 주었다.

장공은 다시 진陳나라에서 여규厲嬀라는 부인을 맞이하여 효백孝伯을 낳았으나 그녀는 일찍 죽고 말았다.

뒤를 이어 여규의 자매 대규戴嬀가 환공桓公을 낳자 장강이 이를 자신의 아들로 삼았다.

공자 주우州吁는 위 장공의 애첩이 낳은 아들이었다.

그는 장공의 사랑을 받고 있었으며 전쟁놀이를 좋아하였지만 장공은 그것을 막지 않았다.

장강은 주우를 미워하였다.

대부 석작石碏이 장공에게 이렇게 간언하였다.

"신이 듣기로 자식을 사랑하는 것이란 올바른 도리를 가르쳐 사악함에 빠지지 않도록 하는 것이라 하였습니다. 교만과 사치, 음란함과 넘치는 행동은 저절로 사악해지는 길입니다. 이 네 가지 버릇은 총애와 대우가 지나침에서 오는 것입니다. 장차 공자 주우를 태자로 세우시려 한다면 이것부터 결정하십시오. 만일 그렇지 않으신다면 오히려 재앙의 길로 오르는 계단이 될 것입니다. 무릇 총애 받으면서도 교만하지 않을 수 있거나, 교만하다가도 능히 자신을 낮출 수 있거나, 낮추면서도 원망하지 않을 수 있거나, 원망하면서 능히 참고 견딜 수 있는 사람은 드문 법입니다. 그리고 천하면서 귀한 사람을 방해하고, 나이 어리면서 어른을 능멸하며, 사이 먼 자가 가까운 자를 이간시키고, 방금 들어온 자가 오래된 사람을 이간시키고, 계급이 낮은 자가 높은 사람을 업신여기며, 사악한 것이 의로운 것을 깨뜨리는 것, 이를 일러 '육역'六逆이라 합니다. 군주가 의롭고 신하는 이를 실행하며, 아비는 자애롭고 자식은 효도하며, 형이 우애를 다하고 동생은 공경을 다하는 것, 이를 일러 '육순'六順이라 합니다. 순리를 저버리고 역행을 본받는 것은 재앙을 재촉하는 것입니다. 임금이 된 자는 장차 재앙이 될 일을 제거하는 데에 온 힘을 기울여야 합니다. 그런데 오히려 이러한 재앙이 급히 다가오도록 하고 있으니 이 어찌 잘못된 일이 아니겠습니까?"

공은 듣지 않았다.

석작은 자신의 아들 후厚에게 주우와 사귀는 것을 금하였지만 막을 수가 없었다.

환공桓公이 군주에 오르자 석작은 늙어 벼슬에서 물러나 있었다.

【衛莊公】衛나라 군주. 이름은 揚. B.C.757~735년까지 재위함.
【東宮】태자가 거처하는 궁을 東宮이라 하며 궁궐의 동쪽에 있었음. 당시 齊나라 태자 得臣을 가리킴. 그는 齊 莊公의 태자였으나 임금 자리에 오르지 못하고 죽었으며 莊公이 죽고 僖公(祿父)이 그 뒤를 이음.
【碩人】《詩經》衛風 碩人篇에 "碩人其頎, 衣錦褧衣. 齊侯之子, 東宮之妹, 邢侯之姨, 譚公維私. 手如柔荑, 膚如凝脂. 領如蝤蠐, 齒如瓠犀. 螓首蛾眉, 巧笑倩兮, 美目盼兮. 碩人敖敖, 說于農郊. 四牡有驕, 朱幩鑣鑣, 翟茀以朝. 大夫夙退, 無使君勞. 河水洋洋, 北流活活. 施罛濊濊, 鱣鮪發發, 葭菼揭揭. 庶姜孽孽, 庶士有朅"이라 함.
【莊姜】'莊'은 莊公의 '莊', '姜'은 태어난 나라 齊나라에서 성씨(姜)를 합하여 호칭한 것임. 《史記》衛世家에 의하면 莊公 5년 齊女를 娶하여 夫人으로 삼았는데 그 齊女가 바로 莊姜임. 그녀는 齊 僖公의 누나이며 齊 莊公의 嫡女였음.

【陳】 지금의 河南 開封 동쪽에 있던 나라 嬀姓의 나라. 宛丘를 도읍으로 하였으며 지금의 河南 淮陽縣. 虞舜의 후손을 봉해준 곳임. 周 武王의 딸 大姬가 胡公滿에게 시집을 가서 陳나라를 봉해줌.
【厲嬀】 '厲'는 죽은 뒤의 시호, 嬀는 태어난 陳나라 姓(嬀)을 합하여 부른 칭호.
【桓公】 이름은 完.《史記》衛世家에 "陳女女弟亦幸於莊公, 而生子完. 完母死, 莊公命夫人齊女子之, 立爲太子"라 함.
【州吁】 衛나라 公子. 衛 莊公과 嬖人 사이에 난 아들.
【嬖人】 애첩. 嬖는 비천한 사람이 귀인의 총애 받음을 말함.
【石碏】 衛나라 대부.
【義方】 고대 자녀 교육의 중요한 덕목. 의롭고 방정하게 기르는 것이 가장 중요한 것이라 여겼음.
【淫】 '과도한 욕망'을 뜻함.
【眕】《爾雅》釋言에 "眕, 重也"라 하였고,《說文》에는 "目有所恨而止也"라 함.
【厚】 石碏의 아들 石厚.
【老】 늙어 벼슬을 그만둠을 말함. 옛날 大夫는 70세에 致仕하였음.

004. 隱公 4年(B.C.719) 壬戌

周	桓王(姬元) 원년	齊	僖公(祿父) 12년	晉	鄂侯(郄) 5년	衛	桓公(完) 16년
蔡	宣公(考父) 31년	鄭	莊公(寤生) 25년	曹	桓公(終生) 38년	陳	桓公(鮑) 26년
杞	武公 32년	宋	殤公(與夷) 원년	秦	文公 47년	楚	武王(熊通) 22년

● 024(隱4-1)

四年春王二月, 莒人伐杞, 取牟婁.

4년 봄 주력 2월, 거莒나라가 기杞나라를 쳐서 모루牟婁를 빼앗았다.

【莒】己(巳)姓. 지금의 山東 莒縣.
【杞】姒姓. 周 武王이 殷을 멸한 다음 禹의 후손 東樓公을 찾아 봉하였음. 지금의 河南 杞縣 일대. 春秋 후 36년 杞 簡公 원년, 楚 惠王에 의해 나라가 망함.
【牟婁】杞나라 땅으로 지금의 山東 諸城縣 서쪽. 그러나 《淸一統志》에는 각기 두 곳의 지명으로 보아 "牟城在今山東壽光縣東北二十里, 婁鄉城在諸城縣西南四十里"라 함.
＊無傳

025(隱4-2)

戊申, 衛州吁弑其君完.

무신날, 위衛나라 주우州吁가 그의 임금 완完(桓公)을 시해하였다.

【戊申】2월에는 戊申날이 없었음. 3월 16일임.
【州吁】衛나라의 公子. 衛 莊公과 嬖人 사이에 난 아들.《穀梁傳》에는 '祝吁'로 되어 있음.
【弑】아래 사람이 윗사람을 죽이는 것. "下殺上曰弑"라 함. 본 장은《春秋》에 기록된 첫 弑害사건임.
【完】衛 桓公의 이름. 衛 莊公의 아들. B.C.734~719년까지 16년간 재위하였음.

(傳)
四年春, 衛州吁弑桓公而立.

4년 봄, 위衛나라 주우州吁가 환공桓公을 시살弑殺하고 자신이 군주에 올랐다.

【弑桓公而立】《史記》衛世家에 "十三年, 鄭伯弟段攻其兄, 不勝, 亡, 而州吁求與之友. 十六年, 州吁收聚衛亡人, 以襲弑桓公, 州吁自立爲衛君"이라 함.

(傳)
公與宋公爲會, 將尋宿之盟.
未及期, 衛人來告亂.
夏, 公及宋公遇于淸.

은공은 송宋 상공殤公과 회담하여 숙宿에서 맺었던 동맹을 다지려던 참이었다.

그런데 그 예정 날짜가 되기 전에 위衛나라 사람이 와서 위나라에 난이 일어났음을 알렸던 것이다.

여름, 은공은 송 상공과 청淸에서 만났다.

【弑】아래 사람이 윗사람을 弑殺(弑害)함.
【尋】옛 일을 다시 상기시켜 그 약속을 지키려 함.
【宋公】당시 宋나라 군주는 殤公(與夷) 원년이었음.
【宿之盟】隱公 元年 9월 宿에서 맺은 동맹. 전출.
【遇】미리 약속이 되지 않은 상황에서 만나는 것.
【淸】지명. 衛나라 땅. 지금의 山東 東阿縣에 淸亭이 있음.

❈ 026(隱4-3)

夏, 公及宋公遇于淸.

여름, 은공이 송宋 상공殤公과 청淸에서 만났다.

【宋公】宋 殤公(與夷) 원년.
【遇】미리 기약하지 않은 상황에서 만나는 것.《穀梁傳》에 "不期遇會曰遇"라 하였고,《禮記》曲禮(下)에도 "諸侯未及期相見曰遇"라 함. 杜預 注에는 "遇者, 草次之期, 二國各簡其禮, 若道路相逢遇也"라 함.
【淸】지명. 衛나라 땅. 지금의 山東 東阿縣에 淸亭이 있음.

❈ 027(隱4-4)

宋公·陳侯·蔡人·衛人伐鄭.

송공宋公·진후陳侯·채인蔡人·위인衛人이 정鄭나라를 쳤다.

【宋公】宋 殤公(與夷).
【陳侯】陳 桓公(鮑) 재위 26년째였음.
【蔡】姬姓. 周 文王의 아들 蔡叔(姬度)의 후손 蔡仲이 받았던 봉지. 지금의 河南 上蔡縣. 당시 군주는 宣公(考父) 재위 31년째였음.
【衛】桓公(完) 16년째였음.
【伐鄭】《春秋傳說彙纂》에 "此諸侯會伐之始, 亦東諸侯分黨之始"라 함.

㊝
宋殤公之卽位也, 公子馮出奔鄭.
鄭人欲納之.
及衛州吁立, 將修先君之怨于鄭, 而求寵於諸侯, 以和其民.
使告於宋曰:「君若伐鄭, 以除君害, 君爲主, 敝邑以賦與陳·蔡從, 則衛國之願也.」
宋人許之.
於是, 陳·蔡方睦於衛, 故宋公·陳侯·蔡人·衛人伐鄭, 圍其東門, 五日而還.
公問於衆仲曰:「衛州吁其成乎?」
對曰:「臣聞以德和民, 不聞以亂. 以亂, 猶治絲而棼之也. 夫州吁, 阻兵而安忍. 阻兵, 無衆; 安忍, 無親. 衆叛·親離, 難以濟矣. 夫兵, 猶火也; 弗戢, 將自焚也. 夫州吁弒其君, 而虐用其民, 於是乎不務令德, 而欲以亂成, 必不免矣!」

송宋나라 상공殤公이 즉위하자 공자公子 빙馮은 정鄭나라로 도망하였다.
정나라에서는 그를 받아들이려 하였다.
위衛나라 주우州吁가 임금의 자리에 오르자, 정나라에 대한 선군의 원한을 풀고 제후들로부터 사랑을 받아 자신의 백성들과 화합하고자 하였다.

그리하여 사신을 송나라로 보내어 이렇게 말하였다.

"임금께서 만일 정나라를 쳐서 해를 제거할 수 있다면 임금께서 이 일을 주관하십시오. 저희도 군사를 내어 진陳, 채蔡 두 나라 뒤를 따를 것입니다. 이는 바로 우리 위나라가 원하던 일입니다."

송나라 사람들이 이를 허락하였다.

이에 진·채 두 나라는 모두 위나라와 친한 사이가 되었으며 그 때문에 송나라 군주·진나라 군주·채나라 사람들·위나라 사람들이 정나라를 쳐 정나라 도성의 동문東門을 포위하였다가 닷새째 되는 날 군사를 되돌렸다.

노 은공이 중중衆仲에게 물었다.

"위나라 주우가 장차 성공하겠는가?"

중중이 대답하였다.

"저는 덕으로 백성을 따르게 한다는 말은 들었으나, 반란을 일으켜 백성을 따르게 한다는 말은 듣지 못하였습니다. 반란으로써 백성을 따르게 하는 것은 마치 실타래를 풀겠다고 하면서 더욱 엉키게 하는 것과 같습니다. 무릇 주우는 군사의 힘만을 믿고 잔인한 짓을 하면서도 편안히 여기고 있지만 군사의 힘만을 믿으면 따르는 자가 없는 법이요, 잔인한 짓을 하고도 편안히 여긴다면 친밀한 자들도 멀어지게 마련입니다. 무리가 배반하고 가까운 자들이 멀어지면서 공은 이루기는 어려운 것입니다. 무릇 군사의 힘이란 불과 같아서 잘 거두어 수습하지 않으면 장차 스스로를 불태우게 될 것입니다. 주우는 자신의 임금을 시해하고, 백성을 부림에는 학대를 하고 있습니다. 이처럼 아름다운 덕을 닦기에는 힘을 쓰지 않으면서 도리어 반란으로써 욕심을 채우려 하고 있으니 틀림없이 화를 면하지 못할 것입니다!"

【宋殤公】 與夷. 元年.
【公子馮】 '馮'은 '빙'으로 읽으며 '憑'으로도 표기함. 穆公의 아들. 뒤에 宋 莊公이 됨.
【先君之怨】 鄭나라에서 난을 일으켰던 共叔段은 衛나라 州吁와 가까웠음. 그 때문에 段의 아들 公孫滑이 衛나라로 달아났을 때 그를 위해 정나라를 공격하여 늠연을 탈취하였던 것임. 이에 정나라는 천자의 군사와 虢나라 군사를 모아 위나라를 쳤으며 이 일로 衛 莊公이 원한을 품었던 것임.

【弊邑】東周시대 제후들의 자신의 나라를 낮추어 칭하던 말. 여기서는 州吁가 자신의 衛나라를 낮춰 이른 말.
【賦】원래는 세금을 뜻하는 말이었으나 여기서는 軍隊를 의미함. 文公 17년 傳文을 볼 것.
【陳】嬀姓. 지금의 河南 陳縣.
【東門】鄭나라 都城의 동문.
【公問於衆仲】여기서의 공은 魯 隱公을 가리킴.
【衆仲】魯나라 大夫.《潛夫論》志氏姓篇에 "魯之公族有衆氏"라 함.
【棼】더욱 엉켜 풀어낼 수 없도록 함.
【難以濟矣】'濟'는 '해결하다'의 뜻.
【安忍】잔인한 짓을 하고도 편안히 여김.
【戢】거두어 들임. 잘 다루어 수습함.
【不免矣】화를 면할 수 없음.

● 028(隱4-5)

秋, 翬帥師會宋公·陳侯·蔡人·衛人伐鄭.

가을, 휘翬가 군사를 거느리고 송공宋公·진후陳侯·채인蔡人·위인衛人과 함께 하여 정鄭나라를 쳤다.

【翬】魯나라 대부 公子 翬. 자는 羽父. 당시 大夫였음.
【伐鄭】《春秋傳說彙纂》에 "此大夫會伐之始"라 함.

㊃
秋, 諸侯復伐鄭.
宋公使來乞師, 公辭之.
羽父請以師會之, 公弗許.

固請而行.
故書曰「翬帥師」, 疾之也.
諸侯之師敗鄭徒兵, 取其禾而還.

가을, 제후들이 다시 정鄭나라를 쳤다.
송宋 상공殤公의 사신이 노나라에 와서 원군을 요청하였으나 은공이 거절하였다.
우보羽父가 군사를 거느리고 가서 참가하기를 청하였지만 은공은 허락하지 않았다.
그러나 우보는 굳이 청하여 군사를 거느리고 갔다.
그 때문에 경經에 '휘가 군사를 인솔하였다'라고 기록한 것이니 이는 그의 행동을 미워하였기 때문이었다.
제후들의 군사가 정나라 보병步兵을 패배시키고, 정나라 곡식을 거두어 귀환하였다.

【羽父】公子 翬의 字. 經에 그를 '公子'라 쓰지 않은 것은 隱公의 명을 따르지 않은 것이 옳지 않다고 여겼기 때문임. 이에 대해 《公羊傳》과 《穀梁傳》에는 뒷날 우보가 자신의 야망을 이루기 위해 桓公을 유혹하여 隱公을 죽이도록 하였으므로 '公子'라 표기하지 않은 것이라 하였음.
【徒兵】말이나 수레를 이용하지 아니하고 몸으로 싸우는 병졸. 步兵과 같음.

※ 029(隱4-6)

九月, 衛人殺州吁于濮.

9월, 위衛나라가 주우州吁를 복濮에서 죽였다.

【州吁】衛나라 公子. 衛 莊公과 嬖人 사이에 난 아들.

【濮】 지명. 陳나라 땅. 혹 강 이름이라고도 함. 夷濮이라고도 부르며 지금의 安徽 亳縣 동남.

㊟

州吁未能和其民, 厚問定君於石子.
石子曰:「王覲爲可.」
曰:「何以得覲?」
曰:「陳桓公方有寵於王. 陳·衛方睦, 若朝陳使請, 必可得也.」
厚從州吁如陳.
石碏使告于陳曰:「衛國褊小, 老夫耄矣, 無能爲也. 此二人者, 實弑寡君, 敢卽圖之.」
陳人執之, 而請涖于衛.
九月, 衛人使右宰醜涖殺州吁于濮.
石碏使其宰獳羊肩涖殺石厚于陳.
君子曰:「石碏, 純臣也. 惡州吁而厚與焉.『大義滅親』, 其是之謂乎?」

주우州吁가 아직 백성들과 능히 화합을 하지 못하고 있을 때 석작石碏의 아들 석후石厚가 아버지에게 군주의 지위를 안정시킬 수 있는 방법을 여쭈었다.
석작이 말하였다.
"천자를 찾아뵙는 것이 좋을 것이다."
석후가 물었다.
"어떻게 해야 천자를 뵐 수 있겠습니까?"
석작이 말하였다.
"진陳나라 환공桓公은 지금 한창 천자께 총애를 받고 있다. 더욱이 진나라와 위나라는 화목한 사이이니 진나라에 가서 천자를 뵐 수 있도록 주선해 달라고 청한다면 틀림없이 천자를 뵐 수 있을 것이다."
그리하여 석후가 주우를 따라 진나라로 갔다.

석작은 석작대로 미리 사자를 진나라에게 보내어 말을 전하도록 하였다.
"우리 위나라는 작은 나라이며 게다가 저 또한 이제 늙어 할 수 있는 일이란 없습니다. 귀국으로 가는 이 두 사람은 실제 우리 임금을 시해한 자들이니 그들을 곧바로 잘 처리해 주시기 바랍니다."

진나라에서는 그들을 붙잡아두고는 위나라에게 그들 처리에 직접 와서 임해줄 것을 요청하였다.

9월, 위나라에서는 우재右宰 추醜로 하여금 가서 주우를 복濮에서 죽일 때 입회하게 하였다.

석작은 가신 누양견獳羊肩을 보내어 자신의 아들 석후를 진나라에서 죽이는 일에 입회시켰다.

군자가 말하였다.

"석작은 순정한 충신이다. 주우를 증오하여 자신의 아들 석후조차 함께 죽도록 하였던 것이다. '대의멸친大義滅親'이라 하였으니 이를 두고 한 말인가?"

【厚】石碏의 아들 石厚. 州吁의 黨羽. 전출.
【石子】石碏. '子'는 남자의 美稱.
【王覲】천자를 뵙는 것.
【王】주나라 桓王.
【老夫耄矣】老夫는 大夫에서 물러난 자가 스스로를 일컫는 말. 모(耄)는 80세를 뜻함. 대부는 70세가 되면 致仕하였음.
【圖之】'이들을 잘 처리해 달라'는 뜻으로 죽여줄 것을 부탁한 것.
【涖】'臨'과 같음. 직접 임하여 입회하거나 일을 주관함.
【獳羊肩】인명. 석작의 家臣.
【大義滅親】큰 義나 국가를 위해서는 친척이나 가족조차 희생시킴. 당시 이미 널리 알려졌던 格言의 구절.

※ 030(隱4-7)

冬十有二月, 衛人立晉.

겨울 12월, 위衛나라가 진晉을 군주로 옹립하였다.

【晉】衛나라 公子. 衛 宣公의 이름. 이듬해 즉위하여 宣公 원년이 됨.

⟨傳⟩
衛人逆公子晉于邢.
冬十二月宣公卽位.
書曰「衛人立晉」, 衆也.

위衛나라가 공자 진晉을 형邢나라에서 맞이하였다.
겨울 12월, 그가 선공宣公으로 군주 자리에 올랐다.
경經에 '위나라 사람이 진을 군주로 세웠다'라고 기록한 것은 백성들이 그것을 바랐기 때문이다.

【逆】'迎'과 같음.
【邢】周公의 넷째 아들 靖淵이 봉을 받았던 나라. 군주의 성은 姬, 侯爵. 지금의 河北 邢臺市를 중심으로 있었음.
【宣公】衛 莊公의 아들이며 衛 桓公의 아우. 이름은 晉.《史記》衛世家에 "迎桓公弟晉於邢而立之"라 함. 宣公은 B.C.718~700년까지 19년간 재위하고 惠公이 뒤를 이음.
【衆】衆意. 많은 백성들의 뜻을 따름. 원래 이듬해 正月에 즉위하여 元年을 삼는 것이 관례였지만 즉시 임금 자리에 오름. 孔穎達 疏에 "賊討乃立, 自繼前君, 故不待踰年也"라 함.

005. 隱公 5年(B.C.718) 癸亥

周	桓王(姬元) 2년	齊	僖公(祿父) 13년	晉	鄂侯(郄) 6년	衛	宣公(晉) 원년
蔡	宣公(考父) 32년	鄭	莊公(寤生) 26년	曹	桓公(終生) 39년	陳	桓公(鮑) 27년
杞	武公 33년	宋	殤公(與夷) 2년	秦	文公 48년	楚	武王(熊通) 23년

❀ 031(隱5-1)

五年春, 公矢魚于棠.

5년 봄, 은공이 당棠에서 물고기 잡는 것을 구경하였다.

【矢】 '보다, 구경하다'의 뜻. 《穀梁傳》에는 '觀'으로, 《公羊傳》에는 '矢'와 '觀'으로 되어 있으며 《史記》 魯世家에는 "觀漁于棠"이라 하였음. '矢'는 '陳'의 뜻임. 孔穎達 疏에 "陳魚者, 獸獵之類, 謂使捕魚之人, 陳設取魚之備, 觀其取魚以爲戲樂"이라 함.
【棠】 魯나라 땅. 지금의 山東 魚臺縣 동북쪽.

㊇

五年春, 公將如棠觀魚者.
臧僖伯諫曰:「凡物不足以講大事, 其材不足以備器用, 則君不擧焉.

君, 將納民於軌·物者也. 故講事以度軌量謂之軌, 取材以章物采謂
之物. 不軌不物, 謂之亂政. 亂政亟行, 所以敗也. 故春蒐·夏苗·秋獮·
冬狩, 皆於農隙以講事也. 三年而治兵, 入而振旅. 歸而飮至, 以數
軍實. 昭文章, 明貴賤, 辨等列, 順少長, 習威儀也. 鳥獸之肉不登於俎,
皮革·齒牙·骨角·毛羽不登於器, 則公不射, 古之制也. 若夫山林·
川澤之實, 器用之資, 阜隷之事, 官司之守, 非君所及也.」
　公曰:「吾將略地焉.」
　遂往, 陳魚而觀之, 僖伯稱疾不從.
　書曰「公矢魚于棠」, 非禮也, 且言遠地也.

5년 봄, 은공이 당棠 땅에 가서 물고기 잡는 것을 구경하려 하였다.
그러자 숙부 장희백臧僖伯이 간하였다.
"무릇 물건이 나라의 큰일을 계획하는 일에 쓰이지 못하거나, 그 물건이
나라의 큰일에 쓰는 기물 만드는 데 쓸 만한 것이 아니라면 군주는 그런
일을 하지 않는 것입니다. 군주란 백성들에게 규범과 재물에 있어서 맞게
받아들여야 하는 존재입니다. 그러므로 나라 일을 배우게 하되 법도에
맞는지 헤아려 법도에 맞게 하는 것을 일러 궤軌라 하고, 재물을 취하되
기물을 꾸며 아름답게 장식하는 것을 일러 물物이라 하는 것입니다. 행하는
것이 법도에 맞지 않고, 재물을 쓰는 일도 법도에 맞지 않는다면 이를 일러
정사政事를 어지럽히는 것이라 하는 것입니다. 정사를 어지럽히는 일이 잦아
지면 국정에 실패를 거듭하게 되는 것입니다. 그 때문에 봄사냥(春蒐)과
여름사냥(夏苗), 가을사냥(秋獮), 겨울사냥(冬狩)은 모두 농사일이 바쁘지 않은
틈을 타서 군사훈련을 하는 것입니다. 3년 만에 한 번씩 군사훈련을 하고,
도성都城에 들어와서는 군사의 위세를 진작시키는 것입니다. 돌아와서는
잔치를 베풀며 군무軍務를 따져보는 것입니다. 이리하여 문물전장文物典章을
밝히고 신분의 귀천을 명확히 하며, 군사의 서열을 변별하며, 장유長幼의
질서에 정하며, 위의威儀를 익히도록 하는 것입니다. 그 고기를 제사상에는
올리지 않는 새나 짐승, 또는 그 가죽, 이빨·뼈·뿔·털·깃 등이 기물이나
장식에 쓰이지 않는 것이라면 군주는 그러한 동물은 사냥하지 않는 것이

예로부터의 제도입니다. 그러나 무릇 산과 수풀, 시내와 못에서 나는 것들로서 기물을 만드는 데 쓰일 재료에 관한 일이라면 이는 하인들의 일이며, 그것을 맡은 관리가 있으니 군주가 할 일은 아닙니다."

은공이 말하였다.

"나는 장차 나의 영토를 돌아보려는 것뿐이오!"

은공이 끝내 펼쳐놓고 물고기 잡는 광경을 구경하러 가겠다고 나서자 희백은 병을 핑계로 따라가지 않았다.

경經에 '은공이 당 땅에서 물고기 잡는 것을 구경하였다'라고 기록한 것은 공의 행위가 예禮에 어긋난 일이며, 또 그곳이 먼 곳이어서 군주가 갈 데가 아니었음을 말한 것이다.

【臧僖伯】隱公의 숙부. 이름은 彄, 자는 子臧. 원래 孝公의 아들. 臧氏가 성이 되었으나 뒤에 붙인 것임. 僖는 시호. 孔穎達 疏에 "諸侯之子稱公子, 公子之子稱公孫. 公孫之子不得祖諸侯, 乃以王父之字爲氏. 計僖伯之孫始得以'臧'爲氏, 今於僖伯之上已加'臧'者, 蓋以僖伯是臧氏之祖, 傳家追言也"라 함.

【大事】전쟁과 제사 같은 큰일.

【軌】법도, 규범.

【度軌】법도에 맞는지를 헤아림.

【量】법도에 잘 맞음.

【蒐·苗·獮·狩】계절에 따른 사냥 이름. 봄에는 새끼를 배지 않은 짐승만 골라 잡으며, 여름에는 곡물의 싹을 해치는 것들을 잡음. 가을에는 군사훈련을 겸해 사냥을 하며. 겨울에는 짐승을 포위하여 잡음. '獮'은 '선'으로 읽음.《司馬法》 仁本篇에 "國雖大, 好戰必亡; 天下雖安, 忘戰必危. 天下旣平, 天下大愷, 春蒐秋獮; 諸侯春振旅, 秋治兵, 所以不忘戰也"라 함.

【飮至】飮酒와 같음. 사냥을 통한 군사 훈련을 마친 다음 도성으로 돌아와 종묘에 고하고 예법에 맞게 술을 마시며 잔치를 벌임.

【軍實】군사에 관련된 기물과 성과.

【不登於俎】俎는 제사 때 산적을 담는 炙臺. 제사상에 오르지 못함을 뜻함. 제사에 오르지 않는 육류. 그러한 짐승이나 동물.

【不登於器】기물 장식에 쓰지 못함.

【皁隷】皁는 士의 하인. 皁 밑에는 輿, 輿의 하인은 隷였음. 검은 머리띠나 검은 옷을 입어 皁(皂)라 함.
【略地】영토를 순행함.
【陳魚】어망 따위를 펼쳐 놓고 물고기를 잡음. '陳'은 '陳設, 陳列'의 뜻.

㊉
曲沃莊伯以鄭人·荊人伐翼, 王使尹氏·武氏助之.
翼侯奔隨.

곡옥曲沃의 장백莊伯이 정인鄭人·형인邢人들을 이끌고 익翼을 치자 천자가 윤씨尹氏와 무씨武氏로 하여금 그들을 돕도록 하였다.
익후翼侯는 수隨로 달아났다.

【曲沃】晉나라 昭侯 동생 成師에게 봉한 땅으로 지금의 山西 聞喜縣 동쪽.
【莊伯】成師 아들.
【邢】姬姓. 周公의 아들이 봉을 받았던 나라. 지금의 河北 邢臺縣 서남쪽.
【翼】晉나라 도읍지. 絳이 본 이름이었으나 晉 孝公 때 翼으로 지명을 고침. 지금의 山西 翼城縣 동남쪽에 古翼城이 있음.
【王】종주국 周나라 桓王(姬元)을 가리킴.
【尹氏】周나라 公族으로 周나라 조정에서 대대로 卿을 지냈음. 食邑이 尹邑이었음.
【武氏】역시 주나라 공족이며 대부.
【翼侯】翼을 다스리던 군주. 晉나라 孝公 아우. 鄂侯로도 불림. 翼은 絳의 다른 이름. 《水經注》에 鄭氏《詩譜》를 인용하여 "穆侯遷絳, 孝侯繼昭侯而立, 改絳曰翼. 武公者獻公廣其城, 又名之曰絳, 莊公二十六年「士蔿城絳以深其宮」是也"라 함.
【隨】晉나라 땅 이름. 지금의 山西 介休縣 동쪽에 古隨城이 있으며 뒤에 晉나라 士會의 食邑이 되어 士會를 隨會로도 부름.

※ 032(隱5-2)

夏四月, 葬衛桓公.

여름 4월, 위衛 환공桓公의 장례를 치렀다.

【衛桓公】 衛 宣公(晉)의 아버지. B.C.743~720년 재위함.

㊀
夏, 葬衛桓公.
衛亂, 是以緩.

여름, 위衛 환공桓公의 장례를 치렀다.
위나라에 난이 일어났으므로 늦어서야 장례를 치른 것이다.

【衛亂】 州吁의 난을 가리킴.
【緩】 '때가 늦었음'의 뜻. 衛나라 桓公이 州吁에 의해 시해된 것은 魯 隱公 4년 3월이었음. 諸侯는 다섯 달 뒤에 장례를 치러야 하는데 14개월이 지난 뒤에 장례를 치른 것임.

㊀
四月, 鄭人侵衛牧, 以報東門之役.
衛人以燕師伐鄭, 鄭祭足·原繁·洩駕以三軍軍其前, 使曼伯與子元潛軍軍其後.
燕人畏鄭三軍, 而不虞制人.
六月, 鄭二公子以制人敗燕師于北制.
君子曰:「不備不虞, 不可以師.」

4월, 정鄭나라가 위衛나라 목읍牧邑을 침공하여 지난번 동문東門을 포위했던 싸움에 대하여 보복하였다.
　위나라는 연燕나라 군사를 이끌고 정나라를 치자 정나라는 채족祭足과 원번原繁, 설가洩駕가 삼군三軍을 거느리고 연나라 군사 전방에 진을 치고, 만백曼伯과 자원子元에게는 연나라의 후방에 몰래 진을 치도록 하였다.
　연나라는 정나라 삼군만을 두려워하고 제制 땅 사람들은 우려하지도 않았다.
　6월, 정나라의 두 공자가 제 땅 사람들을 이끌고 북쪽의 제 땅에서 연나라 군사를 패배시켰다.
　군자가 말하였다.
　"방비하지도 않고, 우려하지도 않은 채 군사부터 일으킬 수는 없는 법이다."

【牧】衛나라 읍. 지금의 河南 汲縣. 周 武王이 殷나라 紂를 칠 때 이 곳 교외에서 시작한 牧野가 이곳임. 그러나 《爾雅》에 "郊外謂之牧"이라 하여 지명이 아닌 것으로도 봄.
【東門之役】隱公 4년 傳을 볼 것.
【燕】당시 南燕과 北燕이 있었음. 南燕은 姞姓으로 지금의 河南 汲縣 서쪽에 옛 燕城이 있음. 北燕은 召公(姬奭)이 봉을 받았던 燕나라. 도읍은 계(薊, 지금의 北京 근처)로서 여기서의 燕과는 전혀 다름.
【祭足】鄭나라 대부 祭仲. 字는 仲足. 隱公 3년 참조. '祭'는 '채'(側界反)로 읽음.
【原繁】鄭나라 대부.
【洩駕】역시 정나라 대부.
【曼伯】정나라 대부.
【子元】鄭 厲公. 임금이 되기 전의 字.
【制】鄭나라 땅 이름으로 지금의 河南 廣武縣 서북 일대. 北制는 제 땅이 북쪽에 있었음을 말한 것으로 보임.

㊁

曲沃叛王.
秋, 王命虢公伐曲沃, 以立哀侯於翼.

곡옥曲沃에서 천자에게 반기를 들었다.

가을, 천자는 괵虢나라 군주에게 곡옥을 정벌하여, 애후哀侯를 익翼의 주인으로 세우도록 명하였다.

【曲沃】晉나라 昭侯 동생 成師에게 봉한 땅으로 지금의 山西 聞喜縣 동쪽. 그곳을 관장하고 있던 이는 莊伯. 즉 成師 아들이었음.
【叛王】翼侯가 隨로 달아나자 周나라 桓王이 익후의 아들 光을 군주로 세웠음. 그러나 莊伯이 왕명을 따르지 않고 다시 익을 쳐서 빼앗자 광이 국외로 망명하고 말았음.
【哀侯】晉나라 군주. 翼侯의 아들 光. B.C.717~710년까지 8년간 재위함.《史記》十二諸侯年表에 "桓王二年, 使虢公伐晉之曲沃"이라 하였고 晉世家에는 "周平王(桓王의 오기)使虢公將兵伐曲沃莊伯, 莊伯走保曲沃. 晉人共立鄂侯子光, 是爲哀侯"라 함.

❋ 033(隱5-3)

秋, 衛師入郕.

가을, 위衛나라 군사가 성郕나라로 쳐들어갔다.

【郕】《公羊傳》에는 '盛'으로 되어 있음. 나라 이름.《史記》管蔡世家에 의하면 郕叔武는 文王의 아들이며 武王과 周公의 아우로서 이를 봉했던 나라였으나 뒤에 명맥이 끊어져 史書에 보이지 않음. 伯爵. 孔穎達 疏에 "後世無所見, 旣無世家, 不知其君諡號"라 함. 처음 봉지는 지금의 山東 汶上縣 서북쪽이었음. 뒤에 山東 寧陽縣으로 옮겼으며 지금의 盛鄕城이 있음.

㊙
衛之亂也, 郕人侵衛, 故衛師入郕.

위衛나라의 난리를 틈타 성郕나라 사람들이 위나라를 침범하였으므로 그 때문에 이번에는 위나라 군사가 성나라로 쳐들어간 것이다.

【衛之亂】 州吁의 난을 가리킴. 隱公 4년 참조.

✸ 034(隱5-4)

九月, 考仲子之宮, 初獻六羽.

9월, 중자仲子의 사당 낙성식에서 처음으로 육우六羽의 춤을 올렸다.

【考】 건물의 낙성식 행사를 하면서 올리는 제사를 '考', 혹 '落'이라 함. 《禮記》 雜記(下) "成廟則釁之, 路寢成則考之而不釁"의 鄭玄 注에 "考之者, 設盛食而落之爾"라 함.
【仲子】 桓公의 어머니이며 惠公의 正妃.
【宮】 여기서는 사당을 뜻함.
【六羽】 儀式 행사의 춤에 각각 여섯 개의 깃을 잡고 함. 八佾舞의 경우 48개의 깃을 사용함. 《論語》 八佾篇에 "季氏八佾舞於庭"이라 하여 魯나라에서는 八佾舞를 거행하고 있었던 것으로 보임.

㊀
九月, 考仲子之宮, 將萬焉.
公問羽數於衆仲.
對曰:「天子用八, 諸侯用六, 大夫用四, 士二. 夫舞, 所以節八音以行八風, 故自八以下.」
公從之.
於是初獻六羽, 始用六佾也.

9월, 중자仲子의 사당을 지어 장차 만무萬舞를 행하려 하였다.

은공이 중중衆仲에게 우무羽舞에서의 사람 수를 물었다.

중중이 대답하였다.

"천자는 팔일무八佾舞를 쓰고 제후는 육일무를 쓰며, 대부는 사일무를, 사士는 이일무를 씁니다. 무릇 무악이라는 것은 팔음八音으로 조절하여 팔풍八風류으로써 맞춥니다. 그 때문에 팔일八佾 이하로 정한 것입니다."

공이 그대로 따랐다.

이에 처음으로 육우六羽를 바치면서 비로소 육일무를 쓰게 된 것이다.

【萬】文舞와 武舞의 총칭. 文舞는 왼손에는 피리를 들고 오른손에는 꿩 꼬리를 붙인 기를 들고 추는 춤으로 籥舞라고도 함. 武舞는 干舞라고도 하며 왼손에 붉은 방패를 들고 오른손에 구슬로 만든 의례용 도끼를 들고 추는 춤. 《詩經》 邶風 簡兮篇에 "公庭萬舞, 左手執籥, 右手秉翟"이라 하였고, 魯頌 閟宮에는 "籩豆大房, 萬舞洋洋"이라 함.

【羽舞】꿩 꼬리의 깃을 단 舞翟을 들고 추는 춤.

【八佾舞】佾은 舞法의 단위. 一佾은 8명. 八佾은 정방형으로 행렬을 이루어 64명으로 구성됨. 《白虎通》禮樂篇에 "八佾者何謂也? 佾, 列也. 以八人爲行列"라 함. 《論語》八佾篇을 참조할 것.

【八音】管·柷敔·瑟·塤·鐘·磬·鼓·笙. 혹은 金, 石, 絲, 竹, 匏, 土, 革, 木의 재질로 만든 여덟 종류의 악기로 내는 음을 뜻하기도 함. 한편 《周禮》大師職 注에는 "金, 鐘鎛也; 石, 磬也; 土, 塤也; 鼓, 鞀也; 絲, 琴瑟也; 木, 柷敔也; 匏, 笙也; 竹, 管簫也"라 함.

【八風】八方의 풍류. 正東·東南·正南·西南·正西·西北·正北·東北 그러나 賈逵는 閶闔風, 不周風, 廣莫風, 融風, 明庶風, 淸明風, 景風, 涼風을 들고 있음. 한편 《呂氏春秋》有始覽에는 "何謂八風? 東北曰炎風, 東方曰滔風, 東南曰薰風, 南方曰巨風, 西南曰淒風, 西方曰飂風, 西北曰厲風, 北方曰寒風"이라 하였음.

【始】魯나라는 이제껏 八佾舞를 쓰다가 비로소 六佾舞를 쓰기 시작한 것임. 《公羊傳》에는 예의에 어긋나는 처사였다고 비난하였음.

035(隱5-5)

邾人·鄭人伐宋.

주邾나라와 정鄭나라가 송宋나라를 쳤다.

【邾】周 武王이 祝融 八姓의 하나였던 邾俠(曹俠)을 封하여 부용국으로 삼았었으며 지금의 山東 鄒縣. 이 때문에 전국시대에 이름을 '鄒'로 바꾸었음. 曹姓이며 子爵 작위를 받았으나 魯나라에 예속되어 있었음. 당시 군주 邾儀父는 천자로부터 명을 받지 않아 노나라의 附庸國이었음.

㊉
宋人取邾田, 邾人告於鄭曰:「請君釋憾於宋, 敝邑爲道.」
鄭人以王師會之, 伐宋, 入其郛, 以報東門之役.
宋人使來告命.
公聞其入郛也, 將救之, 問於使者曰:「師何及?」
對曰:「未及國.」
公怒, 乃止.
辭使者曰:「君命寡人同恤社稷之難, 今問諸使者, 曰『師未及國』, 非寡人之所敢知也.」

송宋나라가 주邾나라 전지田地를 점령하자 주나라에서 정鄭나라에 가서 이렇게 고하였다.
"임금께서 송나라에 대한 원한을 풀어주시길 청합니다. 저희가 안내하겠습니다."
정나라는 이에 천자의 군사로써 주나라 군사와 합하여 송나라를 치면서 송나라 외곽까지 들어가 지난날 동문東門을 포위당했던 데 대한 보복을 하였다.

송나라 사신이 노 은공에게 와서 구원을 청하였다.

은공은 정나라 군사가 송나라 외곽까지 들어왔다는 것을 이미 듣고 있었으며 장차 돕겠다고 여기고 있었던 터라 송나라를 사신에게 물었다.

"정나라 군사가 어디까지 이르렀는가?"

사신이 대답하였다.

"아직 도성까지는 오지 않았습니다."

이에 은공이 노하여 도우려던 것을 그만두기로 하였다.

그리하여 사신에게 이렇게 말하였다.

"그대의 임금께서 과인에게 사직의 위난危難을 함께 불쌍히 여겨달라고 하였소. 그런데 지금 사신으로 온 그대에게 물었더니 '적군이 아직 도성까지 오지는 않았다'하니 과인이 감히 알 바 아니오!"

【郲田】邾나라의 田地.
【道】'導'와 같음. 인도함. 길을 안내함.
【王師】천자의 군사. 周王의 군사.
【郛】郭과 같음.
【東門之役】隱公 4년을 볼 것.
【未及國】아직 도성에 닿지 않음. 國은 나라의 國都(國城)를 말함.
【公怒】적군이 이미 도성까지 왔음을 알리면 은공이 이미 늦었으니 원군을 보낼 수 없다고 할 것이 두려워 사신이 사실을 숨긴 것임. 그러자 은공은 사실대로 말하지 않고 자신을 속여 출군을 재촉하는 것이라 여겨 화를 낸 것임.

* 036(隱5-6)

螟.

멸구 떼가 일어났다.

【螟】멸구. 벼의 줄기를 갉아먹어 이삭이 패지 못하도록 하는 해충.《爾雅》
釋蟲에 "食苗心, 螟"이라 함.
＊無傳

※ 037(隱5-7)

冬十有二月辛巳, 公子彄卒.

겨울 12월 신사날, 공자 구彄가 죽었다.

【辛巳】12월 29일.
【彄】臧僖伯. 隱公의 숙부. 이름은 彄, 자는 子臧. 棠에서의 고기잡이 구경을 간언
했던 대부.

㊙
冬十二月辛巳, 臧僖伯卒.
公曰:「叔父有憾於寡人, 寡人弗敢忘.」
葬之加一等.

겨울 12월 신사날, 장희백臧僖伯이 죽었다.
은공이 말하였다.
"숙부는 과인에게 섭섭하였을 것이다. 나는 그 마음을 감히 잊지 않을
것이다."
그리하여 그의 신분을 한 계급 높여 장례를 치러주었다.

【叔父有憾於寡人】隱公이 棠으로 물고기 잡는 구경을 갔을 때 臧僖伯이 불가함을
간하였으나 은공은 그의 충고를 듣지 않았음. 이에 대해 장희백이 서운하게

여겼으리라 한 것임.
【寡人弗敢忘】臧僖伯의 忠情을 잊지 않겠다는 뜻.
【加一等】상복의 예에서 등급을 올려 애도의 뜻을 더욱 간절히 하였음을 뜻함. 杜預 注에 "加命服之等"이라 함.

✳ 038(隱5-8)

宋人伐鄭, 圍長葛.

송宋나라가 정鄭나라를 쳐 장갈長葛을 포위하였다.

【長葛】鄭나라 땅. 지금의 河南 長葛縣.

傳
宋人伐鄭, 圍長葛, 以報入郛之役也.

송宋나라가 정鄭나라를 쳐서 장갈長葛을 포위하여 지난번 외성까지 쳐들어왔던 일에 대하여 보복하였다.

【入郛之役】035 참조.

006. 隱公 6年(B.C.717) 甲子

周	桓王(姬元) 3년	齊	僖公(祿父) 14년	晉	哀侯(光) 원년	衛	宣公(晉) 2년
蔡	宣公(考父) 33년	鄭	莊公(寤生) 27년	曹	桓公(終生) 40년	陳	桓公(鮑) 28년
杞	武公 34년	宋	殤公(與夷) 3년	秦	文公 49년	楚	武王(熊通) 24년

✸ 039(隱6-1)

六年春, 鄭人來渝平.

6년 봄, 정鄭나라 사람이 와서 원한을 풀고 화목하게 지낼 것을 제의하였다.

【渝平】원한을 풀고 다시 화목하게 지냄. 화평하면서도 동맹은 맺지 않고 있었으므로 '平'이라 한 것임. 服虔은 "公爲鄭所獲, 釋而不結平. 於是更爲約束以結之, 故曰渝平"이라 함.《廣雅》釋詁에 "渝, 更也"라 함.《公羊傳》과《穀梁傳》에는 '輸平'으로 되어 있음.

⟨傳⟩
六年春, 鄭人來渝平, 更成也.

6년 봄, 정鄭나라 사람이 와서 원한을 풀고 화목하게 지내자고 하여 다시 화해하게 된 것이다.

【更成】 다시 화해하여 옛날의 화목을 도모함. 魯나라는 鄭나라와 사이가 좋지 않았음. 이는 정나라 군사가 송나라 도성에 접근할 당시 은공이 송나라의 원군 요청을 거절하여 송과 사이가 벌어졌음을 기회로 여겨 정나라가 노나라에 화평을 제의한 것임.

㊉
翼九宗五正頃父之子嘉父逆晉侯于隨, 納諸鄂, 晉人謂之鄂侯.

익翼 땅의 구종九宗이면서 오정五正을 맡은 장관 경보頃父의 아들 가보嘉父가 진후晉侯를 수隨에서 맞이하여 악鄂 땅으로 들어오게 하여 진晉나라 사람들은 그를 악후鄂侯라 불렀다.

【九宗】 옛 殷나라의 아홉 豪族이 맡았던 관직. 成王이 唐叔을 봉할 때 唐 땅의 餘民들을 회유하기 위하여 九宗氏를 등용함. 定公 4년 傳에 "懷姓九宗, 職官五正"이라 하였음.
【五正】 殷나라 시대에 五行, 혹은 五官을 관장하던 직책의 장관.
【頃父·嘉父】 晉나라의 대부. 父子.
【隨】 晉나라 땅 이름. 지금의 山西 介休縣 동쪽에 古隨城이 있으며 뒤에 晉나라 士會의 食邑이 됨.
【鄂】 晉나라 땅 이름으로 지금의 山西 鄕寧縣 남쪽. 여기서의 鄂侯는 翼侯(鄂侯)와는 다른 인물로 보고 있음.《史記》晉世家와 年表에 의하면 鄂侯는 桓王이 哀侯를 세우기 전에 이미 죽었음.《一統志》에 "鄂侯故壘在今山西省鄕寧縣南一里"라 함.

040(隱6-2)

夏五月辛酉, 公會齊侯盟于艾.

여름 5월 신유날, 공이 제후齊侯와 만나 애艾에서 동맹을 맺었다.

【辛酉】5월 12일.
【齊侯】齊나라는 원래 太公(姜子牙, 姜尙, 姜太公望, 呂望)이 봉지로 받아 세운 나라. 처음에는 지금의 河南 呂縣이었으나 成王이 武庚의 난을 진압하고 지금의 山東 臨淄에 다시 봉지를 정하였음. 春秋 말 田氏(陳氏)에게 망하여 戰國 시대에는 田氏齊로 이어졌으며 계속 동방의 강국 제후로 자리를 굳혔음. 당시 齊나라 군주는 僖公(祿父)으로 재위 14년째였음.
【艾】당시 魯나라와 齊나라 경계의 산 이름. 지금의 山東 新泰縣 서북쪽.

㊉

夏, 盟于艾, 始平于齊也.

여름, 애艾에서 동맹을 맺어 비로소 노나라는 제齊나라와 화평하게 되었다.

【平】和平, 講和. 杜預 注에 "春秋前, 魯與齊不平, 今乃棄惡結好, 故言始平于齊"라 함.

㊉

五月庚申, 鄭伯侵陳, 大獲.
往歲, 鄭伯請成于陳, 陳侯不許.
五父諫曰:「親仁·善鄰, 國之寶也. 君其許鄭!」
陳侯曰:「宋·衛實難, 鄭何能爲?」
遂不許.
君子曰:「『善不可失, 惡不可長』, 其陳桓公之謂乎! 長惡不悛, 從自及也. 雖欲救之, 其將能乎!〈商書〉曰:『惡之易也, 如火之燎于原, 不可鄕邇, 其猶可撲滅?』周任有言曰:『爲國家者, 見惡, 如農夫之務去草焉, 芟夷蘊崇之, 絶其本根, 勿使能殖, 則善者信矣.』」

5월 경신날, 정鄭 장공莊公이 진陳나라를 침공하여 대승을 거두었다.

그 전해, 정 장공이 진나라에 화평을 청하였으나 진 환공桓公이 허락하지 않았다.

그러자 오보五父가 간하여 말하였다.

"어짊을 가까이 하며 이웃과 잘 지내는 것은 나라의 보배입니다. 군주께서는 정나라의 청을 허락하십시오!"

진 환공이 말하였다.

"송나라와 위나라도 우리로서는 상대하기 어려운데, 우리가 어찌 정나라를 상대할 수 있겠는가?"

그리고는 끝내 허락하지 않았다.

군자가 말하였다.

"'선한 일은 놓쳐서는 안 되며, 악한 일은 더 자라게 해서는 안 된다'라 하였는데 이는 진 환공을 두고 이른 것인가? 악이 커지는데도 개전改悛하지 않으면 자신에게 재앙이 미치고 만다. 그런 다음에 비록 구원을 받고자 한들 능히 그렇게 될 수 있겠는가?《서書》〈상서商書〉에 '악이 번지는 것은 마치 들판에 불이 번지는 것과 같아서 가까이 다가갈 수도 없는데 과연 그 불을 아주 끌 수가 있겠는가?'라 하였다. 주임周任은 이렇게 말하였다. '국가를 다스리는 자는 악을 보면 농부가 잡초를 뽑아 없애기에 힘쓰듯 해야 한다. 자라는 환경을 모조리 베고 뽑아 그 뿌리를 없애야 한다. 그들이 번식하지 못하도록 한다면 좋은 작물이 퍼져 자라게 될 것이다.'"

【五月庚申】5월 11일.

【鄭伯】鄭 莊公(寤生). 재위 27년째였음.

【大獲】큰 성과를 얻음. 전승을 거둠. 많은 포로를 획득함.

【往歲】지나간 해. 往年. 지난해 陳나라와 제후들이 함께 鄭나라를 친 舊怨.

【陳侯】陳 桓公(鮑). 재위 28년째였음.
【五父】陳나라 공자. 陳 文公의 아들. 이름은 佗. 桓公의 아우.
【商書】《書經》商書 盤庚篇에 "汝不和吉言于百姓, 惟汝自生毒. 乃敗禍姦宄, 以自災于厥身. 乃旣先惡于民, 乃奉其恫, 汝悔身何及. 相時憸民, 猶胥顧于箴言, 其發有逸口, 矧予制乃短長之命. 汝曷弗告朕, 而胥動以浮言, 恐沈于衆. 若火之燎于原, 不可嚮邇其猶可撲滅, 則惟汝衆, 自作弗靖, 非予有咎"라 함.
【易】'커지다, 자꾸 번지다'의 뜻. 王念孫은 "案易者延也, 謂惡之蔓延也"라 함.
【周任】周나라 대부로 이름은 任. 史官을 지냈음.《論語》馬融 注에 "周任, 古之良史"라 함.《尙書》盤庚篇의 遲任이 아닌가 함.
【芟夷】모두 다 베어버림.
【蘊】누적됨.
【崇】모두 한 자리에 모임.
【信】자람. 申(伸)과 같음.

● 041(隱6-3)

秋七月.

가을 7월.

【秋七月】이 조항에는 기록된 내용이 없으나 시간을 정리해 나가기 위하여 기록한 것임(杜注). 한편 李廉의《春秋諸傳會通》에는 "無事書「春正月」者二十四, 自隱元年始; 書「夏四月」者十一, 自桓九年始; 書「秋七月」者十七, 自隱六年始; 書「冬十月」者十一, 自桓元年始"라 함.

● 042(隱6-4)

冬, 宋人取長葛.

겨울, 송宋나라가 장갈長葛을 점령하였다.

【長葛】지금의 河南 長葛縣 북쪽에 故城이 있음.
【冬】傳에는 '秋'로 되어 있음.

㊉
秋, 宋人取長葛.

가을, 송宋나라가 장갈長葛을 점령하였다.

【秋】經에는 '秋'가 '冬'으로 쓰여 있음. 杜預는 "宋나라가 長葛을 빼앗은 것은 가을이었으나 魯나라에 알려준 것이 겨울이었으므로 '冬'이라 썼다"라 함. 한편 殷나라 왕의 後裔國인 宋나라가 殷나라의 曆法을 썼을 가능성도 있으며 이를 左丘明이 잘못 해석하였을 수도 있음. 즉 殷曆의 '秋九月'은 周曆의 '冬十月'임.

㊉
冬, 京師來告饑, 公爲之請糴於宋・衛・齊・鄭, 禮也.

겨울, 주나라 경사京師에서 사람이 와서 기근饑饉이 났다고 알려오자 은공은 주나라의 기근을 구제하고자 송宋・위衛・제齊・정鄭나라로부터 곡식 사들이기를 청하였으며 이는 예에 맞는 일이었다.

【京師】종주국 周나라의 도읍. 지금의 雒邑(洛邑).
【告饑】기근이 들어 식량이 부족함을 알려 도움을 청함.
【請糴】적(糴)은 조(糶)와 상대되는 말로 곡식을 매입함을 뜻함. 이를 매입하여 周나라를 돕고자 한 것임.

㊉

鄭伯如周, 始朝桓王也.

王不禮焉, 周桓公言於王曰:「我周之東遷, 晉·鄭焉依. 善鄭以勸來者, 猶懼不蔇, 況不禮焉? 鄭不來矣.」

정鄭 장공莊公이 주周나라 왕실에 맨 처음으로 가서 천자 환왕桓王을 배알하였다.

천자가 정 장공을 예우하지 않자 신하 주환공周桓公이 천자에게 말하였다. "우리 주나라 왕실이 동천東遷할 때 진晉나라와 정鄭나라에 의지하였었습니다. 정나라를 친히 여겨 왕실을 찾아오라 권해도 오지 않으면 어쩌나 두려운 판에 하물며 예우를 하지 않는다면 어찌되겠습니까? 정나라 임금은 찾아오지 않을 것입니다."

【如】實辭로 '가다'(往)의 뜻.
【始】杜預 注에 "桓王卽位, 周鄭交惡, 至是乃朝, 故曰始"라 함.
【桓王】이름은 姬林. 東周 平王의 아들. B.C.719~697년까지 23년간 재위함.
【不禮】《史記》鄭世家에 "二十七年, 始朝周桓王. 桓王怒其取禾, 弗禮也"라 함.
【周桓公】魯나라 시조 周公 후손 黑肩. 주나라 도성에서 왕실을 돕던 주공 둘째 아들 후손. 周公이 采邑으로 받은 周 땅의 이름을 따라 周桓公이라 불렀음. 뒷날 역모를 꿈꾸다가 살해당함. 宗主國 周 왕실에서는 王庭의 大夫나 卿들에게 公侯伯子男의 爵位를 주어 제후국 군주와 같은 등급으로 불렀음.
【東遷】西周 末 幽王(姬宮涅)이 포악한 정치로 망하자 宜臼(姬宜臼)가 대신을 이끌고 동쪽 洛邑으로 수도를 옮겨(B.C.770년) 다시 나라를 이었으며 이때부터 東周가 시작됨. 이가 平王이며 당시 遷都 과정에서 晉 文侯 및 鄭 桓公과 武公의 도움을 크게 받았음.
【焉依】《國語》周語 등에는 '是依'로 되어 있음. 杜預 注에 "周幽王爲犬戎所殺, 平王東徙, 晉文侯·鄭武公左右王室, 故曰晉鄭焉依也"라 함. 《國語》및 《史記》참조.
【蔇】'蔇'는 '曁'와 같으며 '至'의 뜻.

007. 隱公 7年(B.C.716) 乙丑

周	桓王(姬元) 4년	齊	僖公(祿父) 15년	晉	哀侯(光) 2년	衛	宣公(晉) 3년
蔡	宣公(考父) 34년	鄭	莊公(寤生) 28년	曹	桓公(終生) 41년	陳	桓公(鮑) 29년
杞	武公 35년	宋	殤公(與夷) 4년	秦	文公 50년	楚	武王(熊通) 25년

❀ 043(隱7-1)

七年春王三月, 叔姬歸于紀.

7년 봄 주력 3월, 숙희叔姬가 기紀나라로 시집갔다.

【叔姬】隱公 2년에 紀나라로 시집간 魯나라 伯姬 동생.
＊無傳

❀ 044(隱7-2)

滕侯卒.

등후滕侯가 죽었다.

【滕】周 文王의 아들 錯叔繡가 받았던 封國. 侯爵이었으며 지금의 山東 滕縣 일대. 叔繡로부터 宣公까지 17대를 이어갔으며 《戰國策》 宋策에 의하면 戰國시대 宋 康王에게 망하였으나 실제 齊나라에게 망한 것임.

㊉
七年春, 滕侯卒.
不書名, 未同盟也.
凡諸侯同盟, 於是稱名, 故薨則赴以名, 告終·稱嗣也, 以繼好息民, 謂之禮經.

7년 봄, 등滕나라 군주가 죽었다.
경經에 그의 이름을 쓰지 않은 것은 동맹을 맺고 있지 않았기 때문이다. 무릇 제후가 동맹을 맺으면 이름을 일컫는다. 그 때문에 제후의 훙거薨去에는 그의 이름을 밝혀 부고하고, 제후의 죽음과 그 후계자를 알려 우호관계를 다지고 백성들을 안정시켰으니 이를 일러 예경禮經이라 한다.

【不書名】'滕侯'라고만 쓰고 그 이름은 밝히지 않음.
【盟】劉熙《釋名》에 "盟, 明也. 告其事於神明也"라 함. 신에게 고할 때는 반드시 그 이름을 사용하며 歃血의 의식을 거쳐 맹세를 해야 함.
【禮經】禮의 큰 법도. 예의 가장 큰 벼리. 杜預 注에 "此言凡例乃周公所制禮經"이라 함.

※ 045(隱7-3)
夏, 城中丘.

여름, 중구中丘에 성을 쌓았다.

【中丘】魯나라 땅 이름으로 지금의 山東 臨沂縣 동북쪽. 지금도 中丘城이 있음.

⟨傳⟩
夏, 城中丘.
書, 不時也.

여름, 중구中丘에 성을 쌓았다.
이를 기록한 것은 시기가 아니었기 때문이었다.

【不時】농사철이었으므로 성을 쌓기에 합당한 시기가 아니었다는 뜻.

※ 046(隱7-4)
齊侯使其弟年來聘.

제후齊侯가 그 아우 연年으로 하여금 우리를 내빙來聘하게 하였다.

【齊侯】당시 齊나라 군주는 僖公(釐公, 祿父)으로 재위 15년째였음.
【年】齊 僖公의 아우. 夷仲年.
【聘】聘問.《穀梁傳》에 "聘, 問也"라 함.

⟨傳⟩
齊侯使夷仲年來聘, 結艾之盟也.

제齊 희공僖公이 아우 이중년夷仲年을 보내어 예물을 갖고 노나라를 찾아오도록 한 것은 애艾에서 맺은 동맹을 더욱 결속시키기 위함이었다.

【齊侯】齊나라 僖公.
【夷仲年】齊나라 僖公의 아우. 이름은 年, 夷는 시호, 仲은 排行.
【艾盟】隱公 6년을 볼 것.

❋ 047(隱7-5)

秋, 公伐邾.

가을, 공이 주邾나라를 쳤다.

【邾】周 武王이 祝融 八姓의 하나였던 邾俠(曹俠)을 封하여 附庸國으로 삼았었으며 지금의 山東 鄒縣. 이 때문에 전국시대에 이름을 '鄒'로 바꾸었음. 曹姓이며 子爵 작위를 받았으나 魯나라에 예속되어 있었음.

㊉
秋, 宋及鄭平.
七月庚申, 盟于宿.
公伐邾, 爲宋討也.

가을, 송宋나라와 정鄭나라가 화평을 맺기에 이르렀다.
7월 경신날, 숙宿에서 동맹을 맺었다.
은공이 주邾나라를 친 것은 송나라를 위한 것이었다.

【庚申】7월 17일.
【宿】지명. 지금의 山東 東平縣.
【爲宋】邾人이 鄭나라를 인도하여 宋을 친 사건이 있었으나 지금은 鄭나라와 宋나라가 이미 맹약을 맺은 터라 魯나라에서는 宋나라를 위해 邾나라를 침으로써 송에게 믿음을 얻기 위한 것이었음.

048(隱7-6)

冬, 天王使凡伯來聘.
戎伐凡伯于楚丘以歸.

겨울, 천자가 범백凡伯으로 하여금 내빙하도록 하였다.
융戎이 범백을 초구楚丘에서 치고 그를 잡아 돌아갔다.

【凡伯】周公 아들 凡伯 자손이 다스린 封國. 姬姓이며 伯爵. 지금의 河南 輝縣 서쪽. 이 무렵에는 凡나라는 이미 망한 뒤였으며 그 자손은 주 왕실에서 벼슬을 하여 그 封號를 그대로 사용한 것임.
【戎】지금의 山東 曹縣 부근에 있던 민족. 凡伯이 가는 길을 중간에서 막아 그들을 치고 범백을 잡아간 것.
【來聘】노나라에 예물을 가지고 찾아옴.
【楚丘】戎의 읍 이름. 曹나라 땅. 지금의 山東 曹縣 동남쪽. 衛 文公이 천도했던 楚丘와는 다른 지역임.
【以歸】'잡아서 돌아감'을 뜻함.

㊋
初, 戎朝于周, 發幣于公卿, 凡伯弗賓.
冬, 王使凡伯來聘.
還, 戎伐之于楚丘以歸.

당초, 융인戎人들이 주周나라 천자를 조현朝見하러 가 공경들에게 선물을 주었을 때 범백凡伯은 그들에게 손님 대접을 제대로 해주지 않았다.
겨울, 천자가 범백으로 하여금 노나라에 예물을 가지고 가도록 하였다.
그가 돌아가는 길에 때 융인들이 초구楚丘에서 그를 습격하여 잡아 돌아간 것이다.

【發幣】갖가지 금은보화 재물을 베풀어 선물함. 幣는 玉, 馬, 皮, 圭, 璧, 帛 등을 통칭하여 일컫는 말.
【公卿】高官大爵. 주나라의 대신들.
【弗賓】손님 대접을 하지 않음. 賓客의 예를 갖추지 않은 채 맞이함.

⓺
陳及鄭平.
十二月, 陳五父如鄭涖盟.
壬申, 及鄭伯盟, 歃如忘.
洩伯曰:「五父必不免, 不賴盟矣.」
鄭良佐如陳涖盟.
辛巳, 及陳侯盟, 亦知陳之將亂也.

진陳나라가 정鄭나라와 화친을 맺기에 이르렀다.

12월, 진나라 오보五父가 정나라로 가서 그 동맹 맺는 자리에 참석하였다.

임신날, 오보는 정나라 군주와 동맹을 맺으면서 피를 입술에 바를 때 정신이 멍해 있었다.

이를 본 정나라 대부 설백洩伯이 말하였다.

"오보는 틀림없이 화를 면치 못하리라. 동맹을 이득이라 여기지 않고 있구나."

정나라 양좌良佐가 진나라로 가서 동맹을 맺는 자리에 참석하였다.

신사날, 진나라 군주와 동맹을 맺을 때 그 역시 진나라가 장차 어지러워질 것임을 알아차렸다.

【陳及鄭平】6년 鄭나라가 陳을 공격하여 대승을 거둔 사건의 마무리로써 강화 회담을 한 것.
【陳五父】陳나라 公子 佗. 桓公의 아우. 桓公 6년 蔡나라 사람에게 피살됨.
【壬申】12월 2일.

【歃】동맹을 맺을 때 결의의 뜻으로 짐승 피를 입가에 바르는 일.
【忘】넋을 잃은 모양. 그 일을 하고 있는 것 자체도 잊은 채 정성을 쏟지 않음.
【洩伯】鄭나라 대부 洩駕를 가리킴.
【良佐】鄭나라 대부.
【辛巳】12월 11일.
【陳將亂】桓公 5년과 6년을 볼 것.

傳
鄭公子忽在王所, 故陳侯請妻之, 鄭伯許之, 乃成昏.

정鄭나라 공자 홀忽이 주周나라 도성 낙읍에 있어 그 때문에 진陳 환공桓公이 그에게 자신의 딸을 주어 사위로 삼기를 청하였고, 정 장공莊公이 이를 허락하여 혼인이 이루어진 것이다.

【公子忽】鄭나라 공자. 隱公 3년 周나라에 인질로 가 있었음.
【王所】天子(周王)가 있는 곳. 낙읍을 가리킴. 隱公 3년에 의하면 鄭나라 공자 忽은 周나라에 인질로 가 있었음.
【請妻】陳나라 임금이 공자 홀이 周王에게 총애를 받고 있는 것으로 오해하여 그를 사위로 삼고자 한 것이었다 함.
【昏】'婚'과 같음. 고대에 혼례식은 저녁 때 거행하였음. 昏은 納幣를 뜻함. 고대 婚姻의 六禮에 納采, 問名, 納吉, 納徵, 請期, 親迎이 있었으며 納幣는 納徵과 같음.

008. 隱公 8年(B.C.715) 丙寅

周	桓王(姬元) 5년	齊	僖公(祿父) 16년	晉	哀侯(光) 3년 曲沃 武公(稱)원년	衛	宣公(晉) 4년
蔡	宣公(考父) 35년	鄭	莊公(寤生) 29년	曹	桓公(終生) 42년	陳	桓公(鮑) 30년
杞	武公 36년	宋	殤公(與夷) 5년	秦	寧公 원년	楚	武王(熊通) 26년

❋ 049(隱8-1)

八年春, 宋公·衛侯遇于垂.

8년 봄, 송공宋公과 위후衛侯가 수垂에서 만났다.

【宋公】宋 殤公(與夷). 재위 6년째였음.
【衛侯】衛 宣公(晉). 재위 4년째였음.
【垂】衛나라 땅. 지금의 山東 曹縣 句陽店. 혹 鄄城縣 동남쪽이라고도 함.

⟮傳⟯
八年春, 齊侯將平宋·衛, 有會期.
宋公以幣請於衛, 請先相見.
衛侯許之, 故遇于犬丘.

8년 봄, 제齊 희공僖公이 장차 송宋나라와 위衛나라의 화친을 주선하고자 하여 그 모임 날짜가 정해졌다.
그런데 송 상공殤公이 위나라로 예물을 보내어 그 날짜에 앞서 만나기를 청하였다.
위 선공宣公이 이를 승낙하여 견구犬丘에서 만났다.

【犬丘】垂의 다른 이름. 지금의 山東 曹縣 북쪽 句陽店.

※ 050(隱8-2)

三月, 鄭伯使宛來歸祊.
庚寅, 我入祊.

3월, 정鄭 장공莊公이 완宛을 시켜 팽祊 땅을 돌려주도록 하였다.
경인날, 우리 노나라가 팽으로 들어갔다.

【鄭伯】鄭 莊公(寤生).
【宛】鄭나라 대부의 이름.
【祊】천자가 泰山에 제사 지낼 때 제사를 돕게 하기 위해 특별히 鄭나라에게 준 땅. 지금의 山東 費縣 祊城.《穀梁傳》과《漢書》五行志에는 '邴'으로 되어 있음.
【庚寅】3월 21일.

㊟
鄭伯請釋泰山之祀而祀周公, 以泰山之祊易許田.
三月, 鄭伯使宛來歸祊, 不祀泰山也.

정鄭 장공莊公이 태산泰山에서 지내는 제사를 그만두고 대신 주공周公의 제사를 지내겠다고 청하여, 이에 따라 태산에 제사 지낼 때 돕도록 주나라가 준 팽 땅과 노나라 허許 땅을 맞바꾸었다.

3월, 정 장공이 완宛을 보낸 것은 태산에서 제사를 지내지 않겠다는 것이었다.

【請釋】 태산 제사의 부담을 면제해줄 것을 청함.
【周公】 姬旦. 周나라 시조 文王의 아들이며 成王(姬誦)을 도와 주나라의 기틀을 세운 武王의 동생. 魯나라 건국시조.
【泰山之祊】 천자가 山東에 있는 東嶽 泰山에 제사 지낼 때 그 일을 돕도록 鄭나라에 준 땅.
【許田】 천자는 태산에 제사 지낼 때 제후들과 유숙할 수 있는 許(許昌) 땅을 노나라에 주었으나 뒤에 노나라는 그곳에 주공을 제사지내는 別廟를 지었음. 특히 그때는 주나라 왕실 세력이 쇠퇴하여 천자가 泰山 奉祭를 제대로 시행하지 못하고 있을 때였음. 이에 정나라는 자신의 나라에 가까운 노나라의 허 땅과 노나라와 가까운 팽 땅을 맞바꾸자고 제의한 것임. 《史記》年表에 "隱公八年易許田, 君子譏之"라 함.
【宛】 鄭나라 대부.

⟪傳⟫
夏, 虢公忌父始作卿士于周.

여름, 괵虢의 군주 기보忌父가 비로소 주周나라 경사卿士에 임명되었다.

【忌父】 虢나라 군주 이름. 3년 傳에 "鄭武公·莊公爲平王卿士, 王貳于虢. 王崩, 周人將畀虢公政"이라 하여 그를 卿士로 삼고자 하였었음.
【卿士】 周 王室을 돕는 諸侯. 이들 역시 公侯伯子男의 작위를 가지고 있었음. 한편 顧棟高의 《春秋大事表》에 程啓生의 말을 인용하여 "鄭伯爲左卿士, 則虢公右卿士也. 鄭伯奪政之後, 蓋周公黑肩代之, 故桓王五年伐鄭之役, 虢公將右軍, 周公將左軍"이라 함.

【傳】
四月甲辰, 鄭公子忽如陳逆婦嬀.
辛亥, 以嬀氏歸.
甲寅, 入于鄭.
陳鍼子送女.
先配而後祖.
鍼子曰:「是不爲夫婦, 誣其祖矣, 非禮也, 何以能育?」

4월 갑진날, 정鄭나라 공자公子 홀忽이 진陳나라에 가서 규씨嬀氏를 아내로 맞이하여 왔다.
신해날, 규씨와 함께 돌아가 갑인날에 정나라로 들어갔다.
진나라 대부 겸자鍼子가 그 여자를 호송하여 갔다.
그런데 먼저 혼례를 올린 뒤에야 조상에게 고하는 것이었다.
겸자鍼子가 말하였다.
"좋은 부부는 되지 못하겠구나. 조상을 무시하는 것은 예가 아니다. 어찌 능히 자손을 양육하겠는가?"

【甲辰】 4월 6일.
【婦嬀】 공자 忽의 夫人. 陳나라 출신. 陳나라 성씨가 嬀姓이었음.
【辛亥】 4월 13일.
【甲寅】 4월 16일.
【鍼子】 陳나라 대부. 본음대로 '침자'로도 읽음.
【先配而後祖】 다른 나라에서 부인을 맞이하였을 때는 그 일을 먼저 조상의 사당에 고하고 그 다음에 혼례를 올리는 것이 당시의 예법이었음.
【誣其祖】 그 조상에게 정성을 다하지 않음. 조상을 무시함. 속임. 혼례부터 먼저 올리고 그 다음에 조상 사당에 고한 것을 말함.
【育】 자손을 훌륭하게 기름. 《說文》에 "育, 養子使作善也"라 함. 여기서는 자손이 번영함. 公子 忽은 뒤에 鄭나라에서 配享을 받지 못하였으며 그 후손도 정나라에 정착하지 못하였음.

※ 051(隱8-3)

夏六月己亥, 蔡侯考父卒.

여름 6월 기해날, 채후蔡侯 고보考父가 죽었다.

【己亥】6월 2일.
【蔡侯考父】蔡 宣侯(宣公). 재위 35년만인 이때에 생을 마침. 蔡는 蔡叔 祭仲이 봉을 받았던 나라이며 일찍이 周公의 卿士가 되었었음. 그 땅은 지금의 河南 新蔡縣. 考父는 蔡侯의 이름.《史記》管蔡世家에는 "戴侯十年卒, 子宣侯措父立. 宣侯二十八年, 魯隱公初立. 三十五年, 宣侯卒"이라 함.
＊無傳

※ 052(隱8-4)

辛亥, 宿男卒.

신해날, 숙남宿男이 죽었다.

【辛亥】6월 14일.
【宿男】宿을 다스리던 男爵. 宿은 隱公 원년 宋나라와 魯나라 대부가 맹약을 맺었던 곳임.
＊無傳

※ 053(隱8-5)

秋七月庚午, 宋公・齊侯・衛侯盟于瓦屋.

가을 7월 경오날, 송공宋公·제후齊侯·위후衛侯가 와옥瓦屋에서 동맹을 맺었다.

【庚午】7월 3일.
【瓦屋】鄭나라 땅 이름. 지금의 河南 洧川縣 남쪽.

⑱
齊人卒平宋·衛于鄭.
秋, 會于溫, 盟于瓦屋, 以釋東門之役, 禮也.

제齊나라가 마침내 송宋·위衛 두 나라에게 정鄭나라와 화친하도록 하였다.
가을, 온溫에서 회합하고 와옥瓦屋에서 동맹을 맺어 동문東門 포위 싸움에 대한 감정을 풀게 하였으니 이는 예에 맞는 일이었다.

【卒】副詞로 '마침내'의 뜻.
【溫】땅이름. 지금의 河南 溫縣 서남쪽에 古溫城이 있음.
【東門之役】隱公 4년을 볼 것.
【禮也】'정나라가 회맹에 참여하지 않았지만 세 나라가 맹약을 맺는 것은 예에 합당하다'의 뜻.

❋ 054(隱8-6)

八月, 葬蔡宣公.

8월, 채蔡 선공宣公의 장례를 치렀다.

【蔡宣公】蔡나라 宣侯. B.C.749~715년까지 35년간 재위하고 桓侯(封人)에게로 이어짐. 3개월 만에 급히 장례를 치른 것임.
＊無傳

㉑
八月丙戌, 鄭伯以齊人朝王, 禮也.

8월 병술날, 정鄭 장공莊公이 제齊나라를 통해 천자를 조현朝見한 것은 예에 맞는 일이었다.

【丙戌】杜預는 8월에는 병술날이 없으므로 잘못 기록한 것이라 하였음.
【齊】齊 僖公(祿父)을 가리킴.
【朝】朝見. 제후나 신하들이 天子國 周나라 조정에 가서 임금을 알현하던 일.
【禮也】'鄭伯은 虢公의 힘으로 정권을 얻기는 하였으나 齊나라 주선으로 천자를 조견한 것은 예에 합당하다'의 뜻.

● 055(隱8-7)
九月辛卯, 公及莒人盟于浮來.

9월 신묘날, 은공이 거인莒人과 부래浮來에서 동맹을 맺었다.

【辛卯】9월 25일.
【浮來】지금의 山東 莒縣에 浮來山이 있음. 莒나라 땅이었음. 杜預 注에 紀나라 땅이라 한 것은 오류임. 《穀梁傳》과 《公羊傳》에는 모두 '包來'로 되어 있음.

㉑
公及莒人盟于浮來, 以成紀好也.

은공이 거莒나라와 부래浮來에서 동맹을 맺어 기紀나라와의 우호를
이루었다.

【成紀好】魯나라가 紀나라와 완전히 화평을 이룸.

❋ 056(隱8-8)

螟.

멸구 떼가 발생하였다.

【螟】재앙을 일으켜 기록한 것임.
＊無傳

㊝
冬, 齊侯使來告成三國.
公使衆仲對曰:「君釋三國之圖, 以鳩其民, 君之惠也. 寡君聞命矣,
敢不承受君之明德!」

겨울, 제齊 희공僖公이 노나라에 사신을 보내어 세 나라의 화친을 주선
하였다.
은공은 중중衆仲으로 하여금 이렇게 답하도록 하였다.
"군주께서 세 나라의 의도를 없애버리고 백성을 편안하게 하셨으니
이 모두가 그대의 은혜입니다. 우리 군주께서 그 말씀을 따를 것입니다.
감히 군주의 밝은 덕을 받들지 않을 수 있겠습니까!"

【齊侯】齊 僖公(祿父).
【告成三國】宋, 衛, 鄭 세 나라가 화평을 이루도록 주선함. '成'은 '주선하다'의 뜻.
【衆仲】魯나라 大夫.
【以鳩其民】'鳩'는 '편안히 하다. 화평을 누리게 하다'의 뜻. 杜預 注에 "鳩, 安集也"라 함.
【聞命】'명령을 잘 따르겠다, 순종하겠다'의 뜻.

● 057(隱8-9)

冬十有二月, 無駭卒.

겨울 12월, 무해無駭가 죽었다.

【無駭】魯나라 대부. 公子 展의 손자. 《穀梁傳》에는 '無侅'로 되어 있음. 杜預 注에 "公不與小斂, 故不書日; 卒而後賜族, 故不書氏"라 함.

(傳)
無駭卒, 羽父請諡與族. 公問族於衆仲.
衆仲對曰:「天子建德, 因生以賜姓, 胙之土而命之氏. 諸侯以字爲諡, 因以爲族. 官有世功, 則有官族. 邑亦如之.」
公命以字爲展氏.

무해無駭가 죽어 우보羽父가 그의 시호諡號와 족명族名을 청하자 은공이 중중衆仲에게 족명에 대하여 물었다.
중중이 대답하였다.
"천자는 덕이 있는 사람을 제후로 삼을 때, 그 태어날 때의 상황에 따라 성姓을 내리기도 하고, 봉지의 땅 이름을 기준으로 씨氏를 내리기도 하며,

제후는 그 자字로 시호를 삼아 이를 근거로 족명으로 삼기도 하고, 관직에 따라 대대로 공이 있으면 그 벼슬 이름을 족명으로 삼기도 하며, 또는 봉읍封邑으로도 하기도 합니다."

그리하여 은공이 무해 조부의 자字로써 족명을 삼아 전씨展氏로 하도록 명하였다.

【羽父】公子 翬의 字.
【族】제후의 아들은 '公子', 공자의 아들은 '公孫', 그 후손을 '族'이라 함.
【衆仲】魯나라 大夫.
【因生以賜姓】마치 禹의 어머니가 율무(薏苡)를 삼키고 禹를 낳아 성을 '姒'(苡와 같음)라 하였고, 商湯의 어머니가 제비알(玄鳥卵)을 삼키고 湯을 낳아 성을 '子'라 하는 등의 賜姓法을 말함.
【胙之土而命之氏】땅을 내려 그 姓과 氏를 삼음.《國語》周語에 "胙四岳國, 賜姓曰姜, 氏曰有呂"라 한 것이 그 예임.《韻會》에 "建置社稷曰胙"라 함.
【諡】諡號法. 귀인이 죽은 뒤 그의 생전 업적 등을 따져 諡號를 내림.《禮記》檀弓 魯 哀公이 孔子의 죽음에 誄를 내리며 尼父라 한 것을 두고 鄭玄 注에 "誄其行以爲氏也, 尼父因其字以爲諡"라 한 것이 그 예임.
【世功則有官族】오랜 관직의 명칭이 族氏가 됨.
【邑亦如之】봉지로 받은 읍 이름이 성씨가 됨. 韓, 魏, 趙, 衛 등은 모두가 그들의 봉지 땅이름이었음.
【建德】덕이 있는 사람을 제후로 삼음.
【展氏】無駭의 할아버지가 公子 展이었으므로 展氏로 삼음. 杜預 注에 "公孫之子以王父字爲氏, 無駭, 公子展之孫也, 故爲展氏"라 함.

009. 隱公 9年(B.C.714) 丁卯

周	桓王(姬元) 6년	齊	僖公(祿父) 17년	晉	哀侯(光) 4년 曲沃 武公(稱)2년	衛	宣公(晉) 5년
蔡	桓侯(封人) 원년	鄭	莊公(寤生) 30년	曹	桓公(終生) 43년	陳	桓公(鮑) 31년
杞	武公 37년	宋	殤公(與夷) 6년	秦	寧公 2년	楚	武王(熊通) 27년

❋ 058(隱9-1)

九年春, 天王使南季來聘.

9년 봄, 천왕天王이 남계南季로 하여금 우리 노나라에 와서 빙문하도록 하였다.

【天王】원전에는 '天子'로 되어 있으나 〈石經本〉, 〈岳本〉, 〈足利本〉, 〈金澤文庫本〉 등에 의해 수정함. 《公羊傳》과 《穀梁傳》에도 '天王'으로 되어 있음. 당시 周나라 桓王(姬元)을 가리킴.
【南季】南은 氏, 季는 字. 周나라 천자의 사신. 杜預 注에 "南季, 天子大夫也. 南, 氏; 季, 字也"라 함. 고대 文王의 아들 南季載의 후손.
＊無傳

※ 059(隱9-2)

三月癸酉, 大雨, 震電.
庚辰, 大雨雪.

3월 계유날, 큰비가 내리면서 천둥번개가 쳤다.
경진날, 큰 눈이 내렸다.

【癸酉】 3월 10일.
【震電】 震은 천둥. 電은 번개. 《史記》 年表에 "隱公九年三月, 大雨, 震電"이라 함.
【庚辰】 3월 17일.

㊅
九年春王三月癸酉, 大雨霖以震, 書始也.
庚辰, 大雨雪, 亦如之, 書時失也.
凡雨, 自三日以往爲霖, 平地尺爲大雪.

9년 봄 주력 3월 계유날, 큰 장맛비가 내리고 천둥이 쳤다 함은 장마가 시작되었음을 기록한 것이다.
경진날, 큰 눈비가 내렸다는 것도 역시 같은 것으로서 때에 어긋남을 기록한 것이다.
무릇 비가 사흘 이상 내리면 임霖이라 하고, 평지에 눈이 한 자 이상 쌓이면 대설大雪이라 한다.

【霖】 장마. 《爾雅》에 "久雨謂之淫, 淫雨謂之霖"이라 함.
【時失】 失節과 같음. 氣象이 계절에 맞지 않음. 《漢書》 五行志에 "劉向以爲周三月, 今正月也. 當雨水, 雪雜雨, 雷電未可以發也. 旣已發也, 則雪不當復降. 皆失節, 故謂之異"라 함.

※ 060(隱9-3)
挾卒.

挾협이 죽었다.

【挾】魯나라 대부.《公羊傳》과《穀梁傳》에는 모두 '俠'으로 되어 있음.
＊無傳

※ 061(隱9-4)
夏, 城郞.

여름, 낭郞에 성을 쌓았다.

【郞】隱公 원년에 이미 郞에 성을 쌓았으므로 이곳은 노나라 도성 曲阜 근처로 그곳과 다른 곳으로 여김.

傳
夏, 城郞.
書不時也.

여름, 낭郞 땅에 성을 쌓았다.
이는 성을 쌓을 때가 아니었음을 기록한 것이다.

【不時】농사철로서 壯丁을 동원하여 성을 쌓을 때가 아니었음을 말함.

1.〈隱公 9年〉 189

062(隱9-5)

秋七月.

가을 7월.

(傳)
宋公不王, 鄭伯爲王左卿士, 以王命討之.
伐宋, 宋以入郛之役怨公, 不告命.
公怒, 絶宋使.

송宋 상공殤公이 천자를 잘 섬기지 않아 정鄭 장공莊公이 천자의 좌경사左卿士가 되어 왕명으로써 송나라를 쳤다.

송나라를 치면서 송나라가 이전의 싸움으로 노 은공을 원망하였기 때문에 이를 알리지 않은 것이다.

은공은 노하여 송나라와의 사신 교류를 단절하였다.

【宋公】宋 殤公(與夷). 재위 6년째였음.
【不王】왕을 잘 섬기지 않음. 朝見을 가지 않았음을 말함.
【鄭伯】鄭 莊公(寤生). 재위 30년째였음.
【入郛之役】隱公 5년. 鄭나라가 宋나라의 외성 안까지 침입하였을 때 노나라가 도와주지 않은 것에 대해 원망을 품었음을 말함.

(傳)
秋, 鄭人以王命來告伐宋.

가을, 정鄭나라 사람이 와서 왕명으로써 송宋나라를 쳤음을 알려왔다.

063(隱9-6)

冬, 公會齊侯于防.

겨울, 공이 제齊 희공僖公과 방防에서 만났다.

【齊侯】齊 僖公(祿父)으로 재위 17년째였음.
【防】魯나라 땅 이름으로 지금의 山東 費縣 동북쪽.《公羊傳》에는 '邧'으로 되어 있음.

⑲
冬, 公會齊侯于防, 謀伐宋也.

겨울, 은공이 제齊 희공僖公과 방防에서 만난 것은 송宋나라 정벌에 대한 모책을 세우기 위해서였다.

⑲
北戎侵鄭.
鄭伯禦之, 患戎師, 曰:「彼徒我車, 懼其侵軼我也.」
公子突曰:「使勇而無剛者, 嘗寇而速去之. 君爲三覆以待之. 戎輕而不整, 貪而無親, 勝不相讓, 敗不相救. 先者見獲, 必務進; 進而遇覆, 必速奔. 後者不救, 則無繼矣. 乃可以逞.」
從之.
戎人之前遇覆者奔, 祝聃逐之, 衷戎師, 前後擊之, 盡殪.
戎師大奔.
十一月甲寅, 鄭人大敗戎師.

북융北戎이 정鄭나라를 침범하였다.
정鄭 장공莊公이 이를 막아내면서 융의 군사에 대해 걱정하며 이렇게 말하였다.

"저들은 보병이고 우리는 전차이다. 저들이 우리 전차 사이로 파고들까 걱정이다."

그러자 공자 돌_突이 말하였다.

"용맹하면서 강_剛하지는 못한 자들로 하여금 저들을 시험케 하였다가 속히 빠져나오게 하십시오. 임금께서는 세 군데에 복병을 숨겨두시고 기다리십시오. 저들은 경솔하고 잘 정비되지 못한 데다가 탐욕스럽고 서로 친밀하지도 않습니다. 싸움에 이기면 그 공을 다른이에게 양보하지도 않으며, 지면 서로를 구하려 들지도 않습니다. 그러므로 앞선 자들이 포획거리를 보면 틀림없이 앞으로 달려들기에만 힘쓸 것입니다. 앞서 달려오다가 우리의 복병을 만나면 틀림없이 급히 달아날 것입니다. 뒤에 있던 자들이 그들을 구하려 들지 않을 것이니 서로가 연결되지도 못할 것입니다. 그러면 가히 쉽게 처리할 수 있을 것입니다."

정 장공이 그의 말을 따랐다.

융인들로서 앞서 달려오던 자들은 복병을 만나자 달아났다. 대부 축담_{祝聃}이 그들을 쫓아가 융의 군사를 포위하고 앞뒤에서 공격해서 모두 죽였다.

융의 군사들은 크게 패하여 달아났다.

11월 갑인날, 정나라 사람들이 융의 군사를 대패시켰다.

【北戎】 지금의 河北 경내에 있던 북쪽 이민족.
【彼徒我車】 '徒'는 徒兵, 步兵을 뜻함. 상대는 步兵이며 아군은 전차부대였음을 말함.
【軼】 뒤에 있던 자가 앞질러 감. 《淮南子》覽冥訓 高誘 注에 "自後過前曰軼"이라 함.
【公子突】 鄭나라 공자. 뒤에 鄭 厲公이 되어 B.C.700~697년까지 4년간 재위함.
【勇而無剛者】 용맹하지만 체력은 약간 부족한 자.
【逞】 분풀이를 하거나 快意를 느낌.
【祝聃】 鄭나라 대부.
【衷戎師】 오랑캐 군사 중간을 파고들어 갈라놓음. '衷'은 '中'과 같으며 中斷의 뜻.
【盡殪】 모두 죽임. 殲滅함.
【甲寅】 11월에는 甲寅날이 없었음.

010. 隱公 10年(B.C.713) 戊辰

周	桓王(姬元) 7년	齊	僖公(祿父) 18년	晉	哀侯(光) 5년 曲沃 武公(稱) 3년	衛	宣公(晉) 6년
蔡	桓侯(封人) 2년	鄭	莊公(寤生) 31년	曹	桓公(終生) 44년	陳	桓公(鮑) 32년
杞	武公 38년	宋	殤公(與夷) 7년	秦	寧公 3년	楚	武王(熊通) 28년

※ 064(隱10-1)

十年春王二月, 公會齊侯·鄭伯于中丘.

10년 봄 주력 2월, 공이 제齊 희공僖公, 정鄭 장공莊公을 중구中丘에서 만났다.

【二月】正月의 오기.
【齊侯】齊 僖公(祿父).
【鄭伯】鄭 莊公(寤生).
【中丘】지금의 山東 臨沂縣 동북의 中丘城. 隱公 7년을 볼 것.

㊉

十年春王正月, 公會齊侯·鄭伯于中丘.
癸丑, 盟于鄧, 爲師期.

10년 봄 주력 정월, 은공이 제齊 희공僖公·정鄭 장공莊公과 중구中丘에서 만났다. 계축날, 등鄧에서 동맹을 맺고 공격 날짜를 정하였다.

【正月】 經에는 '二月'로 되어있으나 이는 正月의 오기임.
【齊侯·鄭伯】 당시 齊나라 군주는 僖公(祿父), 鄭나라는 莊公(寤生)이었음.
【癸丑】 正月 25일.
【鄧】 魯나라 땅 이름으로 지금의 山東 滋陽縣.

※ 065(隱10-2)

夏, 翬帥師會齊人·鄭人伐宋.

여름, 휘翬가 군사를 이끌고 제인齊人·정인鄭人과 함께 송宋나라를 쳤다.

【翬】 魯나라 대부이며 공자. 이름은 羽父. 뒤에 隱公을 시해한 인물.

㊅
夏五月, 羽父先會齊侯·鄭伯伐宋.

여름 5월, 우보羽父가 먼저 제齊 희공僖公과 정鄭 장공莊公을 만나 함께 송宋나라를 쳤다.

【羽父】 魯나라 公子 翬.

※ 066(隱10-3)

六月壬戌, 公敗宋師于菅.
辛未, 取郜.
辛巳, 取防.

6월 임술날, 은공이 송宋나라 군사를 관菅에서 패배시켰다.
신미날, 고郜를 취하였다.
신사날, 방防을 취하였다.

【壬戌】6월 7일.
【菅】宋나라 땅으로 지금의 山東 單縣 북쪽.
【辛未】6월 16일.
【郜】文王의 아들이 봉을 받았던 땅 宋나라 땅으로 지금의 山東 城武縣 동남쪽.
【辛巳】6월 26일.
【防】지금의 山東 金鄕縣 서쪽. 魯나라에는 두 곳의 防이 있었으며 이곳은 西防. 齊나라에 가까운 곳은 東防이었다 함.

㊉

六月戊申, 公會齊侯·鄭伯于老桃.
壬戌, 公敗宋師于菅.
庚午, 鄭師入郜.
辛未, 歸于我.
庚辰, 鄭師入防.
辛巳, 歸于我.
君子謂:「鄭莊公于是乎可謂正矣! 以王命討不庭, 不貪其土, 以勞王爵, 正之體也.」

6월 무신날, 은공이 제齊 희공僖公과 정鄭 장공莊公을 노도老桃에서 만났다.
임술날, 은공이 송宋나라 군사를 관菅에서 패배시켰다.
경오날, 정나라 군사가 고郜를 공략해 들어왔다.
신미날, 그 땅을 우리 노나라에게 넘겨주었다.
경진날, 정나라 군사가 방防을 공략하여 들어왔다.
신사날, 그 땅을 우리에게 넘겨주었다.
군자가 말하였다.
"정 장공은 바르게 행동하였다고 이를 수 있도다! 천자의 명으로 천자를 받들지 않는 자를 치면서 그 땅은 탐내지 않았으며, 천자가 내린 벼슬이 높은 노 은공에게 주어 위로하였으니 격식을 바르게 갖춘 것이었다."

【戊申】 6월에는 戊申날이 없었으며, 5월 23일이 이날이었다 함.
【老桃】 宋나라 땅. 지금의 山東 濟寧市 북쪽. 齊나라와 魯나라의 국경지역.
【壬戌】 6월 7일.
【庚午】 6월 15일.
【庚辰】 6월 25일.
【不庭】 천자를 받들지 않는 자.
【王爵】 천자가 정한 公·侯·伯·子·男의 다섯 작위. 魯나라 군주는 후작이었으므로 백작인 鄭나라 군주보다 높은 작위였음.

㊉
蔡人·衛人·郕人不會王命.

채인蔡人·위인衛人·성인郕人들이 천자 명령을 따르지 않았다.

【不會王命】 천자의 명령을 제대로 준수하지 않음. 전년 鄭伯이 왕명으로 宋나라를 칠 때 이들이 회합하지 않았음을 말함.
【郕】 周 武王의 아우 郕叔武를 봉했던 나라. 伯爵. 처음 봉지는 지금의 山東 汶上縣 서북쪽이었음. 뒤에 山東 寧陽縣으로 옮겼으며 지금의 盛鄕城이 있음.

067(隱10-4)

秋, 宋人·衛人入鄭.
宋人·蔡人·衛人伐戴.
鄭伯伐取之.

가을, 송인宋人·위인衛人들이 정鄭나라를 쳐들어갔다.
송인, 채인蔡人, 위인들이 재戴나라를 쳤다.
정 장공莊公이 이들을 정벌하고 땅을 차지하였다.

【戴】지금의 河南 民權縣 동남쪽 고대 戴國(姬姓)이 있던 땅. '戴音再'라 하여 '재'로 읽음. 《公羊傳》과 《穀梁傳》에는 '載'로 되어 있으며 〈釋文〉과 〈正義〉에도 '載'로 되어 있음.

㊉
秋七月庚寅, 鄭師入郊, 猶在郊.
宋人·衛人入鄭, 蔡人從之伐戴.
八月壬戌, 鄭伯圍戴.
癸亥, 克之, 取三師焉.
宋·衛旣入鄭, 而以伐戴召蔡人, 蔡人怒, 故不和而敗.

가을 7월 경인날, 정鄭나라 군사가 송宋나라 교외로 쳐들어가 교외에 그대로 자리 잡고 있었다.
송인·위인衛人들이 정나라로 쳐들어가자 채인蔡人은 그들을 따라가면서 재戴 땅을 쳤다.
8월 임술날, 정 장공莊公이 재 땅을 포위하였다.
계해날, 정나라가 승리하여 세 나라의 군사를 붙들었다.

송·위 두 나라가 이윽고 정나라로 쳐들어가면서 채인들을 불러 재를 공격하도록 하자 채인들이 노하여 그 때문에 강화를 하지 않았다가 패배한 것이다.

【庚寅】 7월 5일.
【郊】 宋나라 도읍의 교외.
【戴】 鄭나라 땅으로 지금의 河南 考城縣.
【壬戌】 8월 8일.
【癸亥】 8월 9일.
【蔡人怒】 송나라와 衛나라가 鄭나라에 쳐들어가면서 채나라에게는 戴를 치도록 한 것을 두고 화를 내었다는 뜻.

㊀
九月戊寅, 鄭伯入宋.

9월 무인날, 정鄭 장공莊公이 송宋나라로 쳐들어갔다.

【九月戊寅】 9월에는 戊寅날이 없었으며 8월 24일이었다 함.
【入宋】 杜預 注에 "報入鄭也"라 함.

※ 068(隱10-5)

冬十月壬午, 齊人·鄭人入郕.

겨울 10월 임오날, 제인齊人·정인鄭人이 성郕나라로 쳐들어갔다.

【壬午】10월 29일.
【郕】周 武王의 아우 郕叔武를 봉했던 나라. 伯爵. 처음 봉지는 지금의 山東 汶上縣 서북쪽이었음. 뒤에 山東 寧陽縣으로 옮겼으며 지금의 盛鄕城이 있음.

傳
冬, 齊人·鄭人入郕, 討違王命也.

겨울, 제인齊人과 정인鄭人들이 성郕나라를 쳐들어간 것은 천자의 명을 어긴 것을 성토하고자 함이었다.

011. 隱公 11年(B.C.712) 己巳

周	桓王(姬元) 8년	齊	僖公(祿父) 19년	晉	哀侯(光) 6년 曲沃 武公(稱) 4년	衛	宣公(晉) 7년
蔡	桓侯(封人) 3년	鄭	莊公(寤生) 32년	曹	桓公(終生) 45년	陳	桓公(鮑) 33년
杞	武公 39년	宋	殤公(與夷) 8년	秦	寧公 4년	楚	武王(熊通) 29년

❈ 069(隱11-1)

十有一年春, 滕侯·薛侯來朝.

11년 봄, 등후滕侯와 설후薛侯가 문안을 왔다.

【滕】周 文王의 아들 叔繡가 받았던 封國. 侯爵이었으며 지금의 山東 滕縣 일대. 戰國시대 齊나라에 망함.
【薛】黃帝의 후예 奚仲이 받은 封國. 侯爵이며 군주의 성은 任姓. 지금의 山東 滕縣 동남쪽.
【朝】滕나라 군주가 魯 隱公을 찾아와 뵘.

⑱

十一年春, 滕侯·薛侯來朝, 爭長.
薛侯曰:「我先封.」

滕侯曰:「我, 周之卜正也; 薛, 庶姓也, 我不可以後之.」
公使羽父請于薛侯曰:「君與滕侯辱在寡人, 周諺有之曰:『山有木, 工則度之; 賓有禮, 主則擇之.』周之宗盟, 異姓爲後. 寡人若朝于薛, 不敢與諸任齒. 君若辱貺寡人, 則願以滕君爲請.」
薛侯許之, 乃長滕侯.

11년 봄, 등滕·설薛 두 나라 군주가 노나라로 찾아와서는 서로 윗자리를 다투었다.
설나라 군주가 말하였다.
"우리는 그대들보다 봉을 먼저 받은 나라요."
등나라 군주가 대답하였다.
"나는 주周왕실 복정卜正이었고, 설나라는 성이 다른 서성庶姓이오. 내가 그대에게 뒤질 수 없소."
은공은 우보羽父로 하여금 설나라 군주에게 이렇게 말하도록 청하였다.
"그대와 등나라 군주께서는 과인을 욕되게 하고 있습니다. 주나라 속담에서 '산의 나무는 목수장이가 그것을 헤아려 쓰는 것이며, 손님과의 예는 주인이 이를 선택한다'라 했습니다. 주나라 왕실이 제후들과 맹약을 맺을 때면 이성異姓의 제후는 뒤로 순서를 정합니다. 과인이 만일 설나라를 찾아갔다면 감히 다른 임씨任氏들과 나란히 서게 하지도 않으시겠지요. 그대께서 만약 과인에게 후의厚意를 베푸시려거든 등나라 군주에게 상석을 청하시길 원합니다."
설나라 군주가 이를 허락하여 등나라 군주를 상석에 오르도록 하였다.

【先封】먼저 봉해짐. 薛나라 조상 奚仲은 夏나라 때 수레를 만들어 車正이었으며 관직에 올라 설 땅에 봉을 받음.
【卜正】왕실의 占卜치는 벼슬아치 수장.《周禮》春官의 太卜이 이에 해당함.
【庶姓】異姓. 同姓이 아님을 말함. 周 王室과 同姓은 晉, 魯, 鄭 등의 제후국이었음.
【周諺】周나라 때의 속담.
【度】'踱', '劇'과 같음. '재다'의 뜻.
【宗盟】천자가 제후와 동맹을 맺는 것을 높여 칭한 것.《周禮》大宗伯에 "以賓

禮親邦伯, 春見曰朝, 夏見曰宗, 秋見曰覲, 冬見曰遇, 時見曰會, 殷見曰同"이라 함.
【諸任】任姓의 여러 나라들. 正義에 《世本》 姓氏篇을 인용하여 "任姓之國有十: 謝, 章, 薛, 舒, 呂, 祝, 終, 泉, 畢, 過"라 함.
【貺】'황'으로 읽으며 '후의를 베풀다, 은혜를 베풀다'의 뜻.

※ 070(隱11-2)

夏, 公會鄭伯于時來.

여름, 공이 정백鄭伯과 시래時來에서 만났다.

【夏】《公羊傳》과 《穀梁傳》에는 '夏五月'로 되어 있음.
【時來】鄭나라 땅 이름으로 지금의 河南 鄭州市 북쪽. 《公羊傳》에는 '祁黎'로 되어 있음.

㊉
夏, 公會鄭伯于郲, 謀伐許也.
鄭伯將伐許.
五月甲辰, 授兵於大宮.
公孫閼與潁考叔爭車, 潁考叔挾輈以走, 子都拔棘以逐之.
及大逵, 弗及, 子都怒.

여름, 은공이 정鄭 장공莊公과 내郲 땅에서 만나 허許나라 정벌을 모책하였다.
정 장공이 장차 허나라를 치려 하였다.
5월 갑진날, 정나라가 조상 사당 앞에서 군사들에게 병기를 나누어 주었다.

공손알公孫閼과 영고숙潁考叔이 전차戰車를 많이 보유하려 다투다가 영고숙이 수레의 끌채를 옆에 잡고 자리를 떠나려 하자 자도(子都, 公孫閼)가 창을 뽑아 쫓아갔다.

큰길까지 갔으나 미치지 못하자 자도는 화를 내었다.

【郲】時來. 經에는 '時來'로 되어 있음. 鄭나라 땅으로 지금의 河南 滎陽縣 동남쪽의 考釐城.
【許】姜姓. 周 武王이 그 苗裔 文叔을 許에 봉함. 지금의 河南 許昌市 동쪽.
【甲辰】5월 24일.
【大宮】조상의 묘. 鄭나라 宗廟. '大'는 '太'와 같으며 '태'로 읽음. 文公 2년 傳에 "鄭祖厲王"이라 하여 厲王을 시조로 하여 그의 위패를 모신 사당.
【公孫閼】鄭나라 대부.
【潁考叔】인명. 潁은 지명이며 성씨, 考叔은 이름, 혹은 자.
【子都】公孫閼의 자. 미남자로 유명한 인물.
【棘】'戟'과 같음. 자루가 있는 긴 창.
【輈】두 손으로 끄는 수레. 車轅.
【大逵】아홉 輛의 수레가 함께 교차할 수 있는 큰 도로.《爾雅》에 "九達謂之逵"라 함.

※ 071(隱11-3)

秋七月壬午, 公及齊侯·鄭伯入許.

가을 7월 임오날, 공이 제齊 희공僖公, 정鄭 장공莊公과 함께 허許나라로 들어갔다.

【壬午】7월 3일.
【許】제후국 이름. 姜姓으로 지금의 河南 許昌縣. 周 武王이 文叔을 봉하였던 나라. 許 靈公 때 葉(지금의 河南 葉縣)으로 옮겼다가 悼公 때 夷로 다시 옮김.

㊉

秋七月, 公會齊侯·鄭伯伐許.

庚辰, 傅于許.

潁考叔取鄭伯之旗蝥弧以先登, 子都自下射之, 顚.

瑕叔盈又以蝥弧登, 周麾而呼曰:「君登矣!」

鄭師畢登.

壬午, 遂入許.

許莊公奔衛.

齊侯以許讓公. 公曰:「君謂許不共, 故從君討之. 許旣伏其罪矣, 雖君有命, 寡人弗敢與聞.」

乃與鄭人.

鄭伯使許大夫百里奉許叔以居許東偏, 曰:「天禍許國, 鬼神實不逞于許君, 而假手于我寡人, 寡人唯是一二父兄不能共億, 其敢以許自爲功乎? 寡人有弟, 不能和協, 而使餬其口于四方, 其況能久有許乎? 吾子其奉許叔以撫柔此民也, 吾將使獲也佐吾子. 若寡人得沒于地, 天其以禮悔禍于許, 無寧兹許公復奉其社稷, 唯我鄭國之有請謁焉, 如舊昏媾, 其能降以相從也. 無滋他族實偪處此, 以與我鄭國爭此土也. 吾子孫其覆亡之不暇, 而況能禋祀許乎? 寡人之使吾子處此, 不唯許國之爲, 亦聊以固吾圉也.」

乃使公孫獲處許西偏, 曰:「凡而器用財賄, 無寘於許. 我死, 乃亟去之! 吾先君新邑於此, 王室而旣卑矣, 周之子孫日失其序. 夫許, 大岳之胤也. 天而旣厭周德矣, 吾其能與許爭乎?」

君子謂:「鄭莊公於是乎有禮. 禮, 經國家, 定社稷, 序民人, 利後嗣者也. 許, 無刑而伐之, 服而舍之, 度德而處之, 量力而行之. 相時而動, 無累後人, 可謂知禮矣.」

가을 7월, 은공이 제齊·정鄭나라 두 나라 군주와 만나 허許나라를 공격하였다.

경진날, 허나라 성벽에 전투 수레를 대었다.

그런데 영고숙潁考叔이 정나라 군주의 오호蝥弧를 들고 제일 먼저 성으로 올라가자 그를 미워하던 자도子都가 아래에서 활을 쏘아 영고숙이 그의 화살을 맞고 굴러 떨어져 죽고 말았다.

하숙영瑕叔盈이 다시 그 오호를 들고 올라가 깃발을 흔들며 외쳤다.

"군주께서 올라오셨다!"

정나라 군사들이 모두 성벽으로 올라갔다.

임오날, 마침내 군사들이 성 안으로 진입하였다.

허 장공莊公은 위衛나라로 달아났다.

제 희공이 허나라 땅을 노 은공에게 양보하자 은공은 사양하며 이렇게 말하였다.

"그대께서 허나라가 주周 왕실王室에 공손치 않다고 고하셨으므로 그 때문에 내가 그대의 뜻에 따라 허나라를 친 것입니다. 허나라는 그 죄를 깨닫고 이미 항복하였습니다. 비록 그대께서 명하신다 하여도 과인은 감히 그 말씀에 긍정할 수 없습니다."

그리하여 제나라 희공이 허나라 땅을 정나라 장공에게 주었다.

정나라 군주 장공이 허나라 대부 백리百里로 하여금 허나라 군주 동생인 허숙許叔을 받들어 허나라 동쪽에 살도록 하면서 이렇게 말하였다.

"하늘이 허나라에 재앙을 내리고 그대 조상의 귀신들도 허나라 군주에게 불만을 가지고 있었기에 그대 나라를 잠시 나에게 맡긴 것이오. 과인은 고작 한둘의 부형조차 능히 편히 모시지 못하는 처지인데 어찌 감히 허나라 정벌을 내 공이라고 하겠소이까? 과인에게 아우가 있지만 서로 화합하지 못하여 그는 사방을 떠돌며 입에 풀칠하게 하고 있는 형편인데, 하물며 능히 허나라를 오래도록 차지하고 있을 수 있겠소? 그대는 장차 허숙을 받들어 그곳 백성들을 위무하시오. 내가 장차 공손획公孫獲으로 하여금 그대를 돕도록 부탁하겠소. 만약 과인이 죽어 땅 속에 묻히게 되었을 때, 하늘이 예로써 허나라에 재앙을 내린 것을 뉘우친다면 차라리 허공許公이 여기 다시 돌아와 사직을 받드는 것이 가장 좋을 것이오. 오직 우리 정나라가 그대 나라에게 청하는 것이 있을 때 허나라에서는 예로부터 혼인하여 가까이 지냈듯이 잘 순종해 주면 그 뿐이오. 다른 나라 사람들을 이곳으로 끌어들여 번성하게 하여 끝내 이곳이 우리와 땅을 두고 다투는 곳이 되지 않도록 해 주시오. 나의 자손들은 우리나라의 존망存亡에 대한 것만으로도 겨를이 없을 텐데 하물며 허나라 제사까지 지낼 수 있겠소이까? 과인이 그대에게 이 땅에 있도록 한 것은 단지 허나라만을 위한 것이 아니라 부족하나마 역시 애오라지 우리나라 국경을 견고하게 하기 위한 것이라오."

이에 정 장공은 공손획을 허나라 서쪽에 머물도록 하면서 그에게도 이렇게 말하였다.

"너의 모든 물건과 재물을 허나라 땅에 두지 말고, 내가 죽으면 급히 본래 있던 곳을 떠나도록 하라! 우리 선군께서 여기에 새로운 도읍을 정할 때부터 주周나라 왕실은 이미 쇠락해 낮아지고 말았으며 주나라 왕실 자손들은 날이 갈수록 그 질서를 잃고 있다. 무릇 허나라는 태악大岳의 자손들이 세운 나라이다. 하늘이 이윽고 주나라의 덕에 싫증을 내고 있으니 우리가 어찌 능히 허나라와 다툴 수가 있겠느냐?"

군자가 말하였다.

"정鄭 장공莊公은 이 일을 예도禮度에 맞게 하였다. 예禮는 국가를 경영하는 것이요, 사직을 안정시키며, 백성들을 질서 있게 하며, 후손들을 이롭게 하는 것이다. 허나라에 법도가 없었다고 여겨 공격하였지만 그들이 순순히 복종하였기에 덕 있는 자를 헤아려 그곳에 살도록 한 것이며, 자기의 힘을 헤아려 그 일을 실행하였던 것이다. 때를 잘 살펴 행동하였으며, 후손들에게 누가 되지 않도록 하였으니 가히 예를 아는 자였다고 말할 수 있으리라."

【庚辰】 7월 초하루.
【傅】 전투에서 수레를 城壁에 갖다 붙임.
【潁考叔】 인명. 潁은 지명이며 성씨, 考叔은 이름, 혹은 자.
【子都】 公孫閼의 자. 미남자로 유명한 인물.
【蝥弧】 '오호'로 읽으며 창과 별 무늬를 그린 鄭나라 莊公의 軍旗 이름. 昭公 14년 傳을 볼 것.
【瑕叔盈】 鄭나라 大夫.

【壬午】 7월 3일.
【周麾】 '周揮'와 같음. 깃발을 흔들어 신호로 불러 지휘함.
【百里】 許나라 대부의 이름.
【許叔】 許나라 莊公 아우 穆公. 이름은 新臣, 혹은 鄭.
【鬼神】 許나라 선조 영혼.
【共億】 衣食을 제공하여 편히 지내게 함.
【弟】 莊公의 동생 共叔段.
【不逞】 만족하지 못함.
【獲】 鄭나라 大夫 公孫獲.
【無寧】 '無'는 뜻이 없는 發語詞. 부정의 뜻이 아님.
【舊婚媾】 예부터 혼인한 사이. 친한 인척임을 말함.
【禋祀】 몸을 깨끗이 하고 제사를 올림.
【圉】 변방. 변두리.
【吾先君新邑於此】 鄭 莊公의 조부 桓公이 京兆에 있던 도읍을 新鄭으로 옮겼음.
【大岳】 '太嶽'으로도 표기하며 '태악'으로 읽음. 堯 임금 때 四岳에 대한 제사를 맡은 벼슬을 지냈다고 함. 周나라가 이들의 후손을 許나라에 봉하였음.《國語》周語(下)에 "共之從孫四嶽佐之, 申呂雖衰, 齊許猶在"라 함.
【胤】 후손. 後嗣.

傳

鄭伯使卒出豭, 行出犬·鷄, 以詛射潁考叔者.
君子謂:「鄭莊公失政刑矣. 政以治民, 刑以正邪. 旣無德政, 又無威刑, 是以及邪. 邪而詛之, 將何益矣!」

정鄭 장공莊公이 군사 졸卒마다 수퇘지 한 마리씩을 내주고, 또 항行마다 개와 닭 한 마리씩을 내주어 영고숙潁考叔을 쏜 자를 저주하게 하였다.
군자가 말하였다.
"정 장공은 정사政事와 형벌刑罰을 제대로 행하지 못하였다. 정치로는 백성을 다스리고 형벌로는 부정不正을 바로 잡는 것이다. 그럼에도 이미 정치에 덕이 없었고 또 형벌에는 위엄이 없었기에, 이 때문에 사악한 일이 일어난 것이다. 사악한 일이 터진 다음에 이를 저주한다고 한들 장차 무슨 이익이 있겠는가!"

【豭】수퇘지.
【卒】1백 명으로 구성된 군부대.
【行】25명으로 된 작은 부대.
【穎考叔】인명. 穎은 지명이며 성씨, 考叔은 이름, 혹은 자. 子都에 의해 죽음을 당함. 앞 장 참조.

【傳】
王取鄔·劉·蒍·邘之田于鄭, 而與鄭人蘇忿生之田, 溫·原·絺·樊·隰郕·欑茅·向·盟·州·陘·隤·懷.

君子是以知桓王之失鄭也.

「恕而行之, 德之則也, 禮之經也. 己弗能有, 而以與人. 人之不至, 不亦宜乎?」

주周 환왕桓王이 오鄔·유劉·위蒍·우邘 땅을 정鄭나라로부터 받고 정나라 사람 소분생蘇忿生의 땅이었던 온溫·원原·치絺·번樊·습성隰郕·찬모欑茅·향向·맹盟·주州·형陘·퇴隤·회悔 땅을 정나라에 주었다.

군자는 이로써 주 환왕이 정나라를 잃을 것임을 알았다.

"어짊을 행하는 것, 이것이 바로 덕의 원칙이며 예의 근본이다. 자신이 가질 수 없기에 남에게 주었으니 사람이 다가오지 않는 것은 역시 마땅하지 않은가?"

【王】천자국 周나라의 桓王. 이름은 姬林. 平王(姬宜臼)의 아들로 B.C.719~697년까지 23년간 재위하고 莊王(姬佗)이 그 뒤를 이음.
【鄔】지금의 河南 偃師縣 서남쪽.

【劉】지금의 河南 偃師縣 남쪽.
【蔿】지금의 河南 偃師縣과 孟縣 사이 지역.
【邘】지금의 河南 河內縣 서북쪽.
【蘇忿生】周나라 武王 때 司寇 벼슬을 지낸 인물. 《尙書》 立政篇의 '司寇蘇公'이 바로 이 사람임.
【溫·原】지금의 河南 濟源縣 북쪽.
【絺】지금의 河南 河內縣 서남쪽.
【樊】襄樊. 지금의 河南 濟源縣 동남쪽.
【隰郕】지금의 河南 河內縣 서쪽.
【欑茅】지금의 河南 修武縣 大陸村.
【向】지금의 河南 濟源縣 서쪽 南向城.
【盟】지금의 河南 孟津縣 서남쪽.
【州】지금의 河南 河內縣 동남쪽.
【陘】지금의 河南 河內縣 서북쪽.
【隤】지금의 河南 修武縣 북쪽.
【懷】지금의 河南 武陟縣 서남쪽.
【失鄭】소분생의 땅이 좋지 않자 周 桓王이 이를 대신 정나라에 주었으므로 정나라에 신의를 잃게 되었음을 말함. 杜預 注에 "蘇氏叛王, 十二邑王所不能有, 爲桓五年從王伐鄭張本"이라 함.

㊣

鄭·息有違言.
息侯伐鄭, 鄭伯與戰于竟, 息師大敗而還.
君子是以知息之將亡也.
「不度德, 不量力, 不親親, 不徵辭, 不察有罪. 犯五不韙, 而以伐人, 其喪師也, 不亦宜乎?」

정鄭나라와 식息나라 사이에 말다툼이 벌어졌다.
식나라 군주가 정나라를 치자 정 장공莊公이 국경에서 이들을 맞아 싸워 식나라 군사는 대패한 채 돌아갔다.

군자는 이로써 식나라가 장차 망할 것을 알았다.

"식나라는 덕을 헤아리지 않았고, 힘도 헤아리지 않았으며, 친척을 사랑하지 않았고, 한 말을 징험해 보지도 않았으며, 잘못이 누구에게 있는지도 살피지 않았다. 이 다섯 가지 옳지 않은 일을 범하고도 남의 나라를 쳤으니 그 군사를 잃은 것 역시 마땅한 일이 아니겠는가?"

【息】제후국 이름. '鄎'으로도 표기하며 鄭나라와 같은 姬姓. B.C.680년에 楚나라에게 멸망하였음. 지금의 河南 息縣.《淸一統志》에《息縣志》를 인용하여 "古息里在縣治西南十五里, 卽息侯國"이라 함.
【不韙】옳지 않은 일.

㊛
冬十月, 鄭伯以虢師伐宋.
壬戌, 大敗宋師, 以報其入鄭也.
宋不告命, 故不書.
凡諸侯有命, 告則書, 不然則否.
師出臧否, 亦如之.
雖及滅國, 滅不告敗, 勝不告克, 不書于策.

겨울 10월, 정鄭 장공莊公이 괵虢나라 군사를 이끌고 가서 송宋나라를 공격하였다.

임술날, 송나라 군사를 크게 패배시켜 이전에 송나라가 정나라에 쳐들어간 일을 보복하였다.

송나라가 이를 알리지 않았으므로 경經에 기록하지 않은 것이다.

무릇 제후가 각 나라에서 일어난 정령이나 대사란 알려오면 그것을 기록하지만 그렇지 않으면 기록하지 않는다.

출병하여 장부臧否에 대한 것 또한 같다.

비록 나라를 멸망시키더라도, 패하거나 이기고도 승전을 알리지 않으면 그 사실을 책策에 기록하지 않는다.

【壬戌】10월 14일.
【入鄭】10년 전을 볼 것.
【臧否】착함(훌륭함)과 그렇지 못함. 본래 善과 惡의 뜻이나 여기서는 勝과 敗로 풀이함. 宣公 12년 傳의 釋文에 "執事順成爲臧, 逆爲否"라 함.
【策】종이가 있기 전이었으므로 기록용으로 썼던 나무판. 역사 기록을 뜻함. 나무를 깎아 만든 것을 方, 牘, 版이라 하며 대나무를 사용한 것을 簡, 策이라 함.

❈ 072(隱11-4)

冬十有一月壬辰, 公薨.

겨울 11월 임진날, 은공이 훙거薨去하였다.

【壬辰】11월 15일.
【公薨】魯 隱公이 죽음. 春秋시대 魯나라 12公 중에 피살된 임금은 隱公, 桓公, 閔公 등 셋으로 桓公은 齊나라 사람에게, 隱公과 閔公은 自國人에게 피살됨.

⑱
羽父請殺桓公, 將以求大宰.
公曰:「爲其少故也, 吾將授之矣. 使營菟裘, 吾將老焉.」
羽父懼, 反譖公于桓公而請弑之.
公之爲公子也, 與鄭人戰于狐壤, 止焉.
鄭人囚諸尹氏.
賂尹氏, 而禱於其主鍾巫.

遂與尹氏歸, 而立其主.
十一月, 公祭鍾巫, 齊于社圃, 館于寪氏.
壬辰, 羽父使賊弒公于寪氏, 立桓公, 而討寪氏, 有死者.
不書葬, 不成喪也.

우보羽父가 환공桓公을 시해할 것을 청한 것은 장차 태재大宰 자리를 얻기 위한 것이었다.
은공이 말하였다.
"나는 그가 어렸으므로 임금의 자리에 오를 수 있었소. 나는 장차 그에게 자리를 물려줄 것이오. 그리고 토구菟裘에 집을 짓도록 하여 그곳에서 늙음을 보낼 작정이오."
그러자 우보가 두려워하여, 도리어 환공에게 은공을 참훼하며 그를 시해할 것을 청하였다.
은공은 공자였을 때, 정鄭나라와 호양狐壤에서 싸우다가 포로가 된 적이 있었다.
정나라 사람이 그를 대부 윤씨尹氏 집에 가두었다.
은공은 윤씨에게 뇌물을 주고 주인의 종무鍾巫에 기도를 하였다.
마침내 윤씨와 함께 노나라에 돌아와서는 종무 사당을 지어 신주로 모셨었다.
11월, 은공이 종무에게 제사를 지내려고 사포社圃에서 재계齋戒하고 위씨寪氏 집에서 묵게 되었다.
임진날, 우보는 이 틈을 이용하여 도적을 보내어 은공을 위씨 집에서 시해하고 환공을 군주로 옹립하였으며, 위씨 집을 공격할 때 억울하게 죽은 자들이 있었다.
은공의 장례를 경經에 기록하지 않은 것은 상례喪禮를 제대로 갖추지 않았기 때문이다.

【羽父】魯나라 公子 翬의 字. 당시 大夫였음.《史記》에는 '揮'로 되어 있음.
【大宰】'태재'로 읽음. 太宰와 같음. 周나라 벼슬의 六卿의 우두머리. 노나라에는

六卿 대신 三卿(司徒, 司馬, 司寇)만 있었음. 따라서 태재 벼슬이 없었는데도 우보는 태재 벼슬을 만들어 그 자리를 차지하려 한 것임. 《史記》 十二諸侯年表에 "大夫翬請殺桓公, 求爲相"이라 하였고, 魯世家에도 "公子揮諂, 爲隱公曰:「百姓便君, 君其遂立, 吾請爲君殺子允, 君以我爲相.」"이라 함.

【桓公】 이름은 允. 惠公의 嫡子. 은공이 시해된 뒤 노나라 군주가 되어 B.C.711~694년 동안 재위하였음. 隱公의 攝政을 받고 있어 羽父가 시해하려 하였음.

【菟裘】 지금의 山東 泗水縣 동남쪽. 梁履繩의 《左傳通補釋》에 "山東省泰安縣東南九十里近梁父有菟裘城"이라 함. 《公羊傳》에는 '塗裘'로 되어 있음. 뒤에 성씨가 됨. 《史記》 秦本紀에 "秦之先爲嬴氏, 其後分封, 以國爲姓, 有菟裘氏"라 하였고, 《潛夫論》 志氏姓에 "鍾離, 運掩, 菟裘, 皆嬴姓也"라 함.

【狐壤】 지명. 鄭나라 땅. 지금의 河南 許昌 북쪽.

【止】 포로가 됨. 魯나라에서 '포로'라는 말을 꺼려 이렇게 표현한 것임.

【尹氏】 鄭나라 대부.

【鍾巫】 尹氏 집의 神主.

【社圃】 정원 이름.

【寪氏】 魯나라 대부.

【有死者】 억울하게 죽은 사람이 있음. 陳澧의 《東塾讀書記》에 "云討寪氏有死者, 言其冤也"라 하였고 '寪氏'라고만 한 것에 대해 顧炎武는 "言非有名位之人"이라 함.

【不成喪】 陳澧는 "言桓不以人君之禮葬隱也"라 함.

은공(隱公) 在位期間(11년: B.C.722~712년)

B.C. \ 國	周	齊	晉	衛	蔡	鄭	曹	陳	宋	秦	楚	燕	魯
	平王	僖公	鄂公	桓公	宣公	莊公	桓公	桓公	穆公	文公	武王	穆公	隱公
722	49	9	2	13	28	22	35	23	7	44	19	7	1
721	50	10	3	14	29	23	36	24	8	45	20	8	2
720	51	11	4	15	30	24	37	25	9	46	21	9	3
719	桓王 1	12	5	16	31	25	38	26	殤公 1	47	22	10	4
718	2	13	6	宣公 1	32	26	39	27	2	48	23	11	5
717	3	14	哀公 1	2	33	27	40	28	3	49	24	12	6
716	4	15	2	3	34	28	41	29	4	50	25	13	7
715	5	16	3	4	35	29	42	30	5	寧公 1	26	14	8
714	6	17	4	5	桓公 1	30	43	31	6	2	27	15	9
713	7	18	5	6	2	31	44	32	7	3	28	16	10
712	8	19	6	7	3	32	45	33	8	4	29	17	11

※〈大事記〉(B.C.)

722: 鄭 莊公, 共叔段에게 이기다.

721: 魯 隱公, 戎과 동맹 맺다. 鄭나라, 衛나라를 치다.

720: 周 平王, 죽다. 宋 穆公, 형의 아들을 군주로 세우고 죽다.

719: 衛나라 州吁, 桓公을 죽이다. 宋公과 陳侯, 蔡나라·衛나라와 함께 鄭나라를 치다.

718: 鄭나라, 衛나라 도성 교외 침입하다. 宋나라, 邾나라 땅 점령하다

717: 鄭 莊公, 陳나라 군사를 이기다. 宋나라, 鄭나라 長葛을 점령하다.

716: 魯나라, 邾나라를 치다. 宋나라, 鄭나라와 화친 맺다.

715: 宋나라와 衛나라, 鄭나라가 화친 맺다. 魯 隱公, 莒人과 동맹 맺다.

714: 魯 隱公, 防에서 齊 僖公과 만나다.

713: 隱公, 齊 僖公·鄭 莊公과 합세하여 宋나라 군사를 쳐부수다.

712: 鄭 莊公, 宋나라를 치다. 羽父, 隱公을 죽이다.

2. 〈桓公〉

◎ 魯 桓公 在位期間(18년: B.C.711~694년)

　惠公의 嫡子. 이름은 軌. 그러나 《史記》 魯世家에는 '允'으로 되어 있음. 隱公의 아우. 嫡子이면서도 나이가 어려 庶兄 隱公이 먼저 임금 자리에 올랐던 것임. 〈諡法〉에 "辟土服遠曰桓"이라 함. 어머니는 宋 武公의 딸 중자仲子. 隱公의 攝政을 받다가 은공이 시해된 뒤 정식으로 즉위함. B.C.711~694년까지 18년간 재위함.

012. 桓公 元年(B.C.711) 庚午

周	桓王(姬元) 9년	齊	僖公(祿父) 20년	晉	哀侯(光) 7년 曲沃 武公(稱) 5년	衛	宣公(晉) 8년
蔡	桓侯(封人) 4년	鄭	莊公(寤生) 33년	曹	桓公(終生) 46년	陳	桓公(鮑) 34년
杞	武公 40년	宋	殤公(與夷) 9년	秦	寧公 5년	楚	武王(熊通) 30년

※ 073(桓元-1)

元年春王正月, 公卽位.

원년 봄, 주력周曆 정월, 환공桓公이 즉위하였다.

【位】古文經에는 '立'으로 되어 있음.

傳
元年春, 公卽位, 修好于鄭.
鄭人請復祀周公, 卒易祊田, 公許之.

원년 봄, 노 환공桓公이 즉위하여 정鄭나라와 수호修好를 맺었다.
정나라가 천자의 제사를 면제해주면 대신 주공周公의 제사를 지내겠다며 허許와 팽祊 땅을 바꾸어 주기를 청하자 환공이 이를 허락하였다.

【復祀周公】 '復'은 '면제하다'의 뜻. 周公은 周나라 文王(姬昌)의 아들이며 武王(姬發)의 아우 周公(姬旦). 鄭나라가 천자의 제사 임무를 맡았으나 이를 면제해주면 대신 魯나라 시조 周公의 제사를 맡겠다고 한 것임.
【卒易祊田】 鄭나라는 자기 나라에서 먼 祊 땅에서 천자의 제사를 지내고 싶지 않아 했음. 이에 魯나라에 가까운 팽 땅과 자신과 가까운 許 땅을 바꾸자고 한 것임. 그리고 그 대신 허 땅에서 노나라 시조 周公(姬旦)의 제사를 지내주겠다고 제의한 것임. 隱公 8년 참조.

✤ 074(桓元-2)

三月, 公會鄭伯于垂, 鄭伯以璧假許田.

3월, 공이 정백鄭伯과 수垂에서 만나자 정백이 벽옥璧玉을 주고 허許 땅을 빌려갔다.

【鄭伯】 당시 정나라 군주는 莊公(寤生)으로 재위 33년째였음.
【垂】 땅 이름. 隱公 8년을 볼 것.
【璧】 가운데 둥근 구멍이 나 있으나 전체적으로는 평평한 얇은 고리 모양 玉. 天祭의 제례에 祭器와 裝飾品 등으로 사용하였음. 《史記》 魯世家에 "桓公元年, 鄭伯以璧易天子之許田"이라 하였고 〈集解〉에 "鄭以祊不足當許田, 故復加璧"이라 함.

(傳)
三月, 鄭伯以璧假許田, 爲周公·祊故也.

3월, 정鄭 장공莊公이 벽옥璧玉을 주고 허許 땅을 빌려간 것은 주공周公의 제사를 팽祊 땅에서 지내기 위한 것이었다.

✱ 075(桓元-3)

夏四月丁未, 公及鄭伯盟于越.

여름 4월 정미날, 공이 정鄭 장공莊公과 월越에서 맹약을 맺었다.

【丁未】4월 2일.
【盟】〈正義〉에 "成會禮於垂, 旣易許田, 然後盟以結之"라 함.
【越】垂 땅 부근의 지명. 일명 犬邱라고도 하며 지금의 山東 曹縣 북쪽.

傳

夏四月丁未, 公及鄭伯盟于越, 結祊成也.
盟曰:「渝盟, 無享國!」

여름 4월 정미날, 공이 정鄭 장공莊公과 월越에서 맹약하여 팽祊과 허許 땅의 교환을 마무리하였다.
이렇게 맹약의 말을 하였다.
"맹세를 어긴다면 나라를 제대로 누릴 수 없을 것이다!"

【四月丁未】4월 2일.
【渝】'어기다. 변절하다'의 뜻.
【享國】원래 '나라의 제사를 이어가다'의 뜻.

✱ 076(桓元-4)

秋, 大水.

가을, 큰물이 났다.

【大水】홍수. 평지까지 물이 차 들어오는 것을 말함.

㊀
秋, 大水.
凡平原出水爲大水.

가을, 큰물이 났다.
무릇 평원平原에 물이 나는 것을 '대수大水'라 한다.

❋ 077(桓元-5)
冬十月.

겨울 10월.

㊀
冬, 鄭伯拜盟.

겨울, 정鄭 장공莊公이 와서 맹약을 맺어준 일에 고마움을 표하였다.

【拜】'고맙다고 사례하다'의 뜻.

㊀
宋華父督見孔父之妻于路, 目逆而送之, 曰:「美而艶!」

송宋나라 화보독華父督이 대부 공보孔父의 아내를 길에서 마주치자 눈으로 살펴보면서 눈을 떼지 못한 채 이렇게 말하였다.
"아름답고도 곱구나!"

【華父督】宋나라 戴公의 손자. 華父는 字, 督은 이름. 대부. 大宰 벼슬을 하고 있었음. 줄여서 華督이라고도 함. 다음해의 傳에 "二年春, 宋督攻孔氏, 殺孔父 而取其妻"의 발단임. 그의 曾孫이 華孫(華耦)였음. 文公 15년(720)의 經文 및 傳文을 볼 것. 그는 결국 莊公 2년 宋萬에게 피살되지만 그의 후손 華氏는 2백여 년간 宋나라 정권을 잡았음.
【目逆而送之】눈을 떼지 못하고 계속 지켜보며 눈길을 보냄.

013. 桓公 2年(B.C.710) 辛未

周	桓王(姬元) 10년	齊	僖公(祿父) 21년	晉	哀侯(光) 8년 曲沃 武公(稱) 6년	衛	宣公(晉) 9년
蔡	桓侯(封人) 5년	鄭	莊公(寤生) 34년	曹	桓公(終生) 47년	陳	桓公(鮑) 35년
杞	武公 41년	宋	殤公(與夷) 10년	秦	寧公 6년	楚	武王(熊通) 31년

✤ 078(桓2-1)

二年春王正月戊申, 宋督弒其君與夷及其大夫孔父.

2년 봄 주력 정월 무신날, 송독宋督이 그 나라 임금 여이與夷와 대부 공보孔父를 시살하였다.

【戊申】正月에는 戊申날이 없었음. 오류임.
【宋督】華父督. 앞 장을 참고할 것.
【與夷】宋 殤公의 이름. B.C.719~711년 재위함.
【孔父】송나라 대부. 華父督이 그의 아내를 탐내어 죽인 것임.

傳

二年春, 宋督攻孔氏, 殺孔父而取其妻.
公怒, 督懼, 遂弒殤公.

君子以督爲有無君之心, 而後動於惡, 故先書弑其君.
會于稷, 以成宋亂, 爲賂故, 立華氏也.
宋殤公立, 十年十一戰, 民不堪命.
孔父嘉爲司馬, 督爲大宰, 故因民之不堪命, 先宣言曰:「司馬則然.」
已殺孔父而弑殤公, 召莊公于鄭而立之, 以親鄭.
以郜大鼎賂公, 齊·陳·鄭皆有賂, 故遂相宋公.

2년 봄, 송宋나라 화보독華父督이 공씨孔氏를 습격하여 공보孔父를 죽이고 그의 아내를 빼앗았다.

송 상공殤公이 화를 내자 화보독은 두려움에 떨다가 마침내 상공도 시해해 버렸다.

군자는 화보독이 군주를 하찮게 여기는 마음을 가졌기에 그 뒤에 악한 행동을 저지르게 되었다고 여겨 그 때문에 그 군주를 시해한 일을 앞에 기록한 것이다.

환공이 이 일로 제齊, 진陳 두 나라 군주와 직稷 땅에서 만났는데 이는 화씨華氏로부터 뇌물을 받아 그를 지지해 주기 위한 것이었다.

송 상공은 임금 자리에 오른 뒤 10년 동안 11번의 전쟁을 치러 백성들은 더 이상 살아갈 수가 없었다.

공보가孔父嘉는 사마司馬였고, 화보독은 태재大宰의 직책이었다. 그러므로 화보독은 백성이 더 이상 살아갈 길이 없다고 여기는 것을 두고 먼저 "사마 공보가 그러한 싸움을 저지른 것"이라고 말을 퍼뜨리고 다녔다.

이윽고 그는 공보를 죽이고 상공을 시해하게 된 것이었으며 정鄭나라에 있던 장공莊公(馮)을 불러들여 옹립함으로써 정나라와 친교를 다졌던 것이다.

그는 고郜나라에서 만든 대정大鼎을 노 환공에게 선물로 바치고 제齊·진陳·정나라에도 모두 뇌물을 주었다. 그리하여 마침내 송 장공의 측근 세력이 된 것이다.

【殤公】宋 殤公(與夷). B.C.719~711년 재위함.
【君子】이 사건을 기록한 史官. 혹은 이를 經에 기록한 공자.

【先書弑其君】 시간의 흐름으로 보아 孔父를 죽인 일이 먼저이고 상공을 나중에 시해하였지만 임금을 시해한 것을 앞에 먼저 기록한 것은 그가 이미 無君之心을 품고 있었음을 밝히기 위한 것이라는 뜻.

【稷】 지명. 지금의 河南 商丘縣 부근. 송나라 내란을 해결하기 위해 桓公이 齊侯, 陳侯와 稷邑에서 會同을 함.

【立華氏】 華氏의 입장을 세워 줌. 華父督이 각국에 이미 뇌물을 주어 환심을 사고 있었으므로 송나라 정권을 잡을 수 있었음을 말함.

【十年十一戰】 孔穎達 疏에 服虔의 말을 인용하여 "與夷, 隱四年卽位, 一戰伐鄭, 圍其東門; 再戰取其禾, 皆在隱四年. 三戰取邘田; 四戰邘·鄭, 入其郛; 五戰伐鄭, 圍長葛, 皆在隱五年. 六戰, 鄭伯以王命伐宋, 在隱九年. 七戰, 公敗宋師於菅; 八戰, 宋·衛入鄭; 九戰, 宋人·蔡人·衛人伐戴; 十戰, 戊寅, 鄭伯入宋, 皆在隱十年. 十一戰, 鄭伯以虢師大敗宋師, 在隱十一年"이라 함.

【孔父嘉】 父는 字, 嘉는 이름. 孔子의 6세조. 당시 司馬로서 군사 책임자였음.

【大宰】 '태재'로 읽으며 국정의 최고 책임자.

【相】 재상이 됨. 그러나 '相'자를 '재상'의 의미로 쓰인 것은 戰國시대 이후로, 여기서는 '임금의 측근 인물이 됨'을 뜻함.

【莊公】 與夷를 피해 隱公 3년 鄭나라로 갔던 宋 穆公의 아들 馮. 殤公(與夷)의 뒤를 이어 임금 자리에 오름. B.C.710~692년까지 재위함.

㊅

夏四月, 取郜大鼎于宋.

戊申, 納于大廟, 非禮也.

臧哀伯諫曰:「君人者, 將昭德塞違, 以臨照百官, 猶懼或失之, 故昭令德以示子孫, 是以淸廟茅屋, 大路越席, 大羹不致, 粢食不鑿, 昭其儉也. 袞·冕·黻·珽, 帶·裳·幅·舃, 衡·紞·紘·綖, 昭其度也. 藻·率·鞞·鞛, 鞶·厲·游·纓, 昭其數也. 火龍·黼黻, 昭其文也. 五色比象, 昭其物也. 錫·鸞·和·鈴, 昭其聲也. 三辰旂旗, 昭其明也. 夫德, 儉而有度, 登降有數, 文·物以紀之, 聲·明以發之. 以臨照百官, 百官於是乎戒懼, 而不敢易紀律. 今滅德立違, 而寘其賂器於大廟, 以明示百官. 百官象之, 其又何誅焉? 國家之敗, 由官邪也. 官之失德, 寵賂章也. 郜鼎在廟, 章孰甚焉? 武王克商, 遷九鼎于雒邑, 義士猶或非之, 而況將昭違亂之賂器於大廟, 其若之何?」

公不聽.

周內史聞之, 曰:「臧孫達其有後於魯乎! 君違, 不忘諫之以德.」

여름 4월, 노나라가 고郜나라의 대정大鼎을 송나라로부터 받았다.

무신날, 그것을 태묘大廟에 바쳤는데 이는 예禮에 어긋나는 일이었다.

장애백臧哀伯이 간하였다.

"군주 된 자는 장차 덕을 밝히고 위배된 것을 막아 백관百官에게 밝게 임하되 오히려 혹 빠뜨리는 것이 있으면 어쩌나 해야 합니다. 그러므로 아름다운 덕을 밝히는 것으로써 자손에게 본보기를 보여야 하는 것입니다. 이 까닭으로 주周나라는 사당을 청빈하게 하되 띠풀로 이은 집이었고, 대로大路는 풀로 짠 자리를 그대로 사용하였습니다. 대갱大羹은 오미를 맞추지 않았고 사당에 올리는 곡식도 등겨를 벗기지 않은 채 그대로 올렸으니 이는 그 검소함을 널리 밝히기 위한 것이었습니다. 곤룡포와 면류관, 폐슬蔽膝과 옥홀玉笏, 허리띠와 치마, 행전과 신발, 비녀와 면류관 구슬띠, 관을 매는 끈과 관 덮개를 한 것은 그 법도를 널리 밝히기 위한 것이었습니다. 다시 옥받침과 수건, 칼집과 칼집 장식, 가죽띠와 가죽띠 장식, 깃발에 드리우는 베와 말馬 가슴을 꾸미는 끈 등은 그 수에 따라 신분의 높낮이를 뚜렷이 밝히기 위함이었습니다. 화룡火龍의 무늬와 보불黼黻의 장식은 그 무늬로써 그 귀천을 밝히기 위한 것이었으며, 오색五色을 각 사물의 상징으로 삼은 것은 물건의 구분을 밝히기 위한 것이었으며, 말 머리에 다는 방울과 말 재갈의 방울, 수레 끌채 방울과 깃발에 다는 방울은 군주의 위성을 밝히기 위한 것이며, 해·달·별을 그린 깃발은 하늘의 신령함을 나타내기 위한 것이었습니다. 무릇 덕이란 검소하게 하면서 법도가 있어야 하고, 신분의 귀천과 존비는 그 수치가 있어야 하며, 무늬나 색깔은 기강을 바로잡기 위한 것이며, 소리와 밝음은 이를 드러내어야 하는 이유가 있었던 것입니다. 이로써 백관에게 임하면 백관들은 이에 경계와 두려움을 가지게 되어 감히 기율紀律을 어기지 못하게 되는 것입니다.

그런데 지금 덕을 없애고 그릇된 일을 세우셔서 뇌물로 받은 물건을 태묘에 들여놓음으로써 백관에게 그릇된 일을 밝게 드러내어 보이고 있습니다. 만약 백관이 이를 본받는다면 어떻게 그들을 꾸짖고 벌을 내리실 수 있겠습니까? 나라가 패망하는 것은 관리들의 사악함에서 비롯됩니다. 관리들이 덕을 잃게 되는 것은 총애를 받고자 뇌물을 바쳤을 때 그것을 도리어 칭찬하는 데에서 비롯됩니다. 고나라 대정이 태묘에 있는 것은 그토록 뇌물 바친 자를 칭찬하는 것과 비교하여 어느 것이 더 심한 것이 겠습니까? 무왕武王이 은商(殷)을 쳐부수고 구정九鼎을 낙읍洛邑으로 옮기자 올곧은 선비들은 오히려 이를 잘못된 일이라 비난하였습니다. 그런데 하물며 간사하고 위란違亂을 저지른 자의 뇌물을 태묘에 두어 환히 밝히려 하신다니 어찌 이런 일을 저지를 수 있습니까?"

환공은 이를 듣지 않았다.

주周나라 내사內史가 이를 듣고 이렇게 말하였다.

"장손달臧孫達의 후손이 노나라를 계속 지켜나가리라! 군주의 잘못을 간함을 잊지 않되 덕으로써 하였도다."

※ 본 장의 傳文은 사건의 시간 순서로 보아 經文 081 다음에 있어야 함.

【戊申】 5월 10일.
【郜大鼎】 郜나라의 大鼎. 郜는 文王의 아들이 봉을 받았던 작은 땅으로 지금의 山東 城武縣 동남쪽 北郜城. 大鼎은 그 나라에서 鑄造한 큰 솥.
【大廟】 조상의 위패를 모신 사당. '태묘'로 읽음.
【臧哀伯】 魯나라 대부. 臧達. 臧僖伯의 아들.
【淸廟茅屋】 '淸廟'는 조상의 사당. '茅屋'은 띠풀로 엮은 집. 매우 검소함을 표현한 것.
【大路越席】 大路는 하늘에 제사를 지낼 때의 玉路. 이를 풀로 엮어 자리를 만들어 넘어감. 매우 검소하였음을 말함. 혹은 큰 수레라고도 함. '路'는 '輅'와 같음.
【大羹】 종묘제사에 올리는 국. 단지 肉汁으로만 할 뿐 五味를 가하지 않음.
【粢食】 종묘에 올리는 곡식. 세밀히 搗精하지 않은 채 올림. 《周禮》 小宗伯에 기록된 '六粢'는 黍, 稷, 稻, 粱, 麥, 苽이며 제사 때에는 黍를, 평상시에는 稷을 올린다 하였음.

【鑿】'舂'과 같음. 방아를 찧어 곡물의 껍질을 없애는 것.《說文》에 "鑿, 糯米一斛 舂爲九升曰鑿"이라 함.
【袞】袞衣. 검은색에 용무늬를 넣은 임금의 도포.
【冕】면류관.
【韍】피혁으로 만든 옷으로 무릎을 덮는 데에 사용함.
【珽】옥으로 만든 笏版.
【幅】行纏. 정강이에 감아 무릎 아래 매는 물건.
【舃】신발. 나막신.
【衡】옥으로 만들어 관면이 머리에 붙어 있도록 꽂는 비녀의 일종.
【紞】면류관에 얼굴 앞으로 늘어뜨리는 실.
【紘】면류관에 귀를 막도록 늘어뜨린 장식.
【綖】나무로 만들어 실로 장식한 면류관의 윗부분. 면류관의 덮개.
【黻】마름 무늬를 넣어 장식한 가죽 의상.
【率】율건(率巾). 刷巾. 혹은 율대(率帶)라고도 하며 오색의 무늬를 넣어 장식함.
【鞞】차고 다니는 칼의 손잡이 장식 부분.
【鞛】역시 차고 다니는 칼의 손잡이 장식 부분.
【鞶】허리띠.
【厲】큰 허리띠의 내려뜨리는 남은 부분.
【游】깃발의 깃 부분.
【纓】갓끈. 그러나 말의 가슴 앞부분을 가리는 장식물이라 함.
【火龍】불꽃무늬와 용무늬.
【黼黻】옷의 앞과 뒤에 넣는 무늬. 雙聲連綿語.
【五色】五方色.〈考工記〉에 "東靑, 南赤, 西白, 北黑, 天玄, 地黃"이라 하여 방위와 색깔을 배합하여 사물을 상징함을 뜻함.
【錫】'양'으로 읽으며 말 안면에 장식하여 소리가 나도록 하는 물건.
【鸞】말의 입 양쪽에 달아 소리가 나도록 하는 방울.
【和】수레의 앞 횡목에 다는 방울.
【鈴】깃발에 다는 방울.
【登降】신분에 따라 오르내릴 때의 예절.
【籠賂】은총을 구하기 위해서 뇌물을 줌.
【武王克商】周 武王(姬發)이 殷(商)의 末王 폭군 紂를 쳐서 멸함.
【雒邑】지금의 洛陽. 周公이 건설한 東都.

【九鼎】夏나라 禹王이 아홉 고을에서 난 금속을 모아 만든 솥. 하나라와 殷(商)나라 때는 천자에게 전해 내려온 보물이었음. 국가의 사직을 상징하는 뜻으로 바뀜. 《戰國策》東周策에 "昔周之伐殷, 得九鼎, 凡一鼎而九萬人輓之, 九九八十一萬人"이라 하였고, 《漢書》王吉傳에는 "昔武王伐紂, 遷九鼎於雒邑, 伯夷叔弟薄之, 餓于首陽, 不食其祿"이라 함.
【義士】올곧고 청렴한 이들을 가리킴.
【內史】주나라 왕실에서 문서 기록에 관한 일을 맡았던 史官 벼슬.
【臧孫達】臧哀伯의 선조.

※ 079(桓2-2)

滕子來朝.

등자滕子가 와서 문안하였다.

【滕子】滕나라 군주. 子爵이었음. '滕'나라는 周 文王의 아들 叔繡가 받았던 封國. 侯爵이었으며 지금의 山東 滕縣 일대. 戰國시대 齊나라에게 망함.
＊無傳

※ 080(桓2-3)

三月, 公會齊侯·陳侯·鄭伯于稷, 以成宋亂.

3월, 공이 제후齊侯·진후晉侯·정백鄭伯과 직稷에서 만나 송宋나라의 난을 평정하였다.

【齊侯·陳侯·鄭伯】당시 齊나라는 釐公(僖公), 陳나라는 桓公(鮑), 鄭나라는 莊公(寤生)이었음.

【稷】지금의 河南 商丘 근처. 宋나라 땅.
【成】평정함. 결말을 냄. 성취시킴.
【宋亂】華父督이 殤公(與夷)과 孔父를 죽인 사건.

❀ 081(桓2-4)

夏四月, 取郜大鼎于宋.
戊申, 納于大廟.

여름 4월, 고郜나라 대정大鼎을 송宋나라로부터 가져왔다.
무신날, 환공桓公이 이를 태묘大廟에 바쳤다.

【郜】姬姓의 나라 이름. 文王이 아들을 봉했던 나라로 지금의 山東 成武縣 동남쪽에 있었음.
【大鼎】鼎은 三足兩耳의 큰 솥. 宗廟에서 제물을 놓는 데 사용하였으며, 國運을 뜻하는 말로도 쓰였음. 隱公 10년 郜나라는 이미 宋나라에게 망하여 郜鼎 역시 宋나라 소유였음.
【戊申】4월 9일.
【大廟】太廟와 같음. 魯나라 宗廟. 周公(姬旦)의 위패를 모신 사당. '태묘'로 읽음.

❀ 082(桓2-5)

秋七月, 杞侯來朝.

가을 7월, 기후杞侯가 와서 문안하였다.

【杞侯】 杞는 姒姓의 異姓 제후국. 周 武王이 紂를 벌한 다음 禹의 후손 東樓公을 찾아 杞 땅에 봉하였음. 지금의 河南 雍丘縣.

傳
秋七月, 杞侯來朝, 不敬.
杞侯歸, 乃謀伐之.

가을 7월, 기杞나라 군주가 노나라를 찾아와 문안을 하면서 공경을 다 하지 않았다.
기나라 군주가 돌아가자 노나라는 기나라 정벌을 모의하였다.

083(桓2-6)

蔡侯·鄭伯會于鄧.

채蔡 환후桓侯와 정鄭 장공莊公이 등鄧에서 만났다.

【蔡侯】 당시 蔡나라 군주는 桓侯(封人)였음.
【鄧】 채나라 지명. 지금의 河南 偃城縣 동남쪽에 鄧城이 있음. 《淸一統志》에 "鄧, 今河南省偃城縣東南三十里"라 하여 지금의 漯河市 동남 십 리에 있는 鄧城.

傳
蔡侯·鄭伯會于鄧, 始懼楚也.

채蔡 환후桓侯와 정鄭 장공莊公이 등鄧에서 모인 것은 비로소 초楚나라를 두려워하게 되었기 때문이다.

【懼楚】 당시 楚나라 군주는 武王이었으며 점차 세력을 키워 中原 진출을 꾀하였음. 중원의 제후들이 이때부터 초나라를 두렵게 여기기 시작함. 楚는 荊이라고도 부르며 처음 丹陽(지금의 湖北 枝江縣, 혹 秭歸縣)에 도읍을 정하였다가 武王 때 郢(지금의 江陵縣 紀南城)으로 옮김. 그러나 吳나라를 두려워하여 昭王 때 鄀으로 옮겼으나 즉시 다시 郢으로 돌아옴.

✱ 084(桓2-7)

九月, 入杞.

9월, 기杞나라로 쳐들어갔다.

【入】 그 나라를 쳐들어가기만 하고 점령하지는 않은 상태를 표현하는 말. 杞나라 군주가 노나라를 방문할 때 공경의 예를 다하지 않았기 때문에 징벌을 위해 취한 행동. 앞 장 참조.

㊩
九月, 入杞, 討不敬也.

9월, 노나라가 기杞나라를 쳐들어간 것은 그때의 불경한 행동을 꾸짖기 위해서였다.

【討不敬】 앞의 "秋七月, 杞侯來朝, 不敬"을 말함.

● 085(桓2-8)

公及戎盟于唐.

공이 당唐에서 융戎과 동맹을 맺었다.

【唐】魯나라 땅으로 지금의 山東 魚臺縣 동쪽.
【戎】지금의 山東 曹縣 부근에 있던 민족. 당시 中原에는 戎, 狄 등 소수민족이 혼재하였음.

● 086(桓2-9)

冬, 公至自唐.

겨울, 공이 당唐에서 돌아왔다.

㉘
公及戎盟于唐, 修舊好也.

환공이 당唐에서 융戎과 동맹을 맺은 것은 오랜 우의를 다지기 위함이었다.

【舊好】惠公과 隱公이 맺었던 지난날의 맹약. 孔穎達 疏에 〈釋文〉을 인용하여 "凡盟有一百五, 公行一百七十六. 書至者八十二. 其不書至者九十四, 皆不告廟也"라 하여 太廟에 고한 것만 기록한다 하였음.

㉘
冬, 公至自唐, 告于廟也.

凡公行, 告于宗廟; 反行, 飮至·舍爵·策勳焉, 禮也.
特相會, 往來稱地, 讓事也.
自參以上, 則往稱地, 來稱會, 成事也.

겨울, 환공은 당唐에서 돌아와 이 일을 사당에 고하였다.
무릇 군주는 다른 나라에 갈 때 종묘宗廟에 고하고, 돌아와서 종묘에 고한 뒤 주연을 베풀고 잔을 내려놓은 다음에는 수행하면서 세운 공적을 책策에 기록하는 것이니, 이것이 예이다.
두 군주가 모일 경우에는 오고 간 땅 이름을 반드시 쓰는 것은 두 나라의 회맹에서 서로 겸양을 나타내기 위해서이다.
세 나라 이상 모일 때에는 군주가 갈 경우만 땅 이름을 쓰고, 다른 군주들이 올 경우는 모였다고만 쓰는 것은 맹주가 되어 회맹을 성사시켰음을 뜻하는 것이다.

【廟】魯나라 太廟. 宗廟. 군주의 출입이나 大事에는 반드시 사당에 그 사실을 고함.
【公行】군주가 다른 나라에 나감.
【反行】다른 나라에서 돌아옴.
【飮至】임금이 외국에서의 업무를 마치고 돌아왔을 때 종묘에 고하고 잔치를 열어 수행원과 나라에 있던 대부들을 위로하고 논공행상을 행하는 의식.
【舍爵】술잔을 내려놓음. '爵'은 술잔.
【策勳】공적을 策에 기록함.
【相會】둘만의 모임.
【自參以上】'參'은 '三'. '세 나라 이상이 모일 경우'라는 뜻.

㊉
初, 晉穆侯之夫人姜氏以條之役生大子, 命之曰仇; 其弟以千畝之戰生, 命之曰成師.

師服曰:「異哉, 君之名子也! 夫名以制義, 義以出禮, 禮以體政, 政以正民, 是以政成而民聽. 易則生亂. 嘉耦曰妃, 怨耦曰仇, 古之命也. 今君命大子曰仇, 弟曰成師, 始兆亂矣. 兄其替乎!」

惠之二十四年, 晉始亂, 故封桓叔于曲沃.

靖侯之孫欒賓傅之.

師服曰:「吾聞國家之立也, 本大而末小, 是以能固. 故天子建國, 諸侯立家, 卿置側室, 大夫有貳宗, 士有隸子弟, 庶人·工商, 各有分親, 皆有等衰. 是以民服事其上, 而下無覬覦. 今晉, 甸侯也; 而建國, 本旣弱矣, 其能久乎?」

惠之三十年, 晉潘父弑昭侯而納桓叔, 不克.

晉人立孝侯.

惠之四十五年, 曲沃莊伯伐翼, 弑孝侯.

翼人立其弟鄂侯.

鄂侯生哀侯.

哀侯侵陘庭之田.

陘庭南鄙啓曲沃伐翼.

당초, 진晉 목공穆公의 부인 강씨姜氏는 조條에서 전쟁이 일어났을 때 태자를 낳아 이름을 구仇라고 하였고, 태자의 동생은 천무千畝에서 전쟁 때에 낳아 이름을 성사成師라 하였다.

진나라 대부 사복師服이 말하였다.

"이상하도다. 군주께서 아들 이름을 그렇게 지으시다니! 무릇 이름을 짓는 것은 의를 바로잡고 의로 예를 드러내며, 예로써 법규를 몸소 정치를 구현하며, 정치로써 백성을 바르게 하는 것이다. 이 까닭으로써 정치가 성공하고 백성들은 그의 명령을 따르게 되는 것이다. 이를 어기면 난이 일어나게 마련이다. 좋은 짝을 비妃라 하고, 원한 관계의 짝은 구仇라 하는 것은 예로부터 이름을 지어온 방법이다. 그런데 지금 임금께서 태자를 구仇라 하시고, 그 아우를 성사成師라 이름을 지었으니 재앙이 나타날 징조로써 형이 뒤바뀌고 말리라!"

혜공惠公 24년, 진晉나라가 어지러워지기 시작하였으며 그 때문에 환숙桓叔을 곡옥曲沃에 봉하게 되었던 것이다.

정공靖公의 손자 난빈欒賓이 스승이 되어 그를 도왔다.

사복은 다시 이렇게 말하였다.

"내 듣기로 나라를 세울 때 본국은 크고 봉국은 작아야 한다 하였다. 그래야 나라가 능히 견고해질 수 있는 것이다. 그러므로 천자는 제후국을 세우고, 제후는 가문家門을 세우며, 경卿은 측실側室을 두고, 대부는 이종貳宗을 두며, 사士는 잡역雜役을 맡는 자제를 두고, 서민과 공상工商도 저마다 친함에 따라 분가分家를 둔다. 이처럼 모두가 차등이 있는 것이다. 이렇게 함으로써 백성들은 그 윗사람을 잘 복종하게 되고, 아랫사람이 윗자리를 넘겨보지 않게 되는 것이다. 지금 진나라는 전복甸服의 제후국이다. 그런데도 봉국封國을 세웠다. 그 근본이 이윽고 미약해지기 시작했으니 어찌 능히 오래 갈 수 있겠는가?"

혜공 30년, 진나라 대부 반보潘父가 진晉 소공昭公을 시해하고 환숙을 끌어들이려 하였으나 실패하였다.

진나라 사람들은 효후孝侯를 군주로 세웠다.

혜공 45년, 곡옥의 장백莊伯이 진나라 도읍 익翼을 쳐 효후를 죽였다.

그러자 익 땅 사람들이 효공의 아우 악후鄂侯를 군주로 세웠다.

악후는 애후哀侯를 낳았다.

애후가 형정陘庭 땅을 침공하였다.

형정 남쪽 교외 사람들이 성문을 열어 곡옥의 군사를 끌어들여 익을 쳤다.

【穆侯】 晉 獻侯의 아들. 晉은 원래 周 成王이 자신의 아우 叔虞를 봉했던 唐 땅으로 姬姓이며 그에 따라 '唐侯'라 칭하였으나 지금의 山西 太原縣(晉陽)으로 遷都한 뒤 '晉侯'로 칭함. 穆侯는 叔虞의 9대 후손. B.C.813~787년까지 재위.

【姜氏】 晉 穆侯의 부인. 姜姓인 齊나라 출신이었으므로 姜氏라 한 것.

【條之役】 穆侯 7년 條 땅에서의 전쟁. 지금의 山西 安邑鎭 북쪽 鳴條岡.

【大子】 '태자'로 읽으며 晉 文侯를 가리킴. B.C.780~746년까지 35년간 재위함.

【仇】 '원수를 미워하여 싸웠다'는 뜻에서 붙인 이름. 《史記》 晉世家에 "獻侯

十一年卒, 子穆侯費生立. 穆侯四年, 取齊女爲夫人. 七年, 伐條, 生太子仇"라 함.

【千畝之戰】穆侯 10년(B.C.802) 千畝에서 벌어진 전쟁.《國語》에 "宣王三十九年 (B.C.789), 戰于千畝, 王師敗績於姜氏之戎"이라 하여 시기가 다름. 千畝는 지명으로 지금의 山西 介休縣. 혹 山西 安澤縣.

【師服】晉나라 대부.

【嘉耦】아름다운 배필. '耦'는 '偶'와 같음. 일부 판본에는 '嘉偶'로 되어 있음.

【成師】'군사로써 승리하였다'는 뜻에서 붙인 이름. 뒤에 曲沃 桓叔이 됨.《史記》晉世家에 "晉人師服曰:「異哉, 君之名子也! 大子曰仇, 仇者, 讐也. 少子曰成師, 成師大號, 成之者也. 名, 自命也; 物, 自定也. 今適庶名反逆, 此後晉其能無亂乎?」"라 함.

【惠】魯 惠公. 隱公과 桓公의 아버지. B.C.768~723년까지 46년간 재위함.

【桓叔】成師. 曲沃을 맡아 따로 系譜를 이룸.

【曲沃】지금의 山西 聞喜縣.

【靖侯】靖公. 즉 桓叔의 高祖父. 孔穎達 疏에는《史記》晉世家〈索隱〉을 근거로 靖侯가 僖侯를 낳고 僖侯가 獻侯를, 獻侯는 穆侯를, 穆侯는 桓叔을 낳은 것으로 여겼으며 이에 따라 靖侯는 桓叔의 高祖가 됨.

【欒賓】公孫. 桓叔의 스승이며 靖侯의 서손, 즉 환숙의 숙조부.《史記》晉世家에 "文侯仇卒, 子昭侯伯立. 昭侯元年, 封文侯弟成師于曲沃. 曲沃邑大於翼. 翼, 晉君都邑也. 成師封曲沃, 號爲桓叔, 靖侯庶孫欒賓相桓叔. 桓叔是時年五十八矣, 好德, 晉國之衆皆附焉"이라 함.

【貳宗】小宗. 대부의 차남들이 분가하여 이룬 家系.

【隸子弟】雜役을 위해 부리는 자제.

【庶人】일반 백성. 농민.

【等衰】등급의 고하. 신분의 차이가 있음.

【覬覦】엿봄. 아랫사람이 윗사람의 신분을 기대함.

【甸侯】甸服에 속하는 제후. 甸服은 六服의 하나로서, 侯服 다음의 5백 리 안의 땅. 천자가 직접 다스린 1천 리 밖의 땅은 5백 리마다 구별하여, 侯服·甸服·男服·采服·衛服·要服의 순서로 구분하여 불렀음.

【潘父】晉나라 대부.《史記》晉世家에 "昭侯七年, 晉大臣潘父弑其君昭侯, 而迎曲沃桓叔. 桓叔欲入晉, 晉人發兵攻桓叔. 桓叔敗, 還歸曲沃. 晉人共立昭侯子平爲君, 是爲孝侯. 誅潘父"라 함.

【昭侯】昭公. 文侯 仇의 아들. B.C.745~740년까지 6년간 재위함.

【孝侯】孝公. 晉 昭侯의 아들. B.C.739~724년까지 16년간 재위함.《史記》年表에 "魯惠公之三十年, 晉昭侯之七年, 潘父殺昭侯, 納成師, 不克. 昭侯子立, 是爲孝侯"라 함.

【莊伯】桓叔 成師의 아들. 曲沃의 군주. 이름은 鱓. B.C.717~710년까지 8년간 재위함. 魯 隱公과 비슷한 시기였음.

【翼】지금의 山西 翼城縣 동남쪽. 晉나라의 都邑.

【鄂侯】이름은 郄, 郤. 孝侯의 아들.《史記》晉世家에 "孝侯八年, 曲沃桓叔卒, 子鱓代桓叔, 是爲曲沃莊伯. 孝侯十五年, 曲沃莊伯弑其君晉孝侯於翼. 晉人攻曲沃莊伯, 莊伯復入曲沃. 晉人復立孝侯子郄爲君, 是爲鄂侯"라 하였고,〈年表〉에도 "孝侯九年, 曲沃桓叔成師卒, 子代立, 爲莊伯. 孝侯十六年, 曲沃莊伯殺孝侯, 晉人立孝侯子郄爲鄂侯"라 함. 다만 1년의 차이가 있음.

【哀侯】鄂侯의 아들. 曲沃 莊伯이 다시 翼을 공격하자 鄂侯가 隨로 달아났으며 이에 周 桓王이 哀侯를 翼에 세워줌. 隱公 5년을 볼 것.

【陘庭】翼 남쪽의 땅 이름. 지금의 山西 翼城縣 동남쪽.《史記》晉世家에는 '陘廷'으로 되어 있음. 지금은 '熒庭'으로 표기함.

【南鄙】남쪽 변두리.

014. 桓公 3年(B.C.709) 壬申

周	桓王(姬元) 11년	齊	僖公(祿父) 22년	晉	哀侯(光) 9년 曲沃 武公(稱) 7년	衛	宣公(晉) 10년
蔡	桓侯(封人) 6년	鄭	莊公(寤生) 35년	曹	桓公(終生) 48년	陳	桓公(鮑) 36년
杞	武公 42년	宋	莊公(馮) 원년	秦	寧公 7년	楚	武王(熊通) 32년

㊡
三年春, 曲沃武公伐翼, 次于陘庭.
韓萬御戎, 梁弘爲右.
逐翼侯于汾隰, 驂絓而止, 夜獲之, 及欒共叔.

3년 봄, 곡옥曲沃의 진晉 무공武公이 익翼 땅을 치려고 형정陘庭에 주둔하였다.
한만韓萬이 전차를 조종하고 양홍梁弘이 전차의 오른쪽 전사가 되었다.
익翼의 군주를 분汾의 가장자리 습지로 몰고 가자 익후의 전차를 끄는 곁마가 나무에 걸려 움직이지 못하였으므로, 밤이 되어 익후를 잡고 난공숙欒共叔도 잡아 죽였다.

【曲沃武公】 莊伯의 아들. 성은 姬, 이름은 稱.
【次】 군사가 주둔함을 뜻함. 莊公 3년 傳에 "凡師, 一宿爲舍, 再宿爲信, 過信爲次"라 함.

【韓萬】桓叔의 아들이며 韓 땅에 봉을 받아 韓萬이라 부름. 莊伯의 아우. 韓은 원래 고대 나라 이름으로 지금의 山西 河津縣 동쪽에 있었음. 《竹書紀年》에 의하면 春秋 전 晉 文侯 21년에 망하였음.
【梁弘爲右】당시 전차에는 전차 조종자가 가운데, 射手가 왼쪽, 오른쪽에는 창을 든 戰士가 탔음. 僖公 33년에 보이는 梁弘과는 다른 인물임.
【翼侯】翼의 군주. 晉 哀侯를 가리킴. 《史記》晉世家에 "哀侯九年, 伐晉于汾旁, 虜哀侯"라 함.
【汾】강 이름. 지금의 山西省을 세로로 흘러 黃河로 들어가는 큰 支流. 그러나 본문의 '汾隰'을 지명으로 보아 지금의 山西 寧武縣 근처로 비정하기도 함.
【驂】그때의 전차는 4마리 말이 끌었으며, 중간에 낀 말들을 服馬, 바깥에 끄는 말을 驂馬라 하였음.
【絓】말이 나무 밑을 지나다가 너무 낮아 더 나가지 못하고 걸림.
【欒共叔】欒成. 桓叔의 스승이었던 欒賓의 아들. 欒共子. 哀侯의 대부. 《國語》晉語(1)에 "武公伐翼, 殺哀侯, 止欒共子曰:「苟無死! 吾以子見天子, 令子爲上卿, 制晉國之政.」"이라 하였으나 그는 이를 사양하고 자결함.

❋ 087(桓3-1)

三年春正月, 公會齊侯于嬴.

3년 봄 정월, 공이 제齊 희공僖公과 영嬴에서 만났다.

【春正月】원래 '春王正月'이어야 하나 '王'자가 생략되어 있으며 이러한 예는 《春秋》전체에 15곳임.
【齊侯】齊 僖公(祿父).
【嬴】지금의 山東 萊蕪縣 서북쪽.

⟨傳⟩
會于嬴, 成昏于齊也.

환공이 제齊 희공僖公을 영嬴에서 만난 것은 제나라와의 혼사를 성사시키기 위해서였다.

【成昏】'昏'은 '婚'과 같음. 隱公 7년을 볼 것.

* 088(桓3-2)
夏, 齊侯·衛侯胥命于蒲.

여름, 제齊 희공僖公과 위衛 선공宣公侯이 포蒲에서 서로 맹약하였다.

【衛侯】衛 宣公(晉).
【胥命】 회합하되 歃血의 서약은 하지 않는 것. 莊公 21년 傳에도 "春, 胥命于弭. 夏, 同伐王城"이라 함. 한편 《荀子》 大略篇에는 "不足於行者, 說過; 不足於信者, 誠言. 故《春秋》善胥命, 而《詩》非屢盟, 其心一也"라 함.
【蒲】 지금의 河南 長垣縣 동쪽의 蒲城. 衛나라 땅.

傳
夏, 齊侯·衛侯胥命于蒲, 不盟也.

여름, 제齊 희공僖公과 위衛 선공宣公이 포蒲에서 만났으나 맹약을 하지는 않았다.

【不盟】胥命이었으므로 맹약을 하지 않은 것임.

❋ 089(桓3-3)

六月, 公會杞侯于郕.

6월, 공이 기후杞侯와 성郕에서 만났다.

【杞侯于郕】《公羊傳》에는 "紀侯于盛"이라 하여 '杞'는 '紀'가 아닌가 함.
【郕】'盛', '成'으로도 표기하며 지금의 山東 寧陽縣 동북쪽.

⑲
公會杞侯于郕, 杞求成也.

환공이 기杞나라 군주와 성郕 땅에서 만난 것은 기나라가 화친을
청하였기 때문이었다.

【求成】화평을 요구함. 杞侯가 공경을 표하지 않아 노나라가 징벌에 나서자 杞侯가
다시 화친을 청하였기 때문에 만난 것임. 杜預注에 "二年入杞, 故今來求成"이라 함.

❋ 090(桓3-4)

秋七月壬辰朔, 日有食之, 旣.

가을 7월 임신날 초하루, 개기일식이 있었다.

【壬辰】7월 초하루.
【旣】해가 완전히 가려 보이지 않는 것. 皆旣日蝕을 말함. B.C.709년 7월 17일
皆旣日蝕이 있었음.
＊無傳

* 091(桓3-5)

公子翬如齊逆女.

공자 휘翬가 제齊나라에서 환공의 부인이 될 여자를 맞이하여 왔다.

【翬】魯나라 公子. 자는 羽父. 隱公을 시해한 인물.
【逆女】아내로 맞을 여자를 영접함. '逆'은 '迎'과 같음. 여기서는 魯 桓公이 齊나라 公女를 아내로 맞이하는 일을 公子 翬가 주관하였음을 말함. 이 여인이 文姜이었음. 齊 僖公의 딸이었으며 원래 鄭나라 太子 忽에게 주려 하였으나 완강히 거절하자 魯 桓公에게 시집을 가게 되었음. 뒤에 齊 襄公과 私通하는 등 한 시대를 풍미한 여인. 桓公 6년을 볼 것.

* 092(桓3-6)

九月, 齊侯送姜氏于讙.

9월, 제齊 희공僖公이 강씨姜氏를 환讙까지 배웅하였다.

【齊侯】당시 齊나라 군주는 釐公(僖公)이었음.
【姜氏】齊나라의 公女. 제나라는 姜太公(呂尙)을 시조로 하여 성씨가 姜氏였으며 公女 다른 나라로 시집을 갈 때 그 나라 성씨를 사용함.
【讙】齊나라 국경의 지명. 지금의 山東 寧陽縣 북쪽.

* 093(桓3-7)

公會齊侯于讙.

공이 제齊 희공僖公과 환讙에서 만났다.

【會齊侯】齊 僖公이 姜氏를 讙까지 배웅하자 魯 桓公이 그곳에 가서 제 희공을 만난 것.
＊無傳

※ 094(桓3-8)

夫人姜氏至自齊.

부인 강씨姜氏가 제齊나라에서 노魯나라로 왔다.

【姜氏】文姜. 桓公의 부인이 됨. 뒤에 국제적인 파문을 일으킨 여인.
＊無傳

㊉
秋, 公子翬如齊逆女, 修先君之好, 故曰「公子」.

가을, 공자 휘翬가 제齊나라에서 환공桓公의 부인을 맞이한 것은 선군 때의 우의를 다지기 위한 것이었으므로 그 때문에 '공자公子'라 칭한 것이다.

【故曰公子】원래 翬(羽父)는 魯나라 公子이기는 하나 隱公을 시해하여 그를 '公子'라 칭하지 않았으나 여기서는 그가 우의를 다지기 위한 일을 하였으므로 그 때문에 經文에서 '公子'라 칭한 것임을 설명한 것.

㊉
齊侯送姜氏于讙, 非禮也.
凡公女, 嫁于敵國, 姊妹, 則上卿送之, 以禮於先君; 公子, 則下卿送之,於大國, 雖公子, 亦上卿送之.
於天子, 則諸卿皆行, 公不自送.
於小國, 則上大夫送之.

제齊 희공僖公이 강씨姜氏를 환讙까지 호송한 것은 예에 그릇된 것이었다.

무릇 공녀公女가 대등한 나라로 시집갈 때에는, 공公의 자매일 경우 상경上卿이 호송하여 선군先君에게 예를 갖추고, 공의 딸일 경우는 하경下卿이 호송한다.

자신보다 큰 나라로 시집갈 때에는 비록 공의 딸일지라도 역시 상경이 호송한다.

천자에게 시집을 갈 때라면 여러 경卿들이 모두 따르되 공 자신은 호송하지 않는다.

자신보다 작은 나라로 시집갈 때라면 상대부上大夫가 호송한다.

【公女·公子】제후국 임금의 아들은 公子, 딸은 公女라 칭하였음. 그러나 여기서의 公子는 公侯伯子男 중 公의 爵位를 가진 자의 딸을 지칭함.
【敵國】대등한 국력을 가진 나라.
【上卿】제후국의 벼슬. 上卿·中卿·下卿이 있었음.
【上大夫】제후국의 벼슬. 上大夫와 下大夫가 있었음.

❋ 095(桓3-9)

冬, 齊侯使其弟年來聘.

겨울, 제齊 희공僖公이 동생 연年을 노나라에 보내어 내빙來聘토록 하였다.

【年】仲年. 齊侯 僖公(釐公)의 아우. 隱公 7년을 볼 것.

㉠
冬, 齊仲年來聘, 致夫人也.

겨울, 제齊나라 중년仲年이 예물을 가지고 찾아온 것은 부인을 호송하기 위해서였다.

【致夫人】文姜을 호송하기 위한 것이었음.

※ 096(桓3-10)
有年.

풍년이 들었다.

【年】탈 없이 五穀이 모두 잘 여물어 豐年을 이룬 것을 '年'이라 함. 宣公 16년에는 '大有年'이라 하였음.
＊無傳

㉠
芮伯萬之母芮姜惡芮伯之多寵人也, 故逐之, 出居于魏.

예芮나라 군주 만萬의 어머니 예강芮姜이 예나라 군주에게 총애하는 사람이 많음을 미워하여 그 일로 만을 내쫓아 그는 위魏나라로 가서 살았다.

【芮】周室과 동성인 姬姓의 제후국. 작위는 伯爵. 지금의 山西 芮城縣 동북쪽. 원래 고대 예나라는 둘이었음. 殷나라 때의 芮는 虞나라 이웃에 있었으며

周나라 때의 芮는 畿內에 있어 姬姓이며 周나라 卿士였음.

【萬】芮萬. 芮나라의 군주 이름.《竹書紀年》에 "晉武公七年, 芮伯萬之母芮姜逐萬, 萬出奔魏"라 함.

【魏】원래 고대 나라 이름. 지금의 山西 芮城縣의 河北城. 역시 周室과 同姓인 姬姓의 제후국. 晉 獻公때 멸망하였음.

015. 桓公 4年(B.C.708) 癸酉

周	桓王(姬元) 12년	齊	僖公(祿父) 23년	晉	小子侯 원년 曲沃 武公(稱) 8년	衛	宣公(晉) 11년
蔡	桓侯(封人) 7년	鄭	莊公(寤生) 36년	曹	桓公(終生) 49년	陳	桓公(鮑) 37년
杞	武公 43년	宋	莊公(馮) 2년	秦	寧公 8년	楚	武王(熊通) 33년

❊ 097(桓4-1)

四年春正月, 公狩于郎.

4년 봄 정월, 공이 낭郎에서 사냥을 하였다.

【郎】 지금의 山東 魚臺縣 동북 90리에 있음.
【狩】 겨울 사냥.

㊛
四年春正月, 公狩于郎.
書, 時禮也.

4년 봄 정월, 공이 낭郎에서 사냥을 하였다.
이는 사냥한 때가 예법에 맞았기 때문에 기록한 것이다.

【時禮】周나라 正月은 夏曆으로는 겨울에 해당하여 농사철이 아니므로 사냥이 예에 어긋나지 않았다는 해석임. 그 때문에 경에 기록하였음을 설명한 것.《周禮》大司馬에 "仲冬敎大閱, 遂以狩田"이라 함.

❋ 098(桓4-2)

夏, 天王使宰渠伯糾來聘.

여름, 천자가 재宰 거백규渠伯糾를 시켜 내빙하도록 보내었다.

【渠伯糾】渠는 氏, 伯糾는 이름. 그 아버지가 宰를 지내어 아들이 아버지의 지위를 그대로 사용하고 왔으므로 이의 잘못을 지적한 것.

(傳)
夏, 周宰渠伯糾來聘.
父在, 故名.

여름, 주周나라의 재宰 거백규渠伯糾가 예물을 가지고 찾아왔다.
그의 아버지가 재 벼슬을 지내고 있었으므로 그의 이름을 쓴 것이다.

【父在, 故名】당시 渠伯糾의 아버지는 여전히 宰 벼슬을 지내고 있었으나 그가 아버지의 관직을 내세우며 찾아왔으므로 잘못을 지적하기 위해 이름을 적은 것임.

(傳)
秋, 秦師侵芮, 敗焉, 小之也.

가을, 진秦나라 군사가 예芮나라를 침공하였다가 패하였는데 이는 예나라를 작다고 얕잡아 보았기 때문이었다.

【秦】嬴姓으로 周 孝王이 伯益의 후손 非子를 봉하여 附庸邑으로 삼은 것이며 뒤에 나라로 발전하여 서쪽의 대국이 됨. 지금의 甘肅 天水市에 秦 故城이 있음. 〈大事表〉에 "文公四十年入春秋. 春秋後二百六十年, 始皇幷天下"라 함.

㊉
冬, 王師·秦師圍魏, 執芮伯以歸.

겨울, 천자의 군사와 진秦나라 군사가 위魏나라를 포위하여 예芮나라 군주를 잡아 돌아갔다.

【魏】지금의 山西 芮城縣의 河北 故城. 역시 周室과 同姓인 姬姓의 제후국.
【芮】周室과 동성인 姬姓의 제후국. 작위는 伯爵. 지금의 山西 芮城縣 동북쪽. 당시 군주는 芮萬.《路史》國名紀(戊) 注에《竹書紀年》을 인용하여 "(晉武公) 八年, 周師·虢師圍魏, 取芮伯萬而東之. 九年, 戎人逆芮伯萬于郊. ……桓王 十二年秋, 秦侵芮. 冬, 王師·秦師圍魏, 取芮伯萬而東之"라 함.

016. 桓公 5年(B.C.707) 甲戌

周	桓王(姬元) 13년	齊	僖公(祿父) 24년	晉	小子侯 2년 曲沃 武公(稱) 9년	衛	宣公(晉) 12년
蔡	桓侯(封人) 8년	鄭	莊公(寤生) 37년	曹	桓公(終生) 50년	陳	桓公(鮑) 38년
杞	武公 44년	宋	莊公(馮) 3년	秦	寧公 9년	楚	武王(熊通) 34년

❋ 099(桓5-1)

五年春正月, 甲戌, 己丑, 陳侯鮑卒.

5년 봄 주력 정월 갑술날과 기축날, 진후陳侯 포鮑가 죽었다.

【甲戌, 己丑】두 번에 걸쳐 부고를 알려와 날짜를 두 번 적은 것임. 《白虎通》巡狩篇에 "傳曰「甲戌之日亡, 己丑之日死, 而得有狂易之病薨亡, 而死由不絶也"라 하여 정확한 죽음을 판단할 수 없어 두 번을 보내어 통고한 것임. 甲戌은 지난해 12월 21일이며 己丑은 금년 정월 6일임. 그러나 《公羊傳》에는 "甲戌之日亡, 己丑之日死而得, 君子疑焉, 故以二日卒之也"라 하였고, 《穀梁傳》에는 "春秋之義, 信以傳信, 疑以傳疑. 陳侯以甲戌之日出, 己丑之日得, 不知死之日, 故擧二日以包也"라 함.
【陳侯鮑】陳 桓公. 이름은 鮑. B.C.744~707년까지 38년간 재위함.

傳

五年春正月, 甲戌·己丑, 陳侯鮑卒.
再赴也.
於是陳亂, 文公子佗殺大子免而代之.
公疾病而亂作, 國人分散, 故再赴.

5년 봄 정월 갑술·기축날, 진후陳侯 포鮑가 죽었다.
부고를 거듭하여 알려온 것이다.
이 무렵 진나라는 어지러워 문공文公의 아들 타佗가 태자 문免을 죽이고 자신이 태자가 되었다.
군주가 병에 걸린 가운데 난리가 일어나 나라 사람들이 이리저리 흩어져, 그 때문에 두 번이나 부고를 한 것이다.

【再赴】두 번 와서 알림.
【文公】陳 桓公의 아버지. B.C.754~745년까지 10년간 재위함.
【佗】陳佗. 文公의 아들. 桓公의 배다른 아우.
【大子免】桓公의 아들로 태자였음. '大子'는 '太子'와 같음. '免'은 〈釋文〉에 "免 音問"이라 하여 '문'으로 읽음. 佗가 免을 죽인 내용은 다음해 "蔡人殺陳佗"를 볼 것.

❋ 100(桓5-2)

夏, 齊侯·鄭伯如紀.

여름, 제후齊侯와 정백鄭伯이 기紀나라에 갔다.

【齊侯·鄭伯】당시 齊나라 군주는 釐公(僖公). 鄭나라는 莊公.
【紀】지금의 山東 壽光縣 남쪽에 위치하였던 나라. 군주의 姓은 姜이었음. 莊公 4년(B.C.690) 齊나라에게 망하였음.

㊁
夏, 齊侯·鄭伯朝于紀, 欲以襲之.
紀人知之.

여름, 제후齊侯와 정백鄭伯이 기紀나라에서 만난 것은 기나라를 습격하고자 한 것이었다.
기나라 사람들은 이를 알아차렸다.

※ 101(桓5-3)
天王使仍叔之子來聘.

천자가 잉숙仍叔의 아들로 하여금 노나라를 내빙토록 하였다.

【仍叔】周나라 대부. 주 선왕 때의 대부. 그가 죽은 것은 이미 76년 전이었음. 《穀梁傳》에는 '任叔'으로 되어 있으며 '仍'은 任姓의 고대 작은 나라였음.

※ 102(桓5-4)
葬陳桓公.

진陳 환공桓公의 장례를 치렀다.

【陳桓公】陳나라 군주 鮑.
＊無傳

※ 103(桓5-5)

城祝丘.

축구祝丘에 성을 쌓았다.

【祝丘】지금의 山東 臨沂縣 동남쪽 丘城.
＊無傳

※ 104(桓5-6)

秋, 蔡人·衛人·陳人從王伐鄭.

가을, 채인蔡人·위인衛人·진인陳人이 천자를 따라 정鄭나라를 쳤다.

【從王】春秋시기 전체에서 天子가 직접 정벌에 나선 것은 이 한 번밖에 없음. 《詩經》王風 兎爰 序에 "桓王失言, 諸侯背叛, 構怨連禍, 王師傷敗"라 한 것이 바로 이것임.

傳
王奪鄭伯政, 鄭伯不朝.
秋, 王以諸侯伐鄭, 鄭伯御之.
王爲中軍; 虢公林父將右軍, 蔡人·衛人屬焉; 周公黑肩將左軍, 陳人屬焉.
鄭子元請爲左拒, 以當蔡人·衛人; 爲右拒, 以當陳人, 曰:「陳亂, 民莫有鬪心. 若先犯之, 必奔. 王卒顧之, 必亂. 蔡·衛不枝, 固將先奔. 旣而萃於王卒, 可以集事.」
從之.

曼伯爲右拒, 祭仲足爲左拒, 原繁·高渠彌以中軍奉公, 爲魚麗之陳.
先偏後伍, 伍承彌縫.
戰于繻葛, 命二拒曰:「旝動而鼓!」
蔡·衛·陳皆奔, 王卒亂, 鄭師合以攻之, 王卒大敗.
祝聃射王中肩, 王亦能軍.
祝聃請從之.
公曰:「君子不欲多上人, 況敢陵天子乎? 苟自救也, 社稷無隕, 多矣.」
夜, 鄭伯使祭足勞王, 且問左右.

천자가 정백鄭伯의 정권을 빼앗자 정백이 천자를 조현朝見하지 않았다.
가을, 천자가 제후들을 이끌고 정鄭나라를 치자 정 장공莊公이 이를 막아내었다.
천자는 중군中軍을 거느리고, 괵공虢公 임보林父가 우군右軍을 이끌고 채인蔡人·위인衛人을 이에 소속시켰으며, 주공周公 흑견黑肩이 좌군左軍을 이끌고 진인陳人이 이에 소속되었다.
정나라 자원子元은 좌군의 진영을 만들어 채인과 위인을 막게 하고, 우군의 진영을 만들어 진인들을 방어할 것을 요청하며 이렇게 말하였다.
"진나라는 난리를 겪고 있으므로 백성들이 싸울 마음이 없습니다. 만약 그들을 먼저 공격하면 틀림없이 달아나고 말 것입니다. 천자의 군사도 그것을 보고 틀림없이 대열이 어지러워질 것입니다. 채나라와 위나라 군사도 버티지 못하고 먼저 달아나려 할 것입니다. 그 다음에 군사를 모아 천자의 군사를 집중 공격하면 성공할 수 있습니다."
정 장공은 그의 말을 따랐다.
만백曼伯이 우군의 진형을 만들고, 채중족祭仲足은 좌군의 진형을 만들어 원번原繁과 고거미高渠彌가 중군을 지휘하여 군주를 받들고 어려진魚麗陣 대형을 짰다.
선두에 전차부대가 서고 뒤로는 보병이 5명씩 따르되, 전차부대 사이를 보병들로 채웠다.

수갈繻葛에서 싸움이 벌어지자 좌·우군에게 명령이 내려졌다.

"대장의 붉은 깃발이 움직이면 북을 쳐라!"

채·위·진나라의 군사가 모두 달아나 천자의 군사도 어지러워지자 정 장공은 군사를 합하여 공격하여 천자의 군사는 대패하고 말았다.

축담祝聃이 활을 쏘아 천자의 어깨를 맞혔지만 천자는 그래도 군사들을 지휘하였다.

축담이 천자의 군사를 뒤쫓아 공격할 것을 청하였다.

그러자 장공이 말하였다.

"군자는 윗사람을 심하게 능욕하는 것이 아니라오. 하물며 감히 천자를 능멸할 수 있겠소? 다만 자신을 구제하고 사직이 무너지지 않으면 그것으로 충분한 것이라오."

밤이 되자 장공은 채족祭足으로 하여금 가서 천자를 위로하고, 아울러 천자의 좌우 신하들도 문안하도록 하였다.

【王奪鄭伯政】鄭伯은 鄭 莊公(寤生). 莊公은 平王의 卿士였으며 그에 따라 늘 주실의 정책 결정에 참여하여 왔음. 그러나 뒤에 주왕이 그 권한을 虢公 林父에게 나누어 주었으며 이를 두고 정권을 빼앗은 것이라 한 것임. 孔穎達 疏에 "隱三年傳稱「王貳于虢」, 謂欲分政于虢, 不復專任鄭伯也. 及平王崩, 周人將畀虢公政, 卽周鄭交惡, 未得與之. 八年傳曰「虢公忌父始作卿士于周」, 於是始與之政, 共鄭伯分王政矣. 九年傳曰「鄭伯爲王左卿士」, 則虢共爲右卿士, 與鄭伯夾輔王也. 此言「王奪鄭伯政」, 全奪與虢, 不使鄭伯復知王政"이라 함.

【中軍】당시 천자와 제후의 연합군은 中軍, 右軍, 左軍으로 편성하였음.

【虢公林父】周王의 卿士.

【周公黑肩】周室에 속한 卿士. 周桓公. 이름은 黑肩.

【子元】杜預 注에 鄭나라 공자 突이라 하였으나 顧炎武는 鄭 厲公으로 보았음.

【左拒, 右拒】'拒'는 '矩'와 같으며 方形의 陳形이라 함.

【陳亂】陳 桓公(鮑)이 죽자 나라에 난이 일어났으며 이듬해 그 뒤를 厲公(躍)이 이음.

【不枝】中軍과 左軍이 패하여 右軍도 더 이상 버틸 수 없음.

【集事】成事와 같음.

【曼伯】鄭나라 공자 忽의 字. 檀伯으로도 부름.

【祭仲足】鄭나라 대부 祭仲. '祭'는 '채'(側界反)로 읽음.

【原繁】鄭나라 대부. 이상 셋과 子元 등 네 사람은 모두 隱公 5년을 볼 것.
【高渠彌】鄭나라 대부. '高渠眯'로도 표기함.《史記》秦本紀에 "鄭高渠眯殺其君昭公"이라 하였음. 자는 高伯. 昭公(忽)을 시해한 인물임. 桓公 17년을 볼 것.
【魚麗之陳】전투대형의 하나로 물고기 비늘처럼 촘촘히 구성하는 진법. 杜預 注에 "《司馬法》, 車戰二十五乘爲偏, 以車居前, 以伍次之, 乘偏之隙而彌縫闕漏也. 五人爲伍, 此蓋魚麗陳法"이라 함.《後漢書》蓋勳傳에도 "勳收餘衆百餘人, 爲魚麗之陳"이라 함. 한편 '陳'은 '陣'과 같음. 晉 이전에는 '陳'과 '陣'을 같이 사용하였음.《論語》衛靈公篇에 "衛靈公問陳於孔子. 孔子對曰:「俎豆之事, 則嘗聞之矣; 軍旅之事, 未之學也.」"라 하였고,《顔氏家訓》書證篇에는 "太公《六韜》, 有天陳・地陳・人陳・雲鳥之陳.《論語》曰:「衛靈公問陳於孔子.」《左傳》:「爲魚麗之陳.」俗本多作阜傍車乘之車. 案諸陳隊, 並作陳・鄭之陳. 夫行陳之義, 取於陳列耳, 此六書爲假借也,《蒼》・《雅》及近世字書, 皆無別字; 唯王羲之〈小學章〉, 獨阜傍作車, 縱復俗行, 不宜追改《六韜》・《論語》・《左傳》也"라 함.
【偏】《司馬法》에 의하면 전차 25대로 구성된 전차 부대라 하였음.
【伍承彌縫】'伍'는 다섯 병졸로 이루어진 보병 단위. 이들이 전차 사이의 빈 공간을 메워 결점을 보완함.
【繻葛】정나라 땅. 長葛. 지금의 河南 長葛縣 북쪽에 故城이 있음.
【旝】'괴'로 읽으며 지휘 대장의 붉은 색 깃발. 전투 공격의 신호용으로 쓰임. 그러나 賈逵는 돌을 던지는 기구(發石, 飛石)라 하였음.
【祝聃】정나라 대부.
【王亦能軍】周 桓王은 어깨에 부상을 입었음에도 군사를 지휘함. 그러나 王引之는《左傳述聞》에서 "'亦'當爲'不'字, 形相似而誤. 此言王之餘師不復能成軍耳"라 하여 '亦'자는 '不'자의 오기로 '王不能軍'이어야 한다고 보았음.

㊀
仍叔之子來聘, 弱也.

잉숙仍叔의 아들이 빙문하러 왔는데 그는 매우 어린 아이였다.

【仍叔】周나라 천자의 대부. 任叔.

※ 105(桓5-7)

大雩.

크게 기우제를 지냈다.

【大雩】 기우제. 성대하게 거행하였음을 말함. '雩'는 원래 두 종류가 있어 4월 蒼龍, 즉 28수 중 東方 칠수(七宿)가 나타날 때에 맞추어 농사가 잘 되도록 올리는 '常雩'와 旱魃이 들었을 때 올리는 '旱雩'가 있었으며 常雩는 일상 정례 행사였으므로 《春秋》에 기록하지 않았다 함.

⟨傳⟩
秋, 大雩.
書, 不時也.
凡祀, 啓蟄而郊, 龍見而雩, 始殺而嘗, 閉蟄而烝.
過則書.

가을, 기우제를 성대하게 거행하였다.
이를 기록한 것은 때에 맞지 않았기 때문이었다.
무릇 제사란 땅속에서 겨울을 난 벌레들이 움직이는 정월에 교제郊祭를 지내고, 창룡蒼龍의 별자리가 나타나는 4월에 우제雩祭를 지내며, 초목이 마르기 시작하는 8월에 수확한 곡식으로 상제嘗祭를 지내며, 벌레들이 땅속으로 숨어드는 10월에 증제烝祭를 지내는 것이다.
이 시기를 맞추지 않고 제사를 지내게 되면 경經에 기록한다.

【不時】 때에 맞지 않았음을 기록한 것.
【啓蟄而郊】 '啓蟄'은 땅속 등지에서 겨울잠을 자던 벌레가 나와 움직임을 말하며 夏正月(建寅)을 가리킴. 지금의 驚蟄. 漢 景帝의 이름이 劉啓여서 그 뒤 '啓蟄'을 '驚蟄'으로 고쳐 불렀다 함. 郊는 郊外에서 祭를 올리는 봄 제사.
【龍見而雩】 '龍'은 蒼龍. 옛날 28수(宿)의 별자리에서 동쪽 7개의 별을 이은 것

으로 용 모양의 별자리. 이 별자리가 보이면 4월(建巳)로 그 때라야 기우제(雩)를 지냄. '雩'는 여름 제사의 다른 이름이기도 함.
【始殺而嘗】'殺'은 肅殺. 쌀쌀한 기운에 초목이 마름. 가을 8월(建酉)에 수확한 곡식을 올리는 嘗祭를 드림. '嘗'은 가을 제사의 이름.
【閉蟄而烝】벌레들이 땅 속으로 들어가는 겨울. '烝'은 겨울 제사의 이름. 이에 따라 고대에는 郊, 雩, 嘗, 烝의 네 계절 제사가 구분되었음.
【過則書】시기에 맞지 않은 제사를 거행할 경우 잘못되었음을 기록함.

※ 106(桓5-8)

螽.

메뚜기가 발생하였다.

【螽】蝗蟲. 누리. 메뚜기. 농사를 그르치게 하는 해충. 螽斯, 蜇螽, 蚱蜢, 土螽 등으로도 불림.《藝文類聚》에 인용된《春秋佐助期》에 "螽之爲蟲, 赤頭甲身而翼, 飛行, 陰中陽也. 螽之爲言衆, 暴衆也"라 하였고, 다시《五行傳》을 인용하여 "介蟲有甲能蜚, 陽之類, 陽氣所生. 於春秋爲螽, 今謂之蝗"이라 함.
＊無傳

※ 107(桓5-9)

冬, 州公如曹.

겨울, 주공州公이 조曹나라로 갔다.

【州公】州는 淳于國이라고도 하며 姜姓. 지금의 山東 安丘縣 동북에 淳于城이 있음. 淳于는 州나라의 도읍이었음.

【曹】 당시 曹나라 군주는 桓公(終生)이었음. 曹나라는 姬姓의 제후국으로 周 武王(姬昌)이 아우 叔振鐸을 曹에 봉하여 陶丘를 도읍으로 하였으며 지금의 山東 定陶縣 서남쪽이었음. 魯 哀公 8년 宋나라에게 망함.

㊅
冬, 淳于公如曹.
度其國危, 遂不復.

겨울, 순우공淳于公이 조曹나라로 갔다.
그는 자기 나라가 위태롭다고 판단하고 결국 돌아가지 않았다.

【淳于公】 州公. 州(淳于)나라의 군주.
【度】 '탁'으로 읽으며 '헤아리다'의 뜻.

017. 桓公 6年(B.C.706) 乙亥

周	桓王(姬元) 14년	齊	僖公(祿父) 25년	晉	小子侯 3년 曲沃 武公(稱) 10년	衛	宣公(晉) 13년
蔡	桓侯(封人) 9년	鄭	莊公(寤生) 38년	曹	桓公(終生) 51년	陳	厲公(躍) 원년
杞	武公 45년	宋	莊公(馮) 4년	秦	寧公 10년	楚	武王(熊通) 35년

❋ 108(桓6-1)

六年春正月, 寔來.

6년 봄 정월, 그 사람이 노나라로 왔다.

【寔來】'寔'은 '實', '是'와 같음. 당시의 常套語. 淳于公을 가리킴.

㊝
六年春, 自曹來朝.
書曰「寔來」, 不復其國也.

6년 봄, 조曹나라로부터 사신이 내조하였다.
경에 '그 사람이 왔다(寔來)'라 기록한 것은 그가 자기 나라로 돌아가지 않았기 때문이다.

【寔來】"이 사람이 왔다"의 뜻. 寔는 淳于公.
【不復其國】그가 魯나라에 와서도 자신의 나라로 돌아가지 않았음을 말함.

(傳)
楚武王侵隨, 使薳章求成焉, 軍於瑕以待之.
隨人使少師董成.
鬪伯比言于楚子曰:「吾不得志於漢東也, 我則使然. 我張吾三軍, 而被吾甲兵, 以武臨之, 彼則懼而協以謀我, 故難間也. 漢東之國, 隨爲大. 隨張, 必弃小國. 小國離, 楚之利也. 少師侈, 請羸師以張之.」
熊率且比曰:「季梁在, 何益?」
鬪伯比曰:「以爲後圖, 少師得其君.」
王毀軍而納少師.
少師歸, 請追楚師.
隨侯將許之.
季梁止之, 曰:「天方授楚, 楚之羸, 其誘我也. 君何急焉? 臣聞小之能敵大也, 小道大淫. 所謂道, 忠於民而信於神也. 上思利民, 忠也; 祝史正辭, 信也. 今民餒而君逞欲, 祝史矯擧以祭, 臣不知其可也.」
公曰:「吾牲牷肥腯, 粢盛豐備, 何則不信?」
對曰:「夫民, 神之主也, 是以聖王先成民而後致力於神. 故奉牲以告曰『博碩肥腯』, 謂民力之普存也, 謂其畜之碩大蕃滋也, 謂其不疾瘯蠡也, 謂其備腯咸有也; 奉盛以告曰『絜粢豐盛』, 謂其三時不害而民和年豐也; 奉酒醴以告曰『嘉栗旨酒』, 謂其上下皆有嘉德而無違心也. 所謂馨香, 無讒慝也. 故務其三時, 修其五敎, 親其九族, 以致其禋祀, 於是乎民和而神降之福, 故動則有成. 今民各有心, 而鬼神乏主; 君雖獨豐, 其何福之有? 君姑修政, 而親兄弟之國, 庶免於難!」
隨侯懼而修政, 楚不敢伐.

초楚 무왕武王이 수隨나라를 침략하면서 원장薳章으로 하여금 화친을 요구하도록 하고는 군사를 하瑕에 주둔시킨 채 결과를 기다리고 있었다.

수나라 사람들은 소사少師 벼슬의 사신으로 하여금 화친을 성사시키도록 하였다.

그러자 초나라 투백비鬪伯比가 초왕에게 말하였다.

"우리가 한수漢水 동쪽으로 뜻을 이루지 못하는 것은 우리 스스로가 그렇게 하고 있기 때문입니다. 우리가 삼군三軍으로 기세를 떨치고 우리 군사를 무장하여 무력으로 그들을 대함으로써 저들은 두려워 서로 힘을 합해 우리에게 맞서고 있는 것입니다. 따라서 저들 사이를 떼어놓기가 어려운 것입니다. 한수 동쪽 나라들 중에 수나라가 가장 큽니다. 그런데 수나라가 교만하게 굴면 틀림없이 작은 나라들을 버리게 될 것이며 작은 나라들이 버림을 받아 분리되고 나면 초나라가 이익을 누리게 됩니다. 수나라 소사가 오만하게 굴고 있으니 청컨대 우리는 지친 척하여 그로 하여금 더욱 허세를 부리도록 해야 합니다."

그러자 웅률저비熊率且比가 말하였다.

"수나라에 계량季梁이 있는데 그렇게 한들 무슨 이익이 되겠소?"

투백비가 말하였다.

"뒷날을 꾀하자는 것입니다. 소사는 그 군주의 신임을 받고 있습니다."

초왕이 군사를 줄이고 소사를 맞아들였다.

소사는 돌아가서 과연 초나라 군사를 뒤쫓아 공격할 것을 청하였다.

수나라 군주가 그의 말을 따르려 하자 계량이 저지하였다.

"하늘이 바야흐로 초나라에 기회를 주고 있습니다. 초나라가 지친 척하는 것은 우리를 유혹하고자 하는 것입니다. 군주께서는 어찌 그리 급하게 서두르십니까? 제가 듣기로 작은 나라가 능히 큰 나라에 대적할 수 있는 경우란, 작은 나라는 도道를 지키고 있고 큰 나라는 제멋대로 할 경우라 하더이다. 이른바 도라는 것은 백성에게 충실히 하고 신神에게는 믿음을 사는 것입니다. 임금으로서 백성에게 이로움 주고자 하는 생각이 충이요, 축사祝史가 신에게 바른대로 실토하는 것이 신信입니다. 지금 백성이 굶주리고 있는 이때, 군주께서는 욕심만 채우고 있으며, 축사는 사실을 숨기면서 제사를 올리고 있으니, 저로서는 이렇게 하는 것이 옳은 일인지 알 수가 없습니다."

수나라 임금이 말하였다.

"내가 제사에 바치는 희생犧牲은 모두가 기름지고 살찐 것이며, 서직黍稷도 풍성하게 갖추고 있소. 그런데 어찌 믿음이 없다는 것이오?"

계량이 대답하였다.

"무릇 백성이 신의 주인입니다. 이 까닭으로 훌륭한 임금이라면 먼저 백성의 뜻을 이루어주고 그 다음에 신에게 정성과 힘을 쏟는 법입니다. 그 때문에 희생을 올리면서 '박석비돌博碩肥腯'이라 고하는 것이니, 이는 백성의 재력이 두루 존속하며 가축이 잘 크고, 많이 증식하여 불어나도록 해 달라는 뜻이며, 피부병 따위도 없도록 해달라는 뜻이며. 모두가 살찌게 해 달라는 말입니다. 그리고 곡식을 그릇에 담아 바치면서 고할 때는 '결자풍성潔粢豊盛'이라 합니다. 이는 삼시의 농사철에 백성을 괴롭히지 않아 백성이 화평을 누리며 풍년이 들도록 해 달라는 말입니다. 그리고 또 술과 단술을 바치며 고할 때는 '가율지주嘉栗旨酒'라 합니다. 이는 위아래 모두 아름다운 덕이 있어 거스르는 마음을 갖지 않도록 해 달라는 기원입니다. 이른바 꽃다운 향기에는 헐뜯거나 간특하게 구는 것이 없다 하였습니다. 그 때문에 삼시의 농사철을 힘쓰고 오교五敎를 닦고 구족九族과 친히 여기기 위하여 깨끗하게 제사를 올리는 것입니다. 그래야 백성이 화평을 누리고 신은 복을 내립니다. 그러므로 어떤 일을 도모하면 성공하게 되는 것입니다. 지금 백성들은 제각기 다른 마음을 품고 있으며 귀신은 백성이라는 주인도 없는데 임금께서 아무리 혼자 제사를 풍성히 지낸들 무슨 복이 다가오겠습니까? 임금께서 우선 정사에 힘쓰시고 형제 나라들과 친히 지낸다면 아마 재앙을 면할 수 있을 것입니다!"

수나라 임금이 두려워하며 정사를 잘 닦기에 힘쓰자 초나라가 감히 덤벼들지 못하였다.

【楚】남쪽 제후국으로서 祝融 八姓의 하나. 처음에는 丹陽(湖北 秭歸縣 동쪽)을 도읍으로 하였으나 文王 때 郢(湖北 江陵縣)으로 옮겨 長江을 중심으로 한 대국으로 발전하였음. 미성(羋姓).

【武王】蚡冒의 아들. 熊通. B.C.740~690년까지 51년간 재위함. 춘추시대 초나라는 子爵으로 '子'의 명칭을 써야 하나 주 왕실이 쇠약해지자 武王 때부터 처음으로 '王'을 참칭하였음. 그러나《春秋》에는 계속 '楚子'라 표기함.

【隨】지금의 湖北 隨縣 남쪽에 있던 작은 나라. 周室과 동성인 姬姓. 그러나《姓纂》에《風俗通》과《路史後記》를 인용하여 隨는 神農의 후예이며 姜姓이라 하였음. 北朝 北周의 楊堅이 이 땅의 爵號를 받아 隨國公이라 하였으며 나라를 세우자 국명의 '隨'자의 뜻이 안정성이 없다 하여 '辶'부수를 제거하고 '隋'로 글자를 만들어 국호가 되었음.

【薳章】蒍章으로도 표기하며 楚나라 대부이며 왕자 無鉤. '薳'는 '위'로도 읽으며 '蒍'와 같음.《潛夫論》志氏姓에 "蚡冒生蒍章者, 王子無鉤也"라 하였고《通志》氏族略에 "蒍章食邑於蒍, 故以命氏"라 함.

【瑕】隨나라 땅 이름.

【少師】벼슬 이름. 隨나라 대부.

【董成】일을 잘 판단하여 성사시킴.

【鬪伯比】楚나라의 대부. 令尹 子文의 부친. 羋姓이며 若敖의 후손. 若敖는 廉, 緡, 祁, 伯比 등 네 아들을 낳았으며 伯比가 令尹 子文의 아버지였음.

【楚子】작위가 子爵이었던 초나라 군주를 일컬음.

【漢東】漢水 동쪽. 漢水는 陝西 寧姜縣에서 시작, 湖北의 漢口에서 長江으로 합류함. 僖公 28년에 "漢陽諸姬"라 하였고, 定公 4년에도 "周之子孫在漢川者"라 하여 그 동쪽 나라들은 거의가 姬姓으로 周 王室과 동성이었음.

【三軍】上軍, 中軍, 下軍을 함께 이르는 말. 1군은 1만 2천 5백 명임. 당시 천자는 6군을 보유, 큰 제후국은 3군, 그 다음 제후국은 2군, 작은 제후국은 1군을 보유하였음.

【羸師】軍力을 약하게 하여 피로에 지친 것처럼 함. '羸'(리)는 '파리하다'의 뜻.

【張之】허세를 부림.

【熊率且比】초나라 대부. '웅률저비'로 읽음.

【季梁】隨나라의 어진 신하.

【小道大淫】작은 나라는 도로써 지탱하고 큰 나라는 제멋대로 횡포를 부림.

【祝史】廟祝과 史官. 그러나 축사는 하늘에 제사를 올리는 일을 담당하는 神官, 祭官으로 봄.

【牲牷肥腯】'牷'은 순수하고 깨끗한 색깔을 띤 희생을 정성스럽게 선택한다는 뜻이며 '肥腯'은 살찌고 좋은 제물이라는 뜻.

【博碩肥腯】 신에게 제물을 올릴 때 고하는 초나라 祝文. '크고 살찐 것을 올립니다'의 뜻으로 그와 같이 '자신들도 건강하고 가축이 번성하며 백성의 힘이 고르게 퍼지도록 해 달라'는 기원.
【瘯蠡】 '족려'로 읽으며 피부병의 일종.
【潔粢豐盛】 '粢'는 가을 수확 곡물을 신에게 바치는 것. '깨끗한 粢黍를 풍성히 올립니다'의 뜻.
【三時】 春夏秋의 세 계절. 농사를 짓는 시기를 말함. 밭 갈고 씨 뿌리는 봄과 풀 베는 여름과 곡식을 거두는 가을의 농사철.
【嘉栗旨酒】 좋고 빛깔이 맑은 맛있는 술.
【五教】 五倫의 가르침. 父義, 母慈, 兄友, 弟恭, 子孝를 가리킴.
【九族】 고조·증조·조부·아버지·자기·아들·손자·증손·玄孫까지의 직계. 異姓을 포함해서는, 部族 넷·母族 셋·妻族 둘을 합한 것을 말함. 杜預 注에 "九族謂外祖父, 外祖母, 從母子及妻父, 妻母, 姑之子, 姊妹之子, 女子之子並己之同族, 皆外親有服而異族者也"라 함.
【禋祀】 정갈하고 정성스러운 제사.

✹ 109(桓6-2)

夏四月, 公會紀侯于成.

여름 4월, 공이 기후紀侯와 성成에서 만났다.

【成】 魯나라 땅. 지금의 山東 寧陽縣 동북에 成社의 유적이 있음. 《穀梁傳》에는 '郕'으로 되어 있음. 뒤에 孟孫氏의 채읍이 되어 仲由가 季氏의 邑宰가 된 곳임.

傳
夏, 會于成, 紀諮謀齊難也.

여름, 성成에서의 회합은 기紀나라가 제齊나라의 침략에 따른 어려움에 대해 자문하고 상의하기 위해서였다.

【齊難】 紀나라가 齊나라의 압박을 받으며 장차 제나라에게 멸망을 당할 수도 있다는 두려움에 노나라와 상의를 한 것.

㊀
北戎伐齊, 齊使乞師于鄭.
鄭大子忽帥師救齊.
六月, 大敗戎師, 獲其二帥大良·小良, 甲首三百, 以獻於齊.
於是諸侯之大夫戍齊, 齊人饋之餼, 使魯爲其班.
後鄭.
鄭忽以其有功也, 怒, 故有郎之師.
公之未昏於齊也, 齊侯欲以文姜妻鄭大子忽.
大子忽辭.
人問其故.
大子曰:「人各有耦, 齊大, 非吾耦也.《詩》云:『自求多福.』在我而已, 大國何爲?」
君子曰:「善自爲謀.」
及其敗戎師也, 齊侯又請妻之.
固辭.
人問其故.
大子曰:「無事於齊, 吾猶不敢. 今以君命奔齊之急, 而受室以歸, 是以師昏也. 民其謂我何?」
遂辭諸鄭伯.

북융北戎이 제齊나라를 치자 제나라가 정鄭나라에 사신을 보내어 군사를 요청하였다.

정나라 태자 홀忽이 군사를 거느리고 가서 제나라를 구제하였다.

6월, 북융 군사를 대패시켜 그 장수 대량大良과 소량小良을 포로로 잡고 병갑兵甲의 머리 3백을 획득하여 제나라에 바쳤다.

이때 제후국의 대부들도 병사를 이끌고 가 제나라를 지키게 되었으며, 제나라 사람들이 그들에게 식량을 주며 노나라로 하여금 그것을 나누어 주도록 하였다. 그런데 정나라가 뒤로 밀려나고 말았다.

그러자 정나라 태자 홀이 무공武功이 있음을 내세워 화를 내었으며, 그 때문에 낭郎에서 싸움이 일어나게 된 것이다.

환공桓公이 제나라 문강文姜과 혼인하지 않았을 때, 제나라 군주가 문강을 정나라 태자 홀의 아내로 주려 하였었다.

그때 태자 홀이 사양하였다.

어떤 이가 그 이유를 물었다.

태자는 이렇게 말하였다.

"사람에게는 저마다 짝이 있소. 제나라는 큰 나라로서 내가 그의 짝이 될 수 없소. 《시》에 '스스로 구하면 많은 복을 얻으리'라 하였소. 내 스스로 복을 찾아야지 어찌 큰 나라에 기댈 수 있겠소?"

군자가 말하였다.

"그는 스스로 모책을 세울 줄 아는 자이다."

그가 융 군사를 크게 쳐부수자 제나라 군주가 다시 문강을 아내로 맞이해줄 것을 청하였다.

그는 굳이 사절하였다.

어떤 이가 그 까닭을 물었다.

태자는 이렇게 말하였다.

"제나라에 변고가 없을 때에도 내가 감히 사양하였는데, 이제 군주의 명령으로 제나라의 위급한 일로 왔다가 아내를 얻어 돌아간다면 전쟁을 핑계로 혼인한 것이 되오. 그러면 백성이 나를 보고 어떻게 말하겠소?"

마침내 그는 아버지 정 장공에게 말하여 사절하였다.

【北戎】山戎. 춘추시대 齊나라 동북쪽에 있던 이민족. 지금의 河北 無棣縣 북쪽에 분포하였음.
【大子】太子와 같음. 忽은 公子 忽. 鄭나라 태자. 뒤에 鄭나라 昭公이 됨.
【大良·小良】北戎의 두 장수 이름.
【餼】군사용 식량. 齊나라에서 각 제후국 대부들이 자신을 지켜주는 것을 고맙게 여겨 먹을 것을 제공한 것임.
【郎之師】魯 桓公 10년 12월, 鄭나라가 齊나라·衛나라와 함께 魯나라의 郎을 공격하였던 싸움.
【文姜】齊나라 출신으로 뒤에 桓公의 아내가 됨. 淫亂함을 부리다가 魯 桓公에게 발각되어 그일로 환공이 제양공에게 피살되는 결과를 낳음.
【詩】《詩經》大雅 文王篇에 "無念爾祖, 聿脩厥德. 永言配命, 自求多福. 殷之未喪師, 克配上帝. 宜鑒于殷, 駿命不易. 命之不易, 無遏爾躬. 宣昭義問, 有虞殷自天. 上天之載, 無聲無臭. 儀刑文王, 萬邦作孚"라 함.

※ 110(桓6-3)

秋八月壬午, 大閱.

가을 8월 임오날, 군주가 친히 군사를 검열하였다.

【壬午】8월 8일.
【閱】閱兵. 兵車, 兵馬 등을 점검하는 행사.

㊉
秋, 大閱, 簡車馬也.

가을, 군주가 친히 군사를 검열한 것은 전차와 군마軍馬를 점검한 것이다.

【簡】 수레와 말을 헤아려 점검함. 鄭나라 太子 忽이 魯나라를 칠 것을 대비하여 전비를 서두른 것.

❈ 111(桓6-4)

蔡人殺陳佗.

채蔡나라가 진타陳佗를 죽였다.

【陳佗】 陳 文公의 아들. 桓公의 배다른 아우. 桓公 5년 傳을 볼 것. 莊公 22년 傳에 "陳厲公, 蔡出也, 故蔡人殺五父而立之"라 하였으며 五父는 陳佗를 가리킴.

❈ 112(桓6-5)

九月丁卯, 子同生.

9월 정묘날, 아들 동同이 태어났다.

【丁卯】 9월 24일.
【子同】 魯 桓公의 아들 이름. 뒤에 莊公이 됨. 桓公 嫡夫人의 長子.

㊙
九月丁卯, 子同生.
以大子生之禮擧之, 接以大牢, 卜士負之, 士妻食之, 公與文姜・宗婦命之.
公問名於申繻.

對曰:「名有五: 有信, 有義, 有象, 有假, 有類. 以名生爲信, 以德命爲義, 以類命爲象, 取於物爲假, 取於父爲類. 不以國, 不以官, 不以山川, 不以隱疾, 不以畜牲, 不以器幣. 周人以諱事神, 名終將諱之. 故以國則廢名, 以官則廢職, 以山川則廢主, 以畜牲則廢祀, 以器幣則廢禮. 晉以僖侯廢司徒, 宋以武公廢司空, 先君獻·武廢二山, 是以大物不可以命.」

公曰:「是其生也, 與吾同物. 命之曰同.」

9월 정묘날, 아들 동同이 태어났다.

태자가 태어난 것을 축하하기 위해 태뢰大牢의 큰 잔치를 열어 접견하였고 점을 쳐서 선비를 골라 태자를 업히며 그 선비의 아내로 하여금 유모로 삼았다.

공이 문강文姜과 종부宗婦들과 함께 그의 이름을 지어주면서 신수申繻에게 이름 짓는 법을 물었다.

신수가 대답하였다.

"이름을 짓는 법에는 다섯 가지가 있습니다. 신信, 의義, 상象, 가假, 유類가 그것입니다. 태어날 때의 상황으로 이름 짓는 것을 신이라 하고, 덕德이 있는 글자로 짓는 것을 의라 합니다. 생김새를 보아 이름 짓는 것을 상이라 하고, 사물의 이름에서 취하여 짓는 것을 가假라 하고, 아버지와 관련된 글자로 이름 짓는 것을 유類라고 합니다. 그러나 나라 이름과 벼슬 이름의 글자는 쓰지 않으며, 산천과 질병의 이름 글자를 쓰지 않으며, 축생의 이름자를 쓰지 않으며, 기폐器幣도 이름에 쓰지 않습니다. 주周나라 사람들은 선조의 신 이름을 피휘避諱하는 것을 섬기는 것이라 여기니 이름이란 사람이 죽으면 부르기를 꺼리는 것입니다. 그러므로 나라 이름으로 이름을 지으면 그 나라 이름을 버려야 하고, 벼슬 이름으로 이름 지으면 그 벼슬 이름을 바꾸어야 합니다. 산천의 이름으로 이름을 지으면 그 산천을 주관하는 주신主神의 폐기해야 하며, 축생의 이름으로 이름을 지으면 그 가축은 제사에 쓸 수 없으며, 예기와 옥백의 이름으로 이름 지으면 그것을 예물로 쓰지 않습니다. 진晉나라 희공僖公의 이름이 사도

司徒였으므로 사도 벼슬 명칭을 바꾸었고, 송나라 무공武公의 이름이 사공司空이었으므로 사공 벼슬 명칭을 고쳤습니다. 우리 선대 군주인 헌공獻公과 무공武公께서도 산 이름으로 이름을 지으셨으므로 그 두 산의 이름을 바꾸었습니다. 이 까닭으로 중요한 물건의 이름으로는 작명을 하지 않는 것입니다.”

환공이 말하였다.

“이 아이의 생일이 나와 같구나. 이름을 동同이라 부르겠노라.”

【九月丁卯】 9월 24일.

【大牢】 '太牢'와 같음. '태뢰'로 읽음. 나라의 祭祀나 慶事, 잔치 등에 희생물로 소와 양, 돼지를 사용하는 것.《禮記》內則에 "國君世子生, 告于君, 接以大牢, 宰掌具"라 함.

【卜士】 점을 쳐 士의 벼슬을 가진 자를 골라 그로 하여금 아이를 업고 나서게 함. 《禮記》內則에 "三日, 卜士負之, 吉者宿齊朝服寢門外, 詩負之, 射人以桑弧蓬矢六, 射天地四方, 保受乃負之, 宰醴負子, 賜之束帛, 卜士之妻, 大夫之妾, 使食子"라 함.

【文姜】 桓公의 부인. 齊나라 출신.

【宗婦】 同宗의 부인. 종실의 嫡宗 부인.

【命之】 '命'은 '名'과 같음. 이름을 지어줌.《禮記》內則에 "世子生, 則君沐浴朝服, 夫人亦如之. 皆立于阼階, 西嚮. 世婦抱子升自西階, 君名之, 乃降"이라 하였고, 鄭玄 注에 "自升自西階, 則人君見世子於路寢也"라 함. 그런가 하면《儀禮》喪服傳에도 "故子生三月, 則父名之"라 하였고《禮記》內則에는 "三月之末, 擇一, 父執子之右手, 咳而名之"라 하여 태어난 지 3달 뒤에 이름을 지어주었음.

【申繻】 魯나라 대부.

【以名生爲信】 태어날 때 상황에 맞추어 이름을 지음. 唐叔虞와 魯나라 季友, 鄭나라 穆公의 이름이 蘭이었음.《論衡》詰術篇에 唐叔虞가 태어날 때 그 손바닥에 '虞'자의 무늬가 있어 이름을 '虞'로 하였으며, 魯나라 季友가 태어날 때 그 손에 역시 '友'의 무늬가 있어 이름을 '友'로 하였다 함.

【以德命爲義】 周 文王(姬昌)과 아들 武王(姬發)이 그 예라 하였음.《論衡》詰術篇에 "以德名爲義, 若文王爲昌, 武王爲發也"라 함.

【以類命爲象】 孔子의 머리가 尼丘와 같아 이름이 丘이며 자는 仲尼였음.《史記》

孔子世家에 "禱於尼丘, 得孔子. 生而首上圩頂, 故因名曰丘云"이라 함.

【取於物爲假】孔子의 아들 鯉(伯魚)가 태어날 때 어떤 사람이 잉어를 선물하여 그에 맞추어 이름을 지었으며 宋 昭公의 경우 그 모습이 확(杵臼)과 같아 이름을 杵臼로 지음.《論衡》詰術篇에 "取於物爲假, 若宋公名杵臼也"라 함.

【取於父爲類】子同과 그 아버지 桓公의 생일이 같아 '同'으로 이름을 지은 것임.

【不以國】자신의 나라 이름을 아이 이름으로 쓰지는 않으나 다른 나라 이름을 그대로 쓴 예는 衛 宣公(晉), 衛 成公(鄭), 魯 定公(宋), 陳 惠公(吳), 晉 悼公(周) 등 널리 보임.

【隱疾】隱痛의 疾患. 병명을 아이의 이름으로 쓰지 않음.《禮記》曲禮(上)에는 "名子者, 不以國, 不以日月, 不以隱疾, 不以山川"이라 하였고, 內則에도 "凡名子, 不以日月, 不以國, 不以隱疾"이라 함.

【器幣】동기나 옥백. 제사에 쓰이는 器物이나 선물로 사용하는 銅器.

【以諱事神】조상의 신을 모시되 그 이름을 피함.

【終將諱之】죽고 나면 그 이름을 부르지 않음.

【諱】군주의 이름을 함부로 부르지 않고 피하는 것. 군주의 이름을 써야할 때는 글자를 바꿔 쓰거나 획을 생략하였음.

【廢司徒】晉 僖侯의 이름이 '司徒'였으므로 晉나라의 司徒 벼슬은 中軍이므로 이름을 바꾸어 '中軍'이라 칭함.

【廢司空】宋 武公의 이름이 司空이었으며 그 때문에 같은 벼슬 이름을 '司城'으로 고쳐 부름.

【獻·武】魯 獻公의 이름은 具이고 魯 武公은 敖였으므로 具山과 敖山의 이름을 바꿈.《國語》晉語(9)에 "范獻子聘於魯, 問具山·敖山, 魯人以其鄕對. 獻子曰:「不爲具·敖乎?」對曰:「先君獻·武之諱也」"라 함.

【同物】《史記》魯世家에는 '夫人生子, 與桓公同日, 故名同'이라 함.

※ **113**(桓6-6)

冬, 紀侯來朝.

겨울, 기후紀侯가 찾아와 문안하였다.

㊅
冬, 紀侯來朝, 請王命以求成于齊.
公告不能.

겨울, 기후紀侯가 와서 문안하며 제齊나라와의 화친을 위해 천자의 명을 받아달라고 청하였다.
환공은 그렇게 할 수 없다고 알렸다.

【王命】魯나라로 하여금 천자의 명령에 따라 자신과 齊나라가 화친할 수 있도록 노나라가 천자에게 부탁해 줄 것을 청한 것임.

018. 桓公 7年(B.C.705) 丙子

周	桓王(姬元) 15년	齊	僖公(祿父) 26년	晉	小子侯 4년 曲沃 武公(稱) 11년	衛	宣公(晉) 14년
蔡	桓侯(封人) 10년	鄭	莊公(寤生) 39년	曹	桓公(終生) 52년	陳	厲公(躍) 2년
杞	武公 46년	宋	莊公(馮) 5년	秦	寧公 11년	楚	武王(熊通) 36년

❈ 114(桓 7-1)

七年春二月己亥, 焚咸丘.

7년 봄 2월 기해날, 함구咸丘에 불을 놓았다.

【己亥】2월 28일.
【焚】곤충들이 모두 칩거 상태로 들어간 뒤 사냥을 하기 위해 불을 놓아 태움. 《禮記》 王制에 "昆蟲未蟄, 不以火田"이라 함. 혹은 火田을 일구기 위해 불을 놓은 것이라고도 함.
【咸丘】노나라 땅. 지금의 山東 鉅野縣 동남쪽 咸亭. 그러나 《公羊傳》과 《穀梁傳》에는 咸丘를 邾나라 땅으로 보았으며 그 읍을 태워 火攻한 것이라 여겼음.

＊無傳

❈ 115(桓7-2)

　夏, 穀伯綏來朝.
　鄧侯吾離來朝.

　여름, 곡백穀伯 수綏가 와서 문안하였다.
　등후鄧侯 오리吾離가 와서 문안하였다.

【穀伯綏】穀나라 군주로 이름은 綏. 伯爵이며 지금의 湖北 穀城縣 서북쪽.
【鄧侯吾離】鄧나라 군주로 작위는 侯爵. 吾離는 이름. 성은 曼. 지금의 河南 鄧縣.

㋖
　七年春, 穀伯·鄧侯來朝.
　名, 賤之也.

　7년 봄, 곡백穀伯과 등후鄧侯가 와서 문안하였다.
　이름을 쓴 것은 그들을 천하게 여겼기 때문이었다.

【春】經에는 '夏'로 되어 있음. 이에 대해 杜預는 "以春來, 夏乃行朝禮"라 함.
【名, 賤之】經에 그들 이름을 밝힌 것은 그들을 천하게 여겼기 때문임을 말한 것임.

㋖
　夏, 盟·向求成于鄭, 旣而背之.

　여름, 맹盟과 상向이 정鄭나라에 화친을 청하였다가 화친이 성사되자 이윽고 정나라를 배반하였다.

【盟·向】盟邑과 向邑. 魯 隱公 11년 천자가 鄭나라에 준 蘇忿生의 땅. 隱公 11년을 참조할 것. '向'은 성씨, 혹 지명일 경우 '상'으로 읽음.

㊉

秋, 鄭人·齊人·衛人伐盟·向.
王遷盟·向之民于郟.

가을, 정인鄭人·제인齊人·위인衛人들이 맹盟과 상向을 쳤다.
천자가 맹과 상 백성을 겹郟으로 옮겼다.

【郟】王城. 주나라 왕실의 직영지. 지금의 河南 洛陽 서쪽의 郟鄏陌. 郟山으로도 불림. 뒤에 北邙山으로 불림.

㊉

冬, 曲沃伯誘晉小子侯殺之.

겨울, 곡옥曲沃 무공武公이 진晉나라 소자小子 후侯를 꾀어내어 죽였다.

【曲沃伯】晉나라 曲沃의 武公. 《史記》 十二諸侯年表에는 桓公 6년의 일이라 하였으며 "曲沃武公殺小子. 周伐曲沃, 立晉哀侯弟湣爲晉侯"라 하였고, 晉世家에는 "曲沃益彊, 晉無如之何. 晉小子之四年, 曲沃武公誘召晉小子殺之"라 함.
【晉小子侯】晉나라 哀侯 아들.

019. 桓公 8年(B.C.704) 丁丑

周	桓王(姬元) 16년	齊	僖公(祿父) 27년	晉	晉侯(緡) 원년 曲沃 武公(稱) 12년	衛	宣公(晉) 15년
蔡	桓侯(封人) 11년	鄭	莊公(寤生) 40년	曹	桓公(終生) 53년	陳	厲公(躍) 3년
杞	武公 47년	宋	莊公(馮) 6년	秦	寧公 12년	楚	武王(熊通) 37년

❀ 116(桓8-1)

八年春正月己卯, 烝.

8년 봄 정월 기묘날, 증제烝祭를 지냈다.

【己卯】정월 14일.
【烝】고대의 겨울 제사. 네 계절 각기 郊, 雩, 嘗, 烝의 제사가 있었음.《穀梁傳》에 "烝, 冬事也; 春興之, 志不時也"라 함.
＊無傳

❀ 117(桓8-2)

天王使家父來聘.

천자가 가보家父로 하여금 우리 노나라를 내빙토록 하였다.

【家父】周나라 천자의 大夫.
＊無傳

㊀
八年春, 滅翼.

8년 봄, 익翼이 멸망하였다.

【翼】曲沃 武公(稱)에 의해 멸망한 것임. 7년을 볼 것.

● 118(桓8-3)
夏五月丁丑, 烝.

여름 5월 정축날, 증제烝祭를 지냈다.

【丁丑】5월 13일.
【烝】겨울 제사를 5월에 지냈음을 기록한 것. 혹 일 년에 두 번 烝祭가 있었던 것이 아닌가 함.
＊無傳

● 119(桓8-4)
秋, 伐邾.

가을, 주邾나라를 쳤다.

【邾】周나라 武王이 祝融 八姓의 하나였던 邾俠(曹俠)을 封하여 부용국으로 삼았었으며 지금의 山東 鄒縣. 이 때문에 戰國시대에 이름을 '鄒'로 바꾸었음. 曹姓이며 子爵 작위를 받았으나 魯나라에 예속되어 있었음.《公羊傳》에는 '邾婁'로 되어 있음.

＊無傳

㊊
隨少師有寵, 楚鬪伯比曰:「可矣. 讎有釁, 不可失也.」
夏, 楚子合諸侯于沈鹿.
黃·隨不會.
使薳章讓黃.
楚子伐隨.
軍于漢·淮之間.
季梁請下之,「弗許而後戰, 所以怒我而怠寇也.」
少師謂隨侯曰:「必速戰. 不然, 將失楚師.」
隨侯禦之, 望楚師.
季梁曰:「楚人上左, 君必左, 無與王遇, 且攻其右. 右無良焉, 必敗. 偏敗, 衆乃攜矣.」
少師曰:「不當王, 非敵也.」
弗從.
戰于速杞, 隨師敗績.
隨侯逸.
鬪丹獲其戎車, 與其戎右少師.
秋, 隨及楚平, 楚子將不許.
鬪伯比曰:「天去其疾矣, 隨未可克也.」
乃盟而還.

수隨나라에서 소사少師가 군주의 총애를 받게 되자 초楚나라 투백비 鬪伯比가 초나라 임금에게 말하였다.

"때가 왔습니다. 원수 나라에 틈이 생겼으니 기회를 놓칠 수 없습니다."

여름, 초나라 임금이 제후들을 침록沈鹿으로 모았다.

그때 황黃나라와 수나라 군주가 회합에 나오지 않았다.

이에 원장蘧章으로 하여금 황나라를 꾸짖게 하였다.

그리고 초나라 군주는 수나라를 쳤다.

한수漢水와 회수淮水 사이에 군사를 주둔시켰다.

수나라 계량季梁이 항복하기를 임금에게 이렇게 청하였다.

"우리의 항복을 초나라가 허락하지 않으면 그 뒤에 싸우도록 하십시오. 그것은 우리 군사는 노하게 하되 적군은 나태하게 하는 것입니다."

그러자 소사가 수나라 임금에게 말하였다.

"모름지기 재빨리 몰아쳐 싸워야 합니다. 그렇게 하지 않았다가는 장차 초나라 군사를 놓치고 말 것입니다."

수나라 군주가 방어하며 초나라 군사를 살펴보았다.

계량이 말하였다.

"초나라 사람들은 왼쪽을 위로 여기니 초나라 임금은 틀림없이 좌군에 있을 것입니다. 임금께서는 초나라 임금을 마주치지 않도록 하십시오. 그리고 우군을 공격하십시오. 우군에는 우수한 군사가 없을 테니 틀림없이 패배시킬 수 있을 것입니다. 한쪽이 무너지면 나머지 무리들도 허물어지게 마련입니다."

소사가 말하였다.

"초왕과 정면으로 싸우지 않으면 싸우는 것이 아닙니다."

임금은 말을 듣지 않았다.

속기速杞에서 전투를 벌였으나 수나라 군사가 모조리 패하였다.

수나라 임금은 달아나고 말았다.

그러자 투단鬪丹이 수나라 군주가 탄 전차와 그 오른쪽에 타고 있던 소사를 붙잡았다.

가을, 수나라가 초나라와 화친을 제의하였지만 초나라 임금이 허락하지 않고자 하였다.

그러자 투백비가 말하였다.

"하늘이 그들의 질환을 제거해 주었으니 수나라를 이길 수 없을 것입니다."
이에 맹약을 맺고 귀환하였다.

【少師】 벼슬 이름. 隨나라 대부.
【鬪伯比】 楚나라의 대부. 令尹 子文의 부친.
【沈鹿】 楚나라 지명. 지금의 湖北 鍾祥縣 동쪽 鹿湖 부근.
【黃】 子爵의 나라로 嬴姓. 지금의 河南 潢川縣. 陸終의 후손이라 함.
【薳章】 楚나라 대부. 蔿章으로도 표기함.
【漢淮】 漢水와 淮水.
【速杞】 隨나라 땅. 지금의 湖北 應山縣 서쪽.
【敗績】 全軍이 대패하였을 때 쓰는 말. 莊公 11년 傳에 "凡師, 敵未陳曰敗某師, 皆陳曰戰, 大崩曰敗績"이라 함.
【鬪丹】 초나라 대부.
【戎車】 隨侯가 타고 있는 전차.
【戎右】 고대 병거에는 將, 御者, 戎右 등 갑사 셋이 함께 탐.
【盟而還】《史記》楚世家에 "三十七年, 與隨人盟而去, 於是開濮地而有之"라 함.

※ 120(桓8-5)

冬十月, 雨雪.

겨울 10월, 눈비가 내렸다.

【十月】 周나라 曆의 10월은 夏나라 曆의 9월에 해당함. 아직 눈이 내릴 시기가 아님.
＊無傳

㊂
冬, 王命虢仲立晉哀侯之弟緡于晉.

겨울, 천자가 괵중虢仲에게 명하여 진晉나라 애후哀侯의 동생 민緡을 진나라 군주로 세웠다.

【虢仲】周나라 卿士 벼슬을 지내던 虢나라 군주 林父.
【哀侯】晉나라 군주. B.C.717~710까지 8년간 재위함.
【緡】哀侯의 아우. '湣'으로도 표기하며 小子의 뒤를 이어 B.C.706~677년까지 39년간 재위함. 《史記》 晉世家에 "周桓王使虢仲伐曲沃武公. 武公入于曲沃. 乃立晉哀侯弟緡爲晉侯"라 함.

* 121(桓8-6)

祭公來, 遂逆王后于紀.

채공祭公이 와서 마침내 기紀나라에서 왕후를 맞이하였다.

【祭公】周나라 천자를 모시는 三公의 하나. '祭'는 '채'(側界反)로 읽음.
【王后】周나라 천자의 부인. 桓王의 后. 주왕이 노나라로 하여금 그 일을 주선하도록 하였기 때문에 기록한 것. 莊公 18년에 "虢公, 晉侯, 鄭伯使原莊公逆王后于陳, 陳嬀歸于京師"라 함.

㊉
祭公來, 遂逆王后于紀, 禮也.

채공祭公이 와서 마침내 기紀나라에서 왕후를 맞이한 일은 예에 맞는 일이었다.

【禮】周 桓王이 魯나라로 하여금 그 일을 주선하도록 하였기 때문에 예에 합당하다고 기록한 것.

020. 桓公 9年(B.C.703) 戊寅

周	桓王(姬元) 17년	齊	僖公(祿父) 28년	晉	晉侯(緡) 2년 曲沃 武公(稱) 13년	衛	宣公(晉) 16년
蔡	桓侯(封人) 12년	鄭	莊公(寤生) 41년	曹	桓公(終生) 54년	陳	厲公(躍) 4년
杞	靖公 원년	宋	莊公(馮) 7년	秦	出子 원년	楚	武王(熊通) 38년

❋ 122(桓9-1)

九年春, 紀季姜歸于京師.

9년 봄, 기紀나라 계강季姜이 경사京師로 시집을 갔다.

【季姜】 紀나라 姜姓 출신의 여인으로 지난해 祭公이 맞이하여 周 桓王에게 시집을 간 여인.
【京師】 천자국 周나라 수도인 洛邑을 일컬음.

㊅

九年春, 紀季姜歸于京師.
凡諸侯之女行, 唯王后書.

9년 봄, 기紀나라 계강季姜이 경사師로 시집갔다.
무릇 제후의 딸이 시집을 갈 때는 왕후일 경우만 기록한다.

【唯王后書】제후의 딸이 王后로 시집갈 때만 經에 기록함.

* 123(桓9-2)

夏四月.

여름 4월.

* 124(桓9-3)

秋七月.

가을 7월.

㊉
巴子使韓服告于楚, 請與鄧爲好, 楚子使道朔將巴客以聘於鄧.
鄧南鄙鄾人攻而奪之幣, 殺道朔及巴行人.
楚子使薳章讓於鄧.
鄧人弗受.
夏, 楚使鬪廉帥師及巴師圍鄾.
鄧養甥·聃甥帥師救鄾.
三逐巴師, 不克.
鬪廉衡陳其師於巴師之中, 以戰而北.
鄧人逐之, 背巴師; 而夾攻之.
鄧師大敗.
鄾人宵潰.

파巴나라 군주가 한복韓服으로 하여금 초楚나라에 가서 등鄧나라와 우호관계를 맺게 해달라고 청하자 초나라 임금이 도삭道朔으로 하여금 파나라의 손님을 안내하여 등나라로 찾아가도록 하였다.

그때 등나라 남쪽의 우鄾 땅 사람들이 그들을 공격하여 예물을 빼앗고 도삭과 파나라 사신을 죽이는 일이 벌어지고 말았다.

초나라 임금이 원장蔿章으로 하여금 등나라를 꾸짖도록 하였다.

그러나 등나라 사람이 원장을 받아들이지 않는 것이었다.

여름, 초나라는 투렴鬪廉으로 하여금 군사를 거느리고 파나라 군사와 함께 우 땅을 포위하도록 하였다.

등나라의 양생養甥과 담생聃甥이 군사를 이끌고 와서 우를 구하였다.

세 번이나 파나라 군사를 뒤쫓았으나 이기지 못하였다.

투렴은 군사를 파나라 군사 가운데로 끼워 넣어 마구 진을 치도록 하고는 싸우다가 달아나는 척하였다.

등나라 사람들이 쫓아가다가 파나라 군사를 등지게 되자 초나라와 파나라 군사가 등나라 군사를 협공하였다.

등나라 군사는 대패하였다.

우 땅 사람들도 밤에 무너지고 말았다.

【巴】姬姓의 제후국. 子爵. 姬姓. 지금의 重慶市 일대에 있었음. 혹 湖北 襄樊市 부근으로 보기도 함.
【韓服】파국의 사신, 行人官.
【鄧】지금의 湖北 襄陽縣.
【楚子】당시 楚 武王(熊通) 38년이었음.
【道朔】楚나라 대부.
【南鄙】남쪽 교외 먼 곳.
【鄾人】鄾는 지명. 지금의 河南 襄城縣 동북.
【行人】使臣을 일컫는 말.《周禮》秋官 大行人에 의하면 외교관으로 大行人, 小行人이 있었으며 직접 외교사절로 파견되기도 하고 혹 외빈을 접대, 통역 등의 일을 담당하였음.
【鬪廉】楚나라 대부.

【養甥·聃甥】두 사람 모두 鄧나라 대부.
【衡陳】'衡'은 '橫'과 같으며 '陳'은 '陣'과 같음. 마구 진을 쳐서 상대를 혼란시킴.
【宵潰】밤중에 모두 허물어짐.

㊉
秋, 虢仲·芮伯·梁伯·荀侯·賈伯伐曲沃.

가을, 괵중虢仲·예백芮伯·양백梁伯·순후荀侯·가백賈伯이 곡옥曲沃을 쳤다.

【虢仲】周나라 卿士. 虢公 林父.
【芮伯】芮나라 군주. 伯爵. 桓公 3년의 芮萬.
【梁】고대 나라 이름. 嬴姓. 伯爵. 지금의 陝西 韓城縣.
【荀】周 成王의 아우가 봉을 받은 나라. 姬姓이며 侯爵. 지금의 山西 新絳縣 동북쪽.《漢書》地理志에《汲郡古文》을 인용하여 "晉武公滅荀, 以賜大夫原氏黯, 是爲荀叔"이라 함.
【賈】周 康王이 唐叔虞의 아들 公明에게 봉한 나라. 姬姓. 伯爵. 지금의 陝西 臨汾縣 賈城. 晉나라에게 망하고 狐射姑의 채읍이 됨.
【曲沃】晉나라 땅.

※ 125(桓9-4)

冬, 曹伯使其世子射姑來朝.

겨울, 조백曹伯이 세자 역고射姑로 하여금 노나라에 문안하도록 보내었다.

【曹伯】曹 桓公(終生) 재위 54년째였음. 杜預 注에 "曹伯有疾, 故使其子來朝"라 하였으며 늙고 병들어 이듬해 생을 마침.

【射姑】'射'는 "音亦, 又音夜"라 하여 '역', 혹은 '야'로 읽음. 曹나라 세자. 陳 莊公이 됨. 杜預 注에 "曹伯有疾, 故使其子來朝"라 함.《史記》陳世家에는 '夕姑'로 되어 있음.

㋫
冬, 曹大子來朝.
賓之以上卿, 禮也.
享曹大子.
初獻, 樂奏而歎.
施父曰:「曹大子其有憂乎! 非歎所也.」

겨울, 조曹나라 태자가 와서 문안하였다.
그를 상경上卿의 예로 맞은 것은 예에 맞는 일이었다.
조나라 태자에게 향연을 베풀었다.
첫 잔을 올리고 음악을 연주하자 그가 탄식하였다.
이를 보고 시보施父가 말하였다.
"조나라 태자가 근심이 있는 모양이다! 탄식할 자리가 아닌데 말이다."

【大子】太子와 같음. '태자'로 읽음.
【初獻】처음 만나 술로 예를 갖춤.
【施父】魯나라 대부.
【憂】식사를 할 때는 근심이 없음. 昭公 28년에 "諺曰:「唯食亡憂.」"라 함.

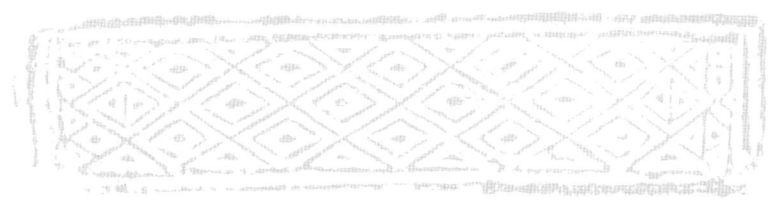

021. 桓公 10年(B.C.702) 己卯

周	桓王(姬元) 18년	齊	僖公(祿父) 29년	晉	晉侯(緡) 3년 曲沃 武公(稱) 14년	衛	宣公(晉) 17년
蔡	桓侯(封人) 13년	鄭	莊公(寤生) 42년	曹	桓公(終生) 55년	陳	厲公(躍) 5년
杞	靖公 2년	宋	莊公(馮) 8년	秦	出子 2년	楚	武王(熊通) 39년

❀ **126(桓10-1)**

十年春王正月, 庚申, 曹伯終生卒.

10년 봄 주력 정월 경신날, 조백曹伯 종생終生이 죽었다.

【庚申】정월 6일.
【曹伯】曹 桓公. 이름은 終生. 曹 穆公의 아들. B.C.756~702년까지 55년간 재위하고 이해에 생을 마침. 莊公(射姑)이 그 뒤를 이음. 《史記》陳世家에 "五十五年, 桓公卒, 子莊公夕姑立"이라 함.

㊓
十年春, 曹桓公卒.

10년 봄, 조曹 환공桓公이 죽었다.

❈ **127(桓 10-2)**

夏五月, 葬曹桓公.

여름 5월, 조曹 환공桓公의 장례를 치렀다.

【桓公】桓公은 諡號. 이름은 終生. 55년간 재위하고 이해에 생을 마침.
＊無傳

(傳)
虢仲譖其大夫詹父於王.
詹父有辭, 以王師伐虢.
夏, 虢公出奔虞.

괵중虢仲이 천자에게 자기 대부 첨보詹父를 헐뜯었다.
첨보는 이를 천자에게 말씀을 올리고 천자의 군사로 괵나라를 쳤다.
여름, 괵공이 우虞나라로 달아났다.

【虢仲】周 왕실의 卿士이며 괵나라 군주. 虢公 林父.
【譖】참훼함. 헐뜯음.
【詹父】虢仲 나라의 대부.
【虞】姬姓. 周 武王이 太子 仲雍의 후손을 봉한 나라. 지금의 山西 平陸縣 동북 古虞城.

❈ **128(桓 10-3)**

秋, 公會衛侯于桃丘, 弗遇.

가을, 공이 위후衛侯와 도구桃丘에서 만나기로 하였으나 만나지 못하였다.

【桃丘】지금의 山東 東阿縣 서쪽 桃城舖.
【弗遇】약속이 있었으나 만나지 못함.
＊無傳

㊉
秋, 秦人納芮伯萬于芮.

가을, 진秦나라가 예백芮伯 만萬을 예나라로 들여보내 주었다.

【秦】嬴姓. 伯爵. 顓頊의 후손이 周 孝王 때 말을 기르는 것으로써 봉사하여 附庸國이 되었으며 서쪽에서 발전함.
【芮伯】芮萬. 桓公 4년 傳을 참조할 것.

㊉
初, 虞叔有玉, 虞公求旃, 弗獻.
旣而悔之, 曰:「周諺有之,『匹夫無罪, 懷璧其罪.』吾焉用此, 其以賈害也?」
乃獻之.
又求其寶劍.
叔曰:「是無厭也. 無厭, 將及我.」
遂伐虞公.
故虞公出奔共池.

당초, 우숙虞叔이 옥玉을 가지고 있었는데 우虞나라 임금이 그것을 달라고 하였으나 바치지 않았다.
이윽고 그는 이렇게 후회하였다.
"주周나라 속담에 '필부匹夫는 죄가 없어도 옥을 지니고 있다는 것이 곧 죄가 된다'라 하였다. 내가 이것을 어디에 쓰겠다고 이것 때문에 재앙을 산단 말인가?"

그리고는 그 옥을 바쳤다.

그런데 우나라 임금이 보검을 요구하는 것이었다.

그러자 우숙이 말하였다.

"이는 욕심을 한없이 부리는 것이다. 욕심에 한이 없다보면 장차 나에게 그 재앙이 미칠 것이다."

그리고는 마침내 우숙이 임금을 쳤다.

그 때문에 우나라 임금이 공지共池로 달아난 것이다.

【虞叔】虞나라 임금의 아우. 杜預 注에 "虞叔, 虞公之弟"라 함.
【旃】'之焉'의 合音字. 옥을 뜻함.
【周諺】周나라 속담.
【賈害】'賈'는 '고'로 읽으며 '사다'의 뜻. '害'는 禍害. 災殃. 禍根.
【共池】虞나라 땅 이름으로 지금의 山西 平陸縣 동북쪽. 일부 판본에는 '洪池'로 되어 있음.

※ **129(桓10-4)**

冬十有二月丙午, 齊侯·衛侯·鄭伯來戰于郎.

겨울 12월 병오날, 제후齊侯·위후衛侯·정백鄭伯이 쳐들어와 낭郎에서 싸웠다.

【丙午】12월 27일.
【郎】지금의 山東 魚臺縣 동북 90리에 있음.

㊙

冬, 齊·衛·鄭來戰于郎, 我有辭也.

初, 北戎病齊, 諸侯救之, 鄭公子忽有功焉.
齊人餼諸侯, 使魯次之.
魯以周班後鄭.
鄭人怒, 請師於齊.
齊人以衛師助之, 故不稱侵伐.
先書齊·衛, 王爵也.

겨울, 제齊나라·위衛나라·정鄭나라가 쳐들어와 낭郎에서 벌어진 싸움에 대해서는 우리나라는 할 말이 있다.
당초, 북융北戎이 제나라를 괴롭혔을 때 제후들이 제나라를 도왔으며 그때 정나라 공자 홀忽이 공적을 세웠었다.
제나라 사람이 제후들에게 식량을 보내며 노나라로 하여금 차례대로 나누어 주도록 하였다.
노나라는 주周나라로부터 받은 지위 높낮이에 따라 정나라를 뒤로 두었다.
그러자 정나라 사람이 화를 내더니 제나라에게 군사를 청한 것이다.
제나라는 위나라 군사로써 정나라를 돕도록 하여 그 때문에 '침벌하였다'고 칭하지 않은 것이다.
제나라와 위나라를 정나라보다 먼저 기록한 것도 천자에게 받은 작위 고하에 따른 것이다.

【我有辭】 魯나라로서는 할 말이 있음.
【北戎病齊】 北戎이 齊나라를 침범함. 이 사건의 시말은 桓公 6년 傳을 참조할 것. '北戎'은 山戎. 춘추시대 齊나라 동북쪽에 있던 이민족. 지금의 河北 無棣縣 북쪽에 분포하였음.
【公子忽】 鄭나라 太子. 뒤에 厲公의 뒤를 이어 昭公이 됨.
【鄭餼】 齊나라에서 제공한 음식.
【周班後鄭】 魯나라가 종주국 周나라의 작위에 의해 鄭나라는 伯爵이라는 이유로 서열상 가장 뒤로 미룸.
【不稱侵伐】 단지 '戰'이라고만 기록할 뿐 '侵略(侵伐)했다'고 쓰지는 않았음.

022. 桓公 11年(B.C.701) 庚辰

周	桓王(姬元) 19년	齊	僖公(祿父) 30년	晉	晉侯(緡) 4년 曲沃 武公(稱) 15년	衛	宣公(晉) 18년
蔡	桓侯(封人) 14년	鄭	莊公(寤生) 43년	曹	莊公(射姑) 원년	陳	厲公(躍) 6년
杞	靖公 3년	宋	莊公(馮) 9년	秦	出子 3년	楚	武王(熊通) 40년

※ 130(桓 11-1)

十有一年春正月, 齊人·衛人·鄭人盟于惡曹.

11년 봄 정월, 제인齊人·위인衛人·정인鄭人이 오조惡曹에서 맹약을 맺었다.

【惡曹】지금의 河南 延津縣 동남쪽. 그러나 杜預는 구체적으로 알 수 없다 하였음.

㊅
十一年春, 齊·衛·鄭·宋盟于惡曹.

11년 봄, 제齊·위衛·정鄭·송宋나라가 오조惡曹에서 동맹을 맺었다.

【齊衛鄭宋盟于惡曹】宋나라가 포함되어 있으나 經文에는 없음. 杜預는 "經闕"이라 하였고 毛奇齡은 衍文으로 보았음.

㊅

楚屈瑕將盟貳·軫.
鄖人軍於蒲騷, 將與隨·絞·州·蓼伐楚師.
莫敖患之.
鬪廉曰:「鄖人軍其郊, 必不誡. 且日虞四邑之至也. 君次於郊郢, 以禦四邑, 我以銳師宵加於鄖. 鄖有虞心而恃其城, 莫有鬪志. 若敗鄖師, 四邑必離.」
莫敖曰:「盍請濟師於王?」
對曰:「師克在和, 不在衆. 商·周之不敵, 君之所聞也. 成軍以出, 又何濟焉?」
莫敖曰:「卜之?」
對曰:「卜以決疑. 不疑, 何卜?」
遂敗鄖師於蒲騷, 卒盟而還.

초楚나라 굴하屈瑕가 장차 이貳·진軫 두 나라와 동맹을 맺고자 하였다.

그러자 운鄖나라 사람이 포소蒲騷에 군사를 주둔시키고, 장차 수隨·교絞·주州·요蓼 등의 나라와 함께 초나라 군사를 치려 하였다.

막오莫敖 굴하가 걱정을 하였다.

이에 투렴鬪廉이 이렇게 말하였다.

"운나라 사람들은 교외에 진을 치고 있어 틀림없이 경계를 제대로 하지 않고 있을 것입니다. 게다가 그들은 날마다 네 나라 군사가 다가오기만을 기다리고 있을 것입니다. 그러니 그대께서 교영郊郢에 주둔하고 있다가 그 네 나라 군사를 막아 주십시오. 저는 정예군으로 밤에 운나라를 치겠습니다. 운나라는 원군援軍이 올 것을 기대하면서 자신들의 성곽이 견고함만 믿고 있어서 싸우려는 의지가 없을 것입니다. 만약 운나라 군사가 패한다면 네 나라 군사는 떠나버릴 것입니다."

막오가 말하였다.

"어찌하여 임금께 군사를 더 증원시켜 달라고 청하지 않습니까?"

투렴이 대답하였다.

"군사의 승리란 화합하는 데 있지 무리가 많은 데 있지 않습니다. 상商(殷)나라가 주周나라에 상대가 되지 않았다는 것은 그대도 들으셔서 알고 있을 것입니다. 군사를 갖추고 나왔는데 어찌 다시 군사를 더 달라고 하겠습니까?"

그러자 막오가 말하였다.

"그렇다면 승패를 점쳐 볼까요?"

투렴이 답하였다.

"점이란 의혹을 결단할 때 치는 것입니다. 의심스러운 것이 없는데 어찌 점을 치겠습니까?"

드디어 운나라 군사를 포소에서 패배시켜 마침내 맹약을 맺고 귀환하였다.

【屈瑕】楚나라 大夫. 楚 武王이 아들 瑕를 屈 땅에 봉하여 이로써 성씨를 삼은 것이며 초나라 대족이 됨.

【貳】지금의 湖北 應山縣에 있던 작은 나라. 偃姓. 뒤에 楚나라에게 망함.

【軫】지금의 湖北 應城縣에 있던 작은 나라로 같은 偃姓.

【鄖】지금의 湖北 安陸縣 雲夢湖 근처에 있던 나라. 妘姓.

【蒲騷】鄖나라 땅 이름으로 지금의 湖北 應城縣 서북쪽.

【絞】지금의 湖北 鄖陽縣 서북쪽에 있던 작은 나라.

【州】지금의 湖北 監利縣 동쪽 州陵城에 있던 작은 나라.

【蓼】지금의 河南 唐河縣에 있던 작은 나라. 廖로도 표기하며 고대 飂國.

【莫敖】楚나라의 관직 이름. 처음에는 제사와 의례를 관장하였으나 뒤에 병권을 가져 다른 제후국의 司馬와 같아졌음. 《淮南子》에는 '莫囂'로 표기되어 있으며 남방 초나라 말을 음사한 것임. 여기서는 그 관직을 맡고 있던 屈瑕를 가리킴.

【鬪廉】楚나라 대부. 桓公 9년 傳을 참조할 것.

【日虞四邑之至】王念孫은 "《方言》及《廣雅》皆曰:「言曰望四邑之至也.」"라 함.

【次】군사를 사흘 이상 주둔시켜 머무는 것. 莊公 3년 傳에 "再宿爲信, 過信爲次"라 함.

【郊郢】초나라 땅 이름으로 지금의 湖北 安陸縣 에 郢城이 있음.

【虞心】네 나라 군사가 올 것을 기대하고 있음. '虞'는 '望'과 같음.

【盍】 '何不'의 合音字.
【濟師】 군사를 더 증가함. '濟'는 '益'과 같음.
【商周之不敵】 商(殷)은 周나라에게 적수가 되지 못함. 商의 末王 紂는 이미 인심을 잃어 周의 武王에게 상대가 되지 않음.《尙書》泰誓篇에 "紂有億兆夷人, 亦有離德; 余有亂臣十人, 同心同德"이라 함.

⑱
鄭昭公之敗北戎也, 齊人將妻之.
昭公辭. 祭仲曰:「必取之. 君多內寵, 子無大援, 將不立. 三公子皆君也.」
弗從.

정鄭 소공昭公이 북융北戎을 패배시켰을 때, 제齊나라가 장차 딸을 아내로 주려 했었다.
소공이 사양하자 채중祭仲이 말하였다.
"반드시 그들 의견대로 하십시오. 임금께는 총애하는 여인이 많은데, 그대에게는 도와줄 다른 대국大國이 없으니 장차 임금 자리에 오를 수 없을 것입니다. 세 공자公子들이 모두 군주가 될 수 있습니다."
그러나 소공은 그의 말을 따르지 않았다.

【北戎】 이 일은 桓公 6년 傳을 참조할 것.
【昭公】 鄭나라 태자 忽. 厲公을 이어 뒤에 昭公이 됨. B.C.696~695년까지 2년간 재위함. 여기서는 그가 태자였을 때 일어난 일임.
【祭仲】 鄭나라 대부 祭仲足. '祭'는 '채'로 읽음.
【三公子】 子突, 子亹, 子儀 등 세 공자를 가리킴. 子忽은 鄧曼과 莊公 사이에 태어났음. 뒤에 昭公이 됨.《史記》鄭世家에 "所謂三公子者, 大子忽, 其弟突, 次弟子亹也"라 하였고,〈索隱〉에 "此文則數太子忽, 而杜預不數太子, 以子突·子亹·子儀爲三, 蓋得池"라 함.

※ **131(桓 11-2)**

夏五月癸未, 鄭伯寤生卒.

여름 5월 계미날, 정백鄭伯 오생寤生이 죽었다.

【癸未】5월 7일.
【寤生】鄭 莊公의 이름. '寤生'이라 지은 것은 태어날 때 거꾸로 다리부터 나와 난산을 겪었음을 표현한 것. '寤'는 '牾'와 같으며 '迕'(逆)의 뜻임. 《說文》에 "牾, 逆也"라 함. 한편 應劭의 《風俗通》에는 "兒墮地能開目視者爲寤生"이라 함. 鄭 莊公은 B.C.743~701년까지 43년간 재위하였으며 이해에 죽은 것이며 그 뒤를 厲公(子突)이 이었으며 厲公 다음에야 太子 忽이 왕위에 올라 昭公이 됨.

㊉
夏, 鄭莊公卒.
初, 祭封人仲足有寵於莊公, 莊公使爲卿.
爲公娶鄧曼, 生昭公.
故祭仲立之.
宋雍氏女於鄭莊公, 曰雍姞, 生厲公.
雍氏宗, 有寵於宋莊公, 故誘祭仲而執之, 曰:「不立突, 將死.」
亦執厲公而求賂焉.
祭仲與宋人盟, 以厲公歸而立之.

여름, 정鄭 장공莊公이 죽었다.
당초, 채祭 땅의 변경을 지키던 중족仲足이 장공의 총애를 받고 있었으며 장공은 그에게 경卿 벼슬을 내렸다.
그는 장공을 위하여 등만鄧曼이라는 여자를 맞이해 주었고, 등만은 소공(忽)을 낳았다.
그 때문에 채중이 그를 군주로 옹립하였던 것이다.

한편 송宋나라 옹씨雍氏는 딸을 정 장공에게 시집보내어 이름을 옹길雍姞이라 하였는데 그가 여공厲公(突)을 낳았다.

옹씨 집안은 송나라 장공에게 총애를 받았으며 그 때문에 채중을 유혹하여 그를 오도록 한 다음 잡아들인 뒤 이렇게 말하였다.

"돌突을 세우지 않으면 장차 너는 죽게 될 것이다."

또한 여공을 잡아놓고 뇌물을 요구하기까지 하였다.

채중이 그들 요구를 들어주어 송나라와 맹약을 맺고 여공을 귀환하도록 한 다음 그를 군주로 세웠던 것이다.

【祭封人仲足】 '祭'는 지금의 河南 鄭州市 동북쪽. '封人'은 그 땅에 봉해진 小吏. '仲足'은 그의 이름. '祭'는 '채'(側界反)로 읽음.
【鄧曼】 曼은 鄧나라 성씨. 《史記》 年表에 "鄭昭公元年, 忽母, 鄧女, 祭仲取之"라 함.
【雍氏】 雍은 姞姓으로 宋나라 대부.
【雍姞】 그녀가 姞姓이며 雍 땅 출신이므로 이렇게 부른 것.
【突】 子突. 厲公의 이름.
【厲公】 鄭나라 莊公의 뒤를 이어 군주에 오른 子突. B.C.700~697년까지 4년간 재위함.

※ 132(桓11-3)

秋七月, 葬鄭莊公.

가을 7월, 정鄭 장공莊公의 장례를 치렀다.

【葬】 제후임에도 죽은 지 3개월 만에 장례를 치러 매우 급했음을 알 수 있음.
＊無傳

※ 133(桓11-4)

九月, 宋人執鄭祭仲, 突歸于鄭, 鄭忽出奔衛.

9월, 송宋나라가 채중祭仲을 잡아들이자 돌突이 정鄭나라로 돌아갈 수 있었고 정나라 홀忽은 위衛나라로 달아났다.

【祭仲足】鄭나라 대부 祭足. '祭'는 '채'(側界反)로 읽음.
【突】子突. 鄭 厲公.
【忽】子忽. 鄭 昭公이 됨.

傳

秋九月丁亥, 昭公奔衛.
己亥, 厲公立.

가을 9월 정해날, 소공昭公이 위衛나라로 달아났다.
기해날, 여공厲公이 임금 자리에 올랐다.

【丁亥】9월 13일.
【己亥】9월 25일.

※ 134(桓11-5)

柔會宋公·陳侯·蔡叔盟于折.

유柔가 송공宋公, 진후晉侯, 채숙蔡叔을 모이게 하여 절折에서 동맹을 맺었다.

【柔】魯나라 대부. 이는 卿이 제후들과 맹약을 맺은 첫 사례임.
【蔡叔】채나라 대부. 蔡 桓侯(封人)의 母弟.
【折】노나라 땅. 구체적으로는 알 수 없음.
　＊無傳

❈ 135(桓11-6)

公會宋公于夫鍾.

환공이 송공宋公과 부종夫鍾에서 만났다.

【宋公】宋 莊公(馮) 9년이었음.
【夫鍾】지명. 成나라 땅으로 지금의 山東 寧陽縣 盛鄕城 북쪽에 夫鍾里가 있음. 《公羊傳》에는 '夫童'으로 되어 있음.
　＊無傳

❈ 136(桓11-7)

冬十有二月, 公會宋公于闞.

겨울 12월, 공이 송宋 장공莊公과 감闞에서 만났다.

【闞】지명. 지금의 山東 汶上縣 서남쪽 南旺湖에 闞亭이 있음.
　＊無傳

023. 桓公 12年(B.C.700) 辛巳

周	桓王(姬元) 20년	齊	僖公(祿父) 31년	晉	晉侯(緡) 5년 曲沃 武公(稱) 16년	衛	宣公(晉) 19년
蔡	桓侯(封人) 15년	鄭	厲公(突) 원년	曹	莊公(射姑) 2년	陳	厲公(躍) 7년
杞	靖公 4년	宋	莊公(馮) 10년	秦	出子 4년	楚	武王(熊通) 41년

● 137(桓12-1)

十有二年春正月.

12년 봄 정월.

● 138(桓12-2)

夏六月壬寅, 公會杞侯·莒子盟于曲池.

여름 6월 임인날, 공이 기후杞侯·거자莒子와 만나 곡지曲池에서 동맹을 맺었다.

【壬寅】6월 2일.

【杞】姒姓. 周 武王이 殷을 멸한 다음 禹의 후손 東樓公을 찾아 봉하였음. 지금의 河南 杞縣 일대.《公羊傳》과《穀梁傳》에는 '紀'로 되어 있음.
【曲池】지금의 山東 寧陽縣 동북쪽.《公羊傳》에는 '毆蛇'로,《竹書紀年》에는 '區蛇'로 되어 있음.

㊉
十二年夏, 盟于曲池, 平杞·莒也.

12년 여름, 곡지曲池에서 동맹을 맺은 것은 기杞나라와 거莒나라를 화친토록 하기 위한 것이었다.

【平杞莒】隱公 4년 莒人이 杞를 친 이후 사이가 악화되자 魯나라가 중재하여 강화를 맺어준 것임.

※ 139(桓 12-3)
秋七月丁亥, 公會宋公·燕人盟于穀丘.

가을 7월 정해날, 공이 송공宋公·연인燕人과 만나 곡구穀丘에서 동맹을 맺었다.

【丁亥】7월 17일.
【燕人】南燕. 隱公 5년 傳을 볼 것.
【穀丘】宋나라 읍. 지금의 山東 荷澤縣 동북쪽. 그러나《方輿紀要》에는 지금의 河南 商丘縣 동남쪽이라 하였음.

※ 140(桓 12-4)

八月壬辰, 陳侯躍卒.

8월 임진날, 진후陳侯 약躍이 죽었다.

【壬辰】 8월에는 壬辰날이 없음.
【躍】 陳 厲公의 이름. B.C.706~700년까지 7년간 재위함.
＊無傳

※ 141(桓 12-5)

公會宋公于虛.

공이 송宋 장공莊公과 허虛에서 만났다.

【虛】 宋나라 땅. 지금의 河南 延津縣 동쪽.《公羊傳》에는 '郯'으로 되어 있음.

※ 142(桓 12-6)

冬十有一月, 公會宋公于龜.

겨울 11월, 공이 송宋 장공莊公과 구龜에서 만났다.

【龜】 지명. 宋나라 땅. 지금의 河南 睢縣 경내.

❋ **143**(桓 12-7)

丙戌, 公會鄭伯, 盟于武父.

병술날, 공이 정鄭 여공厲公과 무보武父에서 동맹을 맺었다.

【丙戌】11월 18일.
【鄭伯】당시 鄭나라 군주는 厲公(突) 원년이었음.
【武父】鄭나라 땅. 지금의 山東 東明縣 서남.

❋ **144**(桓 12-8)

丙戌, 衛侯晉卒.

병술날, 위衛 선공宣公 진晉이 죽었다.

【衛侯】衛 宣公. 이름은 晉. B.C.718~700년까지 19년간 재위함. 惠公(朔)이 그 뒤를 이음.
＊無傳

❋ **145**(桓 12-9)

十有二月, 及鄭師伐宋.
丁未, 戰于宋.

12월, 정鄭나라 군사와 함께 송宋나라를 쳤다.
정미날, 송나라에서 싸웠다.

【丁未】 12월 10일.

㊉

公欲平宋·鄭.
秋, 公及宋公盟于句瀆之丘.
宋成未可知也, 故又會于虛.
冬, 又會于龜, 宋公辭平, 故與鄭伯盟于武父, 遂帥師而伐宋, 戰焉, 宋無信也.
君子曰:「苟信不繼, 盟無益也.《詩》云『君子屢盟, 亂是用長』. 無信也.」

공이 송宋나라와 정鄭나라를 화친케 하고자 하였다.

가을, 공이 송공과 구독句瀆의 언덕에서 맹약을 맺었다.

그런데 송나라가 화해를 하고 싶어 하는지 알 수 없어 그 때문에 다시 허虛에서 만났던 것이다.

겨울, 또 구龜에서 만났더니 송나라 군주가 화친을 거절하여 그 때문에 공이 정나라 군주와 무보武父에서 맹약을 맺고 마침내 군사를 이끌고 송나라를 쳤던 것이며 이 싸움은 송나라가 신의가 없었기 때문이었다.

군자가 말하였다.

"진실로 믿음이 계속되지 않는다면 맹약을 맺은들 아무런 이익이 없게 된다.《시》에 '군자는 자주 맹세할수록 혼란만 더욱 자라게 된다'라 하였다. 신의가 없기 때문이다."

【句瀆之丘】杜預와 應劭는 모두 '穀丘'로 보았음. 지금의 山東 曹縣 북쪽 句羊店.
【辭平】화평의 요구를 거절함.
【詩】《詩經》小雅 巧言篇에 "君子屢盟, 亂是用長. 君子信盜, 亂是用暴. 盜言孔甘, 亂是用餤. 匪其止共, 維王之邛. 奕奕寢廟, 君子作之. 秩秩大猷, 聖人莫之. 他人有心, 予忖度之. 躍躍毚兔, 遇犬獲之"라 함.

㊅

楚伐絞, 軍其南門.
莫敖屈瑕曰:「絞小而輕, 輕則寡謀. 請無扞采樵者以誘之.」
從之.
絞人獲三十人.
明日, 絞人爭出, 驅楚役徒於山中.
楚人坐其北門, 而覆諸山下.
大敗之, 爲城下之盟而還.

초楚나라가 교絞나라를 치고 그 남문南門에 진을 쳤다.
막오莫敖 굴하屈瑕가 이렇게 꾀를 내었다.
"교나라는 작고 경솔합니다. 경솔하다면 모책도 빈약할 것입니다. 청컨대 호위 없이 나무꾼들로 위장하여 그 사람들을 유혹하도록 해 보십시오."
초나라가 그 말대로 하였다.
과연 교나라 사람들이 초나라 나무꾼 30명을 잡았다.
이튿날, 교나라 사람들이 경쟁하듯 성에서 나와 산속의 초나라 일꾼들을 몰아내었다.
초나라 사람들은 그 북문北門을 지키면서 군사를 산 밑에 매복시켰다.
그리하여 교나라 군을 대파하고 성 밑에서 맹약을 맺고 귀환하였다.

【絞】 당시의 작은 나라 이름. 지금의 湖北 鄖陽縣 서북쪽. 11년 傳에 "鄖人軍於蒲騷, 將與隨·絞·州·蓼伐楚師"라 하여 이에 대한 보복으로 絞나라를 친 것으로 보임.
【城下之盟】 군사를 철수시키지 않고 그대로 둔 채 위협을 가하며 맹약을 맺는 것. 패한 나라에게 더욱 큰 치욕을 안기는 것임. 宣公 15년 傳 華元의 말에 "敝邑易子而食, 析骸而爨. 雖然, 城下之盟, 有以國斃, 不能從也"라 함.

㊅
伐絞之役, 楚師分涉於彭.
羅人欲伐之, 使伯嘉諜之.
三巡數之.

교絞나라를 정벌하는 싸움에서 초楚나라는 군사를 나누어 팽수彭水를 건넜다.

그러자 이번에는 나羅나라 사람이 초나라를 공격하고자 백가伯嘉로 하여금 초나라 사정을 염탐하게 하였다.

백가는 초나라 군사 주변을 세 번 돌며 초나라 군사의 수를 세어 보았다.

【彭】彭水. 물 이름. 일명 筑水라고도 하며 지금은 南河로 불림. 지금의 湖北 房縣에 있음.
【羅】제후국 이름. 熊姓이며 지금의 湖北 宜城縣 서쪽 羅川城.
【伯嘉】羅國의 대부.

024. 桓公 13年(B.C.699) 壬午

周	桓王(姬元) 21년	齊	僖公(祿父) 32년	晉	晉侯(緡) 6년 曲沃 武公(稱) 17년	衛	惠公(朔) 원년
蔡	桓侯(封人) 16년	鄭	厲公(突) 2년	曹	莊公(射姑) 3년	陳	莊公(林) 원년
杞	靖公 5년	宋	莊公(馮) 11년	秦	出子 5년	楚	武王(熊通) 42년

㊉

十三年春, 楚屈瑕伐羅, 鬪伯比送之.
還, 謂其御曰:「莫敖必敗. 舉趾高, 必不固矣.」
遂見楚子, 曰:「必濟師!」
楚子辭焉.
入告夫人鄧曼.
鄧曼曰:「大夫其非衆之謂, 其謂君撫小民以信, 訓諸司以德, 而威莫敖以刑也. 莫敖狃於蒲騷之役, 將自用也, 必小羅. 君若不鎭撫, 其不設備乎! 夫固謂君訓衆而好鎭撫之, 召諸司而勸之以令德, 見莫敖而告諸天之不假易也. 不然, 夫豈不知楚師之盡行也?」
楚子使賴人追之, 不及.
莫敖使徇于師曰:「諫者有刑!」
及鄢, 亂次以濟, 遂無次, 且不設備.
及羅, 羅與盧戎兩軍之, 大敗之.

莫敖縊于荒谷.
羣帥囚于冶父以聽刑.
楚子曰:「孤之罪也.」
皆免之.

13년 봄, 초楚나라 굴하屈瑕가 나羅나라를 치러 나설 때 투백비鬪伯比가 그를 배웅하였다.

그는 돌아오면서 마부에게 이렇게 말하였다.

"막오(莫敖, 屈瑕)는 틀림없이 패할 것이다. 행동거지가 오만한 것으로 보아 틀림없이 견고하지 못할 것이다."

마침내 초 무왕을 뵙고 말하였다.

"반드시 원군을 보내셔야 할 것입니다!"

무왕이 거절하였다.

투백비는 내전內殿으로 들어가 임금의 부인 등만鄧曼에게 고하였다.

등만이 임금에게 말하였다.

"대부 투백비는 군사를 증원하자고 말한 것이 아닙니다. 그의 말은 임금께서 백성을 어루만지되 신의로 사랑하며, 백관을 이끄시되 덕으로써 하며, 막오에게는 위엄을 보이시되 법으로써 하실 것을 말한 것입니다. 막오는 포소蒲騷의 싸움으로 자만하여 자신의 뜻대로 싸우려 하여 틀림없이 나나라 정도는 가볍게 여길 것입니다. 임금께서 만약 그를 제압하여 어루만지지 않았다가는 그는 제대로 대비도 갖추지 않을 것입니다! 대부는 진실로 임금께서 무리를 잘 가르쳐 즐겨 따르도록 하시며, 백관을 불러 미덕에 힘쓰도록 권면하시며, 막오에게는 무릇 하늘이란 남을 가볍게 여기는 자에게는 힘을 빌려주지 않는다는 것을 알리도록 경고한 것입니다. 그렇지 않다면, 그가 어찌 초나라 군사가 모두 나서서 더 이상 없음을 모르고 그렇게 말을 하겠습니까?"

초자는 뇌賴나라 사람으로 하여금 투백비를 쫓아가게 하였지만 따라갈 수가 없었다.

막오는 자기가 이끄는 군사를 순시하면서 이렇게 알리도록 하였다.

"나의 명령을 간하는 자에게는 형벌을 내리리라!"

그들이 언鄢 땅에 이르러 제대로 대오도 갖추지 않은 채 어지럽게 강을 건너고는 드디어 진영을 치지도 않았고 게다가 설비도 없었다.

나나라에 이르자, 나나라는 노융盧戎과 함께하여 두 군사로 나뉘어 싸움을 벌여 왔고 초나라 군을 대패시켰다.

막오는 황곡荒谷에서 목을 매어 죽고 말았다.

많은 장수들은 죄인이 되어 야보冶父에 갇힌 채 형벌을 기다리게 되었다.

초 무왕은 이렇게 말하였다.

"모두가 나의 죄로다."

그리고는 모두 용서해 주었다.

【屈瑕】 초나라 대부로 莫敖의 벼슬을 하고 있었음.
【鬪伯比】 楚나라의 대부. 令尹 子文의 부친.
【楚子】 楚王. 武王(熊通) 42년째였음.
【濟師】 군사를 증원시킴.
【鄧曼】 楚나라 武王의 부인. 鄧國의 딸로 曼姓.
【狃】 방심하여 아무런 대비를 하지 않음.
【蒲騷之役】 蒲騷의 전투. 桓公 11년 傳을 참조할 것.
【令德】 미덕. 아름다운 덕. '令'은 '아름답다'의 뜻.
【天之不假易】 王念孫은 "假易, 猶寬縱也. 天不假易謂天道之不相寬縱也"라 함.
【夫】 鬪伯比를 가리킴.
【賴】 나라 이름. 姜姓. 지금의 湖北 隨縣 동북의 厲山店.
【徇】 軍令을 내림.
【鄢】 나라 이름. 지금의 湖北 宜城縣 남쪽 宜城故城, 역시 고대 鄢國 故城임.
【無次】 '次'는 군사가 주둔함을 뜻함. 莊公 3년 傳에 "凡師, 一宿爲舍, 再宿爲信, 過信爲次"라 함. 여기서는 군영도 제대로 갖추지 않았음을 뜻함.
【盧戎】 南蠻族의 하나. 지금의 湖北 南漳縣에 살던 소수민족. 嬀姓.
【縊】 목을 매어 자결함.
【荒谷】 초나라 땅 이름. 지금의 湖北 江陵縣 동남쪽.
【冶父】 초나라 땅 이름. 지금의 湖北 江陵縣 동쪽. 《水經注》에 "荒谷東岸有冶父城"이라 함.

【孤】楚 武王 자신. 왕이 자신을 낮추어 부르는 칭호.
【免之】용서해 줌.《列女傳》(3) 仁智傳 楚武鄧曼에 "鄧曼者, 武王之夫人也. 王使屈瑕爲將伐羅, 屈瑕號莫敖, 與群帥悉楚. 師以行, 鬪伯比謂其御曰:「莫敖必敗! 擧趾高, 心不固矣.」見王曰:「必濟師.」王以告, 夫人鄧曼曰:「大夫非衆之謂也. 其謂君撫小民以信, 訓諸司以德, 而威莫敖以刑也. 莫敖狃於蒲騷之役, 將自用也. 必小羅君, 若不鎭撫, 其不設備乎?」於是王使賴人追之, 不及. 莫敖令於軍中曰:「諫者有刑!」及鄢, 師次亂濟. 至羅, 羅與盧戎擊之, 大敗. 莫敖自經荒谷, 群師囚於冶父以待刑. 王曰:「孤之罪也.」皆免之. 君子謂:「鄧曼爲知人」《詩》云:『曾是莫聽, 大命以傾』此之謂也. 王伐隨, 且行, 告鄧曼曰:「余心蕩, 何也?」鄧曼曰:「王德薄而祿厚, 施鮮而得多, 物盛必衰, 日中必移, 盈而蕩, 天之道也. 先王知之矣. 故臨武事, 將發大命而蕩王心焉. 若師徒無虧, 王薨於行, 國之福也.」王遂行, 卒於樠木之下. 君子謂:「鄧曼爲知天道」《易》曰:『日中則昃, 月盈則虧, 天地盈虛, 與時消息』此之謂也. 頌曰:『楚武鄧曼, 見事所興, 謂瑕軍敗, 知王將薨, 識彼天道, 盛而必衰, 終如其言, 君子揚稱』"이라 함.

● 146(桓13-1)

十有三年春二月, 公會紀侯・鄭伯.
己巳, 及齊侯・宋公・衛侯・燕人戰.
齊師・宋師・衛師・燕師敗績.

13년 봄 2월, 공이 기후杞侯・정백鄭伯과 만났다.
기사날, 제후齊侯・송공宋公・위후衛侯・연인燕人과 싸웠다.
제・송・위・연나라 등 군사가 대패하였다.

【己巳】2월 3일.
【衛侯】衛 惠公(朔). 宣公(晉)이 죽고 아직 장례를 치르지 않았으며 즉위식을 올리지 않은 상태였음.

【敗績】全軍이 大敗하였을 때 쓰는 말. 莊公 11년 傳에 "凡師, 敵未陳曰敗某師, 皆陳曰戰, 大崩曰敗績"이라 함. 《春秋》에 '敗績'으로 표현된 곳은 모두 16곳임.

⟨傳⟩
宋多責賂於鄭.
鄭不堪命, 故以紀·魯及齊與宋·衛·燕戰.
不書所戰, 後也.

송宋나라가 정鄭나라에게 많은 뇌물을 요구하였다.
정나라는 그것을 다 감당할 수가 없어 그 때문에 기紀나라·노나라 군사로써 제齊·송·위衛·연燕나라와 전투를 벌인 것이다.
싸움터를 기록하지 않은 것은 노 환공이 늦게 도착하였기 때문이었다.

【賂於鄭】桓公 11년 宋나라가 厲公(子突)을 잡아 鄭나라에 송환금을 요구하였던 일을 근거로 더 많은 금액을 요구함. 桓公 11년을 참조할 것.
【不書所戰】싸운 지역을 기록하지 않음.
【後也】魯 桓公이 너무 늦게 도착함.

※ **147(桓 13-2)**

三月, 葬衛宣公.

3월, 위衛 선공宣公의 장례를 치렀다.

【衛宣公】이름은 晉. B.C.718~700년까지 19년간 재위하고 惠公(朔)이 그 뒤를 이음. 桓公 12년을 볼 것.
＊無傳

148(桓13-3)
夏, 大水.

여름, 홍수가 났다.

【大水】元年 傳에 "凡平原出水爲大水"라 함.
＊無傳

149(桓13-4)
秋七月.

가을 7월.

150(桓13-5)
冬十月.

겨울 10월.

㊉
鄭人來請脩好.

정鄭나라 사람이 와서 수호脩好를 청하였다.

【脩好】修好와 같음. 魯나라가 宋나라를 도움으로써 위협을 느껴 다시 노나라에 평화 조약을 청한 것.

025. 桓公 14年(B.C.698) 癸未

周	桓王(姬元) 22년	齊	僖公(祿父) 33년	晉	晉侯(緡) 7년 曲沃 武公(稱) 18년	衛	惠公(朔) 2년
蔡	桓侯(封人) 17년	鄭	厲公(突) 3년	曹	莊公(射姑) 4년	陳	莊公(林) 2년
杞	靖公 6년	宋	莊公(馮) 12년	秦	出子 6년	楚	武王(熊通) 43년

※ 151(桓 14-1)

十有四年春正月, 公會鄭伯于曹.

14년 봄 정월, 공이 정백鄭伯과 조曹나라에서 만났다.

【鄭伯】鄭 厲公(突). 재위 3년째였음.

※ 152(桓 14-2)

無冰.

얼음이 얼지 않았다.

【無冰】《春秋》에 '無冰'은 襄公 28년, 成公 원년, 昭公 4년 등 세 차례 기록되어 있으며 이로써 겨울에 얼음을 저장할 수 없었음을 밝힌 것.
＊無傳

※ 153(桓 14-3)

夏五, 鄭伯使其弟語來盟.

여름 5월, 정백鄭伯이 아우 어語로 하여금 와서 동맹을 맺도록 하였다.

【夏五】기록한 竹簡이 오래되어 損壞된 채 탈락된 글자가 있는 것으로 보고 있음.
【語】子語. 鄭 莊公(寤生)의 아들이며 厲公(突)의 아우.《穀梁傳》에는 '禦'로 되어 있음. 傳에는 '子人'이라 하였음.

㊉
十四年春, 會于曹.
曹人致餼, 禮也.

14년 봄, 공이 정鄭 여공厲公과 조曹나라에서 만났다.
이때 조나라 사람이 음식을 제공해준 것은 예에 맞는 일이었다.

【會于曹】曹나라 땅에서 魯 桓公이 鄭 厲公을 만난 것임.
【餼】음식을 제공함.

㊉
夏, 鄭子人來尋盟, 且修曹之會.

여름, 정鄭나라의 자인子人이 와서 전에 맺은 동맹을 확인하고, 아울러 조曹나라에서의 회합을 통한 우호관계를 다졌다.

【子人】語. 子語. 鄭 莊公(寤生)의 아들이며 厲公(突)의 아우.《穀梁傳》에는 '禦'로 되어 있음. 앞 장을 볼 것.
【尋盟】'尋'은 '溫'의 뜻. 12년 武父之盟을 가리킴.

※ 154(桓 14-4)
秋八月壬申, 御廩災.

가을 8월 임신날, 어름御廩에 화재가 났다.

【壬申】8월 15일.
【御廩】魯나라 군주가 직접 농사의 시범을 보여 그 농지에서 난 곡물을 보관하는 창고. 제사에 사용할 곡물을 저장하는 곳임.《說苑》反質篇에 魏 文侯가 "夫御廩者, 寡人寶之所藏也"라 함.
【災】灾와 같으며 宣公 16년에 "凡火, 人火曰火, 天火曰災"라 하여 벼락 등 자연재해에 의해 일어난 화재를 말함.

※ 155(桓 14-5)
乙亥, 嘗.

을해, 상제嘗祭를 지냈다.

【乙亥】8월 18일.
【嘗】'嘗'은 가을 제사의 이름. 5년 傳에 "始殺而嘗"이라 함.

㊉
秋八月壬申, 御廩災.
乙亥, 嘗.
書, 不害也.

가을 8월 임신날, 어름에 화재가 났다.
을해날, 상제嘗祭를 지냈다.
이를 기록한 것은 그 창고의 곡물이 피해를 입지 않았기 때문이었다.

【不害】御廩의 제사용 곡물이 타 없어진 것이 아니어서 嘗祭를 올릴 수 있었음. 이 때문에 經에 기록한 것임을 말함,

* **156(桓 14-6)**

冬十有二月丁巳, 齊侯祿父卒.

겨울 12월 정사날, 제후齊侯 녹보祿父가 죽었다.

【丁巳】12월 2일.
【祿父】齊나라 군주 釐公(僖公). 齊 莊公의 아들이며 B.C.730~698년까지 33년간 재위하고 이해에 죽음. 이듬해 그의 뒤를 襄公(諸兒)이 이어감.
＊無傳

✱ 157(桓 14-7)

宋人以齊人·蔡人·衛人·陳人伐鄭.

송인宋人이 제인齊人·채인蔡人·위인衛人·진인陳人을 이끌고 정鄭나라를 쳤다.

【蔡人】《公羊傳》에는 蔡人이 衛人 다음에 있음.
【以】'거느리다, 지휘하다'의 뜻.

傳
冬, 宋人以諸侯伐鄭, 報宋之戰也.
焚渠門, 入, 及大逵.
伐東郊, 取牛首.
以大宮之椽歸爲盧門之椽.

겨울, 송宋나라가 제후들의 군사를 거느리고 정鄭나라를 쳐 송나라에서 일어났던 싸움을 보복하였다.
송나라는 정나라의 거문渠門을 불사르고 들어가 성 안 큰길까지 닿았다.
정나라 동쪽 교외를 쳐서 우수牛首를 점령하였다.
그리고는 태궁大宮의 서까래를 가지고 돌아가 자기 나라 노문盧門의 서까래로 삼았다.

【諸侯】여기서는 齊, 蔡, 衛, 陳 등 각 제후들의 군사를 모아 함께 작전을 벌였음을 말함.
【宋之戰】桓公 12년을 볼 것.
【渠門】정나라 도성의 성문.
【大逵】大路. 아홉 輛의 수레가 교차할 수 있는 큰 길.

【牛首】 정나라 땅. 지금의 河南 陳留縣 서남 牛首城.
【大宮】 太宮과 같으며 太廟를 가리킴. 정나라 조상을 모신 사당.
【榱】 서까래.
【盧門】 宋나라 성문. 昭公 20년 傳에 "華氏居盧門以南里叛"이라 한 곳임.

026. 桓公 15年(B.C.697) 甲申

周	桓王(姬元) 23년	齊	襄公(諸兒) 원년	晉	晉侯(緡) 8년 曲沃 武公(稱) 19년	衛	惠公(朔) 3년
蔡	桓侯(封人) 18년	鄭	厲公(突) 4년	曹	莊公(射姑) 5년	陳	莊公(林) 3년
杞	靖公 7년	宋	莊公(馮) 13년	秦	武公 원년	楚	武王(熊通) 44년
許	穆公(新臣) 원년						

● **158**(桓15-1)

十有五年春二月, 天王使家父來求車.

15년 봄 2월, 천자가 가보家父를 보내어 수레를 요구하였다.

【家父】周나라 天子의 대부. 환공 8년을 볼 것.

㊉
十五年春, 天王使家父來求車, 非禮也.
諸侯不貢車·服, 天子不私求財.

15년 봄, 천자가 가보家父를 노나라에 보내 수레를 요구하게 한 것은 예가 아니었다.

제후는 수레와 의복을 바치는 것이 아니며, 천자는 사사로이 재물을 요구하는 것이 아니다.

【非禮】수레와 복장은 천자가 제후에게 하사하는 것이며 제후가 천자에게 바치는 것이 아니었으므로 예에 어긋난다고 한 것임.
【不私求財】천자는 사사롭게 재물을 요구하는 것이 아님.

※ 159(桓 15-2)

三月乙未, 天王崩.

3월 을미날, 천왕天王이 붕어하였다.

【乙未】3월 11일.
【天王】周 桓王. 東周의 2대 천자. 이름은 姬林. 平王(姬宜臼)의 아들로 太子 洩父가 일찍 죽어 왕위에 오른 인물임. B.C.719~697년까지 23년간 재위하고 이해에 죽음. 그 뒤를 莊王(姬佗)이 이음.
＊無傳

※ 160(桓 15-3)

夏四月己巳, 葬齊僖公.

여름 4월 기사날, 제齊 희공僖公의 장례를 치렀다.

【己巳】4월 15일.
【僖公】齊나라 군주. '釐公'으로도 표기하며 祿父.
＊無傳

㉚

祭仲專, 鄭伯患之, 使其壻雍糾殺之.
將享諸郊.
雍姬知之, 謂其母曰:「父與夫孰親?」
其母曰:「人盡夫也, 父一而已, 胡可比也?」
遂告祭仲曰:「雍氏舍其室而將享子於郊, 吾惑之, 以告.」
祭仲殺雍糾, 尸諸周氏之汪.
公載以出, 曰:「謀及婦人, 宜其死也.」
夏, 厲公出奔蔡.

 채중祭仲이 정鄭나라 국정을 전횡하자 정나라 임금(厲公)이 근심하다가 채중의 사위 옹규雍糾로 하여금 그를 죽이도록 하였다.
 옹규는 교외에서 잔치를 열어 채중을 불러내려 하였다.
 그때 옹규의 아내 옹희雍姬가 이를 알고 그 어머니에게 말하였다.
 "아버지와 남편 가운데 누가 더 저에게 가깝습니까?"
 어머니가 말하였다.
 "남자라면 누구나 남편이 될 수 있지만 아버지는 단 한 분뿐이다. 어찌 비교할 수가 있겠느냐?"
 마침내 옹희는 아버지 채중에게 이렇게 알렸다.
 "우리 옹씨는 집에서 잔치를 열 수도 있는데, 아버지를 교외에서 대접하려 한다니 저로서는 이 일이 의심스럽습니다. 그 때문에 말씀드리는 것입니다."
 그러자 채중은 옹규를 죽여 그 시신을 정나라 주씨周氏의 연못에 내던졌다.
 정 여공이 옹규의 시신을 수레에 싣고 달아나며 이렇게 말하였다.
 "부인과 함께 그 일을 모책하다니 옹규는 죽어 마땅하다."
 여름, 여공厲公이 채蔡나라로 달아났다.

【祭仲】鄭나라 대부. 祭仲足. 처음 태자 忽을 세우려다가 宋나라의 압력에 밀려 子突(厲公)을 세웠던 대부. '祭'는 '채'(側界反)로 읽음.
【鄭伯】당시 정나라 군주는 厲公(子突)이었음.

【雍糾】 대부 祭仲의 사위.
【享】 饗과 같음. 宴饗을 베풂.
【雍姬】 祭仲의 딸. 옹규의 아내. 祭는 周公(姬旦)의 후손이 봉을 받아 姬姓이었으므로 뒤에 '姬'를 붙인 것.
【周氏之汪】 '汪'은 못(池). 周氏는 鄭나라 대부.
【出】 이 일이 발각되자 여공은 결국 정나라를 떠날 수밖에 없었음. 다음 장 참조.
【謀及婦人】 옹규가 만약 부인과 그 일을 모책하였다면 그의 죽음은 당연한 것임. 즉 남편과 아버지를 두고 갈등을 갖게 하였을 경우 아버지를 살리고자 하는 것이 여자(딸)로서의 도리에 맞다는 뜻.
【出奔蔡】《史記》鄭世家와 年表에는 "夏, 厲公出居邊邑櫟"이라 함.

● 161(桓 15-4)

五月, 鄭伯突出奔蔡.

5월, 정백鄭伯 돌突이 채蔡나라로 달아났다.

【鄭伯突】 鄭 厲公 子突. B.C.700~697년까지 4년간 재위하고 이듬해 子忽(昭公)이 들어섬.

● 162(桓 15-5)

鄭世子忽復歸于鄭.

정鄭나라 세자 홀忽이 정나라로 복귀하였다.

【忽】 子忽. 厲公의 뒤를 이어 정나라 군주에 올라 B.C.696~695년까지 2년간 재위함. 이가 昭公임.

傳
六月乙亥, 昭公入.

6월 을해날, 소공昭公이 정鄭나라로 들어갔다.

【乙亥】6월 22일.
【入】宋나라에 잡혀 있다가 厲公이 달아나자 다시 돌아와 임금 자리에 오른 것. 《史記》鄭世家에 "祭仲迎昭公忽. 六月乙亥, 復入鄭, 卽位"라 함.

● 163(桓 15-6)
許叔入于許.

허숙許叔이 허許나라로 들어갔다.

【許叔】許나라 莊公의 아우 穆公. 이름은 新臣. 隱公 11년에 鄭 莊公이 許叔에게 "天禍許國, 鬼神實不逞于許君, 而假手于我寡人, 寡人唯是一二父兄不能共億, 其敢以許自爲功乎? 寡人有弟, 不能和協, 而使餬其口于四方, 其況能久有許乎? 吾子其奉許叔以撫柔此民也, 吾將使獲也佐吾子. 若寡人得沒于地, 天其以禮悔禍于許, 無寧玆許公復奉其社稷, 唯我鄭國之有請謁焉, 如舊昏媾, 其能降以相從也. 無滋他族實偪處此, 以與我鄭國爭此土也. 吾子孫其覆亡之不暇, 而況能禋祀許乎? 寡人之使吾子處此, 不唯許國之爲, 亦聊以固吾圉也."라 한 것의 연결 사안임.
【許】姜姓. 周 武王이 그 苗裔 文叔을 許에 봉함. 지금의 河南 許昌市 동쪽.

傳
許叔入于許.

허숙許叔이 허許나라로 들어갔다.
※ 經文과 같으며 앞 장 주를 참조할 것.

❋ 164(桓 15-7)

公會齊侯于艾.

공이 제후齊侯와 애艾에서 만났다.

【齊侯】당시 齊나라 군주는 襄公(諸兒)이었음.
【艾】지명. 은공 6년을 볼 것. 당시 魯나라와 齊나라 경계의 산 이름. 지금의 山東 蒙陰縣 서북쪽.《公羊傳》에는 '鄑'로,《穀梁傳》에는 '蒿'로 되어 있음.

傳
公會齊侯于艾, 謀定許也.

공이 애艾에서 제후齊侯와 만난 것은 허許나라의 안정을 의논하기 위해서였다.

【謀定許】許나라 許叔이 들어와 지도자가 되자 그 나라를 안정시키기 위해 두 군주가 모책을 세우고자 한 것.

❋ 165(桓 15-8)

邾人・牟人・葛人來朝.

주인邾人·모인牟人·갈인葛人이 와서 문안하였다.

【牟】 지금의 山東 萊蕪縣 동쪽의 작은 나라.
【葛】 지금의 河南 寧陵縣 葛城. 汴水의 남쪽에 있었음. 그러나 王夫之는 지금의 山東 棗莊市 嶧城鎭으로 보았음. 원래 嬴姓의 작은 제후국이었음. 僖公 17년 齊 桓公이 그 나라에서 맞이한 여인을 '葛嬴'이라 하였음.
＊無傳

● 166(桓 15-9)

秋九月, 鄭伯突入于櫟.

가을 9월, 정백鄭伯 돌突이 역櫟으로 들어갔다.

【鄭伯】 鄭 厲公 子突.
【櫟】 鄭나라 땅. 지금의 河南 禹縣과 新鄭縣 사이. 昭公 11년 傳에 "鄭莊公城櫟而寘子元焉, 使昭公不立"이라 하여 子元은 厲公이며 嶧은 본래 厲公의 구읍이었음.

㊖
鄭伯因櫟人殺檀伯, 而遂居櫟.

가을, 정백鄭伯이 역櫟 사람을 통해 단백檀伯을 죽이고 마침내 역에 거처하였다.

【檀伯】 櫟 땅을 다스린 정나라 대부.《史記》에는 '單伯'으로 되어 있음.

167(桓 15-10)

冬十有一月, 公會宋公·衛侯·陳侯于袲, 伐鄭.

겨울 11월, 공이 송공宋公·위후衛侯·진후陳侯와 이袲에서 만나 정鄭나라를 쳤다.

【宋公】《公羊傳》에는 이 앞에 '齊侯' 두 글자가 더 있음.
【袲】宋나라 땅. 지금의 安徽 宿縣.《公羊傳》에는 '侈'로 되어 있음.

(傳)
冬, 會于袲, 謀伐鄭, 將納厲公也.
弗克而還.

겨울, 이袲에서 모인 것은 정鄭나라 정벌을 상의하고 장차 여공厲公을 다시 정나라로 들여보내기 위한 것이었다.
그러나 정나라를 이기지 못하고 돌아왔다.

【伐鄭】鄭나라를 무력으로 압박하여 망명 중인 厲公(子突)을 복귀시키고자 한 것임.《史記》鄭世家에 "諸侯聞厲公出奔, 伐鄭, 弗克而去. 宋頗予厲公兵, 自守於櫟. 鄭以故亦不伐櫟"이라 함.

027. 桓公 16年(B.C.696) 乙酉

周	莊王(姬佗) 원년	齊	襄公(諸兒) 2년	晉	晉侯(緡) 9년 曲沃 武公(稱) 20년	衛	惠公(朔) 4년
蔡	桓侯(封人) 19년	鄭	厲公(突) 5년 昭公(忽) 원년	曹	莊公(射姑) 6년	陳	莊公(林) 4년
杞	靖公 8년	宋	莊公(馮) 14년	秦	武公 2년	楚	武王(熊通) 45년
許	穆公(新臣) 2년						

● 168(桓 16-1)

十有六年春正月, 公會宋公·蔡侯·衛侯于曹.

16년 봄 정월, 공이 송공宋公·채후蔡侯·위후衛侯와 조曹나라에서 만났다.

傳

十六年春正月, 會于曹, 謀伐鄭也.

16년 봄 정월, 조曹나라에서 모인 것은 정鄭나라 정벌을 논의하기 위해서였다.

【謀伐鄭】桓公 15년 겨울에 鄭나라를 쳐 厲公(子突)을 복귀시키려던 일이 실패하여 봄에 다시 만나 모책을 세우고자 한 것.《史記》十二諸侯年表에 "公會曹, 謀伐鄭"이라 함.

2.〈桓公 16年〉 327

※ 169(桓 16-2)

夏四月, 公會宋公·衛侯·陳侯·蔡侯伐鄭.

여름 4월, 공이 송공宋公·위후衛侯·진후陳侯·채후蔡侯와 정鄭나라를 쳤다.

【伐鄭】正月의 曹之盟에 의한 것임.

㊉
夏, 伐鄭.

여름, 정鄭나라를 쳤다.

※ 170(桓 16-3)

秋七月, 公至自伐鄭.

가을 7월, 공이 정鄭나라 정벌에서 돌아왔다.

㊉
秋七月, 公至自伐鄭, 以飮至之禮也.

가을 7월, 공이 정鄭나라 정벌에서 우리 노나라로 돌아와 종묘에 고하고 잔치를 베풀었다.

【飮至】임금이 외국에서의 업무를 마치고 돌아왔을 때 종묘에 고하고 잔치를 열어 수행원과 나라에 있던 대부들을 위로하고 논공행상을 행하는 의식. 桓公 2년에 "凡公行, 告于宗廟; 反行, 飮至·舍爵·策勳焉, 禮也"라 함.

● 171(桓16-4)
冬, 城向.

겨울, 상(向)에 성을 쌓았다.

【向】盟邑과 함께 魯 隱公 11년 천자가 鄭나라에 준 蘇忿生의 땅. '向'은 성씨 혹 지명일 경우 '상'으로 읽음.

傳
冬, 城向.
書時也.

겨울, 상(向)에 성을 쌓았다.
이것은 때에 맞게 하였으므로 기록한 것이다.

【書時】농사철이 아닌 때에 성을 쌓는 공사를 벌인 것은 때에 맞으므로 이를 경문에 기록한 것이라는 뜻.

172(桓 16-5)

十有一月, 衛侯朔出奔齊.

11월, 위후衛侯 삭朔이 제齊나라로 달아났다.

【衛侯】衛나라 惠公. 이름은 朔. B.C.699~697년까지 3년간 재위함.

㊉
初, 衛宣公烝於夷姜, 生急子, 屬諸右公子.
爲之娶於齊, 而美, 公取之, 生壽及朔.
屬壽於左公子.
夷姜縊.
宣姜與公子朔構急子.
公使諸齊, 使盜待諸莘, 將殺之.
壽子告之, 使行.
不可, 曰:「棄父之命, 惡用子矣? 有無父之國則可也.」
及行, 飲以酒, 壽子載其旌以先, 盜殺之.
急子至, 曰:「我之求也, 此何罪? 請殺我乎!」
又殺之.
二公子故怨惠公.
十一月, 左公子洩·右公子職立公子黔牟.
惠公奔齊.

당초, 위衛 선공宣公은 서모庶母 이강夷姜도 아내로 삼아 급자急子를 낳아 우공자右公子에게 부탁하여 돌보게 하였다.

뒷날 급자가 자라자 그를 위해 제齊나라에서 여인을 맞이하였는데 매우 아름다워 선공은 그 여인을 자신이 차지하여 수壽와 삭朔을 낳았다.

그리고 수를 좌공자左公子에게 맡겨 돌보도록 하였다.

총애를 잃은 이강이 목을 매어 죽었다.

선강宣姜은 공자 삭과 함께 급자를 음해하였다.

선공은 급자를 제나라 사신으로 보내면서 자객을 시켜 길목 신莘 땅에서 기다렸다가 죽이도록 하였다.

그러자 수가 이를 급자에게 알리고 급히 도망하도록 일러주었다.

그러나 급자는 그럴 수 없다고 하면서 이렇게 말하였다.

"아버지의 명을 따르지 않는다면 그 자식을 누가 써 주겠는가? 아버지라는 것이 없는 나라가 있다면 그러한 나라로 갈 수는 있겠지."

떠날 때가 되자 수가 그에게 술을 마시게 하여 취하도록 하고는 자신의 수레에 급자의 깃발을 꽂고 앞서나가 자객이 그를 급자인 줄로 여겨 죽이고 말았다.

뒤이어 도착한 급자는 이렇게 부르짖었다.

"내가 죽기를 바란 것인데 이 사람이 무슨 죄가 있단 말이냐? 청컨대 나를 죽여달라!"

자객은 그도 죽이고 말았다.

이 일로 좌공자와 우공자가 혜공惠公에게 원한을 품었다.

11월, 좌공자 설洩과 우공자 직職이 공자 검모黔牟를 옹립하였다.

혜공은 제나라로 달아났다.

【衛宣公】衛나라 군주. 桓公의 아들. B.C.718~700년까지 19년간 재위함.
【烝】"上淫曰烝"이라 함. 淫烝. 아랫사람이 손위 여자와 私通함. 고대 군주나 귀족의 多妻制에서 媵娣制와 烝報制가 있었음. 烝報制란 부친이 죽은 뒤 자신의 생모 이외에는 아버지가 거느리던 모든 여인을 자신의 처로 삼을 수 있으며 그리하여 낳은 아들의 지위도 역시 적자와 같은 대우를 해 주는 것임. 춘추시대 이러한 제도가 통용되었으며《左傳》에 예닐곱 가지 예가 보임. 한편 媵娣制는 여자가 시집갈 때 함께 데리고 가는 여동생 등도 역시 남편의 媵妾이 되는 예로 이는 장기간 지속되었음.
【夷姜】宣公의 아버지 莊公의 첩이며 선공에게는 庶母에 해당함.
【急子】宣公과 선공의 庶母 夷姜 사이에 난 아들.

【右公子】右媵에게서 난 아들. 右媵은 媵妾 중에 서열이 左媵보다 먼저인 여자. 여기서의 우공자는 이름이 職이었음. 그러나 杜預는 이들을 첩의 아들로 보고 孔穎達은 衛 宣公의 형제로 보았음.

【左公子】左媵에게서 태어난 아들. 이름은 洩.

【宣姜】宣公의 아내. 宣公의 부인이면서 齊나라(姜姓) 출신이어서 '宣姜'이라 부름. 원래 아들 急子를 위해 맞이하였으나 자신이 차지하여 부인으로 삼았음.

【莘】衛나라의 땅 이름. 지금의 山東 莘縣 북쪽.《水經注》에 "莘亭道陋限蹊要. 自衛適齊之道也"라 함.《史記》衛世家에 "宣公自以其奪太子妻也, 心惡太子, 欲廢之. 及聞其惡, 大怒, 乃使太子伋於齊, 而令盜遮界上殺之. 與太子白旄, 而告界盜, 見持白旄者殺之"라 함. 한편《詩經》邶風〈二子乘舟〉는 이를 읊은 것이며 그 序에 "二子乘舟, 思伋·壽也. 衛宣公之二子, 爭相爲死, 國人傷而思之, 作是詩也"라 하였고,《列女傳》(7)의 '衛宣公姜'에 "宣姜者, 齊侯之女, 衛宣公之夫人也. 初, 宣公夫人夷姜生伋子, 以爲太子. 又娶於齊曰宣姜, 生壽及朔. 夷姜旣死, 宣姜欲立壽, 乃與壽弟朔謀構伋子. 公使伋子之齊, 宣姜乃陰使力士待之界上而殺之, 曰:「有四馬, 白旄至者必要殺之.」壽聞之以告太子曰:「太子其避之.」伋子曰:「不可, 夫棄父之命, 則惡用子也?」壽度太子必行, 乃與太子飮, 奪之旄而行, 盜殺之. 伋子醒, 求旄不得, 遽往追之, 壽已死矣. 伋子痛壽爲己死, 乃謂盜曰:「所欲殺者乃我也, 此何罪? 請殺我.」又殺之. 二子旣死, 朔遂立爲太子. 宣公薨, 朔立是爲惠公, 竟終無後. 亂及五世. 至戴公而後寧.《詩》云:『乃如之人, 德音無良』此之謂也. 頌曰:『衛之宣姜, 謀危太子, 欲立子壽, 陰設力士. 壽乃俱死, 衛果危殆. 五世不寧, 亂由姜起.』"라 하였고 이 고사는《新序》節士篇 및《史記》衛康叔世家 등에도 실려 있음.

【二公子】右公子와 左公子.《史記》衛世家에 "左右公子不平朔之立也"라 함.

【惠公】公子 朔. 宣公의 뒤를 이어 왕위에 올라 B.C.699~697년까지 3년간 재위하였으며, 그 뒤를 黔牟가 이었다가 다시 B.C.866에 복위하여 669년까지 모두 31년간 재위함.

【黔牟】衛 宣公의 庶出 아들. 이름을 '留'라고도 함. 惠公 재위기간 중 본 기사에서처럼 혜공이 제나라로 달아나자 대신 임금 자리에 올라 B.C.696~687년까지 10년간 국정을 다스렸음.《公羊傳》莊公 3년 何休 注에 "衛朔背叛出奔, 天子新立衛公子留"라 함.

028. 桓公 17年(B.C.695) 丙戌

周	莊王(姬佗) 2년	齊	襄公(諸兒) 3년	晉	晉侯(緡) 10년 曲沃 武公(稱) 21년	衛	惠公(朔) 5년 黔牟 원년
蔡	桓侯(封人) 20년	鄭	厲公(突) 6년 昭公(忽) 2년	曹	莊公(射姑) 7년	陳	莊公(林) 5년
杞	靖公 9년	宋	莊公(馮) 15년	秦	武公 3년	楚	武王(熊通) 46년
許	穆公(新臣) 3년						

❋ 173(桓17-1)

十有七年春正月丙辰, 公會齊侯·紀侯盟于黃.

17년 봄 정월 병진날, 공이 제후_{齊侯}·기후_{紀侯}와 황_黃에서 만나 동맹을 맺었다.

【丙辰】정월 13일.
【齊侯】당시 齊나라 군주는 襄公(諸兒). 재위 3년째였음.
【黃】지금의 山東 博興 부근 黃山, 黃阜, 黃大 등의 지명이 있어 그 일대로 보고 있음.

㊙

十七年春, 盟于黃, 平齊·紀, 且謀衛, 故也.

17년 봄, 공이 황黃에서 동맹을 맺은 것은 제齊나라와 기紀나라를 화친케 하고, 다시 한 번 위衛나라의 일에 대해 논의하기 위해서였다.

【謀衛】衛나라에서 惠公이 쫓겨난 일을 처리하기 위한 것임. 앞 장을 참조할 것. 위나라가 惠公을 축출하여 惠公이 齊나라에 망명하자 齊나라에서 이를 들여보내고자 한 것임.

✽ 174(桓 17-2)

二月丙午, 公會邾儀父, 盟于趡.

2월 병오날, 공이 주邾나라 의보儀父와 만나 유趡에서 동맹을 맺었다.

【丙午】2월에는 丙午날이 없었음.
【會】《公羊傳》과《穀梁傳》에는 모두 '及'자로 되어 있음.
【儀父】주나라 군주의 이름.
【趡】魯나라 지명. 지금의 山東 泗水縣과 鄒縣 사이.

㊅
及邾儀父盟于趡, 尋蔑之盟也.

주邾나라 의보儀父와 유趡에서 동맹을 맺은 것은 멸蔑에서 맺었던 맹약을 다지기 위해서였다.

【蔑之盟】隱公 원년에 맺었던 맹약. '蔑'은 노나라 땅으로 지금의 山東 泗水縣 동북에 姑蔑 故城이 있음.

* **175**(桓17-3)

> 夏五月丙午, 及齊師戰于奚.

여름 5월 병오날, 해奚에서 제齊나라 군사와 싸웠다.

【丙午】5월 5일.
【奚】魯나라 지명. 지금의 山東 滕縣 남쪽 奚公山 아래에 奚水가 있으며 《水經注》에 "夏車正, 奚仲之國也. 山下有奚仲冢"이라 함.

⟨傳⟩
夏, 及齊師戰于奚, 疆事也.
於是齊人侵魯疆, 疆吏來告.
公曰:「疆場之事, 愼守其一, 而備其不虞. 姑盡所備焉. 事至而戰, 又何謁焉?」

여름, 제齊나라 군사와 해奚에서 싸움이 있었던 것은 국경에 관한 일 때문이었다.
이에 제나라가 노나라 국경을 침범하자 강리疆吏가 와서 이를 고하였다.
환공이 말하였다.
"국경 문제는 한결같이 신중히 지키되 뜻밖의 일에 대비하라. 우선 준비를 다하고 있다가 일이 벌어지면 싸우면 된다. 다시 나를 뵐 일이 있겠는가?"

【疆事】疆域(疆場)에 관한 일. '場'은 '域'과 같음.
【不虞】예측하지 못한 일들.

※ **176(桓 17-4)**

六月丁丑, 蔡侯封人卒.

6월 정축날, 채후蔡侯 봉인封人이 죽었다.

【丁丑】 6월 6일.
【蔡侯】 당시 蔡나라 군주는 桓侯였으며 이름은 封人. B.C.714~695년까지 20년간 재위하고 哀侯(獻舞)가 그 뒤를 이음.

㊁
蔡桓侯卒. 蔡人召蔡季于陳.

채蔡 환후桓侯가 죽자, 채나라 사람들이 채계蔡季를 진陳나라에서 불러 들였다.

【桓侯】 蔡 宣侯의 뒤를 이어 B.C.714~695년까지 20년간 재위하고 이해에 죽음. 이름은 封人.
【蔡季】 桓侯의 아우. 이름은 獻舞. 桓侯는 아들이 없어 그 때문에 아우를 임금 자리에 앉힌 것. 당시 그는 陳나라에 가 있었음. 이가 蔡 哀侯(獻舞)이며 B.C.694~675년까지 20년간 재위함.

※ **177(桓 17-5)**

秋八月, 蔡季自陳歸于蔡.

가을 8월, 채계蔡季가 진陳나라로부터 채蔡나라로 돌아왔다.

㊅
秋, 蔡季自陳歸于蔡, 蔡人嘉之也.

가을, 채계蔡季가 진陳나라로부터 채蔡나라로 돌아오자 채나라 사람들이 그를 환영하여 맞아들였음을 기록한 것이다.

【嘉之】 환영하여 그를 맞이함. 그 때문에 이를 기록한 것이라는 뜻.《史記》蔡世家에 "桓侯卒, 弟哀侯獻舞立"이라 함.

● 178(桓17-6)
癸巳, 葬蔡桓侯.

계사날, 채蔡 환후桓侯의 장례를 치렀다.

【癸巳】 8월 23일.
＊無傳

● 179(桓17-7)
及宋人·衛人伐邾.

그때 환공이 송인宋人·위인衛人과 함께 주邾나라를 쳤다.

【及】 宋나라와 衛나라의 요구에 따라 魯 桓公이 邾나라를 쳤음을 말함.
【邾】 周나라 武王이 祝融 八姓의 하나였던 邾俠(曹俠)을 封하여 부용국으로

삼았었으며 지금의 山東 鄒縣. 이 때문에 전국시대에 이름을 '鄒'로 바꾸었음. 曹姓이며 子爵 작위를 받았으나 魯나라에 예속되어 있었음.

㊙
伐邾, 宋志也.

주邾나라를 친 것은 송宋나라의 뜻에 따른 것이다.

【宋志】邾나라와 宋나라가 국경 문제로 싸움이 벌어져 魯나라는 송나라 요구에 따라 趡에서의 맹약을 어기고 邾나라를 쳤음을 말함.

❈ 180(桓 17-8)

冬十月朔, 日有食之.

겨울 10월 초하루, 일식이 있었다.

【朔】10월 초하루. B.C.695년 10월 10일 金環日蝕이 있었음.

㊙
冬十月朔, 日有食之. 不書日, 官失之也.
天子有日官, 諸侯有日御.
日官居卿以底日, 禮也.
日御不失日, 以授百官于朝.

겨울 10월 초하루, 일식이 있었으나 날짜를 쓰지 않은 것은 사관이 그 간지干支를 놓쳤기 때문이다.

천자에게는 일관日官이 있고 제후에게는 일어日御가 있다.

일관은 경卿과 같은 지위에 있으면서 날짜를 잘 정하는 것이 예이다.

일어는 날짜를 놓치지 않고 조정에서 백관에게 잘 일러 주어야 하는 것이다.

【日官】 관직 이름. 천상의 변화를 살피며 날짜를 정확히 계산하는 일을 함.
【日御】 천자국의 日官과 같음. 천문 기상과 날짜 관리를 책임지는 직책.
【居卿】 卿과 같은 지위로 대우를 받음.
【底日】 '厎日'로도 표기하며 '平'과 같은 뜻임. 曆數를 고르게 하여 잘 조정하고 날짜를 계산함을 뜻함.
【禮】 임무, 직책, 책임진 업무.

㊉
初, 鄭伯將以高渠彌爲卿, 昭公惡之, 固諫, 不聽.
昭公立, 懼其殺己也.
辛卯, 弑昭公, 而立公子亹.
君子謂:「昭公知所惡矣.」
公子達曰:「高伯其爲戮乎! 復惡已甚矣.」

당초, 정鄭 장공莊公이 고거미高渠彌를 경卿으로 삼으려 하자 소공昭公(忽)이 그를 미워하여 극구 거듭하여 말렸으나 들어주지 않았다.

소공이 왕위에 오르자 고거미는 소공이 자신을 죽일까봐 두려워하였다.

신묘날, 고거미는 소공을 시살하고 공자 미亹를 군주로 세웠다.

군자가 말하였다.

"소공은 미워해야 할 사람을 잘 알고 있었다."

노나라 공자 달達은 말하였다.

"고백高伯은 육시를 당하게 될 것이다! 자신을 미워한 사람에 대한 보복이 너무 지나쳤다."

【鄭伯】鄭 莊公(寤生)이 살아 있을 때의 사건.
【高渠彌】高渠眯로도 표기하며 鄭나라 대부. 자는 高伯. 桓公 5년 鄭나라가 周王室과의 싸움에 高渠彌가 中軍을 거느리고 鄭 莊公을 모셨음.
【昭公】공자 忽. 당시는 태자였음. 뒤에 厲公(突)을 이어 왕위에 올라 B.C.696~695년까지 2년간 재위함.
【公子亹】鄭나라 昭公의 아우로 昭公을 이어 高渠彌에 의해 왕위에 올랐으나 B.C.694년 1년간이었으며 시호는 없음.《史記》鄭世家에 "昭公二年, 自昭公爲太子時, 父莊公欲以高渠彌爲卿, 太子忽惡之, 莊公弗聽, 卒用渠彌爲卿. 及昭公卽位, 懼其殺己, 冬十月辛卯, 渠彌與昭公出獵, 射殺昭公于野. 祭仲與渠彌不敢入厲公, 乃更立昭公弟子亹爲君, 是爲子亹野. 無諡號"라 함.
【知所惡】미워할 바.《韓非子》難四에 이 구절을 두고 "君子之學「知所惡」, 非甚之也, 曰: 知之若是其明也, 而不行誅焉, 以及於死, 故曰「知所惡」, 以見其無權也"라 함.
【公子達】魯나라 공자이며 대부. 이름은 達.《韓非子》에는 公子圉로 되어 있음.
【高伯】高渠彌를 가리킴.

029. 桓公 18年(B.C.694) 丁亥

周	莊王(姬佗) 3년	齊	襄公(諸兒) 4년	晉	晉侯(緡) 11년 曲沃 武公(稱) 22년	衛	惠公(朔) 6년 黔牟 2년
蔡	哀侯(獻舞) 원년	鄭	厲公(突) 7년 子亹 원년	曹	莊公(射姑) 8년	陳	莊公(林) 6년
杞	靖公 10년	宋	莊公(馮) 16년	秦	武公 4년	楚	武王(熊通) 47년
許	穆公(新臣) 4년						

❀ **181**(桓 18-1)

十有八年春王正月, 公會齊侯于濼.
公與夫人姜氏遂如齊.

18년 봄 주력 정월, 공이 제齊 양공襄公과 낙濼에서 만나기로 하였다.
공은 부인 강씨姜氏와 함께 가서 마침내 제나라에 도착하였다.

【濼】강 이름. 지금의 山東 濟南市 서북쪽 洛口. 서북을 지나 濟水로 흘러드는 물. 《管子》大匡篇에 "遂以文姜會齊侯於濼"이라 하여 濼之會에 文姜이 동행하였음을 말함.
【姜氏】桓公의 부인 文姜. 齊나라 출신이었음.

傳

十八年春, 公將有行, 遂與姜氏如齊.
申繻曰:「女有家, 男有室, 無相瀆也. 謂之有禮. 逆此, 必敗.」
公會齊侯于濼, 遂及文姜如齊.
齊侯通焉, 公謫之, 以告.
夏四月丙子, 享公.
使公子彭生乘公, 公薨于車.
魯人告于齊曰:「寡君畏君之威, 不敢寧居, 來修舊好. 禮成而不反, 無所歸咎, 惡於諸侯. 請以彭生除之.」
齊人殺彭生.

18년 봄, 환공桓公이 제齊나라로 출행하면서 부인 강씨姜氏와 함께 가려 하였다.
그러자 신수申繻가 말하였다.
"여자는 남편이 있고, 남자는 아내가 있으니 서로 상대를 넘보는 일이 없어야 합니다. 이를 가리켜 예禮가 있다고 하는 것입니다. 그것을 거스르면 반드시 화가 있는 법입니다."
공은 제나라 군주와 낙濼에서 만난 뒤 드디어 부인 문강文姜과 함께 제나라로 갔다.
제 양공襄公이 문강과 정을 통하여 환공이 그 일을 꾸짖자 문강은 이를 양공에게 알렸다.
여름 4월 병자날, 제 양공이 환공에게 잔치를 열어주었다.
그리고 공자 팽생彭生으로 하여금 공을 수레에 태워오도록 하였는데 환공은 수레 안에서 훙거하였다.
노나라가 제나라에 이렇게 고하였다.
"우리 군주께서는 군주의 위엄을 두려워하셔서 감히 편히 지내지도 못하시다가 귀국에 방문하여 옛 우호를 다시 복원하셨습니다. 그런데 예를 다하시고도 변고를 만나 돌아오시지 못하게 되었습니다. 이 허물을 누구에게 귀속시킬 수도 없으니 제후들에게 소문이 좋지 않습니다. 청컨대 팽생을 제거해 주시기 바랍니다."

제나라에서는 팽생을 죽였다.

【申繻】魯나라 大夫. 桓公 6년을 볼 것.《管子》大匡篇에는 '申兪'로 되어 있음.
【有室】《孟子》滕文公(下)에 "丈夫生而願爲之有室, 女子生而願爲之有家"라 하였고, 《禮記》曲禮(上)에는 "三十曰壯有室"이라 하였으며 鄭玄 注에 "有室, 有妻也. 妻稱室"이라 함.
【瀆】위배함. 거스름. 더러움을 저지름. 私通함.
【齊侯】당시 齊나라 군주는 襄公(諸兒)이었음.《史記》齊世家에 "四年, 魯桓公與夫人如齊. 齊襄公故嘗私通魯夫人. 魯夫人者, 襄公女弟也. 自釐公時, 嫁爲魯桓公婦. 及桓公來, 而襄公復通焉"이라 하여 이미 시집을 오기 전부터 사통하고 있었음.
【謫之】魯 桓公이 문강에게 齊 襄公과 사통한 일을 질책함.
【以告】文姜이 자신들의 사통을 桓公이 알게 되었음을 襄公에게 고함.
【亨】'饗'과 같음. 宴饗.
【彭生】齊나라 大夫. 魯 桓公을 시살하는 임무를 맡았음.
【乘於車】彭生은 魯 桓公을 수레에 태워오면서 환공의 늑골을 부러뜨려 시살하였음. 文姜과 정을 통한 齊 襄公이 彭生으로 하여금 노 환공을 죽이도록 한 것임.《公羊傳》莊公 원년에 "夫人譖公于齊侯曰:「公曰: '同非吾子, 齊侯之子也', 齊侯怒, 與之飮酒, 於其出焉, 使公子彭生送之; 於其乘焉, 搚幹而殺之"라 하였고, 《史記》齊世家에는 "使力士彭生抱上魯君車, 因拉殺魯桓公. 桓公下車, 則死矣"라 함.
【無所歸咎】魯 桓公이 죽은 것이 누구의 죄인지 그 소속을 알 수 없음.
【殺彭生】이는《管子》大匡篇과 같음. 다만 大匡篇에는 이어서 "竪曼曰:「賢者死忠以振疑, 百姓寓焉; 智者究理而長慮, 身得免焉. 今彭生二于君, 無盡言而諛行, 以戱我君, 使我君失親戚之禮, 命又力成吾君之禍, 以搆二國之怨, 彭生其得免乎? 禍理屬焉. 夫君以怒遂禍, 不畏惡親, 聞容昏生, 無醜也, 豈及彭生而能止之哉. 魯若有誅, 必以彭生爲說.」二月, 魯人告齊曰:「寡君畏君之威, 不敢寧居, 來修舊好, 禮成而不反, 無所歸死, 請以彭生除之.」齊人爲殺彭生, 以謝于魯"라 하였으며 이는 長沙 馬王堆 3호묘에서 출토된《春秋事語》의 醫寧의 말과 같음. 아울러《列女傳》孽嬖傳「魯桓文姜」에도 "文姜者, 齊侯之女, 魯桓公之夫人也. 內亂其兄

齊襄公. 桓公將伐鄭, 納厲公. 旣行, 與夫人俱, 將如齊也. 申繻曰:「不可, 女有家, 男有室, 無相瀆也, 謂之有禮, 易此必敗. 且禮: 婦人無大故, 則不歸.」桓公不聽, 遂與如齊. 文姜與襄公通, 桓公怒, 禁之不止. 文姜以告襄公, 襄公享桓公酒, 醉之, 使公子彭生抱而乘之, 因拉其脅而殺之, 遂死於車. 魯人求彭生以除恥, 齊人殺彭生.《詩》云:『亂匪降自天, 生自婦人.』此之謂也. 頌曰:『文姜淫亂, 配魯桓公. 與俱歸齊, 齊襄淫通. 俾厥彭生, 摧幹拉胸. 維女爲亂, 卒成禍凶.』"이라 실려 있음.

❋ 182(桓 18-2)

夏四月丙子, 公薨于齊.

여름 4월 병자날, 환공이 제齊나라에서 훙거薨去하였다.

【丙子】 4월 10일.
【薨】 桓公은 피살되었으나 이를 꺼려 '薨'이라 표현한 것임.

❋ 183(桓 18-3)

丁酉, 公之喪至自齊.

정유날, 환공桓公의 상喪이 제齊나라에서 돌아왔다.

【丁酉】 5월 초하루.
【喪】 靈柩. 시신.
＊無傳

※ **184**(桓18-4)
秋七月.

가을 7월.

㊉
秋, 齊侯師于首止, 子亹會之, 高渠彌相.
七月戊戌, 齊人殺子亹, 而轘高渠彌.
祭仲逆鄭子于陳而立之.
是行也, 祭仲知之, 故稱疾不往.
人曰:「祭仲以知免.」
仲曰:「信也.」

가을, 제齊 양공襄公이 군사를 수지首止에 주둔시키자 정나라 군주 자미子亹가 제나라 군주를 만나게 되었고 고거미高渠彌가 수행하여 도왔다.
7월 무술날, 제나라가 자미를 죽이고, 고거미를 환열轘裂하여 죽였다.
이에 채중祭仲은 정나라 공자 자의子儀를 진陳나라에서 맞이하여 군주로 옹립하였다.
이 회담에 채중은 자미와 양공이 만나는 그곳에 가면 자신이 죽음을 당하리라는 것을 이미 알고 있었으므로 그 때문에 병을 핑계로 가지 않았던 것이다.
어떤 이가 말하였다.
"채중은 지혜로써 죽음을 면하였다."
그러자 채중은 이렇게 말하였다.
"진실로 그러하다."

【首止】衛나라 땅. 지금의 河南 睢縣 동남 首鄕. 그러나 혹 宋나라 땅이라고도 함.
【子亹】鄭나라 昭公의 아우로 昭公을 이어 高渠彌에 의해 왕위에 올랐으나

B.C.694년 1년간이었으며 시호는 없음.《史記》鄭世家에 "子亹元年七月, 齊襄公會諸侯於首止, 鄭子亹往會, 高渠彌相, 從, 祭仲稱疾不行. 所以然者, 子亹自齊襄公爲公子之時, 嘗會鬪, 相仇, 及會諸侯, 祭仲請子亹無行. 子亹曰:「齊彊, 而厲公居櫟, 卽不往, 是率諸侯伐我, 內厲公. 我不如往, 往何遽必辱, 且又何至是!」卒行. 於是祭仲恐齊幷殺之, 故稱疾. 子亹至, 不謝齊侯, 齊侯怒, 遂伏甲而殺子亹. 高渠彌亡歸, 歸與祭仲謀, 召子亹弟公子嬰於陳而立之, 是爲鄭子. 是歲, 齊襄公使彭生醉拉殺魯桓公"이라 함.

【高渠彌】鄭나라 대부. 정나라 昭公(忽)을 죽이고 子亹를 옹립한 대부.

【戊戌】7월 3일.

【轘】'환'으로 읽으며 車裂刑의 다른 말. 사지에 수레를 묶어 끌도록 하여 찢어 죽이는 형벌.

【祭仲】鄭나라 대부. 祭仲足. '祭'는 '채'(側界反)로 읽음. 처음 태자 忽을 세우려다가 宋나라의 압력에 밀려 子突(厲公)을 세웠던 대부. 桓公 11년 등을 참조할 것. 그는 鄭 子亹와 齊 襄公의 회담에 병을 핑계로 가지 않아 살아남았으며 다시 子儀를 陳에서 맞아 왕으로 세움으로써 권력을 회복하였음.

【逆】'迎'과 같음. 맞이하여 옴.

【鄭子】鄭 莊公의 아들이며 鄭 昭公의 아우 子儀. 陳나라에 망명해 있었음. 杜預 注에 "鄭子, 昭公弟子儀也"라 함. 그러나《史記》鄭世家에는 '公子嬰'이라 하였음.

185(桓 18-5)

冬十有二月己丑, 葬我君桓公.

겨울 12월 기축날, 우리 군주 환공桓公의 장례를 치렀다.

【己丑】12월 27일.

【桓公】죽은 지 9개월 후에 장례를 치러 매우 지체되었음을 기록한 것. 阮芝生의《杜注拾遺》에 "桓公見戕鄰國, 往返踰時, 嗣子幼弱, 國家多故, 安得復拘此例

五月而葬? 蓋有不得已者"라 함.
＊無傳

(傳)
周公欲弑莊王而立王子克.
辛伯告王, 遂與王殺周公黑肩.
王子克奔燕.
初, 子儀有寵於桓王, 桓王屬諸周公.
辛伯諫曰:「幷后·匹嫡·兩政·耦國, 亂之本也.」
周公弗從, 故及.

주공周公(黑肩)이 주周 장왕莊王을 시살하고 왕자 극克을 천자로 옹립하려 하였다.
이를 안 신백辛伯이 왕에게 알리고는 마침내 천자와 함께 주공 흑견黑肩을 죽여버렸다.
왕자 극은 연燕나라로 달아났다.
당초, 자의子儀는 환왕桓王에게 총애를 받아 환왕은 주공 흑견에게 그를 부탁해 둔 상태였다.
그때 신백이 주공에게 이렇게 간했었다.
"후궁이 황후와 같으며 서자庶子가 적자嫡子와 맞서고, 총신과 정경을 함께 참여시켜 정사를 논하며, 제후국 도성都城이 천자의 도성과 같을 정도로 크게 짓도록 두는 것은 나라를 어지럽히는 근본이 됩니다."
주공이 이 말을 따르지 않다가 화를 당한 것이다.

【周公】周 王室의 대부이며 卿士. 이름은 黑肩.
【莊王】姬佗. 桓王의 태자. 東周의 제3대 천자. B.C.696~682년까지 15년간 재위함.
【克】周 莊王의 아우 子儀이며 桓王의 아들.
【辛伯】周나라 대부.

【燕】姬姓의 伯爵. 周 武王(姬發)이 아우 召公(姬奭)을 봉한 나라로 지금의 薊(北京) 일대였으며 春秋와 戰國을 거쳐 동북부의 강국이 됨.
【子儀】王子 克.
【桓王】東周 2대 천자. 姬林. B.C.719~697년까지 23년간 재위함.
【幷后】後宮과 王后를 같은 등급으로 여김. 신분의 질서를 허물어뜨림을 말함.
【匹嫡】庶出과 嫡子를 같은 등급으로 여김.
【兩政】王引之는 "兩政者, 寵臣之權與正卿相敵也"라 함.
【耦國】도읍과 제후국의 국성을 같은 등급으로 짓거나 군사를 배치하도록 인정함. '耦'는 '偶'와 같음. 결국 제압할 수 없는 상태를 조성함을 말함. 이 구절은 閔公 2년 傳文에 "昔辛伯諗周桓公云:「內寵並后, 外寵二政, 嬖子配適, 大都耦國, 亂之本也.」"라 하였고,《韓非子》說疑篇에도 "故曰: 孼有擬適之子, 配有擬妻之妾, 廷有擬相之臣, 臣有擬主之寵, 此四者國之所危也. 故曰:「內寵並后, 外寵貳政, 枝子配適, 大臣擬主, 亂之道也.」故《周記》曰:「無尊妾而卑妻, 無孼適子而尊小枝, 無尊嬖臣而匹上卿, 無尊大臣以擬其主也.」"라 하였으며《管子》君臣篇(下)에는 "國之所以亂者四, 其所以亡者二. 內有疑妻之妾, 此宮亂也; 庶有疑適之子, 此家亂也"라 하였음.

환공(桓公) 在位期間(18년: B.C.711~694년)

B.C. \ 國	周	齊	晉	衛	蔡	鄭	曹	陳	宋	秦	楚	燕	魯
711	桓王 9	僖公 20	哀公 7	宣公 8	桓公 4	莊公 33	桓公 46	桓公 34	殤公 9	寧公 5	武公 30	穆公 18	桓公 1
710	10	21	8	9	5	34	47	35	莊公 1	6	31	宣公 1	2
709	11	22	9	10	6	35	48	36	2	7	32	2	3
708	12	23	小子 1	11	7	36	49	37	3	8	33	3	4
707	13	24	2	12	8	37	50	38	4	9	34	4	5
706	14	25	3	13	9	38	51	厲公 1	5	10	35	5	6
705	15	26	4	14	10	39	52	2	6	11	36	6	7
704	16	27	緡公 1	15	11	40	53	3	7	12	37	7	8
703	17	28	2	16	12	41	54	4	出公 8	1	38	8	9
702	18	29	3	17	13	42	55	5	9	2	39	9	10
701	19	30	4	18	14	43	莊公 1	6	10	3	40	10	11
700	20	31	5	19	15	厲公 1	2	7	11	4	41	11	12
699	21	32	惠公 6	1	16	2	3	莊公 1	12	5	42	12	13
698	22	33	7	2	17	3	4	2	13	6	43	13	14
697	23	襄公 1	8	3	18	4	5	3	14	武公 1	44	桓公 1	15
696	莊王 1	2	9	4	19	昭公 1	6	4	15	2	45	2	16
695	2	3	黔牟 10	1	20	2	7	5	16	3	46	3	17
694	3	4	11	2	哀公 1	子亹 1	8	6	17	4	47	4	18

※〈大事記〉(B.C.)

711: 魯나라, 鄭나라와 우호관계 맺다.

710: 宋나라 華父督, 殤公을 죽이다.

709: 晉나라 사람, 小子를 군주로 삼다.

708: 秦나라 군사, 芮나라 군주를 잡다.

707: 鄭나라 군사, 蔡와 衛, 陳나라 君을 폐하다.

706: 楚나라, 隨나라를 치다.

705: 겨울에 曲沃 武公이 晉 小子를 꾀어 죽이다.

704: 楚나라 군주, 王을 稱하다.

703: 楚나라, 巴나라와 鄧나라 군사를 처부수다.
702: 齊나라와 衛나라, 鄭나라 군사가 魯나라 郎에서 싸우다.
701: 鄭나라 사람, 昭公을 몰아내고 厲公을 세우다.
700: 魯나라 公이 宋나라와 鄭나라가 화평을 맺도록 노력했으나 실패하다.
699: 魯나라 公, 杞나라 鄭나라 군주와 협력해서 齊나라와 宋나라, 衛나라와 燕나라 군과 싸워 이기다.
698: 宋나라, 鄭나라를 치다.
697: 3月 周나라 桓王 林이 薨去하다.
696: 11月 衛나라 惠公, 齊나라로 달아나다.
695: 齊나라, 魯나라 공격하다. 鄭나라 高渠彌, 昭公을 죽이다
694: 魯나라 公, 부인과 함께이 齊나라로 가다. 周王, 周公 黑肩을 죽이다.

3. 〈莊公〉

◎ 魯 莊公 在位期間(32년: B.C.693~662년)

　桓公의 아들. 이름은 同子同. 어머니는 齊나라 출신의 文姜. 桓公 6년에 태어나 B.C.693~662년까지 32년간 재위함. 〈諡法〉에 "勝敵克亂曰莊"이라 함.

030. 莊公 元年(B.C.693) 戊子

周	莊王(姬佗) 4년	齊	襄公(諸兒) 5년	晉	晉侯(緡) 12년 曲沃 武公(稱) 23년	衛	惠公(朔) 7년 黔牟 3년
蔡	哀侯(獻舞) 2년	鄭	厲公(突) 8년 子儀 원년	曹	莊公(射姑) 9년	陳	莊公(林) 7년
杞	靖公 11년	宋	莊公(馮) 17년	秦	武公 5년	楚	武王(熊通) 48년
許	穆公(新臣) 5년						

※ 186(莊元-1)

元年春王正月.

원년 봄 주력周曆 정월.

㊁
元年春, 不稱卽位, 文姜出故也.

원년 봄, 즉위를 쓰지 않은 것은 군주의 어머니 문강文姜이 나라를 떠났기 때문이었다.

【不稱卽位】당시 文姜은 桓公과 함께 출국하여 齊나라에 있었으며 그때까지 아직 돌아오지 않아 즉위식을 거행할 수 없었음. 그 때문에 '卽位'라는 말을 기록할 수 없었음.
【文姜】桓公의 부인이며 莊公의 어머니. 齊나라 출신으로 齊 襄公과 사통하여 그 일로 桓公이 齊나라에서 죽음을 당함. 桓公 18년 참조.《史記》魯世家에 "莊公母夫人因留齊, 不敢歸魯"라 함.

※ **187**(莊元-2)

三月, 夫人孫于齊.

3월, 부인이 제齊나라로 달아났다.

【夫人】文姜을 가리킴. 莊公의 어머니. 齊 僖公의 딸이며 魯 桓公의 아내. 齊 襄公과 사통하는 등 한 시대를 풍미한 여인.
【孫】'도망가다'의 뜻. '遜'과 같음. 완곡한 표현임. 魯나라 국내 일이므로 '奔'자를 쓰지 못하고 대신 이 글자를 쓴 것임.

㊟
三月, 夫人孫于齊.
不稱姜氏, 絶不爲親, 禮也.

3월, 부인이 제齊나라로 달아났다.
강씨姜氏라 칭하지 않은 것은 모자간의 연을 끊어 모친이라 여기지 않았기 때문으로 이는 예에 맞는 일이다.

【不稱姜氏】'姜氏'라 하지 않고 '夫人'이라 칭한 것은 어머니의 음행을 부당하게 여겨 모자간의 친속관계를 끊었기 때문이라는 뜻.《公羊傳》에 "夫人固在齊矣, 其言遜于齊何? 念母也"라 하였으나, 孔穎達〈正義〉에는 "史之所書, 據實而錄, 未有虛書其事者也. 夫人若遂不還, 則孫已久矣, 何故至是三月始言孫于齊乎?"라 하여 반박함.

* 188(莊元-3)

夏, 單伯送王姬.

여름, 선백單伯이 왕희王姬를 배웅하였다.

【單伯】周나라 왕실의 대부. '單'은 성씨 및 지명일 경우 '선'으로 읽음. 單은 원래 天子 畿內의 지명이었음.
【王姬】周 왕실의 딸. 제후에게 시집을 보낼 때 同姓 제후인 魯나라에게 그 일을 주선하게 하였음을 말함.
＊無傳

* 189(莊元-4)

秋, 築王姬之館于外.

가을, 왕희王姬를 위해 바깥에 집을 지었다.

【館】舍와 같음.
【外】魯나라 궁성 밖에 王姬가 거처할 집을 지어줌. 孔穎達 疏에 鄭玄의 《箴膏肓》을 인용하여 "宮廟·朝廷各有定處, 無所館天子之女, 故宜築于宮外"라 함.

㊋
秋, 築王姬之館于外.
爲外, 禮也.

가을, 왕희王姬가 머물 집을 도성 밖에 지었다.
밖에 지은 것은 예에 맞는 일이다.

【禮】魯나라의 당시 국내 사정, 즉 '桓公의 장례를 치르지 않은 때였으므로 왕희가 들어와 거처할 곳이 없어 밖에 따로 거처를 마련해 준 것은 예에 맞다'는 뜻.

※ 190(莊元-5)

冬十月乙亥, 陳侯林卒.

겨울 10월 을해날, 진후陳侯 임林이 세상을 떠났다.

【乙亥】10월 17일.
【林】陳 莊公의 이름. 厲公(躍)의 뒤를 이어 왕위에 올랐으며 B.C.699~693년까지 7년간 재위하고 이해에 죽음. 그 뒤를 宣公(杵臼)이 이어감.
＊無傳

※ 191(莊元-6)

王使榮叔來錫桓公命.

천자가 영숙榮叔을 사신으로 보내 환공桓公의 생전 덕행을 애도하는 명을 내렸다.

【榮叔】周나라 왕실의 대부. 榮은 氏, 叔은 字. 厲王 때의 榮夷公이 있었으며 그의 후손임.
【錫】'賜'와 같음.
【命】桓公의 죽음을 애도하여 그 덕행을 기림.
＊無傳

※ 192(莊元-7)

王姬歸于齊.

왕희王姬가 제齊나라로 시집갔다.

【王姬】천자의 딸. 王女. '姬'는 周나라 성씨.
【歸】魯나라 주선으로 혼인이 성사되어 제나라로 시집을 갔음.
＊無傳

※ 193(莊元-8)

齊師遷紀, 郱·鄑·郚.

제齊나라 군사가 기紀나라의 병郱·자鄑·오郚 땅의 백성을 이주시켰다.

【郱】紀나라 땅. 지금의 山東 安丘縣 동남.
【鄑】'자'로 읽으며 '訾'와 같음. 紀나라 읍으로 지금의 山東 昌邑縣에 訾亭社가 있음.
【郚】지금의 山東 安丘縣 서남쪽에 郚城이 있음. 齊나라가 紀나라 세 곳의 백성을 이주시키고 그 땅을 자신들이 차지하였음을 말함. 《史記》秦始皇本紀 正義에 《竹書紀年》을 인용하여 "齊襄公滅紀郱·鄑·郚"라 함.
＊無傳

031. 莊公 2年(B.C.692) 己丑

周	莊王(姬佗) 5년	齊	襄公(諸兒) 6년	晉	晉侯(緡) 13년 曲沃 武公(稱) 24년	衛	惠公(朔) 8년 黔牟 4년
蔡	哀侯(獻舞) 3년	鄭	厲公(突) 9년 子儀 2년	曹	莊公(射姑) 10년	陳	宣公(杵臼) 원년
杞	靖公 12년	宋	莊公(馮) 18년	秦	武公 6년	楚	武王(熊通) 49년
許	穆公(新臣) 6년						

❋ 194(莊2-1)

二年春王二月, 葬陳莊公.

2년 봄 주력 2월, 진陳 장공莊公의 장례를 치렀다.

【莊公】이름은 林. 앞 장 참조
＊無傳

❋ 195(莊2-2)

夏, 公子慶父帥師伐於餘丘.

여름, 공자 경보慶父가 군사를 거느리고 어여구於餘丘를 쳤다.

【慶父】桓公의 庶子. 뒤에 孟孫氏가 됨. 莊公의 母弟.《史記》魯世家에 "莊公有三弟, 長曰慶父, 次曰叔牙, 次曰季友"라 함.
【於餘丘】《公羊傳》에는 '於'자가 없어 '餘丘'를 지명으로 여김. 魯나라 附庸의 小國. 혹은 邾나라의 別邑이라고도 함.
＊無傳

196(莊2-3)

秋七月, 齊王姬卒.

가을 7월, 제齊나라 왕희王姬가 세상을 떠났다.

【王姬】魯나라의 주선으로 齊나라에 시집을 갔던 周나라 천자의 딸.《禮記》檀弓(下)에 "齊穀王姬之喪, 魯莊公爲之大功. 或曰:「由魯嫁, 故爲之服姊妹之服.」或曰:「外祖母也, 故爲之服.」"이라 하였고, 鄭玄 注에 "穀, 當爲告, 聲之誤也. 王姬, 周女, 齊襄公之夫人. 春秋周女有魯嫁, 卒, 服之如內女服姊妹是也. 天子爲之無服. 嫁於王者之後, 乃服之. 莊公, 齊襄公女弟文姜之子, 當爲舅之妻, 非外祖母也. 外祖母又小功也"라 하여 大功의 예를 갖춘 것에 대하여 논하고 있음.
＊無傳

197(莊2-4)

冬十有二月, 夫人姜氏會齊侯于禚.

겨울 12월, 부인 강씨姜氏가 제후齊侯와 작禚에서 만났다.

【姜氏】文姜. 魯 桓公의 아내이며 莊公의 어머니.
【齊侯】齊 襄公. 문강과 사통하고 있었음.
【禚】지명. 제나라 읍. 齊, 魯, 衛 세 나라 경계에 있었으며 지금의 山東 長淸縣.

⑲
二年冬, 夫人姜氏會齊侯于禚.
書, 姦也.

2년 겨울, 부인 강씨姜氏가 작禚에서 제후齊侯와 만났다.
이를 기록한 것은 두 사람이 간음하였기 때문이다.

【姦】桓公과 함께 齊나라에 갔을 때 齊 襄公과 사통하여 그 일로 桓公이 죽었음에도 다시 양공을 만나 간음을 하였음을 말함.

※ **198(莊2-5)**

乙酉, 宋公馮卒.

을유날, 송공宋公 빙馮이 세상을 떠났다.

【乙酉】12월 4일.
【馮】'빙'으로 읽으며, 宋 莊公의 이름. 殤公의 뒤를 이어 B.C.710~692년까지 19년간 재위하고 이해에 죽음. 뒤를 湣公이 이음.
＊無傳

032. 莊公 3年(B.C.691) 庚寅

周	莊王(姬佗) 6년	齊	襄公(諸兒) 7년	晉	晉侯(緡) 14년 曲沃 武公(稱) 25년	衛	惠公(朔) 9년 黔牟 5년
蔡	哀侯(獻舞) 4년	鄭	厲公(突) 10년 子儀 3년	曹	莊公(射姑) 11년	陳	宣公(杵臼) 2년
杞	靖公 13년	宋	閔公(捷) 원년	秦	武公 7년	楚	武王(熊通) 50년
許	穆公(新臣) 7년

● 199(莊3-1)

三年春王正月, 溺會齊師伐衛.

3년 봄 주력 정월, 익溺이 제齊나라 군사와 모여 위衛나라를 쳤다.

【溺】魯나라 대부 이름.

㊟
三年春, 溺會齊師伐衛, 疾之也.

3년 봄, 공자 익溺이 제齊나라 군사와 모여 위衛나라를 쳤으며 이는 그를 미워하였기 때문이었다.

【疾之】溺이 魯나라 명령을 듣지 않아 그 이름만을 기록하여 미워함을 표시한 것이라는 뜻.《穀梁傳》에 "溺者何也? 公子溺也. 其不稱公子何也? 惡其會仇讐 而伐同姓, 故貶而名之也"라 함.

※ 200(莊3-2)

夏四月, 葬宋莊公.

여름 4월, 송宋 장공莊公의 장례를 치렀다.

【莊公】宋나라 군주 馮. 殤公(與夷)의 뒤를 이어 B.C.710~692년까지 19년간 재위 하였음.
＊無傳

※ 201(莊3-3)

五月, 葬桓王.

5월, 환왕桓王의 장례를 치렀다.

【桓王】천자국 東周의 2대 임금 姬林. B.C.719~697년까지 23년간 재위함.

㈱
夏五月, 葬桓王, 緩也.

여름 5월, 환왕桓王의 장례를 치렀는데 너무 늦었음을 말한 것이다.

【緩】그가 죽은 것은 魯 隱公 15년(B.C.697)이었으나 무려 7년이 지나서야 장례를 치른 것은 너무 늦었음을 말함. 杜預 注에 "以桓十五年三月崩, 七年乃葬, 故曰緩"이라 함. 그러나 《公羊傳》과 《穀梁傳》에서는 改葬한 것이라고 하였음.

✸ 202(莊3-4)

秋, 紀季以酅入于齊.

가을, 기계紀季가 휴酅 땅을 가지고 제齊나라에 들어갔다.

【紀季】紀나라 군주의 아우. 제후의 아우를 순서에 따라 仲, 叔, 季를 넣어 칭함. 따라서 紀季는 이름이 아님.
【酅】紀나라 고을 이름. 지금의 山東 淄博市 동쪽. 戰國시대의 安平城.

㈱
秋, 紀季以酅入于齊, 紀於是乎始判.

가을, 기계紀季가 휴酅 땅을 가지고 제齊나라로 들어감으로써 기紀나라가 이로부터 둘로 분열되었다.

【始判】紀나라가 분열됨. 紀侯는 紀에 그대로 있고 紀季가 酅 땅을 가지고 齊나라에 들어가 附庸國이 됨.

3. 〈莊公 3年〉 363

❋ 203(莊3-5)

冬, 公次于滑.

겨울, 공이 활滑에 머물렀다.

【次】군사가 주둔함을 뜻함. 莊公 3년 傳에 "凡師, 一宿爲舍, 再宿爲信, 過信爲次"라 함.
【滑】지명. 지금의 河南 睢縣 滑亭.《公羊傳》과《穀梁傳》에는 모두 '郎'으로 되어 있음.

(傳)
冬, 公次于滑, 將會鄭伯, 謀紀故也.
鄭伯辭以難.
凡師一宿爲舍, 再宿爲信, 過信爲次.

겨울, 공이 활滑에서 머문 것은 장차 정鄭 여공厲公과 만나 기紀나라의 일을 논의하기 위해서였다.
정 여공이 자기 나라에 어려움이 있음을 이유로 거절하였다.
무릇 군사가 출동하여 하루를 묵는 것을 사舍라 하고, 이틀을 머무는 것을 신信이라 하며, 이틀을 넘겨 주둔하는 것을 차次라 한다.

【鄭伯】鄭 厲公(突).
【舍, 信, 次】본문의 내용을 근거로 흔히 군사의 주둔 상황을 설명함. '舍'는 군사의 하루 행군 거리 30정도를 지나 주둔함을 뜻하기도 함.《詩經》周頌 有客의 毛傳에 "一宿爲宿, 再宿爲信"이라 함.

033. 莊公 4年 (B.C.690) 辛卯

周	莊王(姬佗) 7년	齊	襄公(諸兒) 8년	晉	晉侯(緡) 15년 曲沃 武公(稱) 26년	衛	惠公(朔) 10년 黔牟 6년
蔡	哀侯(獻舞) 5년	鄭	厲公(突) 11년 子儀 4년	曹	莊公(射姑) 12년	陳	宣公(杵臼) 3년
杞	靖公 14년	宋	閔公(捷) 2년	秦	武公 8년	楚	武王(熊通) 51년
許	穆公(新臣) 8년						

㊉

四年春王正月, 楚武王荊尸, 授師子焉, 以伐隨.
將齊, 入告夫人鄧曼曰:「余心蕩.」
鄧曼歎曰:「王祿盡矣. 盈而蕩, 天之道也. 先君其知之矣, 故臨武事, 將發大命, 而蕩王心焉. 若師徒無虧, 王薨於行, 國之福也.」
王遂行, 卒於樠木之下.
令尹鬭祁·莫敖屈重除道·梁溠, 營軍臨隨, 隨人懼, 行成.
莫敖以王命入盟隨侯, 且請爲會於漢汭, 而還.
濟漢而後發喪.

4년 봄 주력 3월, 초楚 무왕武王이 형시荊尸라는 진법을 만들어 군사들에게 수隨나라를 치기 위해 창을 나누어주었다.
이에 재계齋戒하려고 안으로 들어서서 부인 등만鄧曼에게 말하였다.

"내 심장이 떨리는구려."

등만이 탄식하며 말하였다.

"왕의 복록이 다하였습니다. 가득 차면 흔들리는 것이 하늘의 이치입니다. 선군께서는 그것을 아시고 계셨습니다. 그래서 전투에 관한 일에 임하여 중요한 명령을 내릴 때면 그 마음이 떨린다고 하셨습니다. 만일 병사들만이라도 헛되이 손해 입지 않고 대신 군주께서 출전하여 훙거하신다면 그것이 나라의 복이 될 것입니다."

무왕은 마침내 행군 도중 만목樠木 아래에서 세상을 떠나고 말았다.

영윤令尹 투기鬪祁와 막오莫敖 굴중屈重이 길을 닦고 자수溠水에 다리를 놓아 건너가 수나라에 도착하여 군사를 주둔시키자 수나라에서는 두려워서 화친을 청하였다.

막오는 거짓으로 임금의 명이라 하며 수나라 도성에 들어가 수나라 군주와 화친을 맺고 다시 한예漢汭에서 두 나라 군주가 만날 것을 청하고는 귀환하였다.

그들은 한수漢水를 건넌 뒤에야 무왕의 상喪을 발표하였다.

【春王正月】〈四部叢刊〉宋本에는 '春王三月'로 되어 있음. 그러나 阮元본과 洪亮吉《春秋左傳詁》에 의해 바로잡음.

【楚武王】楚나라 武王. B.C.740~690년까지 51년간 재위하였으며 文王이 뒤를 이음.

【荊尸】杜預는 '荊'은 楚, '尸'는 陣의 뜻으로 보아 초나라 특유의 軍陣法이라 하였음.

【孑】《方言》에 '戟謂之孑'이라 하여 楚나라 방언으로 창을 뜻함.

【齊】'재'로 읽으며 '齋'와 같음. 전쟁을 앞두고 종묘에 고한 다음 齋戒함을 뜻함.

【鄧曼】武王의 부인.《列女傳》(3)의 「楚武鄧曼」을 참조할 것.

【蕩】불안하여 떨림. 흔들림. 怔忡의 뜻.

【祿】복. 여기서는 수명을 뜻함.

【樠木】나무 이름.

【令尹】楚나라 고유의 관직 이름. 다른 나라의 相國(宰相)과 같음.

【鬪祁】초나라 영윤의 이름.

【莫敖】초나라 특유의 관직 이름.
【屈重】초나라 막오의 이름. 초나라 대부.
【溠】溠水. 湖北 隨縣 서북쪽의 鷄鳴山이 발원함.
【行成】화평을 청함.
【漢汭】漢水가 강수로 들어가는 입구. 지금의 湖北 漢陽. 孔穎達 疏에 "莫敖旣 與隨侯盟, 且又請隨侯與楚爲會禮於漢水之汭, 而後還楚"라 함.
【發喪】孔穎達 疏에 "會訖, 隨侯因濟漢還國而後發王喪"이라 함.

※ 204(莊4-1)

四年春王二月, 夫人姜氏享齊侯于祝丘.

4년 봄 주력 2월, 부인 강씨姜氏가 제후齊侯를 위해 축구祝丘에서 잔치를 열었다.

【姜氏】文姜. 魯 桓公의 아내이며 莊公의 어머니. 齊 襄公과 사통하였음.
【享】饗과 같음. 宴饗.《公羊傳》과《穀梁傳》에는 '饗'으로 되어 있음.
【齊侯】齊 襄公(諸兒) 8년.
【祝丘】魯나라 땅. 지금의 山東 臨沂縣 동남쪽.
＊無傳

※ 205(莊4-2)

三月, 紀伯姬卒.

3월, 기백희紀伯姬가 죽었다.

【紀伯姬】魯나라 출신으로 隱公 2년 紀裂繻가 맞아가 紀나라 임금의 아내가 되었다가 遺棄당한 여인.
＊無傳

❀ 206(莊4-3)

夏, 齊侯·陳侯·鄭伯遇于垂.

여름, 제후齊侯·진후陳侯·정백鄭伯이 수垂에서 만났다.

【齊侯】齊 襄公(諸兒).
【陳侯】陳 宣公(杵臼).
【鄭伯】鄭 厲公(突).
【垂】지명. 隱公 8년을 볼 것.
＊無傳

❀ 207(莊4-4)

紀侯大去其國.

기후紀侯가 그 나라를 버리고 떠났다.

【大去其國】나라가 둘로 분열되자 나라를 포기한 것임. '大去'는 떠난 다음 다시는 돌아가지 않음을 뜻함.

㋼
紀侯不能下齊, 以與紀季.
夏, 紀侯大去其國, 違齊難也.

기후紀侯는 제齊나라에게 항복할 수가 없어 나머지 땅도 기계紀季에게 주어버렸다.

여름, 기후가 그 나라를 떠난 것은 제나라의 침략으로 인한 난리를 피하기 위해서였다.

【下齊】紀나라가 齊나라의 복속이 됨을 뜻함.
【紀季】紀나라 군주의 아우. 기나라 임금이 그에게 나라 전체를 주고 자신은 떠나버린 것임.
【違齊難】齊나라로부터의 압박과 고통을 벗어남. 《史記》年表에 "齊襄八年伐紀, 去其都邑"이라 함.

❋ 208(莊4-5)

六月乙丑, 齊侯葬紀伯姬.

6월 을축날, 제후齊侯가 기백희紀伯姬의 장례를 치렀다.

【乙丑】6월 23일.
【葬紀伯姬】紀侯가 나라를 버리고 떠나 장례를 치러줄 수 없게 되자 齊나라에서 대신 이를 수행한 것임.

❋ 209(莊4-6)

秋七月.

가을 7월.

❋ 210(莊4-7)

冬, 公及齊人狩于禚.

겨울, 공이 제인齊人과 작禚에서 사냥을 하였다.

【禚】齊나라 땅. 魯, 齊, 衛 삼국의 접경 지역.《公羊傳》과《穀梁傳》에는 모두 '郜'로 되어 있음.
＊無傳

034. 莊公 5年(B.C.689) 壬辰

周	莊王(姬佗) 8년	齊	襄公(諸兒) 9년	晉	晉侯(緡) 16년 曲沃 武公(稱) 27년	衛	惠公(朔) 11년 黔牟 7년
蔡	哀侯(獻舞) 6년	鄭	厲公(突) 12년 子儀 5년	曹	莊公(射姑) 13년	陳	宣公(杵臼) 4년
杞	靖公 15년	宋	閔公(捷) 3년	秦	武公 9년	楚	文王(熊貲) 원년
許	穆公(新臣) 9년						

※ 211(莊5-1)

五年春王正月.

5년 봄 주력 정월.

※ 212(莊5-2)

夏, 夫人姜氏如齊師.

여름, 부인 강씨姜氏가 제齊나라 군영으로 갔다.

【姜氏】文姜.
【齊師】齊나라 군사들의 軍營. 당시 齊나라는 紀를 정벌하고 그곳에 軍營을 설치하여 주둔하고 있었음.
＊無傳

✸ 213(莊5-3)

秋, 郳犁來來朝.

가을, 예郳나라 이래犁來가 와서 문안하였다

【郳】魯나라의 부용국. 지금의 山東 滕縣. 郳(倪)는 원래 邾에서 분파하였으며 邾君 顔(夷父)의 막내아들 肥(友)를 倪에 봉하였음. 犁來는 肥의 曾孫임. 뒤에 齊 桓公이 周室의 명령을 받아 그 나라 군주를 小邾子로 부르게 된 것임.《公羊傳》에는 '倪'로 되어 있음.
【犁來】郳나라 군주 이름.《穀梁傳》에는 '黎來'로 되어 있음.

㊉
五年秋, 郳犁來來朝.
名, 未王命也.

5년 가을, 예郳나라 군주 이래犁來가 와서 문안하였다.
이름을 쓴 것은 그가 아직 천자께 작위를 받지 못하였기 때문이다.

【名】그의 이름을 밝힌 것을 말함.
【未王命】아직 천자로부터 작위를 받지 않은 신분임을 말함.

214(莊5-4)

冬, 公會齊人·宋人·陳人·蔡人伐衛.

겨울, 공이 제인齊人·송인宋人·진인陳人·채인蔡人과 모여 위衛나라를 쳤다.

【齊人·宋人】《穀梁傳》에는 '齊侯·宋公'으로 되어 있음. 당시 齊侯는 襄公(諸兒), 宋公은 閔公(捷)이었음.

傳
冬, 伐衛, 納惠公也.

겨울, 위衛나라를 친 것은 혜공惠公을 위나라로 들여보내기 위해서였다.

【納惠公】桓公 16년 衛 惠公이 齊나라로 도망하여 그를 지금 귀국시키고자 모임을 갖게 된 것임. 桓公 16년을 참조할 것.

035. 莊公 6年(B.C.688) 癸巳

周	莊王(姬佗) 9년	齊	襄公(諸兒) 10년	晉	晉侯(緡) 17년 曲沃 武公(稱) 28년	衛	惠公(朔) 12년 黔牟 8년
蔡	哀侯(獻舞) 7년	鄭	厲公(突) 13년 子儀 6년	曹	莊公(射姑) 14년	陳	宣公(杵臼) 5년
杞	靖公 16년	宋	閔公(捷) 4년	秦	武公 10년	楚	文王(熊貲) 2년
許	穆公(新臣) 10년						

❋ 215(莊6-1)

六年春王正月, 王人子突救衛.

6년 봄 주력 정월, 왕인王人 자돌子突이 위衛나라를 구하였다.

【正月】《公羊傳》과《穀梁傳》에는 모두 '三月'로 되어 있음.
【王人】周나라 왕실에서 보낸 사람이라는 뜻.
【子突】周나라 왕실의 사신.

六年春, 王人救衛.

6년 봄, 왕인王人이 위衛나라를 구하였다.

【救衛】이는 지난해의 "冬, 伐衛, 納惠公也"에 연속된 구절임.

❋ 216(莊6-2)

夏六月, 衛侯朔入于衛.

여름 6월, 위후衛侯 삭朔이 위衛나라로 들어갔다.

【朔】衛 惠公의 이름. B.C.699년에 즉위하여 696년 黔牟에게 나라를 빼앗겼다가 10년 뒤인 686년에 복위한 衛나라 임금.

㊛
夏, 衛侯入, 放公子黔牟于周, 放甯跪于秦, 殺左公子洩·右公子職, 乃卽位.
　君子以二公子之立黔牟爲不度矣.
　未能固位者, 必度於本末, 而後立衷焉.
　不知其本, 不謀; 知本之不枝, 弗强.
　《詩》云:『本枝百世.』

여름, 위후衛侯가 자신의 나라로 들어가서 공자 검모黔牟를 주周나라로 추방하고, 영궤甯跪를 진秦나라로 추방하였으며, 좌공자左公子 설洩과 우공자右公子 직職을 죽이고 나서 즉위하였다.
　군자는 두 공자가 검모를 옹립한 것이 앞을 헤아리지 못한 것이라고 하였다.

제 자리를 굳건히 하려는 자는 반드시 본말을 헤아린 다음 충심에서 사람을 옹립해야 한다.

근본을 알지 못하면 도모하지 말았어야 하고, 근본이 가지를 충분히 뻗을 수 없을 것임을 안다면 억지로 행하지는 말았어야 한다.

《시》에 '근본과 가지가 굳건해야 백세를 두고 번성한다'라 하였다.

【放】사면하고 죽이지는 않음. 석방하여 추방함.
【黔牟】衛나라 惠公의 지위를 탈취하여 B.C.696~687년까지 10년간 위나라를 다스렸던 인물.《史記》衛世家에 "衛君黔牟立八年, 齊襄公率諸侯奉王命攻伐衛, 納惠公, 誅左右公子, 衛君黔牟犇于周. 惠公復立. 惠公立三年出亡, 亡八年復入, 與前通年凡十三年矣"라 함.
【甯跪】衛나라 대부. 哀公 4년의 甯跪와는 다른 인물임.
【左公子洩】위나라 공자. 惠公을 몰아내는 데 앞장섰으며 黔牟를 옹립했던 인물.
【右公子職】역시 위나라 공자.
【不度】'度'은 '탁'으로 읽으며 '헤아리다'의 뜻.
【詩】《詩經》大雅 文王篇에 "亹亹文王, 令聞不已. 陳錫哉周, 侯文王孫子. 文王孫子, 本支百世. 凡周之士, 不顯亦世. 世之不顯, 厥猶翼翼. 思皇多士, 生此王國. 王國克生, 維周之楨. 濟濟多士, 文王以寧"이라 하여 '本枝'는 '本支'로 되어 있음.

※ 217(莊6-3)

秋, 公至自伐衛.

가을, 공이 위衛나라 정벌에서 돌아왔다.

【至】무릇 국외의 사건을 해결하거나 회의를 마치고 돌아온 다음 太廟에 고한 경우에는 반드시 기록하였음.
＊無傳

※ 218(莊6-4)

螟.

멸구가 일어났다.

【螟】곡물의 줄기를 파먹는 해충.
＊無傳

※ 219(莊6-5)

冬, 齊人來歸衛俘.

겨울, 제齊나라가 위衛나라의 포로들을 돌려보냈다.

【衛俘】'衛寶'의 오기. 傳文에는 '衛寶'로 되어 있으며 《公羊傳》과 《穀梁傳》은 물론 傳에도 모두 '衛寶'로 되어 있음. 그러나 段玉裁는 《左氏古經注》에서 "古者用兵所獲, 人民器械皆曰俘, 此所歸者寶器, 故《左傳》以寶釋經之俘"라 함.

⟨傳⟩
冬, 齊人來歸衛寶, 文姜請之也.

겨울, 제齊나라가 위衛나라에서 빼앗은 보물을 돌려주었는데 이는 문강文姜이 그렇게 하도록 청하였기 때문이었다.

【文姜】魯 桓公의 부인이며 齊 襄公과 사통하고 있었음. 돌려준 이유에 대하여 《公羊傳》에는 "其讓乎我奈何? 齊侯曰:「此非寡人之力, 魯侯之力也.」"라 하여 《左傳》의 뜻과 다름.

㊉

楚文王伐申, 過鄧.

鄧祁侯曰:「吾甥也.」

止而享之.

騅甥·聃甥·養甥請殺楚子.

鄧侯弗許, 三甥曰:「亡鄧國者, 必此人也. 若不早圖, 後君噬齊. 其及圖之乎! 圖之, 此爲時矣.」

鄧侯曰:「人將不食吾餘.」

對曰:「若不從三臣, 抑社稷實不血食, 而君焉取餘?」

弗從.

還年, 楚子伐鄧.

十六年, 楚復伐鄧, 滅之.

초楚 문왕文王이 신申나라를 정벌하러 가는 길에 등鄧나라를 통과하게 되었다.

등나라 기후祁侯가 말하였다.

"나의 생질이시다."

그리하여 그를 머물게 하여 잘 대접하였다.

그 때 추생騅甥·담생聃甥·양생養甥이 초 문왕을 죽일 것을 청하였다.

등후가 이를 허락하지 않자 세 생질이 말하였다.

"등나라를 멸망시킬 자는 틀림없이 이 사람입니다. 만약 서둘러 도모하지 않았다가는 뒷날 임금께서 후회하셔도 소용없을 것입니다. 그런 일이 닥쳐서야 일을 도모하시렵니까? 도모하십시오. 바로 지금입니다."

등후는 이렇게 말하였다.

"그를 죽인다면 사람들은 장차 내가 제사에 남긴 고기를 먹지도 않을 것이다."

세 사람이 대답하였다.

"만약 저희 세 신하의 충언에 따르지 않으셨다가 사직을 잃고 나면 실로 종묘에 제사를 지내는 일조차 없을 텐데 군주께서 무슨 남기고 말고 할 것이 있겠습니까?"

그러나 등후는 따르지 않았다.

신나라 정벌을 끝내고 돌아가던 해, 초나라 군주가 등나라를 쳤다.

노 장공 16년, 초나라는 다시 등나라를 쳐서 멸망시키고 말았다.

【鄧祁侯】鄧나라 임금.
【申】지금의 河南 南陽에 있던 나라 이름. 隱公 원년을 볼 것. 滕나라를 통과해야 닿을 수 있는 지역에 있었음.
【甥】甥姪. 鄧나라 祁公 아내는 楚 文王의 어머니 鄧曼과 자매였음.
【騅甥·聃甥·養甥】등나라 대부로서 기후 자매의 아들들.
【噬齊】'齊'는 '臍'와 같음. 배꼽을 깨물고자 해도 입이 닿지 않음. 후회해도 이미 때가 늦었음을 말함.
【十六年】魯 莊公 16년(B.C.678년). 이 사건의 10년 뒤임. 이는 《史記》 楚世家와 〈年表〉에도 자세히 실려 있음.

036. 莊公 7年(B.C.687) 甲午

周	莊王(姬佗) 10년	齊	襄公(諸兒) 11년	晉	晉侯(緡) 18년 曲沃 武公(稱) 29년	衛	惠公(朔) 13년
蔡	哀侯(獻舞) 8년	鄭	厲公(突) 14년 子儀 7년	曹	莊公(射姑) 15년	陳	宣公(杵臼) 6년
杞	靖公 17년	宋	閔公(捷) 5년	秦	武公 11년	楚	文王(熊貲) 3년
許	穆公(新臣) 11년						

※ 220(莊7-1)

七年春, 夫人姜氏會齊侯于防.

7년 봄, 부인 강씨姜氏가 제후齊侯와 방防에서 만났다.

【姜氏】文姜. 지난날 魯 桓公의 부인. 莊公의 어머니.
【齊侯】齊나라 襄公(諸兒). 姜氏와 사통하고 있었음.
【防】魯나라 땅. 지금의 山東 密縣 동북. 隱公 9년을 볼 것.

㊑
七年春, 文姜會齊侯于防, 齊志也.

7년 봄, 문강文姜이 제후齊侯와 방防에서 만난 것은 제나라 군주의 뜻에 따른 것이었다.

【齊志】齊 襄公이 만나기를 요구하여 齊나라까지 가지 않고 魯나라 땅인 防에서 만났음을 말함.

❋ 221(莊7-2)

夏四月辛卯, 夜, 恒星不見.
夜中, 星隕如雨.

여름 4월 신묘날 밤, 항성恒星이 보이지 않았다.
밤중, 별똥별이 비 내리듯 떨어졌다.

【辛卯】4월 5일.
【夜】《穀梁傳》에는 '昔'으로 되어 있으며 '昔'은 '夕'과 같음.
【恒星】늘 제자리를 지키고 있는 별.《穀梁傳》梁士勛 疏에 "周之四月, 夏之二月, 常列宿者, 謂南方七宿也"라 함.
【星隕】별똥별.《公羊傳》에는 '隕'자가 '霣'으로 되어 있음.

㊙
夏, 恒星不見, 夜明也.
星隕如雨, 與雨偕也.

여름, 항성恒星이 보이지 않은 것은 밤인데도 밝았던 탓이었다.
별똥별이 비처럼 내렸다는 것은 비와 함께 내린 것이었다.

【雨偕】비와 함께 쏟아져 내림. 그러나 비처럼 쏟아진 현상을 표현한 것으로도 보고 있음.

✤ 222(莊7-3)

秋, 大水.

가을, 홍수가 났다.

【大水】桓公 元年 傳에 "凡平原出水爲大水"라 함.
＊無傳

✤ 223(莊7-4)

無麥苗.

보리 이삭이 패지 않았다.

【苗】싹. 그러나 이삭이 패기 전에 홍수로 매몰되었음을 말함. 따라서 '穗'의 뜻으로 보아야 할 것임.

⟨傳⟩
秋, 無麥苗, 不害嘉穀也.

가을, 보리 이삭이 패지 않았으나 벼는 손해가 없었다.

【秋】周나라 曆의 가을은 夏曆으로는 여름에 해당함. 보리가 出穗하여 여무는 시기임.
【嘉穀】홍수로 보리가 매몰되어 이삭이 패지 않았으나 다른 곡물에는 피해를 입히지 않았음을 말함. 嘉穀은 黍·稷·稻 등 다른 작물을 말하며 이들은 모두 제사에 사용하는 곡물들이었음.

224(莊7-5)

冬, 夫人姜氏會齊侯于穀.

겨울, 부인夫人 강씨姜氏가 제후齊侯와 곡穀에서 만났다.

【齊侯】齊나라 襄公(諸兒).
【穀】齊나라 땅. 지금의 山東 東阿縣 穀城. 원래 '穀'은 姬姓의 작은 나라였으나 뒤에 齊나라에게 망함.
＊無傳

037. 莊公 8年(B.C.686) 乙未

周	莊王(姬佗) 11년	齊	襄公(諸兒) 12년	晉	晉侯(緡) 19년 曲沃 武公(稱) 30년	衛	惠公(朔) 14년
蔡	哀侯(獻舞) 9년	鄭	厲公(突) 15년 子儀 8년	曹	莊公(射姑) 16년	陳	宣公(杵臼) 7년
杞	靖公 18년	宋	閔公(捷) 6년	秦	武公 12년	楚	文王(熊貲) 4년
許	穆公(新臣) 12년						

❋ 225(莊8-1)

八年春王正月, 師次于郎, 以俟陳人·蔡人.

8년 봄 주력 정월, 군사가 낭郎에서 머물며 진인陳人·채인蔡人을 기다렸다.

【次】군사가 주둔함을 뜻함. 莊公 3년 傳에 "凡師, 一宿爲舍, 再宿爲信, 過信爲次"라 함.
【郎】지명. 전출.
【俟】'사'로 읽으며 '기다리다'의 뜻. 郕을 치기 위해 기다린 것임. 賈逵는 《穀梁傳》의 설을 인용하여 陳·蔡가 魯나라를 치고자 기다린 것이라 하였으나 孔穎達 疏에는 하휴와 복건의 설을 지지하여 "俟者, 相須同行之辭, 非防寇拒敵之稱. 若是畏其來伐, 當謂之禦, 不得稱俟, 故知其共伐郕耳. 何休·服虔亦言欲共伐郕"이라 함.
＊無傳

❋ 226(莊8-2)

甲午, 治兵.

갑오날, 군사를 훈련시켰다.

【甲午】정월 13일.
【治兵】군사를 훈련하고 점검하며 軍令을 정비함.《公羊傳》에는 '祠兵'으로 되어 있으며《五經異義》에는《公羊傳》의 설을 인용하여 "祠兵, 祠五兵矛戟劍楯弓矢 及祠蚩尤之造兵者"라 하였으나, 鄭玄은 이를 반박하여 "祠兵,《公羊》字之誤, 以治爲祠, 因而作說如此"라 함.

㊉
八年春, 治兵于廟, 禮也.

8년 봄에, 태묘에서 훈련을 하고 군사를 정비하였는데 이는 예에 맞는 일이다.

【廟】太廟, 宗廟.

❋ 227(莊8-3)

夏, 師及齊師圍郕. 郕降于齊師.

여름, 노나라 군사와 제齊나라 군사가 함께 성郕나라를 포위하자 성나라는 제나라 군사에 항복하였다.

3.〈莊公8年〉385

【郕】伯爵의 작은 나라. 文王의 아들 郕叔(姬武)을 봉했던 곳으로 지금의 山東 寧陽縣 북쪽 盛鄕城. '成', '盛'으로도 표기함. 隱公 5년을 볼 것.

㊀

夏, 師及齊師圍郕.
郕降于齊師.
仲慶父請伐齊師.
公曰:「不可. 我實不德, 齊師何罪? 罪我之由. 〈夏書〉曰:『皐陶邁種德, 德, 乃降.』 姑務修德, 以待時乎!」

여름, 노나라 군사와 제齊나라 군사가 성郕나라를 포위하였다.
그러자 성나라가 제나라 군사에게 항복하였다.
이에 중경보仲慶父가 제나라 군사를 치자고 청하였다.
장공이 말하였다.
"그럴 수 없다. 내가 부덕하여 생긴 일인데, 제나라 군사에게 무슨 죄가 있겠는가? 죄는 나에게 비롯된 것이다. 〈하서夏書〉에 '고요皐陶가 덕을 심기에 온 힘을 기울였다. 덕이 있어야 남이 복종해 온다'라 하였다. 우선 잠시 덕을 닦는 데 힘쓰면서 때를 기다려 보자!"

【仲慶父】魯 桓公의 둘째 아들이며 魯 莊公의 아우. 시호는 共仲. 杜預는 莊公의 庶兄이라 하였음.
【夏書】《書經》의 〈夏書〉. 원래 逸書. 지금 전하는 《僞古文尙書》大禹謨篇에 "禹曰:「朕德罔克, 民不依, 皐陶邁種德, 德乃降, 黎民懷之, 帝念哉! 念玆在玆, 釋玆在玆, 名言玆在玆, 允出玆在玆, 惟帝念功.」"이라 함.
【皐陶】舜 임금 때의 名臣으로 九官의 하나. 법률을 제정하고 형벌과 감옥의 제도를 만들었음.

※ 228(莊8-4)

秋, 師還.

가을, 군사가 돌아왔다.

㊙
秋, 師還.
君子是以善魯莊公.

가을, 노나라 군사가 귀환하였다.
군자는 이로써 노 장공莊公을 훌륭하다 여겼다.

【善】훌륭하게 여김. 일을 잘 처리한 것이라 평가함.

※ 229(莊8-5)

冬十有一月癸未, 齊無知弑其君諸兒.

겨울 11월 계미날, 제齊나라 무지無知가 그 군주 제아諸兒를 시살하였다.

【癸未】11월 7일.
【無知】公孫無知. 齊 僖公의 손자. 公孫氏. '公孫'은 公子의 아들일 경우 할아버지로부터 손자에 해당하는 支孫이므로 이를 성씨로 삼은 것.
【諸兒】齊 襄公의 이름. '제예, 저예, 제아' 등으로 읽음. B.C.697~686년까지 12년간 재위하였으며 魯 桓公의 부인 文姜과 사통한 군주.

㊀

齊侯使連稱·管至父戍葵丘, 瓜時而往, 曰:「及瓜而代.」
期戍, 公問不至.
請代, 弗許, 故謀作亂.
僖公之母弟曰夷仲年, 生公孫無知, 有寵於僖公, 衣服禮秩如適.
襄公絀之.
二人因之以作亂.
連稱有從妹在公宮, 無寵, 使間公, 曰:「捷, 吾以女爲夫人.」
冬十二月, 齊侯游于姑棼, 遂田于貝丘.
見大豕, 從者曰:「公子彭生也.」
公怒, 曰:「彭生敢見!」
射之, 豕人立而啼.
公懼, 隊于車, 傷足, 喪屨.
反, 誅屨於徒人費.
弗得, 鞭之, 見血.
走出, 遇賊于門.
劫而束之.
費曰:「我奚御哉?」
袒而示之背.
信之.
費請先入, 伏公而出, 鬪, 死于門中.
石之紛如死于階下.
遂入, 殺孟陽于牀.
曰:「非君也, 不類.」
見公之足于戶下, 遂弒之, 而立無知.
初, 襄公立, 無常.
鮑叔牙曰:「君使民慢, 亂將作矣.」
奉公子小白出奔莒.

亂作, 管夷吾·召忽奉公子糾來奔.
初, 公孫無知虐于雍廩.

제齊 양공襄公이 연칭連稱과 관지보管至父에게 규구葵丘를 지키도록 하면서 참외가 익을 철에 그곳으로 갈 때 양공이 이렇게 약속을 하였다.
"내년 참외가 익을 때쯤이면 교대시켜 주겠다."
그런데 수비를 마친 기간이 되었건만 임금의 소식이 오지 않았다.
교대해 줄 것을 요청하였으나 허락을 하지 않자 그 때문에 반란을 모의하게 되었던 것이다.
희공僖公의 친동생 이중년夷仲年이 공손무지公孫無知를 낳았는데 희공에게 총애를 입어 그의 의복과 예우는 희공의 적자嫡子 양공과 똑같았다.
양공은 임금 자리에 오르자 그에 대한 예우를 낮추어 깎아내려 버렸다.
그러자 연칭과 관지보 둘은 공손무지와 어울려 반란을 일으켰다.
연칭의 사촌 여동생이 대궐에 있었으나 총애를 받지 못하자 공손무지는 그녀로 하여금 양공의 동태를 살피도록 하면서 이렇게 말하였다.
"성공하기만 하면 내 너를 부인으로 승격시켜 주겠다."
겨울 12월, 제후齊侯가 고분姑棼을 유람하고 드디어 패구貝丘에서 사냥을 하게 되었다.
그때 커다란 돼지가 나타나자 시종이 말하였다.
"공자 팽생彭生입니다."
양공이 노하여 말하였다.
"팽생이 감히 나타나다니!"
그리고는 활을 쏘았더니 그 돼지는 사람처럼 일어서더니 울부짖는 것이었다.
양공이 겁에 질려 두려워하다가 수레에서 떨어져 발을 다치고 신발을 잃어버리고 말았다.
숙소에 돌아와서는 시중드는 하인 비費에게 신발을 찾아내라고 윽박질렀다.

그가 찾아내지 못하자 양공이 채찍질을 하여 피가 흘렀다.

그는 달아나다가 문 앞에서 마침 양공을 없애려고 달려오던 역적 무리와 마주치고 말았다.

그들이 겁을 주어 결박하려 하자 비가 말하였다.

"내가 어찌 그대들을 막아서는 것이겠습니까?"

그리고는 옷을 벗어 매 맞은 등을 보여주었다.

역적들이 그 말을 믿었다.

비는 자신이 먼저 들어가겠노라 청한 다음 양공을 숨기고는 다시 나와 그 역적들과 싸우다가 문 안쪽에서 죽고 말았다.

그리고 석지분여石之紛如라는 신하도 섬돌 밑에서 죽고 말았다.

역적들은 드디어 안으로 들어가서 침상에 양공인 것처럼 누워 있던 맹양孟陽을 죽이고는 이렇게 말하였다.

"임금이 아니다. 전혀 닮지 않았다."

그러다 문 아래쪽으로 삐져나온 양공의 발을 보고 드디어 그를 시살하고는 공손무지를 임금으로 옹립하였다.

당초, 양공이 임금 자리에 오른 이래 나라에는 법도가 없었다.

이에 포숙아鮑叔牙는 이렇게 말한 적이 있었다.

"임금이 백성을 제멋대로 하도록 하고 있으니 장차 난이 일어날 것이다."

그리고는 공자 소백小白을 모시고 거莒나라로 달아나버렸다.

난이 일어나자 관이오管夷吾와 소홀召忽도 공자 규糾를 모시고 노나라로 도망쳤던 것이다.

그 이전 공손무지는 옹름雍廩을 학대하였었다.

【齊侯】齊나라 군주 襄公(諸兒).

【連稱·管至父】둘 모두 齊나라 大夫.

【葵丘】齊나라 땅. 지금의 山東 臨淄縣 서쪽.

【瓜時】참외(오이)가 익을 시기.

【僖公】齊나라 군주. 釐公으로도 표기하며 B.C.730~698년까지 33년간 재위하고 그 뒤를 襄公이 이음.

【母弟】同母弟.
【夷仲年】夷仲은 시호, 이름은 年.
【公孫無知】莊公의 손자. 그 때문에 公孫이라 칭한 것임.
【適】'嫡'과 같음. 嫡子인 襄公과 똑같이 대해 주었음을 말함.
【絀之】덜어버림. 줄임. 깎아내림.
【從妹】叔父나 伯父의 딸. 사촌 여동생.
【使間公】몰래 양공의 태도를 살피도록 함. '間'은 '窺, 伺, 察'과 같은 뜻임.
【捷】성공함.
【夫人】궁중 후궁의 직급이며 칭호. 높은 지위임.
【姑棼】제나라 땅. 지금의 山東 博興縣 동북쪽 博故城. 薄姑의 다른 이름.
【貝丘】제나라 땅. 지금의 山東 博興縣 남쪽의 貝中聚.《史記》齊世家에는 '沛丘'로 되어 있음.
【從者】양공을 따라 사냥에 나선 사람.
【彭生】襄公이 文姜과 사통하면서 일이 발각되자 그의 지시로 魯 桓公을 죽였던 인물. 환공 18년 참조. 뒤에 자신도 齊 襄公에게 죽음을 당함. 역시 환공 18년을 참조할 것. 여기서는 양공에게 억울하게 죽은 것에 한을 품어 돼지의 형상으로 나타난 것임.
【隊】'墜'의 약자.
【徒人費】'徒'는 '侍'의 오기. 侍人은 寺人. 즉 궁중의 內侍. '費'는 그의 이름. 王引之는 "案徒當爲侍字之誤也. 侍人卽寺人"이라 함. 여기서는 임금 가까이에서 시중을 드는 하인을 말함.
【石之紛如】제나라 小臣 이름.
【孟陽】역시 제나라 小臣 이름. 제 양공을 대신하여 침상에 누워 자다가 죽음을 당함.
【無常】《史記》齊世家에는 "初襄公醉殺魯桓公, 通其夫人, 殺誅數不當, 淫於婦人, 數欺大臣"이라 함.
【鮑叔牙】鮑叔, 공자 小白을 모시고 莒로 피신하였다가 돌아와 소백이 왕위에 오르도록 한 인물. 管仲과의 우정으로 유명하며 '管鮑之交'의 고사를 낳음.《國語》齊語 韋昭 注에 "鮑叔, 齊大夫, 姒姓之後, 鮑敬叔之子叔牙也"라 함.
【小白】齊 僖公의 庶子. 내란을 피해 莒로 피신하였다가 포숙아의 도움으로 돌아와 왕위에 오름. 유명한 齊 桓公. 포숙아의 추천으로 적대 인물이었던 관중을 등용하여 春秋五霸의 首長이 됨.

【莒】 지금의 山東 莒縣에 있던 작은 나라.《荀子》宥坐篇에 "孔子曰:「昔晉公子 重耳霸心生於曹, 越王句踐霸心生於會稽, 齊桓公小白霸心生於莒. 故居不隱者, 思不遠; 身不佚者, 志不廣.」"이라 함.

【管夷吾】 管仲. 公子 糾를 모시던 신하로 뒤에 포숙의 추천으로 桓公을 도와 齊나라 재상이 되어 환공을 패자로 성공시킨 인물.《史記》管晏列傳 참조. 《國語》齊語 韋昭 注에 "管夷吾, 齊卿, 姬姓之後, 管嚴仲之子敬仲也"라 함.

【召忽】 역시 공자 규를 모시던 신하.

【糾】 小白의 庶兄이며 제나라 내란으로 魯나라로 피신함.

【雍廩】 齊나라 대부. 公孫無知가 그를 매우 학대했었음.

038. 莊公 9年(B.C.685) 丙申

周	莊王(姬佗) 12년	齊	桓公(小白) 원년	晉	晉侯(緡) 20년 曲沃 武公(稱) 31년	衛	惠公(朔) 15년
蔡	哀侯(獻舞) 10년	鄭	厲公(突) 16년 子儀 9년	曹	莊公(射姑) 17년	陳	宣公(杵臼) 8년
杞	靖公 19년	宋	閔公(捷) 7년	秦	武公 13년	楚	文王(熊貲) 5년
許	穆公(新臣) 13년						

✻ 230(莊9-1)

九年春, 齊人殺無知.

9년 봄, 제齊나라에서 무지無知를 죽였다.

【無知】公孫無知. 齊나라 내란을 일으켰던 인물. 앞 장 참조. 이 내란으로 인해 公子 糾와 小白이 국외로 망명함.

㊂
九年春, 雍廩殺無知.

9년 봄, 옹름雍廩이 무지無知를 죽였다.

【雍廩】齊나라 대부. 公孫無知에게 학대를 받았었음. 앞 장 참조. 그러나 《史記》 齊世家에는 "桓公元年春, 齊君無知游於雍林. 雍林人嘗有怨無知. 及其往游, 雍林人襲殺無知. 告齊大夫曰: 「無知弑襄公自立, 臣謹行誅, 唯大夫更立公子之當立者, 唯命是聽"이라 하여 雍林이라는 곳에 살던 어떤 사람으로 보았음.

❋ 231(莊9-2)

公及齊大夫盟于蔇.

공이 제齊나라 대부와 기蔇에서 맹약을 맺었다.

【大夫】당시 齊나라에는 임금이 없었으므로 大夫와 맹약을 맺은 것임.
【蔇】지명. 지금의 山東 嶧縣 동쪽 繒城. 《公羊傳》과 《穀梁傳》에는 모두 '曁'로 되어 있음.

⑲
公及齊大夫盟于蔇, 齊無君也.

공이 제齊나라 대부와 기蔇에서 맹약을 맺은 것은 제나라에 군주가 없었기 때문이었다.

【無君】齊나라 襄公(諸兒)이 내란으로 公孫無知에게 시해당하여 대신 대부와 맹약을 맺은 것임.

※ 232(莊9-3)
夏, 公伐齊納子糾. 齊小白入于齊.

여름, 공이 제齊나라를 쳐서 공자 규糾를 들여보내려 하자 제齊 소백小伯도 제나라로 들어갔다.

【子糾】공자 糾. 管仲이 모시고 魯나라에 피신하였던 공자. 小白(桓公)의 서형. 《公羊傳》과 《穀梁傳》에는 '糾'로만 되어 있음.
【小白】鮑叔牙가 모시고 莒나라로 피신하였다가 襄公(諸兒)이 죽자 급히 귀국함. 오는 길에 管仲의 일행을 만나 허리띠에 활을 맞아 죽은 척하고 지름길로 귀국하여 왕위에 오름. 이에 桓公이 되어 春秋五霸의 首長으로 널리 알려짐.

傳
夏, 公伐齊, 納子糾.
桓公自莒先入.

여름, 공이 제齊나라를 쳐서 공자 규糾를 들여보냈다.
그런데 환공桓公이 거莒나라로부터 먼저 들어갔다.

【桓公】小白. 春秋五霸의 수장으로 B.C.685~643년까지 43년간 재위함.
【莒】지금의 山東 莒縣에 있던 작은 나라.

※ 233(莊9-4)
秋七月丁酉, 葬齊襄公.

가을 7월 정유날, 제齊 양공襄公의 장례를 치렀다.

【丁酉】7월 24일. 亂으로 인하여 9개월만에 장례를 치른 것임.
【襄公】이름은 諸兒. 僖公의 아들이며 桓公의 아버지. B.C.697~686년까지 12년간 재위하고 公孫無知의 내란에 죽음.
＊無傳

✾ 234(莊9-5)

八月庚申, 及齊師戰于乾時, 我師敗績.

8월 경신날, 제齊나라 군사와 간시乾時에서 싸웠으나 우리 노나라 군사가 크게 패하였다.

【庚申】8월 18일.
【乾時】제나라 時水 근처의 땅 이름. 지금의 山東 博興縣 남쪽. '乾'은 '간'으로 읽음. '時'는 물 이름. 물이 검어 烏河, 沺水, 如水, 黑水 등으로 불리며 지금의 山東 臨淄 矮槐樹鋪에서 발원하여 小淸河로 들어감.
【敗績】全軍이 대패하였을 때 쓰는 말. 莊公 11년 傳에 "凡師, 敵未陳曰敗某師, 皆陳曰戰, 大崩曰敗績"이라 함.

⟨傳⟩
秋, 師及齊師戰于乾時, 我師敗績.
公喪戎路, 傳乘而歸.
秦子·梁子以公旗辟于下道, 是以皆止.

가을, 노나라 군사가 제齊나라 군사와 간시乾時에서 싸워 우리 노나라 군사가 크게 패하였다.

장공이 전차를 잃어 연락병의 수레를 타고 돌아왔다.
진자秦子와 양자梁子는 공의 깃발을 들고 다른 길로 피해 달아나다가 이 때문에 모두 붙들려 제나라 포로가 되었다.

【戎路】작전에 사용하는 전차. '路'는 '輅'와 같음.
【傳乘】공문이나 명령 등을 전달하기 위한 수레. 연락병의 수레.
【秦子·梁子】둘 모두 수레를 몰던 御者의 이름.
【下道】다른 길.
【止】붙들려 포로가 됨. 이상의 이야기는 《史記》齊世家 및 《管子》大匡篇을 참조할 것.

※ **235**(莊9-6)

九月, 齊人取子糾殺之.

9월, 제齊나라에서 공자 규糾를 불러들여 죽였다.

【公子糾】公孫無知의 내란이 안정되고 나서 小白과 서로 먼저 귀국하여 임금 자리에 오르고자 하였으나 실패하고 小白(桓公)이 오르자 죽음을 당한 것.

㊛
鮑叔帥師來言曰:「子糾, 親也, 請君討之. 管·召, 讎也, 請受而甘心焉.」
乃殺子糾于生竇, 召忽死之.
管仲請囚, 鮑叔受之, 及堂阜而稅之.
歸而以告曰:「管夷吾治於高傒, 使相可也.」
公從之.

포숙鮑叔이 군사를 거느리고 우리에게 와서 말하였다.

"공자 규糾는 우리 군주의 육친이므로 임금께서 토멸해 줄 것을 청합니다. 관중管仲과 소홀召忽은 우리 임금의 원수이니 그들을 우리가 받아 우리 임금께서 마음대로 처리할 수 있도록 해 주십시오."

이에 공자 규를 생두生竇에서 죽이자 소홀이 그를 따라 죽었다.

관중은 자신을 감옥에 가두어 줄 것을 청하였지만 포숙이 그를 넘겨 받아 당부堂阜에 이르자 풀어주었다.

그리고 제나라로 돌아가 이렇게 보고하였다.

"관이오管夷吾는 정치에 있어 고혜高傒보다 뛰어납니다. 재상을 시키는 것이 좋을 듯합니다."

환공이 그 말에 따랐다.

【鮑叔】 포숙아. 管仲과는 오랜 친구였음.
【甘心】 마음대로 처리함. '한을 풀다'의 뜻.
【讎】 管仲이 소백을 죽이고자 활을 당겼던 일을 말함. 《呂氏春秋》 贊能篇에 "於是乎使人告魯曰:「管夷吾, 寡人之讐也, 願得之而親加手焉.」"이라 함.
【管仲】 管夷吾. 齊나라 公孫無知의 난이 일어나자 召忽과 함께 공자 糾를 모시고 魯나라에 피신하였다가 난이 평정되자 공자 규를 임금으로 앉히고자 급히 귀국할 때 小白이 莒나라로부터 오고 있다는 소식을 듣고 길목에서 기다리다 소백에게 활을 쏘았으나 허리띠 고리에 화살을 맞은 소백이 죽은 척하고 먼저 귀국하여 임금 자리에 오름. 이가 桓公이며 뒤에 桓公은 관중과 소홀, 규를 원수로 여겨 없애고자 함. 이에 소백을 따라나섰던 鮑叔의 건의에 의해 관중을 살려주고 그를 재상으로 추천, 桓公이 패자가 되도록 큰 공훈을 쌓도록 바탕을 마련해 줌. 《史記》 管晏列傳 및 《管子》,《列子》 등을 참조할 것.
【召忽】 管仲과 함께 公子 糾를 모시고 魯나라에 피신하였던 인물. 공자 규가 죽음을 당하자 함께 자결함.
【殺子糾】《韓非子》 說林(下)에 "公子糾將爲亂, 桓公使使者視之. 使者報曰:「笑不樂, 視不見, 必爲亂.」 乃使魯人殺之"라 하여 죽인 과정이 다름.
【生竇】 齊나라 땅. 지금의 山東 曹縣 북쪽 陽古城. 《史記》에는 '生瀆'으로 되어 있음. 公子 糾를 죽인 곳.

【請囚】管仲은 소홀이 公子糾를 따라 죽는 것을 보고 자신도 죽어야 하지만
 鮑叔을 믿고 살아남고자 한 것임.
【堂阜】제나라 땅. 지금의 山東 蒙陰縣 서북쪽에 지금도 夷吾亭이 있음.
【稅之】'稅'는 '脫'과 같음. 차꼬를 풀어줌.
【高傒】당시 齊나라 재상이었던 高敬仲.

❋ 236(莊9-7)
 冬, 浚洙.

 겨울, 수수洙水를 준설하였다.

【浚】浚渫함. 齊나라의 혼란에 대비하기 위한 것이었다 함.
【洙】洙水. 泗水의 지류이며 지금의 山東 曲阜縣 경내를 흐르는 물 이름.
 ＊無傳

039. 莊公 10年(B.C.684) 丁酉

周	莊王(姬佗) 13년	齊	桓公(小白) 2년	晉	晉侯(緡) 21년 曲沃 武公(稱) 32년	衛	惠公(朔) 16년
蔡	哀侯(獻舞) 11년	鄭	厲公(突) 17년 子儀 10년	曹	莊公(射姑) 18년	陳	宣公(杵臼) 9년
杞	靖公 20년	宋	閔公(捷) 8년	秦	武公 14년	楚	文王(熊貲) 6년
許	穆公(新臣) 14년						

✤ 237(莊10-1)

十年春王正月, 公敗齊師于長勺.

10년 봄 주력 정월, 공이 제齊나라 군사를 장작長勺에서 패배시켰다.

【長勺】魯나라 땅. 曲阜의 북쪽. 殷나라 유민 長勺氏들이 거주하던 곳. 長勺은 殷民六族의 하나. 定公 4년 참조.

㊉
十年春, 齊師伐我.

公將戰, 曹劌請見.
其鄉人曰:「肉食者謀之, 又何間焉?」
劌曰:「肉食者鄙, 未能遠謀.」
乃入見, 問:「何以戰?」
公曰:「衣食所安, 弗敢專也, 必以分人.」
對曰:「小惠未徧, 民弗從也.」
公曰:「犠牲·玉帛, 弗敢加也. 必以信.」
對曰:「小信未孚, 神弗福也.」
公曰:「小大之獄, 雖不能察, 必以情.」
對曰:「忠之屬也, 可以一戰. 戰, 則請從.」
公與之乘, 戰于長勺.
公將鼓之.
劌曰:「未可.」
齊人三鼓.
劌曰:「可矣!」
齊師敗績.
公將馳之.
劌曰:「未可.」
下, 視其轍, 登軾而望之, 曰:「可矣!」
遂逐齊師.
既克, 公問其故.
對曰:「夫戰, 勇氣也. 一鼓作氣, 再而衰, 三而竭. 彼竭我盈, 故克之. 夫大國, 難測也, 懼有伏焉. 吾視其轍亂, 望其旗靡, 故逐之.」

10년 봄, 제齊나라 군사가 우리를 쳐들어왔다.
장공莊公이 장차 군사를 거느리고 나서자 조귀曹劌가 뵙기를 청하였다.
그러자 그 동향 사람이 말하였다.
"높은 사람들이 도모하는 일에 또 어찌 끼어들려 하시오?"

조귀가 말하였다.

"높은 사람들은 고루해서 원대한 모책을 세울 수가 없기에 그런다오."

이에 들어가 장공을 배알하며 물었다.

"어찌 전투를 하려는 것입니까?"

장공이 대답하였다.

"옷과 음식 등 내가 편안하게 여기는 것은 감히 나 혼자 독차지하지 않고 반드시 남에게 나누어 주었다."

조귀가 대답하였다.

"그것은 작은 은혜일뿐만 아니라 골고루 미치지도 않는 것이니 백성들은 제대로 따라주지 않을 것입니다."

장공이 말하였다.

"희생犧牲이나 옥백玉帛을 바치면서 감히 더 보태지도 않았으며 틀림없이 진실대로 고하였다."

조귀가 답하였다.

"그것은 작은 믿음일 뿐 아니라 아직 믿음을 주지도 않은 것이어서 신께서 복을 내리지 않을 것입니다."

공이 말하였다.

"크고 작은 송사를 비록 자세히 살피지는 못하였다 해도 반드시 사정을 잘 알아 그에 맞게 처리하였다."

조귀가 대답하였다.

"그것은 백성에 대한 사랑으로서 충忠에 속합니다. 한 번은 싸우실 수 있습니다. 싸움에 나가시면 청컨대 저는 따르겠습니다."

환공은 조귀와 전차를 함께 타고 장작長勺에서 싸웠다.

장공이 북을 쳐서 공격 명령을 내리려 하였다.

그러자 조귀가 말하였다.

"아직 안 됩니다."

그때 제나라 사람이 북을 세 번 울렸다.

그러자 조귀가 말하였다.

"공격을 해도 좋습니다!"

이리하여 제나라 군사가 크게 패하였다.

공이 제나라 군사를 추격하려 하였다.

조귀가 말하였다.

"아직 안 됩니다."

그는 전차에서 내려 도망한 제나라 군사의 수레바퀴 자국을 살펴보고 다시 횡목에 올라 제나라 군사를 멀리 살펴보고는 이렇게 말하였다.

"이제 추격해도 좋습니다."

그리하여 드디어 제나라 군사를 추격하였다.

이윽고 싸움에 승리를 거둔 뒤 공이 그렇게 한 까닭을 물었다.

조귀는 이렇게 대답하였다.

"무릇 전투란 병사들의 용기에 달려 있습니다. 북을 한 번 울리면 투지가 일어나지만 응전하지 않는다고 북을 두 번 치면 투지가 약해집니다. 그래도 따르지 않아 세 번 치게 되면 투기는 모두 사라지고 마는 것입니다. 저들은 용기가 사라진 것이고 우리는 용기가 충만해진 것입니다. 그 때문에 우리가 승리한 것입니다. 무릇 큰 나라가 하는 일은 헤아리기가 어렵습니다, 바로 복병을 숨겼을지도 몰라 두려웠던 것입니다. 그런데 제가 도망간 그들 수레의 그 바퀴자국이 어지러웠고, 그들의 깃발 또한 쓰러질 듯 흔들리고 있음을 보았습니다. 그 때문에 추격해도 된다고 한 것입니다."

【我】 魯나라. 齊나라가 柯의 맹약을 위배하고 선전포고도 없이 노나라를 침략함.
【曹劌】 魯나라 대부. 《史記》 刺客列傳에는 '曹沫'로 되어 있으며 "曹沫者, 魯人也"라 함. 한편 《國語》 魯語(上)에는 "長勺之役, 曹劌問所以戰於莊公. 公曰:「余不愛衣食於民, 不愛牲玉於神.」 對曰:「夫惠本而後民歸之志, 民和而後神降之福. 若布德于民而平均其政事, 君子務治而小人務力; 動不違時, 財不過用; 財用不匱, 莫能不使共祀. 是以用民無不聽, 求福無不豐. 今將惠以小賜, 祀以獨恭. 小賜不咸, 獨恭不優. 不咸, 民不歸也; 不優, 神弗福也. 將何以戰? 夫民求不匱於財, 而神求優裕於享者也, 故不可以不本.」 公曰:「余聽獄雖不能察, 必以情斷之.」 對曰:「是則可矣. 知夫! 苟中心圖民, 智雖弗及, 必將至焉.」"이라 함.

【肉食者】고기 먹는 사람. 고기를 먹을 정도로 신분이 높은 사람을 가리킴.
【犧牲】종묘 제사에 올리는 희생물.
【玉帛】귀신에게 제사를 올릴 때 쓰는 제수품.
【未孚】'孚'는 '미덥다, 예쁘다, 만족하다'의 뜻.

※ 238(莊 10-2)

二月, 公侵宋.

2월, 공이 송宋나라를 쳤다.

【侵】침공하되 그 종과 북을 치면서 떠들썩하게 쳐들어가는 것을 '伐'이라 하며 그렇지 않은 것을 '侵'이라 함. 29년 傳에 "凡師, 有鐘鼓曰伐, 無曰侵, 輕曰襲"이라 함. 《春秋》에서 '侵'은 이곳에 처음 나타남.
＊無傳

※ 239(莊 10-3)

三月, 宋人遷宿.

3월, 송宋나라가 숙宿의 백성을 이주시켰다.

【宿】지명. 지금의 江蘇 宿遷縣. 宋나라가 일시 도읍을 이곳으로 옮겼음.
＊無傳

240(莊 10-4)

夏六月, 齊師·宋師次于郎.

公敗宋師于乘丘.

여름 6월, 제齊나라 군사와 송宋나라 군사가 낭郎에 주둔하였다.
공이 송나라 군사를 승구乘丘에서 패배시켰다.

【次】 군사가 주둔함을 뜻함. 莊公 3년 傳에 "凡師, 一宿爲舍, 再宿爲信, 過信爲次"라 함.
【郎】 魯나라 부근의 지역.
【乘丘】 지금의 山東 兗州縣. 옛 乘丘城이라 함.

⑱

夏六月, 齊師·宋師次于郎.
公子偃曰:「宋師不整, 可敗也. 宋敗, 齊必還. 請擊之.」
公弗許.
自雩門竊出, 蒙皐比而先犯之.
公從之.
大敗宋師于乘丘, 齊師乃還.

여름 6월, 제齊나라 군사와 송宋나라 군사가 낭郎에 주둔하였다.
공자 언偃이 말하였다.
"송나라 군사가 정비를 갖추지 않고 있어 패배시킬 수 있습니다. 송나라가 패하면 제나라는 틀림없이 돌아갈 것입니다. 송나라 군사를 공격하기를 청합시다."
장공이 허락하지 않았다.

그러자 공자 언은 자신의 군사를 거느리고 몰래 우문雩門을 빠져나가 호랑이 가죽을 뒤집어쓰고는 가장 먼저 적진에 뛰어들었다.

장공이 그제야 뒤를 따랐다.

그리하여 송나라 군사를 승구乘丘에서 대패시키자 제나라 군사는 과연 되돌아가 버렸다.

【公子偃】魯나라 대부.
【雩門】魯나라 南城의 서문. 南城에는 세 개의 문이 있어 정남은 稷門, 동문은 鹿門, 서문은 雩門이라 하였음.
【蒙皐比】'皐比'는 虎皮. 호랑이 가죽을 뒤집어씌움.
【乘丘】《史記》宋世家에 "十年夏, 宋伐魯, 戰於乘丘, 魯生虜宋南宮萬"이라 하였고,《禮記》檀弓(上)에는 "魯莊公及宋人戰于乘丘, 縣賁父御, 卜國爲右. 馬驚, 敗績. 公隊, 佐車授綏. 公曰:「末之卜也.」縣賁父曰:「他日不敗績, 而今敗績, 是無勇也.」遂死之"라 함.

※ 241(莊10-5)

秋九月, 荊敗蔡師于莘, 以蔡侯獻舞歸.

가을 9월, 형荊이 채蔡나라 군사를 신莘에서 패배시키고 채후蔡侯 헌무獻舞를 잡아 돌아갔다.

【荊】楚나라의 다른 이름. 楚나라 선조 熊繹이 荊山을 개척하여 그 이름이 전수된 것임. 여기서는 楚 文王(熊貲)을 가리킴. 다음 傳文 참조.
【莘】지금의 河南 汝南縣 경계. 蔡나라 땅.
【獻舞】蔡季. 蔡나라 哀侯의 이름으로 당시 재위 11년째였음.

㊉
蔡哀侯娶于陳, 息侯亦娶焉.
息嬀將歸, 過蔡.
蔡侯曰:「吾姨也.」
止而見之, 弗賓.
息侯聞之, 怒, 使謂楚文王曰:「伐我, 吾求救於蔡而伐之.」
楚子從之.
秋九月, 楚敗蔡師于莘, 以蔡侯獻舞歸.

채蔡 애후哀侯가 진陳나라에서 부인을 맞이하고, 식息나라 군주 역시 진나라에서 부인을 맞이하였다.
식나라 임금의 아내 식규息嬀가 식나라로 시집가는 길에 채나라를 지나게 되었다.
채후가 말하였다.
"나의 처제이다."
그리고 식규를 머물게 하여 만나면서도 빈객 대접은 하지 않는 것이었다.
식나라 군주가 이를 듣고 노하여 초楚 문왕文王에게 사신을 보내어 이렇게 부탁하였다.
"우리나라에 쳐들어오십시오. 그러면 내가 채나라에게 구원을 청할 것이니 채나라가 오면 그것을 구실로 그들을 정벌해 주십시오."
초왕이 그의 말대로 하였다.
가을 9월, 초나라가 채나라 군사를 신莘에서 패배시키고는 채후 헌무獻舞를 잡아 돌아갔던 것이다.

【哀侯】蔡나라 군주. 이름은 獻舞. B.C.694~675년까지 20년간 재위함.
【息】나라 이름. 姬姓. 지금의 河南 新息縣.
【息嬀】息나라 군주의 부인. 陳나라 군주의 성이 嬀였으므로 '息嬀'라 칭하였음.
【姨】여기서는 아내의 자매를 가리킴. 처제와 같음.
【楚文王】당시 초나라 군주. 이름은 熊貲. B.C.689~677년까지 13년간 재위함.

※ 242(莊 10-6)

冬十月, 齊師滅譚, 譚子奔莒.

겨울 10월, 제齊나라 군사가 담譚나라를 멸망시키자 담자譚子가 거莒나라로 달아났다.

【齊師】당시 齊나라는 군주는 桓公이었음.
【譚】지금의 山東 歷城縣 동남쪽 譚城에 있던 나라.

⟨傳⟩
齊侯之出也, 過譚, 譚不禮焉.
及其入也, 諸侯皆賀, 譚又不至.
冬, 齊師滅譚, 譚無禮也.
譚子奔莒, 同盟故也.

제후齊侯(小白)가 임금이 되기 전 내란을 피해 나라를 떠나 담譚나라를 지나갈 때 담나라가 예를 갖추지 않았었다.

소백이 제나라로 들어가 왕위 오를 때도 다른 제후들은 모두 축하하였으나 담나라 군주는 찾아오지 않았었다.

겨울, 제나라 군사가 담나라를 멸망시킨 것은 그때 담나라가 무례하게 굴었기 때문이었다.

담나라 군주는 거莒나라로 도망한 것은 두 나라가 서로 동맹을 맺고 있었기 때문이었다.

【齊侯】桓公(小白)이 襄公의 내란으로 임금에 오르기 전을 말함.
【譚不禮】《史記》齊世家에 "桓公二年, 伐滅郯, 郯子奔莒. 初, 桓公亡時, 過郯, 郯無禮, 故伐之"라 함. 그러나 郯과 지금의 山東 郯城縣으로 지금의 濟南 譚城과는 매우 거리가 멀었음. 따라서《史記》의 '郯'은 오류로 보임.

【其入也】 小白이 돌아와 齊나라 군주에 오름.
【莒】 지금의 山東 莒縣 일대에 있던 작은 나라. 원래 桓公(小白)이 피신했던 나라였음.

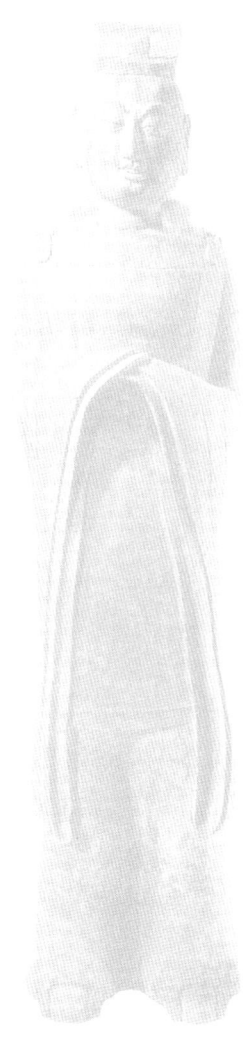

040. 莊公 11年(B.C.683) 戊戌

周	莊王(姬佗) 14년	齊	桓公(小白) 3년	晉	晉侯(緡) 22년 曲沃 武公(稱) 33년	衛	惠公(朔) 17년
蔡	哀侯(獻舞) 12년	鄭	厲公(突) 18년 子儀 11년	曹	莊公(射姑) 19년	陳	宣公(杵臼) 10년
杞	靖公 21년	宋	閔公(捷) 9년	秦	武公 15년	楚	文王(熊貲) 7년
許	穆公(新臣) 15년						

❈ 243(莊11-1)

十有一年春王正月.

11년 봄 주력 정월.

*無傳

❈ 244(莊11-2)

夏五月, 戊寅, 公敗宋師于鄑.

여름 5월 무인날, 공이 송宋나라 군사를 자鄑에서 패배시켰다.

【戊寅】 5월 17일.
【宋公】 당시 송나라 군주는 湣公이었음.
【鄑】 '자'로 읽으며 魯나라 땅. 지금의 山東 曲阜 근처. 莊公 원년의 紀邑의 지명 '鄑'는 山東 都昌縣으로 각기 다른 곳임.

㊙
十一年夏, 宋爲乘丘之役故, 侵我, 公禦之.
宋師未陳而薄之, 敗諸鄑.
凡師, 敵未陳曰敗某師, 皆陳曰戰, 大崩曰敗績.
得儁曰克, 覆而敗之曰取某師, 京師敗曰王師敗績于某.

11년 여름, 송宋나라가 승구乘丘의 싸움을 이유로 우리 노나라를 침범하자 장공이 방어에 나섰다.
송나라 군사가 아직 진영을 가다듬기 전에 자鄑에서 패배시켰던 것이다.
무릇 싸움에서 적이 아직 진영을 제대로 갖추지 못해 이기는 것을 '패모사敗某師'라 하고, 모두가 진영을 갖춘 다음에 싸우는 것을 일러 '전戰'이라 하며, 적을 크게 깨뜨리는 것을 '패적敗績'이라 한다.
그리고 엇비슷한 상대를 이기는 것을 일러 '극克'이라 하며, 매복하였다가 깨뜨리는 것을 '취모사取某師'라 하며, 천자의 군사가 패한 것을 일러 '왕사패적우모王師敗績于某'라 한다.

【乘丘之役】 莊公 10년을 참조할 것. '乘丘'는 지금의 山東 滋陽縣 서쪽 瑕丘城이 바로 옛 乘丘城이라 함.
【未陳而薄之】 '陳'은 '陣'과 같음. 아직 진영을 가다듬기도 전에 압박해옴. '薄'은 '搏, 迫'과 같음.
【敗績】 본 기사에서와 같이 '크게 무너지는 것'(大崩)을 '敗績'이라 함.

【儁】'준'으로 읽으며 서로 엇비슷한 신분이나 지위의 싸움에서 이기는 것을 말함.
【取某師】'어떤 군사를 취하였다'는 표기 및 서술 방법.
【王師敗績于某】'천왕의 군사가 어떤 이에게 완전히 패배하다'의 뜻.

✲ 245(莊 11-3)

秋, 宋大水.

가을, 송宋나라에 홍수가 났다.

【大水】桓公 元年 傳에 "凡平原出水爲大水"라 하였으며, 杜預 注에는 "公使弔之, 故書"라 함.

㊉
秋, 宋大水.
公使弔焉, 曰:「天作淫雨, 害於粢盛, 若之何不弔?」
對曰:「孤實不敬, 天降之災. 又以爲君憂, 拜命之辱.」
臧文仲曰:「宋其興乎! 禹·湯罪己, 其興也悖焉; 桀·紂罪人, 其亡也忽焉. 且列國有凶, 稱孤, 禮也. 言懼而名禮, 其庶乎!」
旣而聞之曰:「公子御說之辭也.」
臧孫達曰:「是宜爲君, 有恤民之心.」

가을, 송宋나라에 홍수가 났다.
장공이 사신을 보내어 이렇게 위문하였다.
"하늘이 오랫동안 비를 내려 제사상에 올릴 곡물이 해를 입었는데 어찌 위문하지 않을 수 있겠습니까?"

송나라 군주가 대답하였다.

"제가 실로 공경스럽지 못하여 하늘이 재앙을 내리신 것입니다. 게다가 군주께 걱정을 끼쳐드리고 위로말씀까지 받으니 황공하옵니다."

이를 두고 장문중臧文仲이 말하였다.

"송나라는 흥할 것이다! 하夏나라 우왕禹王과 은殷나라 탕왕湯王은 모든 일을 자신의 죄로 돌렸기에 그 나라의 흥함이 그렇게 빨랐고, 하나라 걸왕桀王과 은나라 주왕紂王은 남에게 모든 죄를 뒤집어씌웠기에 그 망함도 그토록 갑작스러웠던 것이다. 게다가 나라마다 흉한 일이 일어났을 때는 그 임금이 스스로 고孤라 칭하는 것이 예에 맞는 것이다. 송나라 군주가 말을 조심하고 자신을 일컬음이 예에 맞았으니 그 나라는 흥할 것이다!"

이윽고 이렇게 듣게 되었다.

"그렇게 한 것은 송나라 공자 어열禦說이 그렇게 하도록 하였던 것이다."

장손달臧孫達이 말하였다.

"그런 사람이라면 군주가 되기에 마땅하도다. 백성을 사랑하는 마음을 갖고 있구나."

【宋大水】《韓詩外傳》(3)에 "傳曰: 宋大水. 魯人弔之曰:「天降淫雨, 害於粢盛, 延及君地, 以憂執政, 使臣敬弔.」宋人應之, 曰:「寡人不仁, 齋戒不修, 使民不時, 天加以災, 又遺君憂, 拜命之辱.」孔子聞之, 曰:「宋國其庶幾矣.」弟子曰:「何謂?」孔子曰:「昔桀紂不任其過, 其亡也忽焉. 成湯文王知任其過, 其興也勃焉. 過而改之, 是不過也.」宋人聞之, 乃夙興夜寐, 弔死問疾, 戮力宇內, 三歲, 年豐政平. 鄉使宋人不聞孔子之言, 則年穀未豐, 而國歌未寧.《詩》曰:「佛時仔肩, 示我顯德行.」"이라 하였고,《說苑》君道篇에도 "宋大水, 魯人弔之曰:「天降淫雨, 豁谷滿盈, 延及君地, 以憂執政, 使臣敬弔.」宋人應之曰:「寡人不佞, 齋戒不謹, 邑封不修, 使人不時, 天可以殃, 又遺君憂, 拜命之辱.」君子聞之曰:「宋國其庶幾乎!」問曰:「何謂也?」曰:「昔者, 夏桀殷紂不任其過, 其亡也忽焉; 成湯文武知任其過, 其興也勃焉; 夫過而改之, 是猶不過. 故曰其庶幾乎!」宋人聞之, 夙興夜寐, 早朝晏退, 弔死問疾, 戮力宇內. 三年, 歲豐政平, 嚮使宋人不聞君子之語, 則年穀未豐而國未寧,《詩》曰:「佛時仔肩, 示我顯德行.」此之謂也"라 하여 전재되어 있음.

【淫雨】오랫동안 비가 내려 곡식에 해가 됨. 霖雨와 같음.
【粢盛】나라의 제사에 쓰는 기장과 피 등의 곡식.
【孤】나(自). 군주가 스스로를 낮춰 겸손하게 일컫는 호칭.
【臧文仲】魯나라 대부. 臧孫達의 아들. 성은 臧孫, 이름은 辰. 仲은 字. 시호 文이었음. 魯나라에서 賢大夫로 알려진 인물.《史記》宋世家에 "湣公九年, 宋水, 魯使臧文仲往弔水"라 함.《論語》에 여러 차례 등장함.
【御說】'어열'로 읽음. 宋 莊公(馮)의 아들 이름. 뒤에 임금 자리에 올라 宋 桓公이 됨.
【臧孫達】魯나라 대부. 臧文仲의 아버지.
【宜爲君】御說이 아버지 宋 莊公으로 하여금 그렇게 말하도록 한 것이니 그렇다면 그런 인물은 임금이 될 수 있다고 칭찬한 것임. 孔穎達 疏에 "謂御說明年爲君之後, 方始聞之. 聞之時已爲君, 故云是人宜其爲君也"라 함.

❋ 246(莊11-4)

冬, 王姬歸于齊.

겨울, 왕희王姬가 제齊나라로 시집갔다.

【王姬】周나라 왕실의 딸. 共姬. 姬는 주나라의 姓氏. 高士奇의《左傳紀事本末》에 "魯主王姬之嫁舊矣, 故桓公之娶王姬, 亦逆于魯, 蓋魯爲王室懿親也"라 함.

傳
冬, 齊侯來逆共姬.

겨울, 제후齊侯가 와서 왕녀 공희共姬를 맞이하였다.

【齊侯】 당시 제나라 군주는 齊 桓公(小白).
【逆】 '迎'과 같음.
【共姬】 王姬의 시호.

⑲
乘丘之役, 公以金僕姑射南宮長萬, 公右歂孫生搏之.
宋人請之, 宋公靳之, 曰:「始吾敬子; 今子, 魯囚也, 吾弗敬子矣.」
病之.

　승구乘丘 싸움에서 장공이 금복고金僕姑로 송나라 남궁장만南宮長萬을 쏘아 맞추고, 공의 전차 오른쪽에 탄 천손歂孫이 그를 사로잡았다.
　송나라가 그를 풀어달라고 청하자 송宋 민공閔公이 남문장만을 비웃으며 말하였다.
　"이전에 나는 그대를 존경하였는데 이제 노나라의 포로가 되었으니 나는 그대를 공경하지 않겠소."
　그러자 남궁장만은 송 민공을 원망하게 되었다.

【乘丘之役】 莊公 10년을 참조할 것.
【金僕姑】 魯나라의 화살 이름.
【南宮長萬】 宋나라 대부. 南宮은 姓. 長은 字. 이름은 萬. 宋萬으로도 불림.
【歂孫】 魯나라 대부.
【宋閔公】 '湣公'으로도 표기하며 이름은 捷. 당시 송나라 군주. B.C.691~683년까지 10년간 재위함.
【病之】 宋 閔公을 미워함. 이 일로 인해 뒤에 閔公은 宋萬에게 죽음을 당하게 됨.

041. 莊公 12年(B.C.682) 己亥

周	莊王(姬佗) 15년	齊	桓公(小白) 4년	晉	晉侯(緡) 23년 曲沃 武公(稱) 34년	衛	惠公(朔) 18년
蔡	哀侯(獻舞) 13년	鄭	厲公(突) 19년 子儀 12년	曹	莊公(射姑) 20년	陳	宣公(杵臼) 11년
杞	靖公 22년	宋	閔公(捷) 10년	秦	武公 16년	楚	文王(熊貲) 8년
許	穆公(新臣) 16년						

❋ 247(莊 12-1)

十有二年春王三月, 紀叔姬歸于酅.

12년 봄 주력 3월, 기숙희紀叔姬가 휴酅로 돌아갔다.

【紀叔姬】紀國에 시집간 노나라 여자. '紀'는 시집간 나라. '叔'은 형제(자매)의 출생 순서. '姬'는 친정 나라의 성씨를 나타냄.
【酅】紀나라 고을 이름. 지금의 山東 淄博市 동쪽. 戰國시대의 安平城. 莊公 3년에 의하면 紀季가 이 酅 땅을 가지고 齊나라로 가 그 나라가 분열되었다가 결국 망함.《公羊傳》에 "其國亡矣, 徒歸于叔爾也"라 하였고,《穀梁傳》에는 "國而曰歸. 此邑也, 其曰歸何也? 吾女也. 失國喜得其所, 故言歸焉爾"라 함.
　＊無傳

※ 248(莊 12-2)

夏四月.

여름 4월.

※ 249(莊 12-3)

秋八月甲午, 宋萬弑其君捷及其大夫仇牧.

가을 8월 갑오날, 송만宋萬이 군주 첩捷을 시살하고 대부 구목仇牧도 죽였다.

【甲午】 8월 10일.
【宋萬】 南宮長萬.《史記》宋世家에 "十一年秋, 湣公與南宮萬獵, 因博爭行, 湣公怒, 辱之, 曰:「始吾敬若; 今若, 魯虜也.」萬有力, 病此言, 遂以局殺湣公於蒙澤"이라 하였고,《韓詩外傳》(8)에도 "宋萬與莊公戰, 獲乎莊公戰. 莊公散舍諸宮中. 數月, 然後歸之. 反爲大夫于宋. 宋萬與閔公博, 婦人皆在側. 萬曰:「甚矣! 魯侯之淑, 魯侯之美也. 天下諸侯宜爲君者, 惟魯侯耳.」閔公矜此婦人, 妬其言, 顧曰:「爾虜, 焉知魯侯之美惡乎?」宋萬怒, 博閔公, 絶脰. 仇牧聞君弑, 趨而至, 遇之于門中. 手劍而叱之. 萬臂搣仇牧, 碎其首, 齒著乎門闔. 仇牧可謂不畏強禦矣.《詩》曰:『惟仲山甫, 柔亦不茹, 剛亦不吐.』"라 하였으며《新序》義勇篇에도 "宋閔公臣長萬以勇力聞, 萬與魯戰, 師敗, 爲魯所獲, 囚之宮中, 數月歸之宋. 與閔公博, 婦人皆在側, 公謂萬曰:「魯君孰與寡人美?」萬曰:「魯君美. 天下諸侯, 唯魯君耳. 宜其爲君也.」閔公矜, 婦人妒, 因言曰:「爾魯之囚虜爾, 何知?」萬怒, 遂搏閔公頰, 齒落於口, 絶吭而死. 仇牧聞君死, 趨而至, 遇萬於門, 携劍而叱之, 萬臂擊仇牧而殺之, 齒著於門闔. 仇牧可謂不畏彊禦矣, 趨君之難, 顧不旋踵"이라 함.

【捷】宋 閔公의 이름. 宋 莊公의 아들. B.C.691~683년까지 10년간 재위함. 《公羊傳》에는 '接'으로 되어 있음.
【仇牧】宋나라 대부.

㊀
十二年秋, 宋萬弑閔公于蒙澤.
遇仇牧于門, 批而殺之.
遇大宰督于東宮之西, 又殺之.
立子游.
羣公子奔蕭, 公子御說奔亳.
南宮牛·猛獲帥師圍亳.

12년 가을, 송만宋萬이 군주 민공閔公을 몽택蒙澤에서 시살하였다.
그리고 성문에서 구목仇牧을 만나자 그도 손으로 쳐서 죽였다.
다시 태재大宰 화보독華父督을 동궁 서쪽에서 만나자 그도 죽였다.
그리고 공자 자유子游를 군주로 세웠다.
다른 여러 공자들은 소蕭로 도망치고 공자 어열禦說은 박亳으로 달아났다.
남궁우南宮牛와 맹획猛獲이 군사를 거느리고 가서 박을 포위하였다.

【蒙澤】宋나라 땅. 지금의 河南 商丘縣 동북쪽.
【督】華督, 華父督. 이때 華督 역시 피살되었으나 부고를 알려오지 않았으므로 經에 기록하지 않은 것이라 하였음.
【東宮】태자가 거처하는 궁. 태자를 대신하는 말로도 쓰임.
【子游】宋나라 공자.
【蕭】원래 지명. 지금의 安徽 蕭縣. 그곳의 대부 叔大心을 가리킴.
【御說】'어열'로 읽음. 宋 莊公의 아들 이름. 뒤에 임금 자리에 올라 宋 桓公이 됨.
【亳】지금의 河南 商丘縣 북쪽 大蒙城. 고대 殷나라의 도읍지였음.

【南宮牛】南宮長萬(宋萬)의 아들.
【猛獲】인명. 宋萬의 黨人.

❋ 250(莊12-4)

冬十月, 宋萬出奔陳.

겨울 10월, 송만宋萬이 진陳나라로 달아났다.

【宋萬】南宮長萬.

㊉
冬十月, 蕭叔大心及戴·武·宣·穆·莊之族以曹師伐之.
殺南宮牛于師, 殺子游于宋, 立桓公.
猛獲奔衛.
南宮萬奔陳, 以乘車輦其母, 一日而至.
宋人請猛獲于衛, 衛人欲勿與.
石祁子曰: 「不可. 天下之惡一也, 惡於宋而保於我, 保之何補? 得一夫而失一國, 與惡而弃好, 非謀也.」
衛人歸之.
亦請南宮萬于陳, 以賂.
陳人使婦人飲之酒, 而以犀革裹之.
比及宋, 手足皆見.
宋人皆醢之.

겨울 10월, 소숙대심蕭叔大心이 송宋나라의 대공戴公·무공武公·선공宣公·목공穆公·장공莊公들의 후손과 함께 조曹나라 군사로써 그들을 쳤다.

남궁우南宮牛는 싸움터에서 죽이고 자유子游는 송나라 도성에서 죽였으며 그리고 나서 환공桓公을 옹립하였다.

맹획猛獲은 위衛나라로 달아났다.

남궁만南宮萬은 진陳나라로 도망치면서 손수레에 자신의 어머니를 태우고 하루 만에 진나라에 도착하였다.

송나라 사람이 위나라에 맹획을 송환해 줄 것을 요청하자 위나라에서는 보내주지 않으려 하였다.

그러자 석기자石祁子가 말하였다.

"안 됩니다. 천하의 악인이란 한결같습니다. 송나라에서 악한 짓을 한 자를 우리가 보호해준들 무슨 도움이 되겠습니까? 한 사나이를 얻다가 나라를 잃는다거나, 악한 자를 동조하다가 좋은 관계를 저버린다면 훌륭한 계책이 아닙니다."

이에 위나라에서 그를 송나라로 돌려보내주었다.

송나라는 다시 진나라에 뇌물을 주어 남궁만을 송환해 줄 것도 요구하였다.

진나라에서는 부인으로 하여금 그에게 술을 먹여 취하게 한 다음, 무소가죽으로 그를 묶었다.

송나라에 거의 이르렀을 때 그의 손발이 다 드러나 보였다.

송나라에서는 그를 소금에 절여 버렸다.

【蕭叔大心】蕭叔은 蕭 땅의 叔(항렬)이라는 뜻이며 大心은 그의 이름.
【戴·武·宣·穆·莊】宋나라 각 임금들의 후대로 殤公만이 後嗣가 없었음.
【桓公】宋나라 공자 御說. B.C.681~651년까지 31년간 재위함.《史記》宋世家에 "冬, 蕭及宋之諸公子共擊殺南宮牛, 弒宋新君游而立湣公弟御說, 是爲桓公" 이라 함.
【輦】두 사람이 손으로 끄는 수레.
【一日而至】宋나라 도읍에서 陳나라 도읍까지는 260리의 먼 거리였다 함.
【石祁子】衛나라 대부. 石駘仲의 아들.
【弃好】좋은 관계를 배신하고 저버림. '弃'는 '棄'와 같음.
【醢】소금에 절임. 심한 배신감을 표현한 것.

042. 莊公 13年(B.C.681) 庚子

周	僖王(姬胡齊) 원년	齊	桓公(小白) 5년	晉	晉侯(緡) 24년 曲沃 武公(稱) 35년	衛	惠公(朔) 19년
蔡	哀侯(獻舞) 14년	鄭	厲公(突) 20년 子儀 13년	曹	莊公(射姑) 21년	陳	宣公(杵臼) 12년
杞	靖公 23년	宋	桓公(御說) 원년	秦	武公 17년	楚	文王(熊貲) 9년
許	穆公(新臣) 17년

※ **251(莊 13-1)**

十有三年春, 齊侯·宋人·陳人·蔡人·邾人會于北杏.

13년 봄, 제후齊侯·송인宋人·진인陳人·채인蔡人·주인邾人이 북행北杏에서 모임을 가졌다.

【齊侯】《穀梁傳》에는 '齊人'으로 되어 있음.
【邾】《公羊傳》에는 '邾婁'로 되어 있음.
【北杏】지금의 山東 東阿縣 경계.

㊉
十三年春, 會于北杏, 以平宋亂.
遂人不至.

13년 봄, 북행北杏에서 모인 것은 송宋나라의 내란을 평정하기 위해서였다. 수遂나라 사람은 참석하지 않았다.

【宋亂】宋나라에서 宋萬이 그 임금을 시해한 사건. 莊公 12년을 볼 것.
【遂】나라 이름. 宋나라의 후손으로 지금의 山東 寧陽縣 서북 遂鄕.

※ 252(莊 13-2)
夏六月, 齊人滅遂.

여름 6월, 제齊나라가 수遂나라를 멸망시켰다.

【遂】원래 虞舜의 後孫이 이어가던 나라. 嬀姓으로 지금의 山東 寧陽縣 서북쪽이었음.《史記》齊世家에 "(桓公)五年, 伐魯, 魯將師敗, 魯莊公請獻遂邑以平"이라 하여 과정이 다름.

㊉
夏, 齊人滅遂而戍之.

여름, 제齊나라가 수遂나라를 멸망시키고 군사를 두어 지키게 하였다.

【戍之】遂나라를 멸한 다음 이를 지킴.

※ 253(莊13-3)

秋七月.

가을 7월.

※ 254(莊13-4)

冬, 公會齊侯盟于柯.

겨울, 공이 제후(齊侯)와 가(柯)에서 만나 동맹을 맺었다.

【柯】지금의 山東 陽穀縣 동북쪽의 阿城鎭. 柯之盟은 曹劌의 일로 알려져 있으나 《公羊傳》,《史記》齊世家와 年表 등에는 모두 이《左傳》과 다름. 齊世家에는 "(桓公)五年, 伐魯, 魯將師敗. 魯莊公請獻遂邑以平, 桓公許, 與魯會柯而盟. 魯將盟, 曹沫以匕首劫桓公於壇上, 曰:「反魯之侵地!」桓公許之. 已而曹沫去匕首, 北面就臣位. 桓公後悔, 欲無與魯地而殺曹沫. 管仲曰:「夫劫許之而倍信殺之, 愈一小快耳, 而棄信於諸侯, 失天下之援, 不可.」於是遂與曹沫三敗所亡地於魯. 諸侯聞之, 皆信齊而欲附焉. 七年, 諸侯會桓公於甄, 而桓公於是始霸焉"이라 하였으며 漢나라 때 조성된 山東 武梁祠 圖像에도 曹沫이 桓公을 위협하는 모습으로 되어 있음.

傳
冬, 盟于柯, 始及齊平也.

겨울, 가(柯)에서 제(齊)나라와 동맹을 맺어 비로소 화친하게 되었다.

㊅
宋人背北杏之會.

송宋나라가 북행北杏에서 맺었던 맹약을 배반하였다.

【北杏之會】이 일로 다음해 齊(桓公)나라가 宋나라를 치게 됨.

043. 莊公 14年(B.C.680) 辛丑

周	僖王(姬胡齊) 2년	齊	桓公(小白) 6년	晉	晉侯(緡) 25년 曲沃 武公(稱) 36년	衛	惠公(朔) 20년
蔡	哀侯(獻舞) 15년	鄭	厲公(突) 21년 子儀 14년	曹	莊公(射姑) 22년	陳	宣公(杵臼) 13년
杞	共公 원년	宋	桓公(御說) 2년	秦	武公 18년	楚	文王(熊貲) 10년
許	穆公(新臣) 18년						

❈ 255(莊14-1)

十有四年春, 齊人·陳人·曹人伐宋.

14년 봄, 제인齊人·진인陳人·조인曹人이 송宋나라를 쳤다.

【人】《春秋》에 '人'으로 표기된 것은 諸侯를 가리킴. 이에 대해 孔穎達 疏에는 "經書人而傳言諸侯, 先儒以爲諸如此輩皆是諸侯之身. 〈釋例〉曰: 「諸侯在事傳有明文, 而經稱人者, 凡十一條, 丘明不釋其義.」"라 함.
【伐宋】宋나라가 北杏之盟을 배신하였기 때문이었음. 앞 장 참조.

㊋
十四年春, 諸侯伐宋.

齊請師于周.
夏, 單伯會之, 取成于宋而還.

14년 봄, 제후들이 송宋나라를 쳤다.
제齊나라가 주周나라 천자에게 군사를 요청하였다.
여름, 선백單伯이 제후들과 회합하여 송나라와의 화친을 주선하고 돌아갔다

【請師】杜預 注에 "齊欲崇天子, 故請師, 假王命以示大順"이라 함.
【單伯】周나라 왕실의 卿士. '單'은 성씨, 지명일 경우 '선'으로 읽음.
【還】《史記》宋世家에 "桓公二年, 諸侯伐宋, 至郊而去"라 함.

㊁

鄭厲公自櫟侵鄭, 及大陵, 獲傅瑕, 傅瑕曰:「苟舍我, 吾請納君.」
與之盟而赦之.
六月甲子, 傅瑕殺鄭子及其二子, 而納厲公.
初, 內蛇與外蛇鬪於鄭南門中, 內蛇死.
六年而厲公入.
公聞之, 問於申繻曰:「猶有妖乎?」
對曰:「人之所忌, 其氣燄以取之. 妖由人興也. 人無釁焉, 妖不自作. 人弃常, 則妖興, 故有妖.」
厲公入, 遂殺傅瑕.
使謂原繁曰:「傅瑕貳, 周有常刑, 旣伏其罪矣. 納我而無二心者, 吾皆許之上大夫之事, 吾願與伯父圖之. 且寡人出, 伯父無裏言. 入, 又不念寡人, 寡人憾焉.」
對曰:「先君桓公命我先人典司宗祏. 社稷有主, 而外其心, 其何貳如之? 苟主社稷, 國內之民, 其誰不爲臣? 臣無二心, 天之制也. 子儀在位, 十四年矣; 而謀召君者, 庸非貳乎? 莊公之子猶有八人,若皆以官爵行賂勸貳而可以濟事, 君其若之何? 臣聞命矣.」
　乃縊而死.

　정鄭 여공厲公이 역櫟에서 정나라 도읍으로 쳐들어가서 대릉大陵에 이르러 부하傅瑕를 사로잡자 부하가 이렇게 제의하였다.
　"만일 저를 놓아주신다면 제가 군주께서 도성에 들어가 임금 자리에 오르도록 도와드리겠습니다."
　여공이 그와 맹서하고 풀어주었다.
　6월 갑자날, 부하가 정나라 군주 자의子儀와 그의 두 아들을 시살하고 여공을 맞아들였다.
　당초, 정나라 도성 안의 뱀과 성 밖의 뱀이 남문南門 안에서 싸우다가 안쪽 뱀이 죽은 일이 있었다.
　그로부터 6년 만에 여공이 정나라로 들어올 수 있게 된 것이다.
　노 장공이 이를 듣고 신수申繻에게 물었다.
　"그 요사스런 일 때문에 정 여공이 입성한 것이오?"
　신수가 대답하였다.
　"사람이 꺼리는 것, 그 기염氣燄이 요사스런 일을 불러들이는 것입니다. 요사한 일은 사람으로 말미암아 일어납니다. 사람에게 흠이 없다면 요사스런 일이 일어나지 않습니다. 사람이 상도를 버리면 요사스런 일이 일어나게 됩니다. 그 때문에 정나라에서 그런 요사스러운 일이 일어난 것입니다."
　여공이 도성에 들어가서 마침내 부하를 죽였다.
　그리고 사람을 원번原繁에게 보내어 이렇게 말하도록 하였다.
　"부하는 두 마음을 갖고 있었소. 주周나라에는 일정한 형벌이 있으니 이미 그는 자기 죄에 대한 자복을 하였소. 나를 받아들이되 두 마음을 갖지 않았던 자라면 나는 상대부上大夫 벼슬을 허락하였을 것이오. 나는 그대 백부伯父와 함께 가 나라의 일을 도모하고자 하오. 그런데 과인이 도피해 있을 때 백부께서는 전혀 내외의 사정에 대해서는 말 한마디 없었소. 입성하였는데도 과인을 염두에 두지 않았소. 과인은 참으로 유감이오."
　원번은 이렇게 대답하였다.

"선군 환공桓公께서는 저의 선조에게 명하여 종묘 위패를 모신 석실을 맡아 돌보도록 하셨습니다. 사직에는 주인이 있는 법인데 마음을 밖으로 나간 사람에게 두어 두 마음을 가진다면 어찌 되겠소? 진실로 사직의 주인이 될 분이시라면 나라 안 백성 가운데 그 누가 신하가 되지 않을 사람이 있겠소? 신하가 두 마음을 품지 않아야 하는 것은 하늘이 정한 법도라오. 자의子儀가 임금 자리에 14년이나 있었는데 그동안 그대를 맞아들이기 위해 모책만 세우고 있었다면 이것이 어찌 두 마음이 아니라고 할 수 있겠소? 장공莊公에게는 아드님이 아직도 여덟 분이나 계신데 만약 그들이 모두 관직과 작위를 이용하여 뇌물을 주면서 두 마음을 가지도록 권하여 그로써 일을 성사시키려 했다면 그대라면 이를 어떻게 여기겠소? 명령을 잘 들었습니다."
그리고는 곧 목을 매어 자결하였다.

【鄭厲公】鄭나라 군주. 원래 B.C.700~697년까지 4년 재위하다가 축출당하였으며 679년에 복귀하여 다시 673년까지 7년간 재위함. 櫟에 머물다가 본 기사에서처럼 비로소 國都를 향해 재입성함.
【櫟】지금의 河南 禹縣. 桓公 15년(B.C.705년) 鄭 厲公(突)이 공자였을 때 이곳을 점령하였었음.
【大陵】정나라 땅. 지금의 河南 臨潁縣 북쪽.
【傅瑕】鄭나라 대부.
【請納君】'만약 나를 죽이지 않는다면 내가 그대의 귀국을 돕겠다'는 뜻.
【甲子】6월 20일.
【鄭子】鄭나라 군주 莊公의 아들 子儀.
【六年】이해에 厲公이 都城으로 들어옴.
【申繻】魯나라 대부. 노나라 임금의 자문을 맡았던 인물.
【原繁】鄭나라 대부.
【伯父】제후와 同姓의 대부인 연장자. 《詩經》 伐木篇 毛傳에 "天子謂同姓諸侯·諸侯謂同姓大夫皆曰父, 異姓則稱舅"라 하였고, 《儀禮》 覲禮에는 "天子呼諸侯同姓大國則曰伯父, 其異姓則曰伯舅; 同姓小邦則曰叔父, 其異姓小邦則曰叔舅"라 함. 여기서는 原繁을 가리킴.

【無裏言】 내외의 언론에 통달하지 못함. 王念孫은 《左傳》襄公二十六年, 大叔 文子對衛獻公曰: 「臣不能貳通內外之言, 以事君臣之罪也.」라 함.
【宗祐】 宗廟의 위패를 모신 石室이나 돌로 된 상자.
【貳】 두 가지 마음을 먹음.
【莊公】 정나라 군자. 厲公의 아버지. B.C.743~701년까지 43년간 재위함.
【八人】 莊公의 아들은 모두 여덟이었으나 《左傳》에 보이는 인물은 子忽, 子亹, 子儀, 子語 등 넷만 알 수 있음.

※ 256(莊 14-2)

夏, 單伯會伐宋.

여름, 선백單伯이 송宋나라를 치는 일에 참가하였다.

【單伯】 周나라 왕실의 卿士. 莊公 원년 王姬를 배웅한 인물임.
【會】 〈釋例〉에 "旣伐宋, 單伯乃至. 故曰會伐宋"이라 함.

※ 257(莊 14-3)

秋七月, 荊入蔡.

가을 7월, 형荊이 채蔡나라로 쳐들어갔다.

【荊】 楚나라의 다른 이름.
【入】 文公 15년에 "獲大城焉曰入之"라 하였고, 襄公 13년에는 "弗地曰入"이라 함.

㊀

蔡哀侯爲莘故, 繩息嬀以語楚子.

楚子如息, 以食入享, 遂滅息.

以息嬀歸, 生堵敖及成王焉.

未言.

楚子問之.

對曰:「吾一婦人, 而事二夫, 縱弗能死, 其又奚言?」

楚子以蔡侯滅息, 遂伐蔡.

秋七月, 楚入蔡.

君子曰:「〈商書〉所謂『惡之易也, 如火之燎于原, 不可鄕邇, 其猶可撲滅』者, 其如蔡哀侯乎!」

채蔡 애후哀侯가 신莘에서의 싸움을 빌미로 초楚나라 임금에게 식규息嬀의 미모를 과장하여 말하였다.

그랬더니 초나라 임금이 식息나라로 가서 그녀에게 잔치를 베풀어주겠다고 하면서 그 틈에 드디어 식나라를 멸망시켜버렸다.

그리고는 식규를 데리고 돌아가 도오堵敖와 초楚 성왕成王을 낳았다.

그런데 식규는 말을 하지 않는 것이었다.

초왕이 까닭을 물었다.

그녀는 이렇게 대답하였다.

"저는 한 여자로서 두 남편을 섬겼습니다. 비록 죽을 수는 없다 해도 어찌 말을 주고받을 수 있겠습니까?"

초나라 임금은 채나라 군주 때문에 식나라를 멸망시킨 것이라 여겨 그 때문에 마침내 채나라를 쳤던 것이다.

가을 7월, 초나라가 채나라로 쳐들어갔다.

군자는 이렇게 말하였다.

"《서書》상서商書에 '악이 커지기 쉬운 것은 마치 불이 들판에 번지는 것과 같아 가까이 갈 수 없으니, 그래도 가히 박멸할 수는 있을 것'이라 하였다. 이는 마치 채나라 애후와 같은 예이리라!"

【蔡哀侯】이름은 獻舞. B.C.694~675년까지 20년간 재위함. 그가 다시 돌아온 것은 10년 傳을 볼 것.
【莘】莘 땅에서의 싸움. 莊公 10년 참조.
【楚子】초나라 군주. 자작이어서 초자라 한 것임. 당시 楚王은 文王이었음.
【繩】과장함. 杜預 注에 "繩, 譽也"라 함. 미모를 지나치게 치켜세움. 洪亮吉은 '譝'의 假借字라 하였음.
【滅息】《呂氏春秋》長攻篇에 "楚王欲取息與蔡, 乃先佯善蔡侯, 而與之謀曰:「吾欲得息, 奈何?」 蔡侯曰:「息夫人, 吾妻之姨也. 吾請爲饗息侯與其妻者, 而與王俱, 因而襲之.」 楚王曰:「諾.」 於是與蔡侯以饗禮入於息, 因與俱, 遂取息. 旋舍於蔡, 又取蔡"라 함.
【息嬀】息나라 군주 부인.《列女傳》(4) 貞順傳「息君夫人」에 "夫人者, 息君之夫人也. 楚伐息, 破之. 虜其君, 使守門. 將妻其夫人而納之於宮. 楚王出遊, 夫人遂出見息君, 謂之曰:「人生要一死而已, 何至自苦? 妾無須臾而忘君也, 終不以身更貳醮, 生離於地上, 豈如死歸於地下哉?」 乃作詩曰:『穀則異室, 死則同穴, 謂予不信, 有如皦日.』 息君止之, 夫人不聽, 遂自殺, 息君亦自殺, 同日俱死. 楚王賢其夫人守節有義, 乃以諸侯之禮合而葬之. 君子謂:「夫人說於行善, 故序之於詩.」 夫義動君子, 利動小人. 息君夫人, 不爲利動矣.《詩》云:『德音莫違, 及爾同死.』 此之謂也. 曰:『楚虜息君, 納其適妃. 夫人持固, 彌久不衰. 作詩同穴, 思故忘新. 遂死不顧, 列於貞賢.』"이라 함.
【堵敖】《史記》에는 '杜敖'로 되어 있으며 《楚辭》天問에는 "吾告堵敖以不長"이라 하여 '堵敖'로 되어 있음. 楚나라 방언으로 아직 왕위에 오르지 않은 자를 일컫는 말.
【伐蔡】息嬀를 즐겁게 해 주기 위해 채나라를 친 것임.
【書】《尙書》商書 盤庚篇에 "汝不和吉言于百姓, 惟汝自生毒. 乃敗禍姦宄, 以自災于厥身. 乃旣先惡于民, 乃奉其恫, 汝悔身何及. 相時憸民, 猶胥顧于箴言, 其發有逸口, 矧予制乃短長之命. 汝曷弗告朕, 而胥動以浮言, 恐沈于衆. 若火之燎于原, 不可嚮邇其猶可撲滅, 則惟汝衆, 自作弗靖, 非予有咎"라 함.
【鄕邇】가까이 다가감. '鄕'은 '向', '嚮'과 같음.

※ 258(莊 14-4)

冬, 單伯會齊侯·宋公·衛侯·鄭伯于鄄.

겨울, 선백單伯이 제후齊侯·송공宋公·위후衛侯·정백鄭伯과 견鄄에서 만났다.

【單伯】周 王室의 卿士.
【鄄】衛나라 땅. 지금의 山東 鄄城縣 서북. 뒤에 齊豹의 채읍이 됨.

㊙
冬, 會于鄄, 宋服故也.

겨울, 견鄄에서 만난 것은 송宋나라가 복종해왔기 때문이었다.

【宋伏】이들에게 불복하던 송나라가 복종할 것을 통고해옴.

044. 莊公 15年(B.C.679) 壬寅

周	僖王(姬胡齊) 3년	齊	桓公(小白) 7년	晉	晉侯(緡) 26년 曲沃 武公(稱) 37년	衛	惠公(朔) 21년
蔡	哀侯(獻舞) 16년	鄭	厲公(突) 22년	曹	莊公(射姑) 23년	陳	宣公(杵臼) 14년
杞	共公 2년	宋	桓公(御說) 3년	秦	武公 19년	楚	文王(熊貲) 11년
許	穆公(新臣) 19년						

❋ **259(莊15-1)**

十有五年春, 齊侯·宋公·陳侯·衛侯·鄭伯會于鄄.

15년 봄, 제후齊侯·송공宋公·진후陳侯·위후衛侯·정백鄭伯이 견鄄에서 만났다

【鄄】衛나라 땅. 지금의 山東 鄄城縣 서북. 뒤에 齊豹의 채읍이 됨.

㊅
十五年春, 復會焉, 齊始霸也.

15년 봄, 이들이 다시 같은 곳에 모여 제齊나라가 비로소 패자霸者가 되었다.

【齊始霸也】齊 桓公(小白)이 비로소 제후들의 우두머리가 됨. 이가 바로 春秋 五霸의 首長.

✱ 260(莊 15-2)

夏, 夫人姜氏如齊.

여름, 부인 강씨姜氏가 제齊나라로 갔다.

【姜氏】魯 桓公의 부인 文姜. 齊 僖公의 딸이며 襄公, 桓公과는 남매지간이었음. 襄公과 사통하였던 여인.
＊無傳

✱ 261(莊 15-3)

秋, 宋人·齊人·邾人伐郳.

가을, 송인宋人·제인齊人·주인邾人이 예郳나라를 쳤다.

【邾人】《公羊傳》에는 '邾婁人'으로 되어 있음.
【郳】지금의 山東 滕縣 동쪽에 있던 작은 나라. 《公羊傳》에는 '兒'로 되어 있으며 이는 '倪'의 가차자임.

㊅
秋, 諸侯爲宋伐郳.

가을, 제후들이 송宋나라를 위해 예郳나라를 쳤다.

✤ 262(莊15-4)
鄭人侵宋.

정鄭나라가 송宋나라를 침공하였다.

㊅
鄭人間之而侵宋.

정鄭나라가 이 틈을 타서 송宋나라를 침범하였던 것이다.

【間之】제후들이 宋나라를 위해 郳를 치는 틈을 이용한 것임.

✤ 263(莊15-5)
冬十月.

겨울 10월.

045. 莊公 16年(B.C.678) 癸卯

周	僖王(姬胡齊) 4년	齊	桓公(小白) 8년	晉	晉侯(緡) 27년 曲沃 武公(稱) 38년	衛	惠公(朔) 22년
蔡	哀侯(獻舞) 17년	鄭	厲公(突) 23년	曹	莊公(射姑) 24년	陳	宣公(杵臼) 15년
杞	共公 3년	宋	桓公(御說) 4년	秦	武公 20년	楚	文王(熊貲) 12년
許	穆公(新臣) 20년						

❋ 264(莊16-1)

十有六年春王正月.

16년 봄 주력 정월.

❋ 265(莊16-2)

夏, 宋人·齊人·衛人伐鄭.

여름, 송인宋人·제인齊人·위인衛人이 정鄭나라를 쳤다.

【鄭】당시 鄭나라는 厲公(突) 재위 23년째였음.

㊂
十六年夏, 諸侯伐鄭, 宋故也.

16년 여름, 제후들이 정鄭나라를 친 것은 송宋나라를 위해서였다.

【宋故】鄭나라가 宋나라를 쳤기 때문이었음. 〈釋文〉에 "或作爲宋故也"라 함.

❋ 266(莊16-3)
秋, 荊伐鄭.

가을, 형荊나라가 정鄭나라를 쳤다.

【荊】楚나라의 다른 이름.

㊂
鄭伯自櫟入, 緩告于楚.
秋, 楚伐鄭, 及櫟, 爲不禮故也.

정백鄭伯이 역櫟에서 정鄭나라 도읍으로 들어간 일을 한참이 지나서야 초楚나라에 이를 알렸다.
가을, 초나라가 정나라를 쳐 역 땅에 이르렀는데 이는 정나라가 예를 갖추지 않았기 때문이었다.

【自櫟入】莊公 14년을 참조할 것.
【緩】한참을 지나서야 겨우 통고해줌.

3. 〈莊公 16年〉 437

㋭

鄭伯治與於雍糾之亂者.
九月, 殺公子閼, 刖强鉏.
公父定叔出奔衛, 三年而復之, 曰:「不可使共叔無後於鄭.」
使以十月入, 曰:「良月也, 就盈數焉.」
君子謂:「强鉏不能衛其足.」

정백鄭伯이 옹규雍糾의 난에 협조한 자들에게 벌을 내렸다.
9월, 공자 알閼을 죽이고 강서强鉏의 발뒤꿈치를 잘랐다.
공보정숙公父定叔은 위衛나라로 달아났었는데 3년 뒤 여공은 그를 돌아오게 하며 이렇게 말하였다.
"정나라에서 공숙共叔의 후손이 끊어지게 해서는 안 된다."
그리고 사람을 보내어 10월에 정나라로 들어오도록 하면서 말하였다.
"좋은 달이다. 10은 꽉 찬 수이기 때문이다."
군자는 이렇게 평하였다.
"강서는 자기의 발도 지켜내지 못하였다."

【雍糾之亂】桓公 15년의 일.
【公子閼】채중(祭仲)의 黨人.
【刖】발 뒤꿈치를 베는 형벌.
【强鉏】역시 祭仲의 당인.
【公父定叔】鄭 莊公(寤生)의 아우인 共叔段의 손자이며 公孫滑의 아들.
【良月】숫자가 가득 찬 10월. 좋은 달이라는 뜻. 고대에는 奇數의 달을 忌로 偶數의 달을 良으로 여겼음.

❋ 267(莊 16-4)

冬十有二月, 會齊侯·宋公·陳侯·衛侯·鄭伯·許男·滑伯·

滕子同盟于幽.

겨울 12월, 제후_齊侯_·송공_宋公_·진후_陳侯_·위후_衛侯_·정백_鄭伯_·허남_許男_·활백_滑伯_·등자_滕子_가 유_幽_에서 만나 동맹을 맺었다.

【滑伯】滑 역시 제후국. 지금의 河南 偃師縣 서남쪽 緱氏故城.
【公侯伯子男】각기 그 爵位에 따라 군주 칭호를 표기한 것임.
【幽】지금의 河南 考城縣.

㊅
冬, 同盟于幽, 鄭成也.

겨울, 유_幽_ 땅에서 동맹을 맺은 것은 정_鄭_나라와의 화친을 위해서였다.

【鄭成】鄭나라가 화친을 제의하여 모인 것이라는 뜻.

● 268(莊16-5)
邾子克卒.

주자_邾子_ 극_克_이 세상을 떠났다.

【邾子克】邾나라 군주. 이름은 克. '邾'나라는 周 武王이 祝融 八姓의 하나였던 邾俠(曹俠)을 封하여 부용국으로 삼았으며 지금의 山東 鄒縣. 이 때문에 戰國 시대에 이름을 '鄒'로 바꾸었음. 曹姓이며 子爵 작위를 받았으나 魯나라에 예속되어 있었음.

3.〈莊公16年〉439

㊉

王使虢公命曲沃伯以一軍爲晉侯.

천자가 괵공虢公을 보내어 곡옥曲沃의 군주가 일군一軍을 보유하여 진후晉侯가 되도록 명하였다.

【王】천왕. 周나라 僖王. 姬胡齊. B.C.681~677년까지 5년간 재위함.
【虢公】虢나라 군주이며 주 왕실의 卿士였음.
【曲沃伯】曲沃은 武公이 다스리고 있었으며 翼을 도읍으로 한 晉나라를 병탄한 상태였음. 桓公 7년에 "曲沃伯誘晉小子侯殺之"라 하였고 8년에는 "滅翼"이라 함.
【一軍】가장 작은 제후국이 보유할 수 있던 군사. 1군은 1만 2천 5백 명. 《周禮》 夏官 敍官에 "法制軍, 萬有二千五百人爲軍. 王六軍, 大國三軍, 次國二軍, 小國一軍"이라 함.
【晉侯】晉 武公. 이때 비로소 晉나라는 왕으로부터 정식 명을 받아 제후들의 반열에 오르게 된 것임. 《史記》 晉世家에 "晉侯(緡)二十八年, 曲沃武公伐晉侯緡, 滅之, 盡以其寶器賂獻於周釐王. 釐王命曲沃武公爲晉君, 列爲諸侯, 於是盡幷晉地而有之. 曲沃武公已卽位三十七年矣, 更號曰晉武公. 晉武公始都晉國, 前卽位曲沃, 通年三十八年. 武公稱者, 先晉穆侯曾孫也, 曲沃桓叔孫也. 桓叔者, 始封曲沃. 武公, 莊伯子也. 自桓叔初封曲沃以至武公滅晉也, 凡六十七世, 而卒代晉爲諸侯"라 하였고, 〈年表〉에도 "曲沃武公滅晉侯緡, 以寶獻周, 周命武公爲晉君, 幷其地. 晉武公稱幷晉, 已立三十八年, 不更元, 因其元年"이라 함.

㊉

初, 晉武公伐夷, 執夷詭諸.
蔿國請而免之.
旣而弗報, 故子國作亂, 謂晉人曰:「與我伐夷而取其地.」
遂以晉師伐夷, 殺夷詭諸.
周公忌父出奔虢, 惠王立而復之.

당초, 진晉 무공武公이 이夷 땅을 치고 이궤제夷詭諸를 사로잡았었다.

그러나 주周나라 대부 위국蒍國의 청으로 그를 놓아주었다.

그런데 궤제는 위국에게 아무런 보답을 하지 않아 그 때문에 자국子國(蒍國)이 난을 일으키고는 진나라에게 이렇게 일렀다.

"나와 함께 이 땅을 쳐서 그 땅을 빼앗아버립시다."

드디어 진나라는 군사를 일으켜 이 땅을 치고 이궤제를 죽여버린 것이다.

그때 주공周公 기보忌父는 괵虢나라로 달아나 있었는데 주周 혜왕惠王이 즉위한 이해에 그를 돌아오게 하였던 것이다.

【夷詭諸】夷 땅에 봉해졌던 周나라 대부. '夷'는 그의 채읍 이름.
【蒍國】周나라 대부. 字는 子國. 왕자 頹의 스승. 19년 전을 볼 것.
【周公忌父】周나라 王室의 卿士.
【惠王】東周의 왕. 姬閬. B.C.676~652년까지 25년간 재위함.

046. 莊公 17年(B.C.677) 甲辰

周	僖王(姬胡齊) 5년	齊	桓公(小白) 9년	晉	武公(稱) 39년	衛	惠公(朔) 23년
蔡	哀侯(獻舞) 18년	鄭	厲公(突) 24년	曹	莊公(射姑) 25년	陳	宣公(杵臼) 16년
杞	共公 4년	宋	桓公(御說) 5년	秦	德公 원년	楚	文王(熊貲) 13년
許	穆公(新臣) 21년						

✴ 269(莊 17-1)

十有七年春, 齊人執鄭詹.

17년 봄, 제인齊人이 정첨鄭詹을 잡았다.

【鄭詹】鄭나라 집정 대신. 당시 대부였음. 叔詹.《史記》鄭世家에 의하면 鄭 文公의 아우이며 厲公의 아들이었음. 杜預 注에 "詹爲鄭執政大臣, 詣齊見執"이라 함. 僖公 7년 傳에 "鄭有叔詹·堵叔·師叔三良爲政"이라 함.《公羊傳》에는 '鄭瞻'으로 되어 있음.

(傳)
十七年春, 齊人執鄭詹, 鄭不朝也.

17년 봄, 제인齊人이 정첨鄭詹을 잡은 것은 정鄭나라가 제나라에 조공하지 않았기 때문이었다.

【不朝】당시 齊 桓公이 霸者였으며 그에게 불복하였음을 말함.

✤ 270(莊 17-2)
夏, 齊人殲于遂.

여름, 제齊나라가 수遂나라에서 섬멸을 당하였다.

【遂】나라 이름. 宋나라의 후손으로 지금의 山東 寧陽縣 서북 遂鄕.

傳
夏, 遂因氏·頜氏·工婁氏·須遂氏饗齊戍, 醉而殺之, 齊人殲焉.

여름, 수인씨遂因氏·합씨頜氏·공루씨工婁氏·수수씨須遂氏가 잔치를 베풀어 제齊나라 수비병들을 먹여 취하게 한 다음 죽여버렸으며 이에 제나라 수졸들이 모두 섬멸을 당하고 만 것이다.

【遂因氏·頜氏·工婁氏·須遂氏】네 씨족 모두 殷나라 遺民이며 遂나라의 豪族으로 당시 강한 면모를 가지고 있었음.
【饗】군사를 위로하기 위하여 음식과 술을 대접함.
【齊戍】齊나라가 莊公 13년 遂를 멸하고 그곳에 수비 군사를 두었음.

※ 271(莊 17-3)

秋, 鄭詹自齊逃來.

가을, 정첨鄭詹이 제齊나라에서 도망쳐 우리나라로 왔다.

【鄭詹】鄭나라 집정 대신. 叔詹. 鄭瞻.
＊無傳

※ 272(莊 17-4)

冬, 多麋.

겨울, 노루가 많아 재해가 되었다.

【冬】周曆의 冬은 夏曆의 秋에 해당하며 이때 지나치게 번성하여 곡물에 피해를 입힌 것.
【麋】큰 노루. 혹 큰 사슴 종류라고도 함.
＊無傳

047. 莊公 18年(B.C.676) 乙巳

周	惠王(姬閬) 원년	齊	桓公(小白) 10년	晉	獻公(詭諸) 원년	衛	惠公(朔) 24년
蔡	哀侯(獻舞) 19년	鄭	厲公(突) 25년	曹	莊公(射姑) 26년	陳	宣公(杵臼) 17년
杞	共公 5년	宋	桓公(御說) 6년	秦	德公 2년	楚	文王(熊貲) 14년
許	穆公(新臣) 22년						

※ **273(莊18-1)**

十有八年春王三月, 日有食之.

18년 봄 주력 3월, 일식이 있었다.

【日食】날짜를 쓰지 않은 것은 史官이 그 날짜를 놓쳤기 때문임. B.C.676년 4월 15일 皆旣日蝕이 있었음.
＊無傳

⟨傳⟩
十八年春, 虢公·晉侯朝王.
王饗醴, 命之宥, 皆賜玉五瑴, 馬三匹, 非禮也.
王命諸侯, 名位不同, 禮亦異數, 不以禮假人.

18년 봄, 괵공虢公과 진후晉侯가 함께 천자를 뵈었다.

천자가 이들에게 단술을 대접하고 서로 예물을 주어 분위기를 부드럽게 하도록 하면서 옥玉 다섯 쌍, 말 세 필씩을 내려주었는데 이는 예에 맞지 않는 일이었다.

천자가 제후의 작위를 내릴 때에는 그 명칭과 작위가 다름에 따라 그에게 하사하는 예물의 수량 또한 달라야 하는 것이니 똑같은 예로써 예우하는 것은 맞지 않다.

【虢公】虢나라 군주. 公爵. 晉 獻公 詭諸 원년이었음.
【晉侯】晉나라 군주. 侯爵. 晉 武公의 아들 獻公(詭諸)을 가리킴.
【宥】宥和. 분위기를 부드럽게 이끌어감.
【假】假借. 맞아야 할 예를 남에게 임시로 빌려 그에게 적용함.

㊅
虢公·晉侯·鄭伯使原莊公逆王后于陳.
陳嬀歸于京師, 實惠后.

괵공虢公·진후晉侯·정백鄭伯이 원장공原莊公으로 하여금 진陳나라에서 왕후를 맞아 오도록 하였다.

이를 따라 진규陳嬀가 경사京師로 시집을 갔으며 이가 바로 혜후惠后이다.

【原莊公】周 文王의 열여섯째 아들 原伯의 자손. 原은 봉지 이름이며, 성씨가 됨. 주나라 조정에서 대대로 卿士를 지냄.
【陳嬀】陳나라 출신으로 국성이 嬀姓이었음.《史記》年表에 "惠王元年, 取陳后"라 함.
【京師】주나라 천자가 있는 도읍. 東周시대의 京師는 지금의 洛陽이었음.
【惠后】周 惠王(姬閬)의 王后라는 뜻.

274(莊 18-2)

夏, 公追戎于濟西.

여름, 공이 융戎을 제수濟水 서쪽으로 추방하였다.

【戎】지금의 河北 일대에 살던 당시의 소수민족. 北戎. 山戎.
【濟西】濟水의 서쪽 지금의 山東 曹縣. 濟水는 지금의 河南 서북쪽을 흐르는 黃河의 지류. 濟水는 江, 河, 淮와 더불어 고대 四瀆의 하나였음.

㊁
夏, 公追戎于濟西.
不言其來, 諱之也.

여름, 공이 융戎을 제수濟水 서쪽으로 추방하였다.
그들이 '침입해 왔다'라고 말하지 않은 것은 그렇게 기록하는 것을 꺼렸기 때문이다.

【不言其來】그들이 실제로는 魯나라 땅을 침략해 온 것이지만 도리어 그들을 추방하였다고 기록한 것을 말함.

275(莊 18-3)

秋, 有螽.

가을, 역충이 나타났다.

【蜮】벌레 이름. 苗蟲, 螟蟲의 일종이라 함. 원래는 '물여우'라는 물짐승으로 短狐, 射人影이라고도 함.《搜神記》(12)에 "漢光武中平中, 有物處於江水, 其名爲「蜮」, 一曰「短狐」, 能含沙射人. 所中者, 則身體筋急, 頭痛發熱, 劇者至死. 江人以術方抑之, 則得沙石於肉中.《詩》所謂「爲鬼爲蜮, 則不可測」也. 今俗謂之「溪毒」. 先儒以爲男女同川而浴, 淫女爲主, 亂氣所生也"라 하였으며 〈釋文〉에 "蜮, 狀如鱉, 三足. 一名射工, 俗好之水弩. 在水中含沙射人. 一云射人影"이라 함. 그러나 여기서는 이 짐승이 아닌 것으로 보임.

㊀
秋, 有蜮, 爲災也.

가을, 역충이 생겨 재해를 입었다.

❋ 276(莊 18-4)
冬十月.

겨울 10월.

㊀
初, 楚武王克權, 使鬪緡尹之, 以叛, 圍而殺之.
遷權於那處, 使閻敖尹之.
及文王卽位, 與巴人伐申, 而驚其師.
巴人叛楚而伐那處, 取之, 遂門于楚.
閻敖游涌而逸.

楚子殺之, 其族爲亂.
冬, 巴人因之以伐楚.

당초, 초楚 무왕武王이 권權나라를 이기고 투민鬪緡으로 하여금 그 땅을 다스리도록 하였는데 그가 배반하자 그 땅을 포위하고 그를 죽여버렸다.
그리고 권 땅 사람들을 나처那處로 옮긴 다음 염오閻敖로 하여금 이들을 다스리도록 하였다.
문왕文王이 즉위하여 파巴나라 사람들과 함께 신申나라를 칠 때 파나라 군사는 초나라를 두려워 경계하게 되었다.
이에 파나라는 초나라를 배반하고 나처를 쳐서 차지해 버리고는 마침내 초나라 성문까지 다다르게 되었다.
염오는 용수涌水를 헤엄쳐 달아나고 말았다.
초나라 임금이 그를 잡아 죽이자 그 족속들이 난을 일으켰다.
겨울, 파나라 사람들이 그 틈을 타서 초나라를 쳤다.

【楚武王】楚나라 군주. B.C.740~690년까지 51년간 재위함.
【權】殷나라 武丁 자손이 받은 나라. 子姓. 지금의 湖北 當陽縣 동남쪽.
【鬪緡】楚나라 대부.
【尹】우두머리. 관리자로 임명함.
【那處】초나라 땅. 지금의 湖北 荊門縣 동남쪽.
【閻敖】초나라 대부.
【文王】초나라 군주. 武王의 아들로 B.C.689~677년까지 13년간 재위함.
【巴】지금의 四川 巴縣. 당시의 작은 나라.
【申】역시 나라 이름.
【涌】湖北 監利縣 동남쪽을 흐르는 물 이름.《水經注》에 "江水又東, 至華容縣 又東, 涌水注之, 春秋所謂閻敖游涌而逸者也"라 함.

048. 莊公 19年(B.C.675) 丙午

周	惠王(姬閬) 2년	齊	桓公(小白) 11년	晉	獻公(詭諸) 2년	衛	惠公(朔) 25년
蔡	哀侯(獻舞) 20년	鄭	厲公(突) 26년	曹	莊公(射姑) 27년	陳	宣公(杵臼) 18년
杞	共公 6년	宋	桓公(御說) 7년	秦	宣公 원년	楚	文王(熊貲) 15년
許	穆公(新臣) 23년

● 277(莊19-1)

十有九年春王正月.

9년 봄 주력 정월.

(傳)

十九年春, 楚子禦之, 大敗於津.
還, 鬻拳弗納, 遂伐黃, 敗黃師于踖陵.
還, 及湫, 有疾.
夏六月庚申, 卒.
鬻拳葬諸夕室, 亦自殺也, 而葬於絰皇.

初, 鬻拳強諫楚子, 楚子弗從.
臨之以兵, 懼而從之.
鬻拳曰:「吾懼君以兵, 罪莫大焉.」
遂自刖也.
楚人以爲大閽, 謂之大伯.
使其後掌之.
君子曰:「鬻拳可謂愛君矣, 諫以自納於刑, 刑猶不忘納君於善.」

19년 봄, 초楚 문왕文王이 파巴의 군사를 막았으나 진津에서 대패하였다.
그가 귀환하자 육권鬻拳이 문을 지키며 들여보내 주지 않아 드디어 황黃나라를 쳐서 적릉踖陵에서 황나라 군사를 패배시켰다.
다시 돌아오는 길에 초湫에 이르러 문왕은 병이 나고 말았다.
여름 6월 경신날, 그는 세상을 떠났다.
육권은 문왕을 석실夕室에 장례를 치르고 나서 자신도 스스로 목숨을 끊어 그를 문왕의 묘실 지하에 묻었다.
당초, 육권이 초나라 문왕에게 강하게 간하였으나 문왕은 그의 말을 따르지 않았다.
육권이 무기를 들고 간하자 문왕은 두려워 그제야 그의 말을 따랐다.
육권이 말하였다.
"내가 무기로 임금에게 겁을 주었으니 이보다 더 큰 죄가 없으리라."
그리고는 드디어 자신의 발뒤꿈치를 베어버렸다.
초나라에서는 그를 대혼大閽 벼슬을 주고 태백大伯이라 불렀다.
그리고 그 자손들로 하여금 그의 직책을 관장하도록 하였다.
군자가 말하였다.
"육권은 군주를 사랑하였다고 할 수 있으리라. 임금에게 간언한 일로 스스로 제 몸에 형벌을 가하였으며, 자신에게 형벌을 가하면서도 임금으로 하여금 옳은 길로 나가도록 함을 잊지 않았다."

【楚子禦之】楚 文王이 巴人의 공격을 막아냄. 前年의 傳을 볼 것.
【津】초나라 땅. 지금의 湖北 枝江縣 津鄕. 이곳에서 楚나라가 巴人에게 대패함.
【鬻拳】초나라 성문을 지키던 사람. 수문장의 벼슬에 있던 자.
【黃】嬴姓의 작은 나라. 嬴姓. 지금의 河南 潢川縣 定城.
【踖陵】黃나라 땅. 지금의 河南 潢川縣 서남쪽.
【湫】'초'로 읽음. 楚나라 땅. 지금의 湖北 宜城縣 북쪽. 원래 楚 靈王 때 伍擧의 채읍이었으며 그 때문에 伍擧를 '湫擧'로도 부름. 뒤에는 '湫'를 '椒'자로도 표기하여 그 때문에 '椒擧'로도 씀.
【庚申】6월 15일.
【夕室】楚나라 선대 군주들 묘가 있는 곳. 杜預는 지명으로 보았으나 왕실 공동 묘지를 일컫는 말로 여김. 구체적 위치는 알 수 없음.
【絰皇】'絰'은 무덤 앞의 지하. '窒皇'으로도 표기함. 宣公 14년 傳에 "屨及於窒皇"이라 함.
【罪莫大焉】이 다음에 金澤文庫本에는 "君不討, 敢不自討乎?"의 8자가 더 있음.
【大閽】벼슬 이름. 城門校尉. 궁문을 관리하는 守門者의 직책.
【大伯】'태백'으로 읽으며 그의 직책을 높이 부른 것. 孔穎達 疏에 "鬻拳本是大臣, 楚人以其賢而使典此職"이라 함.

278(莊19-2)

夏四月.

여름 4월.

※ 279(莊 19-3)

秋, 公子結媵陳人之婦于鄄, 遂及齊侯·宋公盟.

가을, 공자 결結이 진陳나라로 시집가는 부인을 견鄄까지 호송하고 드디어 제후齊侯·송공宋公과 맹약을 맺었다.

【公子結】魯나라 대부.
【媵】《公羊傳》과 《穀梁傳》에는 모두 魯나라 여인이라 하였음. '媵'은 시집가는 높은 신분이나 언니를 따라가는 媵妾, 媵婦.
【鄄】衛나라 땅. 지금의 山東 鄄城縣 서북. 뒤에 齊豹의 채읍이 됨.
＊無傳

※ 280(莊 19-4)

夫人姜氏如莒.

부인 강씨姜氏가 거莒나라로 갔다.

【姜氏】文姜. 魯 桓公의 부인이며 齊 襄公(諸兒)의 이복 누이. 襄公과 사통하여 국제적 파문을 일으켰던 여인.
＊無傳

㊟

初, 王姚嬖于莊王, 生子頹.
子頹有寵, 蔿國爲之師.
及惠王卽位, 取蔿國之圃以爲囿.

3. 〈莊公 19年〉 453

邊伯之宮近於王宮, 王取之.
王奪子禽·祝跪與詹父田, 而收膳夫之秩.
故蒍國·邊伯·石速·詹父·子禽祝跪作亂, 因蘇氏.

당초, 왕요_{王姚}가 주_周 장왕_{莊王}의 사랑을 받고 왕자 퇴_頹를 낳았다. 왕자 퇴는 천자의 총애를 받았으며 위국_{蒍國}이 그의 스승이었다.

혜왕_{惠王}이 즉위하여 위국의 채소밭을 빼앗아 동물원을 만들었다.

변백_{邊伯}의 집이 왕궁 가까이 있었는데 이것도 왕이 빼앗아버렸다.

혜왕은 이어서 자금_{子禽}·축궤_{祝跪}·첨보_{詹父}의 농토도 빼앗고 선부_{膳夫}의 벼슬도 박탈하였다.

그 때문에 위국·변백·석속_{石速}·첨보·자금·축궤가 난을 일으키고 소씨_{蘇氏}에게 의지하였다.

【王姚】莊王의 첩. 姚姓. 姚는 母姓.
【莊王】천자국 주나라 왕. 姬佗. B.C.696~682년까지 15년간 재위함.
【子頹】莊王의 아들이며 胡齊(僖王)의 아우.
【蒍國】주나라 대부. 자퇴의 스승.
【惠王】주나라 왕. 姬閬.《世本》과《國語》에는 이름을 '毋凉'이라 하였음. 莊王의 손자이며 僖王(胡齊)의 아들. B.C.676~652년까지 25년간 재위함.
【圃】채마밭.
【囿】苑囿. 園囿. 조수초목을 길러 왕의 휴식터로 만든 것.
【邊伯】周나라 대부.
【子禽·祝跪·詹父】모두 인명이며 周나라 大夫, 卿士. 그러나 子禽祝跪를 한 사람의 이름으로 보기도 함.
【膳夫】왕궁에 올리는 식사를 감독하는 벼슬로 石速이 맡고 있었음.
【蘇氏】魯 隱公 11년, 周 桓王이 蘇忿生의 땅 12邑을 빼앗아 鄭나라에 주었음. 그 때문에 소씨는 왕실에 원한을 품고 있었으며 이들이 의탁하게 된 것임.
【伐周】《史記》衛世家에 "二十五年, 惠公怨周之容舍黔牟, 與燕伐周"라 하였고, 燕世家에도 "莊公十六年, 與宋·衛共伐周惠王"이라 함.

㊉

秋, 五大夫奉子頹以伐王, 不克, 出奔溫.
蘇子奉子頹以奔衛.
衛師·燕師伐周.

가을, 다섯 대부가 퇴頹를 받들고 천자를 공격하였으나 이기지 못하자 온溫으로 달아났다.
소씨蘇氏는 퇴를 받들고 위衛나라로 달아났다.
위나라 군사와 연燕나라 군사가 주周나라를 쳤다.

【五大夫】蔿國, 邊伯, 子禽, 祝跪, 詹父를 가리킴. 石速은 士였으므로 대부에 포함되지 않음.
【王】주나라 천자. 惠王을 가리킴.
【溫】지금의 河南 溫縣. 蘇氏의 읍이었음.
【燕】南燕.

※ 281(莊 19-5)

冬, 齊人·宋人·陳人伐我西鄙.

겨울, 제인齊人·송인宋人·진인陳人이 우리 노나라 서쪽 변방을 쳤다.

【西鄙】서쪽 변방. '鄙'는 먼 변방을 뜻함.
＊無傳

㊟
冬, 立子頹.

겨울, 퇴頹를 왕으로 옹립하였다.

【立子頹】이로 말미암아 자퇴는 별도로 惠王(姬閬)과 대립하여 결국 東周가 분열을 일으킴.

049. 莊公 20年(B.C.674) 丁未

周	惠王(姬閬) 3년	齊	桓公(小白) 12년	晉	獻公(詭諸) 3년	衛	惠公(朔) 26년
蔡	穆侯(肸) 원년	鄭	厲公(突) 27년	曹	莊公(射姑) 28년	陳	宣公(杵臼) 19년
杞	共公 7년	宋	桓公(御說) 8년	秦	宣公 2년	楚	堵敖(熊艱) 원년
許	穆公(新臣) 24년						

※ 蔡 穆侯의 이름 '肸'은 판본에 따라 비슷한 글자 '盼'으로도 표기되기도 함.

✿ 282(莊20-1)

二十年春王二月, 夫人姜氏如莒.

20년 봄 주력 2월, 부인 강씨姜氏가 거莒나라에 갔다.

【姜氏】文姜을 가리킴.
＊無傳

㊉

二十年春, 鄭伯和王室, 不克, 執燕仲父.
夏, 鄭伯遂以王歸, 王處于櫟.
秋, 王及鄭伯入于鄔, 遂入成周, 取其寶器而還.
冬, 王子頹享五大夫, 樂及徧舞.
鄭伯聞之, 見虢叔曰:「寡人聞之:『哀樂失時, 殃咎必至.』今王子頹歌舞不倦, 樂禍也. 夫司寇行戮, 君爲之不擧, 而況敢樂禍乎? 奸王之位, 禍孰大焉? 臨禍忘憂, 憂必及之. 盍納王乎!」
虢公曰:「寡人之願也.」

20년 봄, 정백鄭伯이 왕실을 화해시키려다 성공하지 못하고, 연燕나라 중보仲父를 사로잡았다.

여름, 정백이 드디어 혜왕惠王을 모시고 돌아갔으며 혜왕은 역櫟에 머물렀다.

가을, 혜왕과 정백이 함께 오鄔로 들어갔고 드디어 성주成周로 입성하여 왕실의 보기寶器를 가지고 돌아갔다.

겨울, 왕자 퇴頹가 다섯 대부에게 잔치를 베풀고 모든 무악舞樂을 두루 연주하였다.

정백이 이를 듣고 괵숙虢叔에게 이렇게 말하였다.

"과인이 듣기로 '슬퍼하고 즐거워함이 그 맞아야 할 때를 놓치면 반드시 재앙이 일어난다'라 하였소. 지금 왕자 퇴가 가무에 빠져 싫증을 낼 줄 모르고 있으니 이는 재앙을 즐기고 있는 셈이오. 무릇 사구司寇가 형벌을 행하면 임금은 그를 불쌍히 여겨 음식도 제대로 먹지 못한다 하였소. 그런데 하물며 감히 재앙을 즐기고 있을 수 있겠소? 천자 자리를 침범하고 있으니 재앙으로서 이보다 더 큰 것이 어디 있겠소? 재앙에 임해서도 근심을 잊고 있으니, 근심이 틀림없이 다가올 것이오. 어찌 혜왕을 받아들이지 않을 수 있겠소?"

괵공이 말하였다.

"과인이 원하는 바입니다."

【鄭伯】 당시 정나라는 厲公이 군주였음.
【和王室】 천자국 周나라가 惠王과 子頹로 분열되자 이의 화해를 위해 조정에 나섬.
【燕仲父】 南燕의 군주. 그러나 《史記》에는 北燕의 신하라 하였음.
【櫟】 燕나라의 읍 이름. 鄭나라에도 같은 지명이 있었으나 다른 곳임. 桓公 15년을 볼 것.
【鄔】 周 桓王이 鄭나라에서 빼앗은 고을. 지금의 河南 偃師縣 경내. 隱公 11년을 볼 것.
【成周】 周나라 京師 동쪽. 《說苑》 修文篇에 "春秋曰:『天王入于成周.』傳曰:「成周者何? 東周也.」"라 함. 21년에 의하면 王子 頹가 왕성에 있었음.
【樂及徧舞】 黃帝(雲門·大卷), 堯(大咸), 舜(大韶), 禹(大夏), 湯(大濩). 周武王(大武) 등 6代의 음악과 그들의 춤. 《周禮》 春官 大司樂에 "以樂舞敎國子, 舞雲門·大卷·大咸·大磬(韶)·大夏·大濩·大武"라 함.
【虢叔】 賈逵와 韋昭는 虢公林父로 보았으나 혹 僖公 5년의 虢公醜로 보기도 함.
【司寇】 刑罰과 監獄, 訟事 등을 맡아보던 벼슬.
【君爲之不擧】 비록 사형을 당할 자가 사형을 당했다 해도 임금으로서는 그를 불쌍히 여겨 음식도 제대로 먹지 못함. 《國語》 楚語(下)에 "子期祀平王, 祭以牛, 俎於王, 王問於觀射父, 曰:「祀牲何及?」 對曰:「祀加於擧. 天子擧以大牢, 祀以會; 諸侯擧以特牛, 祀以太牢; 卿擧以少牢, 祀以特牛; 大夫擧以特牲, 祀以少牢; 士食魚炙, 祀以特牲; 庶人食菜, 祀以魚. 上下有序, 則民不慢.」"이라 하였고, 襄公 26년 傳에는 "古之治民者, 將刑, 爲之不擧, 不擧則徹樂"이라 하였으며, 《韓非子》 五蠹篇에도 "司寇行刑, 君爲之不擧樂"이라 함
【盍】 '何不'의 合音字. '어찌 ~하지 않는가?'의 반어의문문을 형성함.

283(莊20-2)

夏, 齊大災.

여름, 제齊나라에 큰 화재가 일어났다.

【大災】齊나라 도성 臨淄에 큰 불이 남. 宣公 16년 傳에 "凡火, 人火曰火, 天火曰災"라 함.
＊無傳

※ 284(莊20-3)
秋七月.

가을 7월.

※ 285(莊20-4)
冬, 齊人伐戎.

겨울, 제齊나라가 융戎을 쳤다.

【戎】당시 齊나라・魯나라 북쪽에 분포하였던 山戎, 北戎. 지금의 河北 일대. 《穀梁傳》에는 '戎'이 '我'자로 되어 있음. 글자가 비슷하여 混淆를 일으킨 것으로 봄.
＊無傳

050. 莊公 21年 (B.C.673) 戊申

周	惠王(姬閬) 4년	齊	桓公(小白) 13년	晉	獻公(詭諸) 4년	衛	惠公(朔) 27년
蔡	穆侯(肸) 2년	鄭	厲公(突) 28년	曹	莊公(射姑) 29년	陳	宣公(杵臼) 20년
杞	共公 8년	宋	桓公(御說) 9년	秦	宣公 3년	楚	堵敖(熊艱) 2년
許	穆公(新臣) 25년						

● 286(莊21-1)

二十有一年春, 王正月.

21년 봄 주력 정월.

⟨傳⟩
二十一年春, 胥命于弭.
夏, 同伐王城.
鄭伯將王自圉門入, 虢叔自北門入, 殺王子頹及五大夫.
鄭伯享王於闕西辟, 樂備.
王與之武公之略, 自虎牢以東.
原伯曰:「鄭伯效尤, 其亦將有咎!」

五月, 鄭厲公卒.

王巡虢守, 虢公爲王宮于玤, 王與之酒泉.

鄭伯之享王也, 王以后之鞶鑑予之.

虢公請器, 王予之爵.

鄭伯由是始惡于王.

21년 봄, 정鄭나라와 괵虢나라가 주周 혜왕惠王 복위를 위해 미弭에서 논의하였다.

여름, 두 나라가 함께 왕성을 쳤다.

정백이 혜왕을 모시고 어문圉門으로 쳐들어가고 괵숙虢叔은 북문北門으로 쳐들어가서 왕자 퇴頹와 다섯 대부를 죽여버렸다.

정백은 성문 서쪽 망루 위에서 잔치를 열어 혜왕을 대접하며 모든 음악도 구비하였다.

혜왕은 지난날 정鄭 무공武公이 평왕平王으로부터 하사받았다가 잃은 호뢰虎牢 동쪽 땅을 경계까지 모두 그에게 되돌려 주었다.

그러자 원백原伯이 말하였다.

"정백이 왕자 퇴가 한 잘못을 그대로 따라하고 있으니 그 또한 장차 재앙이 있겠구나!"

5월, 과연 정鄭 여공厲公이 죽었다.

혜왕이 괵虢나라를 순시하러 갔을 때 괵공이 혜왕을 위해 방玤에 행궁을 지어주자 혜왕은 그에게 주천酒泉 땅을 하사하였다.

지난번 정백이 혜왕을 위해 잔치를 베풀었을 때 혜왕은 왕후가 쓰던 구리거울 달린 장식 띠를 하사하였었다.

그런데 괵공이 혜왕에게 자신에게도 기물을 하사해 줄 것을 청하자 혜왕은 그에게 청동 술잔을 주었다.

정백은 이 일로 혜왕을 미워하기 시작하였다.

【胥命】서로 명령을 하고 약속함. 여기서는 '논의하다, 책임을 분담하다'의 뜻으로 鄭伯과 虢公이 함께 나서 惠王의 복위를 수행함. 원래는 회합하되

歃血의 서약은 하지 않는 것.《荀子》大略篇에는 "不足於行者, 說過; 不足於 信者, 誠言. 故《春秋》善胥命, 而《詩》非屢盟, 其心一也"라 함.
【弭】鄭나라 땅. 지금의 河南 密縣 경계.
【王城】지금의 河南 洛陽縣 城의 서쪽에 王城 故址가 있으며 원래 周公(姬旦)이 澗水의 동쪽, 瀍水의 서쪽에 마련했던 궁궐. 平王이 東遷하여 敬王 13년 (B.C.507)까지 궁궐로 사용하였으며 敬王 때 成周로 이주함. 당시 子頹가 이 궁궐을 차지하고 있었음.
【鄭伯】당시 정나라 군주는 厲公(突)이었음.
【圍門】王城의 남문.
【北門】왕성의 북문. 乾祭門.
【五大夫】《國語》周語(上)에 "殺子頹及三大夫, 王乃入也"라 함.
【闕】성문 위의 망루. 象魏. 성문 위쪽에 세운 건물을 象魏라 함.
【武公之略】武公은 鄭 武公. B.C.770~744년까지 27년간 재위함. '略'은 경계. 平王이 천도하면서 武公에게 준 땅의 경계.
【虎牢】지금의 河南 成皐縣.
【原伯】原 莊公. 周나라 王室의 대부였음.
【效尤】잘못을 그대로 본받음. 여기서는 子頹가 舞樂으로 망한 모습을 그대로 따라하여 그 잔치에 舞樂을 갖춘 것을 지적한 것임.
【玤】虢나라 땅. 지금의 河南 澠池縣 경계.
【酒泉】주나라 직영지. 구체적인 위치는 알 수 없음.
【鞶鑑】銅鏡의 고리에 맨 끈. 허리에 찰 수 있도록 되어 있음.
【爵】세 발 달린 청동 술잔.《史記》鄭世家에 "惠王不賜厲公爵祿"이라 하여 술잔이 아닌 것으로 보기도 함.

287(莊21-2)

夏五月辛酉, 鄭伯突卒.

여름 5월 신유날, 정백鄭伯 돌突이 죽었다.

【辛酉】 5월 27일.
【突】 子突. 鄭 厲公의 이름. B.C.679~673년까지 7년간 재위하고 이해에 죽음.

❋ 288(莊21-3)

秋七月戊戌, 夫人姜氏薨.

가을 7월 무술날, 부인 강씨姜氏가 훙거하였다.

【戊戌】 7월 5일.
【姜氏】 文姜. 魯 桓公의 부인이며 齊 襄公의 이복 누이. 襄公과 사통하여 국제적인 파문을 일으켰던 여인.
＊無傳

❋ 289(莊21-4)

冬十有二月, 葬鄭厲公.

겨울 12월, 정鄭 여공厲公의 장례를 치렀다.

【厲公】 鄭나라 군주 子突. 鄭나라는 그 뒤를 文公(捷)이 이음.
＊無傳

㊉
冬, 王歸自虢.

겨울, 천자가 괵虢나라에서 경사京師로 돌아갔다.

【虢】당시 惠王은 虢公을 매우 신임하였음.

051. 莊公 22年(B.C.672) 己酉

周	惠王(姬閬) 5년	齊	桓公(小白) 14년	晉	獻公(詭諸) 5년	衛	惠公(朔) 28년
蔡	穆侯(肸) 3년	鄭	文公(捷) 원년	曹	莊公(射姑) 30년	陳	宣公(杵臼) 21년
杞	惠公 원년	宋	桓公(御說) 10년	秦	宣公 4년	楚	堵敖(熊艱) 3년
許	穆公(新臣) 26년						

❀ 290(莊22-1)

二十二年春王正月, 肆大眚.

22년 봄 주력 정월, 죄수들을 대량으로 사면해 주었다.

【二十二年】대체로 '二十有二年'으로 표기하나 여기서는 '有'자가 없음.
【肆大眚】'眚'은 '省'과 같음. 그러나 여기서는 범죄를 저지른 자를 사면함을 뜻함. 杜預 注에 "赦有罪也"라 함. 《公羊傳》에는 '省'으로 되어 있음.
＊無傳

❀ 291(莊22-2)

癸丑, 葬我小君文姜.

계축날, 우리 노나라 소군小君 문강文姜의 장례를 치렀다.

【癸丑】정월 23일.
【小君】諸侯 아내를 일컫는 칭호. 魯 桓公 아내 姜氏.
【文姜】桓公의 부인이며 齊 襄公의 이복 누이로 襄公과 사통하여 국제적 파문을 일으켰던 여인.
＊無傳

※ 292(莊22-3)

陳人殺其公子御寇.

진陳나라에서 공자 어구御寇를 시살하였다.

【御寇】陳나라 公子.《公羊傳》과《穀梁傳》에는 '禦寇'로 되어 있음.

㊃
二十二年春, 陳人殺其大子御寇.
陳公子完與顓孫奔齊, 顓孫自齊來奔.
齊侯使敬仲爲卿.
辭曰:「羈旅之臣幸若獲宥, 及於寬政, 赦其不閑於教訓, 而免於罪戾, 弛於負擔, 君之惠也. 所獲多矣, 敢辱高位以速官謗? 請以死告.《詩》曰:『翹翹車乘, 招我以弓. 豈不欲往? 畏我友朋.』」
使爲工正.
飮桓公酒, 樂.
公曰:「以火繼之.」
辭曰:「臣卜其晝, 未卜其夜, 不敢.」

君子曰:「酒以成禮, 不繼以淫, 義也; 以君成禮, 弗納於淫, 仁也.」
初, 懿氏卜妻敬仲.
其妻占之, 曰:「吉. 是謂『鳳皇于飛, 和鳴鏘鏘. 有媯之後, 將育于姜. 五世其昌, 並于正卿. 八世之後, 莫之與京.』」
陳厲公, 蔡出也, 故蔡人殺五父而立之, 生敬仲.
其少也, 周史有以《周易》見陳侯者, 陳侯使筮之, 遇觀☷☴之否☷☰.
曰:「是謂『觀國之光, 利用賓于王.』此其代陳有國乎? 不在此, 其在異國; 非此其身, 在其子孫. 光, 遠而自他有耀者也. 坤, 土也; 巽, 風也; 乾, 天也; 風爲天; 於土上, 山也. 有山之材, 而照之以天光, 於是乎居土上, 故曰:『觀國之光, 利用賓于王.』庭實旅百, 奉之以玉帛, 天地之美具焉, 故曰『利用賓于王.』猶有觀焉, 故曰「其在後乎!」風行而著於土, 故曰「其在異國乎!」若在異國, 必姜姓也. 姜, 大嶽之後也. 山嶽則配天. 物莫能兩大. 陳衰, 此其昌乎!」
及陳之初亡也, 陳桓子始大於齊, 其後亡也, 成子得政.

22년 봄, 진陳나라에서 태자 어구御寇를 죽였다.
그러자 진나라 공자 완完이 전손顓孫과 함께 제齊나라로 달아났다가 전손은 다시 제나라에서 우리 노나라로 도망쳐 왔다.
제나라 임금이 경중敬仲(完)에게 경卿 벼슬을 주었다.
그러자 그는 이렇게 사양하였다.
"객지를 떠도는 신하로서 이처럼 은혜를 입는 것만으로도 다행이라 여깁니다. 너그러운 정치에서 교훈에 제대로 익숙하지 못한 것까지 용서해 주시니 죄를 면하게 되었을 뿐 아니라 부담도 덜게 되었습니다. 이는 모두 임금의 은혜입니다. 저로서는 얻은 것이 많은데 감히 높은 자리를 욕되게 하여 남의 훼방을 급히 부르는 일을 해서야 되겠습니까? 청컨대 죽음으로써 고합니다.《시詩》에 '교교翹翹한 수레에 타신 채 나를 불러 활을 주시네. 어찌 가고 싶지 않으랴마는 내 벗들이 두렵기 때문일세'라 하였습니다."
왕은 다시 그를 공정工正으로 삼았다.

경중이 술자리를 열어 제齊 환공桓公에게 대접하자 환공은 즐거워하였다. 환공이 말하였다.

"불을 밝히고 잔치를 계속하자꾸나."

경중이 거절하며 말하였다.

"저는 낮에 잔치하는 것만 계획하였습니다. 밤까지 열어야 할 일은 생각지 못하였습니다. 감히 그렇게 할 수가 없습니다."

군자가 말하였다.

"술이란 예를 갖추는 것일 뿐 그것이 허튼 일로 이어져서는 안 되도록 하는 것이 의義이다. 임금으로 하여금 예를 이루게 할 뿐 허튼 요구를 받아들이지 않았으니 어진 행동이었다."

당초, 진陳나라 대부 의씨懿氏가 경중敬仲에게 딸을 시집보내려고 점을 쳤다.

그 아내가 점을 치고 나서 이렇게 말하였다.

"길합니다. 이를 일러 '봉황이 날아올라 서로 화답하듯 찌렁찌렁 울어 화답하는 상이로다. 규성嬀姓의 후손이 장차 강성姜姓의 나라에서 양육될 것이로다. 5대째에 이르면 창성하여 정경正卿과 나란히 하게 될 것이고, 8대째 후손에 이르러서는 그보다 강할 자가 없게 될 것이다'라 한 것입니다."

진陳 여공厲公은 채蔡나라 여인에게서 태어나 그 때문에 채나라가 공자 오보五父(陳佗)를 죽이고 여공을 군주로 세웠던 것이며 그 여공은 경중을 낳았던 것이다.

경중이 어렸을 때, 주周나라 태사大史가 《주역周易》으로써 진나라 임금을 뵈었더니 진나라 임금이 그에게 점을 쳐 보도록 하여 관괘觀卦가 비괘否卦로 변하는 점괘가 나왔다.

태사가 설명하였다.

"이를 일러 '나라가 빛을 보게 하고 천자의 귀한 손님이 되므로 이롭도다'라 한 것입니다. 이 아이가 진나라를 대신하여 나라를 차지할 것인가요? 그러나 이 나라에서 그런 것이 아니라 다른 나라에서 그렇게 될 것이며, 이 아이가 아니라 그 자손이 그렇게 될 것입니다. 빛은 멀리 떨어진 다른 곳에서 그 스스로 빛을 내는 것입니다. 곤坤은 흙土이요, 손巽은 바람風이며, 건乾은 하늘天입니다. 바람이 하늘을 운행하며 땅 위에서는 산이 있게 됩니다. 산에는 재목이 있어 그곳으로 하늘의 빛이 비치게 됩니다. 이에 그 땅 위에 살게 되는 것입니다. 그 때문에 '나라가 빛을 보게 하고 천자의 귀한 손님되기에 이롭도다'라고 한 것입니다. 뜰에 재물을 가득 벌여놓기에 힘쓰고, 옥백으로써 받들어 제사를 올리니 천지의 아름다움을 모두 갖추게 될 것입니다. 그 때문에 '천자의 귀한 손님되기에 이롭다'라고 한 것입니다. 다만 두고 보아야 하므로 그 때문에 '후대에 그렇다!'라고 한 것입니다. 또 바람으로 운행하되 땅에 그 조화를 드러내야 하므로 그 때문에 '다른 나라에서 그렇게 될 것이다!'라고 한 것입니다. 만약 다른 나라에서 그렇게 된다면 틀림없이 강성姜姓을 가진 나라일 것입니다. 강씨는 태악大嶽의 후손입니다. 높은 산은 하늘과 짝이 되는 것입니다. 만물 가운데 이 두 가지보다 더 큰 것은 없습니다. 진나라가 쇠할 때 이 아이의 후손이 창성할 것입니다!"

진나라가 처음 망할 때 때 진환자陳桓子가 제齊나라에서 강대해지기 시작하였고, 그 뒤 완전히 멸망하였을 때는 진성자陳成子가 제나라의 정권을 손에 넣었던 것이다.

【大子】'太子'와 같음. 御寇가 陳나라 태자였음을 말함.
【公子完】태자 御寇와 같은 黨人. 敬仲. 뒤에 그 후손이 齊나라에서 번성하여 戰國時代 田氏齊의 시조가 됨.《史記》陳世家에 "二十一年, 宣公後有嬖姬生子款, 欲立之, 乃殺其太子御寇. 御寇素愛厲公子完, 完懼禍及己, 乃奔齊"라 함.
【顓孫】역시 공자 御寇와 가까웠던 인물.
【敬仲】陳完. 공자 完의 시호로 陳 厲公 아들. 뒤에 그 후손이 齊나라에서 正卿이 된 다음 成子 陳恒(田常) 때 성을 田氏로 바꾸고 齊 簡公을 죽이고 姜氏를 대신하여 田氏齊를 일으킴. 이 때문에《史記》에는 戰國時代 齊나라를 '田敬仲完世家'라 하였음.
【羈旅之臣】羈旅之臣과 같음. '羇'는 '羈'의 이체자. 고대 자신의 나라가 아니면서 임시로 벼슬하는 신하를 뜻함.
【閑】'익숙하다'의 뜻.

【詩】逸詩. 지금의《詩經》에는 없음.
【工正】百工을 관장하는 벼슬.
【桓公飮酒】이 逸話는《晏子春秋》雜上과《說苑》反質篇 등에는 齊 景公과 晏子(晏嬰)의 일로 되어 있음.
【懿氏】陳나라 대부.
【鏘鏘】울리는 소리가 맑고 아름다움.
【有嬀】嬀姓의 陳나라를 가리킴.
【姜】齊나라는 姜太公의 후손으로 姜姓이었음.
【五世】5대 이후 비로소 강성해짐을 말함.《史記》田敬仲完世家에 의하면 敬仲이 穉孟夷를, 穉孟夷가 湣孟莊을, 湣孟長이 文子須無를 文子가 桓子無宇를 낳았으며 無宇(陳無宇, 田無宇)가 上大夫에 올랐음.
【八世之後, 莫之與京】'京'은 '大'의 뜻. 八世 이후 그보다 더 큰 인물이 날 수 없음. 역시《史記》田敬仲完世家에 의하면 陳無宇가 武子開와 釐子乞을, 乞이 成子常(田常, 陳恒)을 낳았으며 成子가 바로 齊 簡公을 죽인 陳恒(田恒, 田常, 陳常)임. 따라서 陳恒은 敬仲의 7세 후손으로 8대로 이어진 것임.
【正卿】執政大夫.
【陳厲公, 蔡出】陳 厲公은 蔡나라의 외손임을 말함.
【殺五父而立】五父는 陳佗를 가리킴. 아버지 항렬의 다섯 번째 숙부. 陳佗가 桓公 6년(B.C.714)에 피살되고 陳 厲公이 즉위하게 됨.
【周史】大史. 周나라 조정에서 曆法과 점치는 일을 다룬 벼슬.
【觀否】둘 모두 괘 이름. '否'는 '비'로 읽음. '觀'은《周易》제 20번째 괘로 '風地觀'(坤下巽上)으로 구성되어 있으며, "觀: 盥而不薦, 有孚顒若. 象曰: 大觀在上, 順而巽, 中正以觀天下, 觀.「盥而不薦, 有孚顒若」, 下觀而化也. 觀天之神道, 而四時不忒; 聖人以神道設敎, 而天下服矣. 象曰: 風行地上, 觀; 先王以省方觀民設敎. 初六, 童觀, 小人无咎, 君子吝. 象曰:「初六, 童觀」, 小人道也. 六二, 闚觀, 利女貞. 象曰:「闚觀女貞」, 亦可醜也. 六三, 觀我生, 進退. 象曰:「觀我生進退」, 未失道也. 六四, 觀國之光, 利用賓于王. 象曰:「觀國之光」, 尙賓也. 九五, 觀我生, 君子无咎. 象曰:「觀我生」, 觀民也. 上九, 觀其生, 君子无咎. 象曰:「觀其生」, 志未平也"라 함. 한편 '否'는 제 12번째 괘로 '天地否'(坤下乾上)로 구성되어 있으며 "否之匪人, 不利, 君子貞; 大往小來. 象曰:「否之匪人, 不利, 君子貞; 大往小來.」則是天地不交而萬物不通也, 上下不交而天下无邦也. 內陰而外陽, 內柔而外剛, 內小人而外君子: 小人道長, 君子道消也. 象曰: 天地不交,「否」; 君子以儉德辟難,

不可榮以祿. 初六, 拔茅茹, 以其彙; 貞吉, 亨. 象曰:「拔茅貞吉」, 志在君也. 六二, 包承, 小人吉; 大人否, 亨. 象曰:「大人否, 亨」, 不亂羣也. 六三, 包羞. 象曰:「包羞」, 位不當也. 九四, 有命无咎, 疇離祉. 象曰:「有命无咎」, 志行也. 九五, 休否, 大人吉; 其亡其亡, 繫于苞桑. 象曰:「大人之吉」, 位正當也. 上九, 傾否; 先否後喜. 象曰: 否終則傾, 何可長也!」라 함.

【觀國之光】 '觀光'의 어휘는 여기에서 나왔으며 《周易》 觀卦 六四의 爻辭에 "六四, 觀國之光, 利用賓于王"이라 함.

【坤, 土也】 坤은 땅, 혹은 土를 상징함.

【巽, 風也】 巽은 風을 상징함.

【乾, 天也】 乾은 하늘을 상징함.

【風爲天於土上】 風(巽)이 天(乾)위에 있어 土(坤)가 됨. 즉 山을 이룸.

【庭實旅百】 문 앞뜰에 온갖 물건이 진열되어 있음.

【風行而著於土】 바람이 불어 과실이 땅에 떨어짐.

【大嶽】 '태악'으로 읽으며 崧嶽. 堯 임금 때 사방의 諸侯를 이끌었던 四嶽 벼슬 존칭. 姜氏는 有呂氏이며 이 四嶽에서 나온 것임. 그 때문에 姜太公 이름이 呂尙임.

【陳之初亡】 뒷날 魯 昭公 8년(B.C.534) 楚 靈王이 陳나라를 멸함.

【陳桓子】 敬仲의 5대손 陳無宇(田無宇).

【其後亡】 魯 哀公 17년(B.C.478) 楚나라가 陳나라를 완전히 멸망시킴.

【成子】 敬仲의 8대손 陳恒. 陳常 또는 田常이라고도 불림. 뒤에 齊나라 簡公을 시살하고 권력을 찬탈, 성을 陳에서 田으로 바꾸었음. 이후 齊나라는 姜氏齊 에서 田氏齊가 됨.

❋ 293(莊 22-4)

夏五月.

여름 5월.

【夏五月】《春秋》기록법에는 春夏秋冬 네 계절의 첫 시작 달(正月, 四月, 七月, 九月)에만 계절 이름을 붙임. 따라서 '夏四月'의 오기이거나 뒤에 다른 글자가 탈락된 것이 아닌가 함.

294(莊22-5)

秋七月丙申, 及齊高傒盟于防.

가을 7월 병신날, 제齊나라 고혜高傒와 방防에서 동맹을 맺었다.

【丙申】7월 9일.
【高傒】齊나라의 卿士.
【防】魯나라 땅. 東防. 지금의 山東 密縣 동북. 隱公 9년을 볼 것.
＊無傳

295(莊22-6)

冬, 公如齊納幣.

겨울, 공이 제齊나라에 가서 납폐納幣하였다.

【納幣】求婚의 단계에 보내는 玉, 馬, 皮, 圭, 璧, 帛 등의 예물. 納徵과 같음. 《儀禮》士昏禮에 의하면 고대 혼인의 과정인 六禮에 納采(상대 여인을 채택함), 問名(성씨와 이름을 알아봄), 納吉(종묘에 길흉여부를 점쳐 고한 다음 여인 집안에 알림), 納徵(納幣, 심부름꾼을 통해 예물을 보냄), 請期(혼인 기일을 청함), 親迎(가서 여인을 맞이해 옴)의 여섯 단계를 거침.
＊無傳

052. 莊公 23年(B.C.671) 庚戌

周	惠王(姬閬) 6년	齊	桓公(小白) 15년	晉	獻公(詭諸) 6년	衛	惠公(朔) 29년
蔡	穆侯(肸) 4년	鄭	文公(捷) 2년	曹	莊公(射姑) 31년	陳	宣公(杵臼) 22년
杞	惠公 2년	宋	桓公(御說) 11년	秦	宣公 5년	楚	成王(頵) 원년
許	穆公(新臣) 27년						

❋ 296(莊23-1)

二十有三年春, 公至自齊.

23년 봄, 공이 제齊나라로부터 돌아왔다.

【自齊】莊公이 納幣를 위해 지난해 겨울 齊나라로 갔다가 이해에 돌아옴.

❋ 297(莊23-2)

祭叔來聘.

채숙祭叔이 내빙하였다.

【祭叔】周 왕실의 卿士. '祭'는 '채'(側界反)로 읽음.
＊無傳

※ 298(莊23-3)

夏, 公如齊觀社.

여름, 공이 제齊나라에 가서 제사의 행사를 구경하였다.

【社】土地神에게 제사를 올리는 행사. 그와 동시에 군사훈련을 하며 이 때문에 莊公이 가서 이를 관람한 것. 襄公 24년 傳에 "楚子使薳啓彊如齊聘, 且請期. 齊社, 蒐軍實, 使客觀之"라 하여 社祭에 蒐事를 겸한 것으로 보임.

傳
二十三年夏, 公如齊觀社, 非禮也.
曹劌諫曰:「不可. 夫禮, 所以整民也. 故會以訓上下之則, 制財用之節; 朝以正班爵之義, 帥長幼之序; 征伐以討其不然. 諸侯有王, 王有巡守, 以大習之. 非是, 君不擧矣. 君擧必書. 書而不法, 後嗣何觀?」

23년 여름, 장공莊公이 제齊나라에 가서 사제社祭를 관람한 것은 예에 맞지 않는 일이었다.
조귀曹劌가 이렇게 간언하였다.
"안 됩니다. 무릇 예란 민풍을 바르게 세우기 위한 것입니다. 그러므로 제후들의 모임에서 상하의 법도를 가르치고, 재물을 절약하여 쓰는 법도를 정하며, 제후가 왕을 뵐 때에는 반열과 작위를 바로잡으며, 어른과 아이는 차례에 맞추어 인솔하는 것입니다. 정벌征伐이란 그렇게 하지 않는 자를 치는 것입니다. 제후는 왕을 섬겨야 하고, 왕은 제후 나라를 순수巡守하며, 제후는 습명習命을 크게 여겨 도로 지켜온 것입니다. 이러한 것이 아니라면 임금은 거동하지 않아야 합니다. 군주가 거동하면 반드시 그 사실을 기록합니다. 기록한 것이 법도에 어긋난 행동이었다면 후손들이 보고 어떻게 여기겠습니까?"

【曹劌】魯나라 대부. 柯之盟에서 큰 역할을 하였던 인물.
【整民】民風을 바르게 함.
【班爵】班列과 爵位. 朝廷에서의 等位와 관직의 秩序.
【巡守】巡狩. 巡幸. 임금이 나라 안을 두루 보살피며 돌아다님.
【大習】'習'은 習命.《管子》幼官篇에 "千里之外. 二千里之內, 諸侯三年而朝習命; 二千里之外, 三千里之內, 諸侯五年而會至習命"이라 함.
【後嗣何觀】《國語》魯語(上)에도 이 내용이 실려 있으며 말미에 "公不聽, 遂如齊"의 6자가 더 있음.

※ 299(莊23-4)

公至自齊.

공이 제齊나라에서 돌아왔다.

【自齊】齊나라 社祭를 관람하고 돌아온 것임.
＊無傳

※ 300(莊23-5)

荊人來聘.

형荊나라에서 내빙하였다.

【荊】楚나라의 다른 칭호. 이때 楚나라가 처음으로 魯나라와 通好한 것임.《史記》 楚世家에 "成王惲元年, 初卽位, 布德施惠, 結舊好於諸侯"라 함.
＊無傳

※ 301(莊23-6)

公及齊侯遇于穀.

공이 제후齊侯와 곡穀에서 만났다.

【穀】齊나라 땅. 지금의 山東 東阿縣 穀城. 원래 '穀'은 姬姓의 작은 나라였으나 뒤에 齊나라에게 망함. 莊公 7년을 볼 것.
＊無傳

※ 302(莊23-7)

蕭叔朝公.

소숙蕭叔이 공에게 와서 문안하였다.

【蕭叔】蕭는 노나라의 附庸國. 叔은 이름. 莊公 12년을 볼 것.
＊無傳

㉓

晉桓·莊之族偪, 獻公患之.
士蔿曰:「去富子, 則羣公子可謀也已.」
公曰:「爾試其事.」
士蔿與羣公子謀, 譖富子而去之.

진晉나라 환숙桓叔과 장백莊伯의 족속이 군주를 핍박하자 헌공獻公이 염려하였다.
사위士蔿가 말하였다.
"저 가운데 부강한 자들을 없애버리면 나머지 여러 공자들은 가히 도모해 볼 수가 있을 것입니다."
공이 말하였다.
"그대가 그 일을 시도해보시오."
사위가 여러 공자들과 모의한 뒤 환숙과 장백의 친족 가운데 부유한 자들을 참소하여 제거해버렸다.

【桓叔】曲沃의 桓叔. 曲沃 武公의 아버지.
【莊伯】曲沃 武公의 할아버지. 그들 후손이 세력이 강성해져서 晉나라 公室을 압박함.
【獻公】晉나라 군주. B.C.676~651년까지 재위함. 重耳(文公)의 아버지.
【士蔿】晉나라 대부.《通志》氏族略에 "士氏, 陶唐之苗裔, 歷虞夏商周, 至成王遷之杜, 爲伯. 宣王殺杜伯, 其子隰叔奔晉, 爲士師, 故爲士氏. 其子孫居隨及范, 故又爲隨氏·范氏, 有三族焉. 隰叔生士蔿, 字子輿, 故謂之士輿"라 하였고《國語》晉語(8)에 "昔隰叔子違周難於晉國, 生子輿, 爲理"라 함.
【公子】曲沃 桓叔과 장백을 추종하는 공자들. 이들도 나중에 모두 처단됨.

※ 303(莊23-8)

秋, 丹桓宮楹.

가을, 환궁桓宮의 기둥을 붉게 칠하였다.

【丹】붉은색.《穀梁傳》에 의하면 천자와 제후는 기둥을 옅은 靑黑色, 대부는 靑色, 士는 黃色으로 칠할 수 있으나 붉은 색은 예에 맞지 않는다 하여 그 때문에 기록한 것임.
【桓宮】桓公의 사당. '宮'은 宮廟를 뜻함. 杜預 注에 "桓公廟也"라 함.
【楹】기둥. 杜預 注에 "楹, 柱也"라 함.

傳
秋, 丹桓宮之楹.

가을, 환궁桓宮의 기둥을 붉게 칠하였다.

※ 304(莊23-9)

冬十有一月, 曹伯射姑卒.

겨울 11월, 조백曹伯 역고射姑가 죽었다.

【曹伯】曹나라 군주. 曹 莊公. B.C.701~671년까지 31년간 재위함. 그의 이름이 射姑였음. '射'은 '역'으로 읽음.《史記》曹世家에는 '夕姑'로 되어 있어 '射'은 '석'으로 읽어야 할 듯함.
＊無傳

🏶 305(莊23-10)

十有二月甲寅, 公會齊侯盟于扈.

12월 갑인날, 공이 제후齊侯와 만나 호扈에서 동맹을 맺었다.

【甲寅】 12월 5일.
【齊侯】 당시 齊나라 군주는 桓公(小白)이었음.
【扈】 鄭나라 땅. 지금의 河南 原武縣 서쪽 扈亭. 그러나 거리로 보아 齊나라 땅이며 지금의 山東 觀城縣이 아닌가 함.
＊無傳

053. 莊公 24年(B.C.670) 辛亥

周	惠王(姬閬) 7년	齊	桓公(小白) 16년	晉	獻公(詭諸) 7년	衛	惠公(朔) 30년
蔡	穆侯(肸) 5년	鄭	文公(捷) 3년	曹	僖公(赤) 원년	陳	宣公(杵臼) 23년
杞	惠公 3년	宋	桓公(御說) 12년	秦	宣公 6년	楚	成王(頵) 2년
許	穆公(新臣) 28년						

● 306(莊24-1)

二十有四年春王三月, 刻桓宮桷.

24년 봄 주력 3월, 환궁桓宮의 서까래를 조각하였다.

【桓宮】桓公의 사당.
【桷】건축물의 서까래. 이를 조각하여 아름답게 꾸밈. 桷은 椽(圓形)과 달리 方形의 서까래를 뜻한다 함.

㊙
二十四年春, 刻其桷, 皆非禮也.
御孫諫曰:「臣聞之:『儉, 德之共也; 侈, 惡之大也.』先君有共德, 而君納諸大惡, 無乃不可乎?」

24년 봄, 환공桓公의 사당 서까래에 조각을 새긴 것은 모두 예에 어긋난 일이다.

어손御孫이 간하였다.

"제가 듣기로 '검소함은 덕德을 베푸는 일이지만, 사치는 악의 큰 것이다'라 하더이다. 선군께서는 덕을 베풀어 넉넉히 하셨는데 군주께서는 큰 악을 받아들이고 있으니 이는 옳지 못한 일이 아니겠습니까?"

【御孫】魯나라 掌匠大夫.《國語》魯語(上) "莊公丹桓宮之楹, 而刻其桷, 匠師慶言於公曰:「臣聞聖王公之先封者, 遺後人之法, 使無陷於惡. 其爲後世昭前之令聞也, 使長監於世, 故能攝固不解於久. 今先君儉而君侈, 令德替矣.」公曰:「吾屬欲美之.」對曰:「無益於君, 而替前之令德, 臣故曰: 庶可已矣.」公弗聽"이라 하였고, "匠師慶"은 韋昭 注에 "匠師慶, 掌匠大夫, 御孫之名也"라 함.

※ **307(莊24-2)**

葬曹莊公.

조曹 장공莊公의 장사를 치렀다.

【莊公】이름은 역고(射姑). B.C.701~671년까지 31년간 재위함.
＊無傳

※ **308(莊24-3)**

夏, 公如齊逆女.

여름, 공이 제齊나라에 가서 공녀公女를 맞이하였다.

【逆女】莊公이 직접 齊나라에 가서 자신의 아내 될 여인을 맞아온 것임. 六禮 중에 親迎에 해당함.
＊無傳

● 309(莊24-4)
秋, 公至自齊.

가을, 공이 제齊나라에서 돌아왔다.

＊無傳

● 310(莊24-5)
八月丁丑, 夫人姜氏入.

8월 정축날, 부인 강씨姜氏가 들어왔다.

【丁丑】8월 2일.
【姜氏】哀姜. 齊나라가 姜姓이므로 그 公女를 姜氏로 부른 것. 魯 莊公의 부인이 됨.《公羊傳》에 의하면 哀姜이 莊公에게 날짜를 달리하여 魯나라에 도착할 것을 요구하여 이날 입국한 것이라 하였음.

311(莊24-6)

戊寅, 大夫宗婦覿, 用幣.

무인날, 대부의 종부宗婦들이 와서 폐백을 드렸다.

【戊寅】8월 3일.
【宗婦】왕가 宗室의 부인들.
【覿】'적'으로 읽으며 새로 맞이한 莊公의 부인 哀姜을 상견함.
【幣】상견례에서의 예물, 선물.

傳

秋, 哀姜至, 公使宗婦覿, 用幣, 非禮也.
御孫曰:「男贄, 大者玉帛, 小者禽鳥, 以章物也. 女贄, 不過榛·栗·棗·脩, 以告虔也. 今男女同贄, 是無別也. 男女之別, 國之大節也; 而由夫人亂之, 無乃不可乎?」

가을, 공의 부인 애강哀姜이 도착하자 공이 종부宗婦들로 하여금 상견례를 시키면서 예물을 올리도록 하였다 하였는데 이는 예에 맞지 않는 일이다.
어손御孫이 간하였다.
"남자가 서로 만날 때는 자신보다 높은 분에게는 옥백玉帛을 드리고, 신분이 낮은 사람에게는 금조禽鳥를 드리는 것으로 물건을 구별합니다. 그리고 여인이 서로 만날 때는 개암과 밤, 대추와 육포를 넘지 않는 것으로 하여 경건함을 고합니다. 이제 남녀가 드리는 재물을 똑같이 함으로써 그 구별이 없어지고 말았습니다. 남녀의 구별은 나라의 가장 중요한 예절입니다. 그런데 부인으로 말미암아 이를 어지럽히다니 잘못된 일이 아닙니까?"

【哀姜】齊나라 출신으로 莊公의 부인이 됨.
【宗婦】同姓大夫의 부인들을 가리킴.
【御孫】魯나라 掌匠大夫. 306을 볼 것. 그러나《國語》魯語(上)에는 "哀姜至, 公使大夫·宗婦覿用幣. 宗人夏父展曰:「非故也.」公曰:「君作故.」對曰:「君作而順則故之, 逆則亦書其逆也. 臣從有司, 懼逆之書於後也, 故不敢不告. 夫婦贄不過棗·栗, 以告虔也. 男則玉·帛·禽·鳥, 以章物. 今婦執幣, 是男女無別也. 男女之別, 國之大節也, 不可無也.」公不聽"이라 하여 夏父展이 간언한 것으로 되어 있으며,《列女傳》孽嬖傳「魯莊哀姜」에도 "哀姜者, 齊侯之女, 莊公之夫人也. 初, 哀姜未入時, 公數如齊, 與哀姜淫. 旣入, 與其弟叔姜俱. 公使大夫宗婦用幣見, 大夫夏甫不忌曰:「婦贄不過棗栗, 以致禮也. 男贄不過玉帛禽鳥, 以章物也. 今婦贄用幣, 是男女無別也. 男女之別, 國之大節也, 無乃不可乎?」公不聽. 又丹其父桓公廟宮之楹, 刻其桷以夸哀姜. 哀姜驕淫, 通於二叔公子慶父·公子牙, 哀姜欲立慶父, 公薨, 子般立, 慶父與哀姜謀, 遂殺子般於黨氏, 立叔姜之子是爲閔公. 閔公旣立, 慶父與哀姜淫益甚, 又與慶父謀殺閔公而立慶父. 遂使卜齮襲弑閔公於武闈, 將自立. 魯人謀之, 慶父恐, 奔莒. 哀姜奔邾. 齊桓公立僖公, 聞哀姜與慶父通以危魯, 乃召哀姜酖而殺之, 魯遂殺慶父. 詩云:『啜其泣矣, 何嗟及矣!』此之謂也. 頌曰:『哀姜好邪, 淫於魯莊. 延及二叔, 驕妒縱橫. 慶父是依, 國適以亡. 齊桓征伐, 酖殺哀姜』"이라 하여 夏父展(夏甫不忌)로 되어 있음.
【贄】贄見. 膳物을 가지고 서로 상견례를 하는 것. 그 경우 남녀가 각기 예물을 달리하는 제도가 있었음.
【禽鳥】家禽類나 鳥類를 예물로 드림. 大夫는 鳩, 士는 雉를 사용하였다 함.
【榛】개암 열매.
【脩】잘 다듬어 정리한 肉脯.《論語》述而篇의 "子曰:「自行束脩以上, 吾未嘗無誨焉.」"이라 한 '脩'임.

※ **321(莊24-7)**

大水.

홍수가 났다.

【大水】桓公 元年 傳에 "凡平原出水爲大水"라 함.
＊無傳

* 313(莊24-8)

冬, 戎侵曹.

겨울, 융戎이 조曹나라를 침략하였다.

【戎】북쪽 지역에 거주하던 이민족. 山戎, 北戎.
＊無傳

* 314(莊24-9)

曹羈出奔陳.

조기曹羈가 진陳나라로 달아났다.

【曹羈】曹나라의 世子. 杜預 注에 "羈, 蓋曹世子也"라 함. 《公羊傳》에는 "冬, 戎侵曹. 曹羈出奔陳"이라 하여 두 절을 하나로 통합하고 있음.
＊無傳

※ 315(莊24-10)

赤歸于曹.

적赤이 조曹나라로 돌아왔다.

【赤】曹 僖公의 이름. 戎에게 잡혔었음.《史記》曹世家와 年表에는 釐公(僖公)의 이름을 '夷'라 하였음. B.C.670~662년까지 9년간 재위함.
＊無傳

※ 316(莊24-11)

郭公.

곽공郭公이다.

【郭公】이는 문장을 이루지 못하여 고래로 많은 학자들이 의심을 가졌으며 구체적으로는 내용을 알 수 없음.《公羊傳》과《穀梁傳》에는 이를 위의 구절과 합하여 "赤歸于曹郭公"이라 하여 '曹 赤(僖公)이 곧 郭公'이라는 뜻으로 보았으나 이는 맞지 않음.
＊無傳

傳
晉士蔿又與羣公子謀, 使殺游氏之二子.
士蔿告晉侯曰:「可矣. 不過二年, 君必無患.」

진晉나라 사위士蔿가 다시 여러 공자들과 모의하여 자객을 보내어 유씨游氏의 두 아들을 죽였다.

사위가 헌공獻公에게 알렸다.

"이제 됐습니다. 2년을 채 넘기기 전에 임금의 근심은 틀림없이 없어질 것입니다."

【士蔿】晉나라 대부.《通志》氏族略에 "士氏, 陶唐之苗裔, 歷虞夏商周, 至成王遷之杜, 爲伯. 宣王殺杜伯, 其子隰叔奔晉, 爲士師, 故爲士氏. 其子孫居隨及范, 故又爲隨氏·范氏, 有三族焉. 隰叔生士蔿, 字子輿, 故謂之士輿"라 하였고《國語》晉語(8)에 "昔隰叔子違周難於晉國, 生子輿, 爲理"라 함.
【游氏】曲沃의 桓叔·莊伯의 무리. 이들이 진나라 조정을 압박하고 있었음.
【晉侯】晉 獻公(詭諸). B.C.676~651년까지 26년간 재위하고 惠公(夷吾)이 그 뒤를 이음. 文公(重耳)의 아버지.

054. 莊公 25年(B.C.669) 壬子

周	惠王(姬閬) 8년	齊	桓公(小白) 17년	晉	獻公(詭諸) 8년	衛	惠公(朔) 31년
蔡	穆侯(肸) 6년	鄭	文公(捷) 4년	曹	僖公(赤) 2년	陳	宣公(杵臼) 24년
杞	惠公 4년	宋	桓公(御說) 13년	秦	宣公 7년	楚	成王(頵) 3년
許	穆公(新臣) 29년						

❋ 317(莊25-1)

二十有五年春, 陳侯使女叔來聘.

25년 봄, 진후陳侯가 여숙女叔을 보내어 조빙토록 하였다.

【陳侯】당시 陳나라 군주는 宣公(杵臼)이었음.
【女叔】陳나라의 卿. 女는 氏, 叔은 자.
【來聘】《彙纂》에 "此諸侯交聘之始"라 함.

傳
二十五年春, 陳女叔來聘, 始結陳好也.
嘉之, 故不名.

5년 봄, 진陳나라 여숙女叔이 내빙하여 비로소 진나라와 우호를 맺은 것이다.
경사스러운 일이라 여겨 그 때문에 이름을 쓰지 않은 것이다.

【不名】女叔의 이름을 쓰지 않고 자를 썼음을 말함.

318(莊25-2)

夏五月癸丑, 衛侯朔卒.

여름 5월 계축날, 위후衛侯 삭朔이 죽었다.

【癸丑】5월 12일.
【衛侯】衛 惠公. 이름은 朔. B.C.699~669년까지 31년간 재위함.
＊無傳

319(莊25-3)

六月辛未, 朔, 日有食之, 鼓·用牲于社.

6월 신미날 삭朔, 일식이 있어 북을 치고 사제社祭에 희생을 바쳤다.

【辛未】6월에는 辛未가 없었음. 7월 辛未의 오기로 보고 있음. 지금의 추산으로 B.C.669년 5월 27일 金環日蝕이 있었음.
【社】土地神에게 지내는 제사.

㊉
夏六月辛未, 朔, 日有食之, 鼓·用牲于社, 非常也.
唯正月之朔, 慝未作, 日有食之, 於是乎用幣于社, 伐鼓于朝.

여름 6월 신미날, 삭朔에 일식이 일어나자 북을 치며 희생을 바치고 사제를 지낸 것은 상례에 어긋난 것이었다.
오직 정월 초하루에만 음기陰氣가 생겨나지 않는데, 일식이 있으면 이때 예물을 올려 사제를 지내고 조정에서 북을 치는 것이다.

【非常】일식에 북을 치고 사제를 올리며 희생을 바치는 일은 상례에 어긋남. '상례에 어긋난 행동이었기에 기록하였다'는 뜻. 文公 15년 傳에 "六月辛丑朔, 日有食之, 鼓·用牲于社, 非禮也"라 하였음.
【正月】夏曆으로는 4월이며 周曆으로는 6월이었음. 正陽의 달. 陽氣가 충만하여 陰氣가 나지 않는 달. 1월의 뜻이 아님.
【慝未作】邪慝한 기운, 즉 '慝'은 陰氣. 陰氣가 아직 일어나지 않는 때임을 말함.
【鼓】북을 치는 것은 음기로 하여금 양기를 침범하지 못하게 하기 위한 것임.

❊ 320(莊25-4)

伯姬歸于杞.

백희伯姬가 기杞나라로 시집갔다.

【伯姬】魯나라의 公女. 魯 莊公의 장녀. '伯'은 태어난 순서. '姬'는 노나라 성씨.
【杞】《史記》 杞世家 索隱에 의하면 당시 군주는 杞 成公이었음. 杞는 姒姓, 周 武王이 殷을 멸한 다음 禹의 후손 東樓公을 찾아 봉하였음. 지금의 河南 杞縣 일대.
＊無傳

※ 321(莊 25-5)

秋, 大水, 鼓·用牲于社·于門.

가을, 홍수가 나서 북을 치면서 사묘社廟에 희생을 바치고 성문에서도 그렇게 하였다.

傳
秋, 大水, 鼓·用牲于社·于門, 亦非常也.
凡天災, 有幣, 無牲.
非日·月之眚不鼓.

가을, 홍수가 나서 북을 치면서 희생을 드려 사제를 지내고 성문에서도 그렇게 하였는데 이 또한 상례에 어긋난 것이다.
무릇 천재天災가 일어나면 예물만 올리고 희생은 사용하지 않는다.
일식이나 월식이 아니면 북치는 것을 생략한다.

【眚】'省'과 같음. 덞, 줄임, 생략함.

※ 322(莊 25-6)

冬, 公子友如陳.

겨울, 공자 우友가 진陳나라로 갔다.

【公子友】陳나라에 報聘을 간 魯나라 공자 季友. 시호가 '成'이어서 '成季'로도 불림. 그 후손이 뒤에 季氏로 발전함. 《史記》 魯世家에 "莊公有三弟, 長曰慶父,

次曰叔牙, 次曰季友"라 함.《公羊傳》에는 莊公의 同母弟라 하였음. 女叔의 來聘에 답례로 간 것이며 이때부터 公子 友는 陳나라와 사사롭게 친밀한 관계를 유지하다가 32년 子般이 피살되자 陳나라로 달아난 것임.
＊無傳

(傳)
晉士蔿使羣公子盡殺游氏之族, 乃城聚而處之.
冬, 晉侯圍聚, 盡殺羣公子.

진晉나라 사위士蔿가 여러 공자들로 하여금 유씨游氏 일족을 모두 죽이도록 하고 다시 취聚에 성을 쌓아 공자들을 거기에 살도록 하였다.
겨울, 진 헌공이 취를 포위하여 성 안의 공자들을 모두 죽였다.

【士蔿】晉나라 대부.《通志》氏族略에 "士氏, 陶唐之苗裔, 歷虞夏商周, 至成王遷之杜, 爲伯. 宣王殺杜伯, 其子隰叔奔晉, 爲士師, 故爲士氏. 其子孫居隨及范, 故又爲隨氏・范氏, 有三族焉. 隰叔生士蔿, 字子輿, 故謂之士輿"라 하였고《國語》晉語(8)에 "昔隰叔子違周難於晉國, 生子輿, 爲理"라 함.
【游氏】曲沃 桓叔과 莊伯의 일족.
【聚】진나라 읍 이름. 뒤에 이름을 絳으로 바꿈.
【晉侯】당시 晉나라 군주는 獻公(詭諸)이었음.
【盡殺羣公子】士蔿의 계략에 의해 曲沃 公子들을 모두 처단한 것.《史記》晉世家에 "獻公八年, 士蔿說公曰:「故晉之群公子多, 不誅, 亂且起.」乃使盡殺諸公子, 而城聚都之, 名曰絳"이라 함.

055. 莊公 26年(B.C.668) 癸丑

周	惠王(姬閬) 9년	齊	桓公(小白) 18년	晉	獻公(詭諸) 9년	衛	懿公(赤) 원년
蔡	穆侯(肸) 7년	鄭	文公(捷) 5년	曹	僖公(赤) 3년	陳	宣公(杵臼) 25년
杞	惠公 5년	宋	桓公(御說) 14년	秦	宣公 8년	楚	成王(頵) 4년
許	穆公(新臣) 30년						

❋ 323(莊26-1)

二十有六年春, 公伐戎.

26년 봄, 공이 융戎을 쳤다.

【春】《公羊傳》에는 이 글자가 없음.
【戎】당시 지금의 河北 일대에 분포하여 살던 소수 민족. 山戎, 北戎.
＊無傳

㊉
二十六年春, 晉士蒍爲大司空.

26년 봄, 진晉나라 사위士蔿가 대사공大司空이 되었다.

【士蔿】晉나라 대부.《通志》氏族略에 "士氏, 陶唐之苗裔, 歷虞夏商周, 至成王遷之杜, 爲伯. 宣王殺杜伯, 其子隰叔奔晉, 爲士師, 故爲士氏. 其子孫居隨及范, 故又爲隨氏·范氏, 有三族焉. 隰叔生士蔿, 字子輿, 故謂之士輿"라 하였고,《國語》晉語(8)에 "昔隰叔子違周難於晉國, 生子輿, 爲理"라 함.
【大司空】土木 營建의 일을 맡은 관직. 六卿의 하나.

❋ 324(莊26-2)

夏, 公至自伐戎.

여름, 공이 융戎 정벌에서 돌아왔다.

【公至】莊公이 봄에 융 정벌의 원정을 떠나 여름에 돌아온 것.
＊無傳

傳
夏, 士蔿城絳, 以深其宮.

여름, 사위士蔿가 강絳에 성을 쌓아 궁성의 수비를 강화하였다.

【絳】晉나라가 발전한 초기 도읍지. 지금의 山西 翼城縣 동남쪽. 孝公 때 이름을 翼으로 바꿨음.

※ 325(莊26-3)

曹殺其大夫.

조曹나라가 그 대부를 죽였다.

【大夫】이름을 밝히지 않은 것은 구체적인 범죄 사실이 없음을 말한 것이라 함.
＊無傳

※ 326(莊26-4)

秋, 公會宋人·齊人, 伐徐.

가을, 공이 송인宋人·제인齊人과 만나 서徐나라를 쳤다.

【徐】나라 이름. 嬴姓으로 고대 徐國은 지금의 安徽 泗縣 서북쪽에 있었으며 徐子國으로도 부름.
＊無傳

㊉
秋, 虢人侵晉.
冬, 虢人又侵晉.

가을, 괵虢나라 사람들이 진晉나라를 침략하였다.
겨울, 괵나라 사람들이 다시 진나라를 침략하였다.

【侵晉】杜預 注에 "爲傳明年晉將伐虢張本"이라 하였고, 《史記》 晉世家에는 "獻公九年, 晉群公子既亡奔虢, 虢以其故再伐晉, 弗克"이라 함.

● **327(莊26-5)**

冬十有二月癸亥, 朔, 日有食之.

겨울 12월 계해날 초하루, 일식이 있었다.

【癸亥】B.C.668년 11월 10일 金環日蝕이 있었음.
＊無傳

056. 莊公 27年(B.C.667) 甲寅

周	惠王(姬閬) 10년	齊	桓公(小白) 19년	晉	獻公(詭諸) 10년	衛	懿公(赤) 2년
蔡	穆侯(肸) 8년	鄭	文公(捷) 6년	曹	僖公(赤) 4년	陳	宣公(杵臼) 26년
杞	惠公 6년	宋	桓公(御說) 15년	秦	宣公 9년	楚	成王(頵) 5년
許	穆公(新臣) 31년						

※ 328(莊27-1)

二十有七年春, 公會杞伯姬于洮.

27년 봄, 공이 기백희杞伯姬와 도洮에서 만났다.

【杞伯姬】 노나라 莊公의 딸로서 杞나라에 시집간 公女. 杞는 姒姓으로 周 武王이 殷을 멸한 다음 禹의 후손 東樓公을 찾아 봉하였음. 지금의 河南 杞縣 일대.
【洮】 '桃'와 같음. '도'로 읽음. 魯나라 땅. 지금의 河南 濮陽縣 동남쪽 桃墟.

傳
二十七年春, 公會杞伯姬于洮, 非事也.
天子非展義不巡守, 諸侯非民事不擧, 卿非君命不越竟.

27년 봄, 공이 도洮에서 기杞나라로 시집간 백희伯姬를 만난 것은 그릇된 일이다.

천자는 덕의를 펼치는 일이 아니면 순수巡守하지 않고, 제후는 백성들을 위하는 일이 아니면 거동하지 않으며, 경卿은 임금의 명령이 아니면 국경을 넘어서는 일을 하지 않아야 한다.

【展義】德義를 펼침.
【巡守】'巡狩'와 같음. 天子가 제후 나라를 순찰하는 것.

※ 329(莊27-2)

夏六月, 公會齊侯·宋公·陳侯·鄭伯同盟于幽.

여름 6월, 공이 제후齊侯·송공宋公·진후陳侯·정백鄭伯과 만나 유幽에서 동맹을 맺었다.

【幽】宋나라 땅. 지금의 河南 考城縣 경내. 16년에 幽之盟이 있었으며 이로부터 11년이 지난 시기였음.

㊉
夏, 同盟于幽, 陳·鄭服也.

여름, 공이 이들 제후와 유幽에서 동맹을 맺은 것은 진陳나라와 정鄭나라가 굴복하였기 때문이다.

【陳·鄭】두 나라는 처음에는 齊 桓公(小白)을 패자로 인정하지 않다가 이때에 굴복한 것임.

※ 330(莊27-3)

　　秋, 公子友如陳, 葬原仲.

　가을, 공자 우友가 진陳나라에 가서 원중原仲의 장례를 치렀다.

【公子友】莊公의 아우 季友. 친동생이었음. 成季로도 불림. 《史記》 魯世家에 "莊公有三弟, 長曰慶父, 次曰叔牙, 次曰季友"라 함.
【原仲】陳나라 대부. 季友의 오랜 친구였음.

㊝
　　秋, 公子友如陳葬原仲, 非禮也.
　　原仲, 季友之舊也.

　가을, 공자 우友가 진陳나라로 가서 대부 원중原仲의 장례를 치른 것은 예에 맞지 않는 일이었다.
　원중은 계우季友의 옛 친구일 뿐이다.

【季友】공자 友. 진나라를 드나들며 그곳 대부들과 친분을 맺어두고 있었음.

※ 331(莊27-4)

　　冬, 杞伯姬來.

　겨울, 기백희杞伯姬가 왔다.

【杞伯姬】莊公의 딸로서 杞나라로 시집간 公女. 이때 친정 나라에 온 것.
【來】傳에 "歸寧曰來"라 함.

500 춘추좌전

㊁
冬, 杞伯姬來, 歸寧也.
凡諸侯之女, 歸寧曰來, 出曰來歸; 夫人歸寧曰如某, 出曰歸于某.

겨울, 기백희杞伯姬가 온 것은 귀녕歸寧을 위한 것이었다.
무릇 제후의 딸이 귀녕하는 것을 일러 '왔다(來)'라 하고, 친정으로 쫓겨 온 것은 '돌아왔다(來歸)'라 하며, 군주 부인이 귀녕하는 것을 일러 '어느 곳으로 갔다(如某)'라 하고, 친정으로 쫓겨 감은 '어느 곳으로 돌아갔다(歸于某)'라 한다.

【歸寧】覲親. 시집간 딸이 어버이가 살아 있을 때 親庭에 가서 아버지를 뵙고 문안을 드리는 것을 뜻하는 말.《詩經》周南 葛覃에 "害澣害否, 歸寧父母"라 함.

332(莊27-5)
莒慶來逆叔姬.

거莒나라 경慶이 숙희叔姬를 맞이하러 왔다.

【慶】莒나라 대부.
【叔姬】莊公의 딸. 莒나라로 시집을 감. 태어난 순서에 따라 伯, 叔, 季를 앞에 붙여 호칭과 자로 삼음.
＊無傳

* 333(莊27-6)

杞伯來朝.

기백杞伯이 와서 문안하였다.

＊無傳

傳
晉侯將伐虢.
士蒍曰:「不可. 虢公驕, 若驟得勝於我, 必弃其民. 無衆而後伐之, 欲禦我, 誰與? 夫禮樂慈愛, 戰所畜也. 夫民, 讓事·樂和·愛親·哀喪, 而後可用也. 虢弗畜也, 亟戰, 將饑.」

진후晉侯가 장차 괵虢을 치고자 하였다.
사위士蒍가 말하였다.
"안 됩니다. 괵공은 교만하여 만약 이 싸움에 갑자기 우리에게 승리를 거둔다면 틀림없이 그 백성을 버리게 될 것입니다. 그렇게 무리가 없어진 다음에 그들을 친다면 그가 우리를 막고자 한들 누가 괵공과 함께 하려 하겠습니까? 무릇 예악과 자애는 싸움에 있어 미리 쌓아두어야 할 것들입니다. 대체로 백성이란 일은 양보하며, 화합을 즐거워하며, 가까운 이를 사랑하고, 상을 당했을 때 애통해해 준 다음에야 가히 부릴 수 있습니다. 괵나라는 이런 것은 쌓아두지 아니하고 자주 싸움만 하니 장차 굶주리게 될 것입니다."

【士蒍】晉나라 대부.《通志》氏族略에 "士氏, 陶唐之苗裔, 歷虞夏商周, 至成王遷之杜, 爲伯. 宣王殺杜伯, 其子隰叔奔晉, 爲士師, 故爲士氏. 其子孫居隨及范, 故又爲隨氏·范氏, 有三族焉. 隰叔生士蒍, 字子輿, 故謂之士輿"라 하였고《國語》晉語(8)에 "昔隰叔子違周難於晉國, 生子輿, 爲理"라 함.

【畜】'蓄'과 같음. 비축해 둠.
【將饑】장차 국력이 소진될 것이라는 뜻.

㊝
王使召伯廖賜齊侯命, 且請伐衛, 以其立子頹也.

　천자가 소백召伯 요廖로 하여금 제후齊侯를 제후의 우두머리로 삼도록 명을 내리고 아울러 위衛나라를 치도록 한 것은 이전에 위나라가 왕자 퇴頹를 천자로 옹립하려 하였던 일 때문이었다.

【召伯廖】周나라 왕실의 卿士. 燕나라의 시조인 召康公의 후손.
【齊侯命】齊 桓公(小白)에게 패자로서 다른 제후를 거느리도록 명함. 史記 周本紀에 "惠王十年, 使齊桓公爲伯"이라 하였고, 〈年表〉에 "惠王十年, 使齊侯命"이라 함.
【子頹】莊王의 아들이며 胡齊(僖王)의 아우. 莊公 19년에 衛나라가 子頹를 옹립하여 周 王室이 분열되었던 일.

※ 334(莊27-7)
公會齊侯于城濮.

　공이 제후齊侯와 성복城濮에서 만났다.

【城濮】衛나라 땅. 지금의 山東 濮縣.
＊無傳

057. 莊公 28年(B.C.666) 乙卯

周	惠王(姬閬) 11년	齊	桓公(小白) 20년	晉	獻公(詭諸) 11년	衛	懿公(赤) 3년
蔡	穆侯(肹) 9년	鄭	文公(捷) 7년	曹	僖公(赤) 5년	陳	宣公(杵臼) 27년
杞	惠公 7년	宋	桓公(御說) 16년	秦	宣公 10년	楚	成王(頵) 6년
許	穆公(新臣) 32년						

✱ 335(莊28-1)

二十有八年春, 王三月甲寅, 齊人伐衛.
衛人及齊人戰, 衛人敗績.

28년 봄 주력 3월 갑인날, 제齊나라가 위衛나라를 쳤다.
위나라는 제나라에 맞서 싸웠으나 크게 패하였다.

【甲寅】3월에는 갑인날이 없었음.
【敗績】全軍이 대패하였을 때 쓰는 말. 莊公 11년 傳에 "凡師, 敵未陳曰敗某師, 皆陳曰戰, 大崩曰敗績"이라 함.

㈜
二十八年春, 齊侯伐衛, 戰, 敗衛師, 數之以王命, 取賂而還.

28년 봄, 제후㈜侯가 위衛나라를 쳐서 그 싸움에서 위나라 군사를 패배시키고 천자의 명에 따라 위나라에게 잘못을 따진 뒤 사례를 받고 돌아갔다.

【數】'잘못을 조목조목 따지다'의 뜻.
【王命】周 惠王이 齊 桓公으로 하여금 諸侯의 우두머리가 되어 衛나라에게 이전 子頹를 옹립하려 한 일을 따지도록 한 명령.

* 336(莊28-2)
夏四月丁未, 邾子瑣卒.

여름 4월 정미날, 주자邾子 쇄瑣가 죽었다.

【丁未】4월 23일.
【邾子】邾나라 군주. 子爵. 이름은 瑣. 이름을 밝힌 것은 노나라와 동맹 관계가 아니었기 때문이라 함.
＊無傳

㈜
晉獻公娶於賈, 無子.
烝於齊姜, 生秦穆夫人及大子申生.
又娶二女於戎, 大戎狐姬生重耳, 小戎子生夷吾.

晉伐驪戎, 驪戎男女以驪姬, 歸, 生奚齊, 其娣生卓子.

驪姬嬖, 欲立其子, 賂外嬖梁五與東關嬖五, 使言於公曰:「曲沃, 君之宗也; 蒲與二屈, 君之疆也; 不可以無主. 宗邑無主, 則民不威; 疆場無主, 則啓戎心; 戎之生心, 民慢其政, 國之患也. 若使大子主曲沃, 而重耳‧夷吾主蒲與屈, 則可以威民而懼戎, 且旌君伐.」

使俱曰:「狄之廣莫, 於晉爲都. 晉之啓土, 不亦宜乎!」

晉侯說之.

夏, 使大子居曲沃, 重耳居蒲城, 夷吾居屈.

羣公子皆鄙.

唯二姬之子在絳.

二五卒與驪姬譖羣公子而立奚齊.

晉人謂之「二五耦」.

진晉 헌공獻公은 가賈나라에서 부인을 맞이하였으나 아들을 낳지 못하였다.

그는 부친의 첩 제강齊姜과 사통하여 뒤에 진秦 목공穆公의 부인이 된 딸과 태자 신생申生을 낳았다.

그는 다시 융戎나라에서 두 여인을 맞이하여 언니 호희狐姬는 중이重耳를 낳고, 그 여동생은 이오夷吾를 낳았다.

진나라가 여융驪戎 나라를 치자 여융의 임금이 자신의 딸 여희驪姬를 아내로 바쳐, 진나라 로 돌아가 그 여희가 해제奚齊를 낳았고, 여희의 여동생은 탁자卓子를 낳았다.

여희는 헌공의 총애를 받고 있었으므로 자신이 낳은 아들을 해제를 후계자로 세우고자 헌공에게 총애를 받고 있던 대부 양오梁五와 동관오東關五에게 뇌물을 주어 헌공에게 이렇게 말해주도록 하였다.

"곡옥曲沃은 임금의 종묘宗廟가 있는 곳이며, 포蒲와 두 곳의 굴屈은 임금 영토의 경계입니다. 그러한 곳에 책임자가 없어서는 안 됩니다. 종묘에 주인이 없으면 백성이 임금의 위엄을 알지 못하며, 국경에 주인이 없으면 융인이 야심을 품게 됩니다. 융인이 야심을 품고 백성이 정치를 업신여긴다면 이는 나라의 환난이 됩니다. 만약 태자 신생으로 하여금 곡옥을 관장하도록 하고, 중이와 이오에게 포蒲와 굴屈을 주관하도록 한다면 백성들은 임금의 위엄을 알게 될 것이요, 융인들은 두려워하게 될 것이며 나아가 임금의 공훈도 드러나게 될 것입니다."

여희는 다시 두 사람에게 이렇게 말하도록 하였다.

"적인狄人의 넓은 땅에 우리가 큰 도시를 만들면 진나라 영토를 넓히는 것이니 이 또한 마땅한 일이 아니겠습니까!"

과연 헌공은 즐거워하였다.

여름, 태자로 하여금 곡옥에 살도록 하고 중이는 포성을 지키게 하였으며 이오는 굴 땅에 거하도록 하였다.

그 외의 다른 공자들은 모두 먼 변방으로 보내었다.

오직 여융 나라 두 여인의 아들들 해제와 탁자만은 도읍인 강絳에 머물렀다.

양오와 동관오가 마침내 여희와 한 패가 되어 여러 공자들을 참소하고 해제를 태자로 세웠다.

이를 두고 진나라 사람이 이렇게 평하였다.

"두 오五가 짝을 지어 일을 저질렀구나."

【晉獻公】武公의 아들이며 이름은 詭諸. 佹諸. 惠公(夷吾)과 重耳(文公)의 아버지. 晉나라 군주. B.C.676~651년까지 26년간 재위함.

【賈】姬姓의 제후국. 侯爵. 지금의 山西 臨汾縣 賈鄕. 桓公 9년을 볼 것.

【烝】淫烝. 아랫사람이 손위 여자와 私通함을 뜻함. 원래 고대 군주나 귀족의 多妻制에서 媵娣制와 烝報制가 있었음. 烝報制란 부친이 죽은 뒤 자신의 생모 이외에는 아버지가 거느리던 모든 여인을 자신의 처로 삼을 수 있으며 그리하여 낳은 아들의 지위도 역시 적자와 같은 대우를 해 주는 것임. 춘추시대 이러한 제도가 통용되었으며《左傳》에 예닐곱 가지 예가 보임. 한편 媵娣制는 여자가 시집갈 때 함께 데리고 가는 여동생 등도 역시 남편의 媵妾이 되는 예로 이는 장기간 지속되었음.

【齊姜】獻公의 아버지였던 武公의 첩. 그러나《史記》晉世家에 "太子申生, 其母齊桓公女也, 曰齊姜, 早死"라 하여 武公의 첩이 아닌 듯함.

【秦穆公】秦나라 군주. B.C.659~621년까지 39년간 재위함.

【申生】獻公의 아들이며 重耳의 형. 당시 晉나라 태자였음. 驪姬에게 핍박을 받아 자결함.

【大戎】지금의 陝西 交城縣 西北에 있었던 戎나라의 자매. 唐叔虞의 자손들이었음.

【重耳】晉 文公. 獻公의 둘째 아들. 驪姬의 핍박으로 19년간 해외 망명을 거쳐 귀국, 왕위에 오름. 뒤에 齊 桓公에 이어 春秋五霸의 지위에 오름. B.C.636~628년까지 9년간 재위함.《史記》晉世家에 "重耳母, 翟之狐女也; 夷吾母, 重耳母女弟也. …自獻公爲太子時, 重耳固以成人矣"라 하였고,《國語》晉語(4)에는 "狐氏出自唐叔. 狐姬, 伯行之子也, 實生重耳"라 함.

【小戎子】小戎은 子姓이었음.

【夷吾】獻公의 셋째 아들. 晉 惠公이 됨. B.C.650~637년까지 14년간 재위함.

【驪戎男】姬姓의 제후국. 男爵이어서 '男'자를 붙인 것. 지금의 陝西 臨潼縣 동쪽.

【驪姬】驪戎 출신의 여자로 獻公의 총애를 받음. 뒷날 晉나라의 國基를 흔든 여자.

【奚齊】驪姬와 獻公 사이에 난 아들. 뒤에 里克에게 살해됨.

【卓子】驪姬의 여동생과 獻公 사이에 난 아들.《史記》에는 '悼子'로 되어 있음.

【外嬖】군주의 총애를 받는 신하. 총애 받는 여인은 內嬖라 함.

【梁五】군주 헌공의 총애를 받던 남자 이름.

【東關嬖五】東關五. 東關은 복성. 嬖는 성씨 다음에 붙여 外嬖임을 밝힌 것. 《國語》韋昭 注에는 '東關五'로 되어 있음.

【曲沃】지명. 晉나라 초기의 도읍지.

【君之宗】임금의 종묘가 있는 곳.

【蒲】晉나라 읍. 지금의 山西 隰縣 서북쪽 斬祛垣. 寺人 披가 晉 文公(重耳)의 옷깃을 잘랐던 곳이라 함.

【二屈】北屈·南屈. 각각 지금의 山西 吉縣 동북쪽과 남쪽에 있었음. 夷吾는 북굴에 머물렀음.

【疆場】疆域과 같음.

【且旌君伐】'伐'은 '자랑하다'의 뜻.

【二姬之子】여희와 그 여동생이 낳은 두 아들. 奚齊와 卓子를 가리킴.

【絳】지명. 지금의 山西 絳縣 서북.

【二五】梁五와 東關五. 둘 모두 이름이 '五'였음을 말함.

【二五耦】耦耕. 梁五와 東關五 두 사람이 함께 짝을 이루어 간악한 짓을 함. 우는 원래 짝을 이루어 땅을 가는 것을 말함. 顧炎武는 "言相比爲奸也. 古人共耕曰耦, 共財亦曰耦"라 함. 이상의 내용은《國語》晉語(1)에도 자세히 실려 있음.

❀ 337(莊 28-3)

秋, 荊伐鄭, 公會齊人·宋人救鄭.

가을, 형荊나라가 정鄭나라를 치자 공이 제인齊人·송인宋人과 만나 정나라를 구하였다.

【荊】 楚나라의 별칭.
【宋人】 《公羊傳》에는 宋人 아래에 '邾婁人' 3자가 더 있음.

㊛
楚令尹子元欲蠱文夫人, 爲館於其宮側, 而振萬焉.
夫人聞之, 泣曰:「先君以是舞也, 習戎備也. 今令尹不尋諸仇讎, 而於未亡人之側, 不亦異乎!」
御人以告子元.
子元曰:「婦人不忘襲讎, 我反忘之!」
秋, 子元以車六百乘伐鄭, 入于桔柣之門.
子元·鬪御彊·鬪梧·耿之不比爲旆, 鬪班·王孫游·王孫喜殿.
衆車入自純門, 及逵市.
縣門不發. 楚言而出.
子元曰:「鄭有人焉!」
諸侯救鄭. 楚師夜遁.
鄭人將奔桐丘, 諜告曰:「楚幕有烏.」
乃止.

초楚나라 영윤令尹 자원子元이 문왕文王의 부인 식규息嬀를 유혹하고자 부인의 궁 옆에 거처를 마련하고 방울을 흔들며 만무萬舞까지 추었다.
　부인이 이를 듣고 울면서 말하였다.
　"선군께서 이 춤을 추게 한 것은 군비軍備를 익히기 위해서였다. 그런데 지금 영윤은 원수를 토벌하지 않고 미망인 곁에서 이런 짓을 하고 있으니 또한 이상하지 않은가?"

부인의 시중을 드는 자가 자원에게 이를 알렸다.

그러자 자원은 이렇게 말하였다.

"부인은 원수를 그대로 잊지 않고 있는데 내가 도리어 잊고 있었구나!"

가을, 자원이 전차 6백 승을 거느리고 정鄭나라를 쳐들어가 길질桔柣 성문으로 진입하였다.

자원과 투어강鬪御疆, 투오鬪梧, 경지불비耿之不比가 깃발을 든 선봉이 되고, 투반鬪班과 왕손유王孫游, 왕손희王孫喜는 행렬의 뒤를 호위하였다.

전차부대가 도성 외곽의 순문純門으로 들어가 성곽 안의 규시逵市에 이르도록 현문縣門이 닫히지 않은 채, 사람들이 초나라 말로 떠들면서 성문으로 쏟아져 나오는 것이었다.

이를 본 자원이 말하였다.

"정나라에 누군가가 이 일을 눈치 채고 있는 것이로다!"

과연 제후들이 정나라를 구하러 오자 초나라 군사가 야음을 타고 달아났다.

정나라 사람들은 동구桐丘로 달아나려고 하고 있었는데, 첩자가 와서 고하였다.

"초나라 군사 막사 위에 까마귀들이 앉아 있습니다."

그리하여 달아나던 이들은 멈추게 되었다.

【令尹】 楚나라 고유의 관직 이름. 다른 제후국의 相國(宰相)과 같음.
【子元】 楚 武王의 아들이며 文王 동생으로 이름은 善. 당시 令尹이었음.
【蠱】 蠱惑함. 誘惑함.
【文夫人】 楚 文王 부인 息嬀. 文王은 B.C.689~677년까지 13년간 재위하고 이때는 이미 없었음. 息嬀는 원래 息나라 군주의 부인으로 文王이 빼앗은 것임. 莊公 10년을 볼 것.
【萬】 萬舞. 文舞와 武舞를 가리킴.
【未亡人】 楚 文王이 이미 죽어 息嬀는 스스로를 미망인이라 한 것임.
【御人】 息嬀의 시종.

【桔柣】鄭나라 교외의 성문 이름.
【鬪御彊·鬪梧·耿之不比】셋 모두 인명. 초나라 대부들.《世本》에 의하면 若敖가 鬪彊을 낳고 鬪彊이 鬪班을 낳음.
【旆】깃발을 세운 先鋒部隊.
【鬪班·王孫游·王孫喜】역시 모두 초나라 대부들.
【殿】군사 행렬의 뒤를 지키는 임무. 퇴각할 때 맨 뒤에서 추격하는 적을 막아내는 임무를 말함.《論語》雍也篇의 "子曰:「孟之反不伐, 奔而殿, 將入門, 策其馬, 曰:『非敢後也, 馬不進也.』」"의 集註에 "軍後曰殿"이라 하였고, 본《左傳》哀公 11年 傳에「師及齊師戰于郊. 右師奔; 齊人從之. 孟之側後入, 以爲殿; 抽矢策其馬, 曰:『馬不進也!』」라 함.
【純門】鄭나라 외곽의 성문.
【逵市】鄭나라 도성의 거리 이름. 사통팔달의 시장 이름.
【縣門不發】'縣門'은 정나라 內城의 대문. 대문이 열려 있음. '不發'은 문을 관리하도록 하는 아무런 명령이 떨어지지 않음.
【桐丘】鄭나라 땅 이름. 지금의 河南 許昌縣 경내.《水經注》에 "洧水東南逕桐邱城"이라 함.
【諜】鄭나라의 斥候.
【烏】楚나라 군사가 다 죽거나 도망하여 버리고 간 막사 위에 까마귀만 모여듦. 초나라가 패하였음을 알려준 것.

❋ 338(莊28-4)

冬, 築郿.

겨울, 미郿에 성을 쌓았다.

【郿】《公羊傳》과《穀梁傳》에는 '微'로 되어 있음. 지금의 山東 東平縣 서쪽 微鄕城.

㊉
築郿, 非都也.
凡邑, 有宗廟先君之主曰都, 無曰邑.
邑曰築, 都曰城.

미郿에 성을 쌓았는데 이는 도성都城이 아니다.
무릇 고을에 종묘가 있거나 선군의 신주神主를 모셨다면 도都라 하고, 없으면 읍邑이라 한다.
읍에 성을 쌓을 때는 축築이라 하고, 도성에 성을 쌓을 때는 성城이라 한다.

【都】 선조 위패나 신주가 있는 곳. 도읍이었던 곳을 말함.

339(莊28-5)

大無麥·禾, 臧孫辰告糴于齊.

보리와 벼가 제대로 여물지 않아 장손진臧孫辰이 제齊나라에 가서 곡식을 살 수 있게 해 달라고 청하였다.

【臧孫辰】 臧文仲. 魯나라 대부. 臧孫達의 아들. 성은 臧孫, 이름은 辰. 仲은 字. 시호 文이었음. 魯나라에서 賢大夫로 알려진 인물. 莊公 11년 전을 볼 것. 《論語》에 여러 차례 등장함. 臧孫辰이 齊나라에 식량을 꾸러간 일은 《國語》 魯語(上)에 자세히 실려 있음.
【糴】 '적'으로 읽으며 식량을 사는 것. 이를 팔아 대여하는 것은 '糶'라 함.

㊀
冬, 饑, 臧孫辰告糴于齊, 禮也.

겨울, 노나라에 기근이 들자 장손진臧孫辰이 제齊나라에 가서 곡식을 살 수 있도록 해 달라고 청한 것은 예에 맞는 일이었다.

【饑】 '穀不熟爲饑'라 함.

058. 莊公 29年(B.C.665) 丙辰

周	惠王(姬閬) 12년	齊	桓公(小白) 21년	晉	獻公(詭諸) 12년	衛	懿公(赤) 4년
蔡	穆侯(肸) 10년	鄭	文公(捷) 8년	曹	僖公(赤) 6년	陳	宣公(杵臼) 28년
杞	惠公 8년	宋	桓公(御說) 17년	秦	宣公 11년	楚	成王(頵) 7년
許	穆公(新臣) 33년						

✱ 340(莊 29-1)

二十有九年春, 新延廄.

29년 봄, 마구간을 새로 지었다.

【延廄】 마구간 이름.

㊀
二十九年春, 新作延廄. 書, 不時也.
凡馬, 日中而出, 日中而入.

29년 봄, 마구간 연구延廐를 새로 지은 것을 기록한 것은 적당한 때가 아니었기 때문이다.

무릇 말은 춘분春分에 풀어놓고, 추분秋分에는 마구간으로 들인다.

【日中】하루의 낮과 밤의 길이 가운데. 즉 밤낮의 길이가 같은 날. 春分과 秋分을 가리킴.

※ **341(莊29-2)**

夏, 鄭人侵許.

여름, 정鄭나라가 허許나라를 쳤다.

【許】姜姓. 周 武王이 그 苗裔 文叔을 許에 봉함. 지금의 河南 許昌市 동쪽.

傳
夏, 鄭人侵許.
凡師, 有鐘鼓曰伐, 無曰侵, 輕曰襲.

여름, 정鄭나라가 허許나라를 침범하였다.
무릇 출사出師할 때는 종과 북을 치면서 쳐들어가는 것을 '벌伐'이라 하고, 아무것도 가지지 않은 채 치는 것을 '침侵'이라 하며, 불시에 가벼운 무장으로 치는 것을 '습襲'이라 한다.

【鐘鼓】성토할 사실을 널리 알리기 위한 것임.
【輕】輕武裝으로 신속하게 치는 것.

※ 342(莊29-3)

秋, 有蜚.

가을, 멸구 떼가 생겼다.

㊉

秋, 有蜚, 爲災也.
凡物, 不爲災, 不書.

가을, 멸구 떼가 생겨 재해를 입었다.
무릇 사물은 재해를 입지 않으면 기록하지 않았다.

【不書】災害를 입히지 않을 경우 기록하지 않음. 隱公 원년 傳을 참조할 것.

※ 343(莊29-4)

冬十有二月, 杞叔姬卒.

겨울 12월, 기숙희紀叔姬가 죽었다.

【紀叔姬】隱公 7년 紀나라에 시집을 갔던 노나라 둘째 딸. 姬는 노나라 성씨.
莊公 12년을 참조할 것.
＊無傳

✱ 344 (莊 29-5)

城諸及防.

제諸와 방防에 성을 쌓았다.

【諸】지금의 山東 諸城縣.
【防】魯나라 땅. 지금의 山東 密縣 동북. 東防.

⑱
冬十二月, 城諸及防, 書, 時也.
凡土功, 龍見而畢務, 戒事也; 火見而致用, 水昏正而栽, 日至而畢.

겨울 12월, 제諸와 방防에 성을 쌓은 것을 기록한 것은 때에 맞지 않았기 때문이다.

무릇 토목공사는 용성龍星이 나타나는 시기에 백성의 농사일이 끝나므로 이때 일을 준비하고, 화성火星이 나타나는 시기에는 공사에 쓸 물자를 비치하고, 수성水星이 날 저물 무렵의 정남쪽 하늘 한가운데 뜰 때는 축판築板을 세우고, 동지冬至에는 공사를 마쳐야 한다.

【土功】토공과 같음. 토목공사. 성이나 다리, 궁실, 누대 등을 건설하는 공사.
【龍】蒼龍. 龍星. 周曆 11월에 나타나는 東方 七宿(角, 亢, 氐, 房, 心, 尾, 箕)의 총칭.
【畢務】義務와 납세 및 농사일 등을 모두 마침.
【戒事】賦役이 있을 것임을 경계시킴.
【火】火星은 일명 心星이라고도 하며 周曆 12월에 나타남.
【致用】건축용 자재들을 갖춤.
【水昏正】水星은 날이 저물 무렵 정남쪽 하늘 가운데 뜸. 周曆으로 12월.
【栽】나무 기둥, 築板 등을 세워 공사를 시작함.
【日至】冬至. 周曆으로는 정월.

㊀
樊皮叛王.

번피樊皮가 천자를 배반하였다.

【樊皮】周나라 대부. 樊은 지명. 지금의 河南 濟源縣 동남쪽. '皮'는 그의 이름. 樊仲의 후손.

059. 莊公 30年(B.C.664) 丁巳

周	惠王(姬閬) 13년	齊	桓公(小白) 22년	晉	獻公(詭諸) 13년	衛	懿公(赤) 5년
蔡	穆侯(肸) 11년	鄭	文公(捷) 9년	曹	僖公(赤) 7년	陳	宣公(杵臼) 29년
杞	惠公 9년	宋	桓公(御說) 18년	秦	宣公 12년	楚	成王(頵) 8년
許	穆公(新臣) 34년						

● 345(莊30-1)

三十年春王正月.

30년 봄 주력周曆 정월.

㊅

三十年春, 王命虢公討樊皮.
夏四月丙辰, 虢公入樊, 執樊仲皮, 歸于京師.

30년 봄, 천자가 괵공虢公에게 명하여 번피樊皮를 토벌하도록 하였다.
여름 4월 병진날, 괵공이 번樊으로 쳐들어가서 번중피樊仲皮를 잡아 경사京師로 돌아왔다.

【丙辰】 4월 14일.
【樊仲皮】 樊皮. 仲皮는 출생 순서와 이름을 합하여 부른 것.

✽ 346(莊30-2)

夏, 次于成.

여름, 우리 노나라 군사가 성成에 주둔하였다.

【次】 군사가 주둔함을 뜻함. 莊公 3년 傳에 "凡師, 一宿爲舍, 再宿爲信, 過信爲次"라 함. 《公羊傳》과 《穀梁傳》에는 '次于成'이 '師次于成'이라 하여 '師'자가 더 있음.
【成】 노나라 땅. 지금의 山東 寧陽縣 경내. 이는 齊나라가 紀國의 附庸國인 郱을 칠 것을 대비한 것임. 桓公 6년을 볼 것.
＊無傳

✽ 347(莊30-3)

秋七月, 齊人降鄣.

가을 7월, 제齊나라가 장鄣을 항복시켰다.

【鄣】 紀鄣이라고도 하며 지금의 山東 東平縣 鄣城. 이는 紀나라 鄣邑.
＊無傳

348(莊30-4)

八月癸亥, 葬杞叔姬.

8월 계해날, 기숙희紀叔姬의 장례를 치렀다.

【癸亥】 8월 23일.
【紀叔姬】 莊公 12년을 참조할 것.
＊無傳

349(莊30-5)

九月庚午朔, 日有食之, 鼓·用牲于社.

9월 경오날 초하루, 일식이 일어나자 북을 치면서 희생을 올려 사제社祭를 드렸다.

【庚午】 B.C.664년 8월 28일 皆旣日蝕이 있었음.
【社祭】 토지신에게 올려 일식으로 인한 재앙이 없도록 한 것.
＊無傳

㊧
楚公子元歸自伐鄭, 而處王宮.
鬪射師諫, 則執而梏之.
秋, 申公鬪班殺子元.
鬪穀於菟爲令尹, 自毀其家, 以紓楚國之難.

초楚나라 자원子元이 정鄭나라 정벌에서 돌아와 왕궁에 머물렀다.

투사사鬪射師가 이를 간하자 자원이 그를 잡아 차꼬를 채워버렸다.

가을, 신공申公 투반鬪班이 자원을 죽였다.

그러자 투누오도鬪穀於菟가 영윤令尹이 되어 자신의 가재를 헐어 초나라 재정의 어려움을 해결하였다.

【子元】楚 文王 동생으로 이름은 善. 당시 令尹이었음.
【伐鄭】莊公 28년 傳文을 참조할 것.
【處王宮】楚 文王의 미망인 息嬀(文夫人)를 유혹하기 위한 것이었음.
【鬪射師】초나라 대부 鬪廉.
【梏】차꼬. 쇠고랑. 수갑.
【申公鬪班】申 땅을 다스리던 長官. 초나라는 스스로를 왕이라 부르고 그 밑 지방장관은 公이라 하였으며 鬪班은 이름.
【鬪穀於菟】令尹 鬪子文. 楚나라 말로 '穀'는 '穀'의 음이 '누'이므로 '젖', '於菟'는 '호랑이'. 그가 어려서 들판에 버려졌을 때 호랑이가 나타나 젖을 먹여 길렀다 하여 '호랑이 젖을 먹고 자란 아이'라는 뜻이며 '투누오도'로 읽음. 《左傳》注에 "穀, 奴走反. 楚人謂乳曰穀. 《漢書》作穀, 音同. 於, 音烏, 菟音徒"라 함.
【紓】'和, 緩'과 같은 뜻. 어려움을 완화시킴.

350(莊30-6)

冬, 公及齊侯遇于魯濟.

겨울, 공이 제후齊侯와 노제魯濟에서 만났다.

【魯濟】魯나라 땅을 흐르는 濟水. 濟水는 노나라 땅을 거쳐 齊나라를 지나 河水로 합류함. 제나라 지역의 濟水는 齊濟라 부름.

※ **351(莊30-7)**

齊人伐山戎.

제齊나라가 산융山戎을 쳤다.

【山戎】齊나라 북쪽 지금의 河北 일대와 그 북쪽에 분포하여 거주하던 이민족. 집단 거주지는 지금의 山東 濼縣 일대였다 함. 《國語》齊語에 "桓公曰:「吾欲北伐, 何主?」管仲對曰:「以燕爲主.」遂北伐山戎, 刜令支, 斬孤竹而南歸"라 하였고, 晉語(2)에도 "夫齊侯好示, 務施與力而不務德, 是以北伐山戎, 南伐楚, 西爲此會(葵丘之會)也"라 함.

㊅
冬, 遇于魯濟, 謀山戎也.
以其病燕故也.

겨울, 노제魯濟에서 만난 것은 산융山戎을 칠 모책을 세우기 위해서였다. 이는 산융이 연燕나라를 괴롭히고 있었기 때문이었다.

【燕】北燕을 가리킴. 지금의 北京 근처 薊를 도읍으로 하고 있던 제후국. 周 武王의 아우 召公(姬奭)을 봉하였던 나라. 戰國七雄으로 성장함.

060. 莊公 31年(B.C.663) 戊午

周	惠王(姬閬) 14년	齊	桓公(小白) 23년	晉	獻公(詭諸) 14년	衛	懿公(赤) 6년
蔡	穆侯(肸) 12년	鄭	文公(捷) 10년	曹	僖公(赤) 8년	陳	宣公(杵臼) 30년
杞	惠公 10년	宋	桓公(御說) 19년	秦	成公 원년	楚	成王(頵) 9년
許	穆公(新臣) 35년						

❀ 352(莊31-1)

三十有一年春, 築臺于郎.

31년 봄, 낭郎에 누대를 지었다.

【築臺】《公羊傳》文公 16년 傳에 "泉臺者何? 郎臺也. 郎臺則曷爲謂之泉臺? 未成爲郎臺, 旣成爲泉臺"라 하여 이를 '泉臺'로 보았음.
【郎】지금의 山東 曲阜 근처.
＊無傳

❀ 353(莊31-2)

夏四月, 薛伯卒.

여름 4월, 설백薛伯이 죽었다.

【薛伯】薛은 당시의 작은 제후국. 지금의 山東 滕縣. 伯爵.
＊無傳

● 354(莊31-3)

築臺于薛.

설薛에 누대를 지었다.

【薛】《彙纂》에 지금의 山東 滕縣 남쪽 滕城이라 함.
＊無傳

● 355(莊31-4)

六月, 齊侯來獻戎捷.

6월, 제후齊侯가 오자 노나라에서는 융戎을 쳐서 이긴 전리품을 바쳤다.

【齊侯】당시 제나라 군주는 春秋五霸의 수장이었던 齊 桓公(小白).
【戎捷】戎으로부터 빼앗은 전리품이나 포로.《周禮》千官 玉府 鄭玄 注에 "古者 致物於人, 尊之則曰獻, 通行曰饋.《春秋》曰「齊侯來獻戎捷」, 尊魯也"라 함.

㉔
三十一年夏六月, 齊侯來獻戎捷, 非禮也.
凡諸侯有四夷之功, 則獻于王, 王以警于夷; 中國則否.
諸侯不相遺俘.

31년 여름 6월, 제후齊侯가 왔다고 융戎에서 얻은 전리품을 바친 것은 예가 아니다.

무릇 제후諸侯로서 사이四夷와 싸워 공을 세우면 그 전리품을 천자께 바쳐 천자는 그것으로 오랑캐들에게 경고하는 것이며, 중원中原 내에서는 그렇게 하지 않는다.

제후들끼리는 노획물을 서로 보내지 않는다.

【警于夷】오랑캐에게 경계되게 함.
【中國則否】中國은 中原 지역을 일컫는 말임. 제후들끼리는 전리품을 주고받지 않음. 成公 2년 傳에 "晉侯使鞏朔獻齊捷于周, 王弗見, 使單襄公辭焉, 曰:「蠻夷戎狄, 不式王命, 淫湎毀常, 王命伐之, 則有獻捷. 王親受而勞之, 所以懲不敬, 勸有功也. 兄弟甥舅, 侵敗王略, 王命伐之, 告事而已, 不獻其功, 所以敬親暱·禁淫慝也.」"라 함.

※ 356(莊31-5)

秋, 築臺于秦.

가을, 진秦에 누대를 지었다.

【秦】지금의 山東 范縣 秦亭.
＊無傳

※ 357(莊31-6)

冬, 不雨.

겨울, 비가 오지 않았다.

【不雨】僖公 3년 傳에 "不曰旱, 不爲災也"라 함.
＊無傳

061. 莊公 32年(B.C.662) 己未

周	惠王(姬閬) 15년	齊	桓公(小白) 24년	晉	獻公(詭諸) 15년	衛	懿公(赤) 7년
蔡	穆侯(肸) 13년	鄭	文公(捷) 11년	曹	僖公(赤) 9년	陳	宣公(杵臼) 31년
杞	惠公 11년	宋	桓公(御說) 20년	秦	成公 2년	楚	成王(頵) 10년
許	穆公(新臣) 36년						

※ 358(莊32-1)

三十有二年春, 城小穀.

32년 봄, 소곡小穀에 성을 쌓았다.

【小穀】齊나라 땅. 지금의 山東 東阿縣.《公羊傳》과《穀梁傳》에는 '穀'으로 되어 있음.

⒠
三十二年春, 城小穀, 爲管仲也.

32년 봄, 소곡小穀에 성을 쌓은 것은 제齊나라 관중管仲을 위해서였다.

【管仲】管夷吾. 당시 齊나라 실력자이며 桓公을 도와 霸者로 성공시킨 宰相.
鮑叔과의 '管鮑之交'로 유명한 인물.

✹ 359(莊32-2)

夏, 宋公·齊侯遇于梁丘.

여름, 송공宋公이 제후齊侯와 양구梁丘에서 만났다.

【宋公】당시 宋나라 군주는 桓公(御說)이었음.
【梁丘】宋나라 읍. 지금의 山東 城武縣 동북 梁丘山에 梁丘城이 있음.

㊅
齊侯爲楚伐鄭之故, 請會于諸侯.
宋公請先見于齊侯.
夏, 遇于梁丘.

제후齊侯가 초楚나라를 위해 정鄭나라를 친 일을 이유로 제후諸侯들에게 회의를 요청하였다.
그러자 송공宋公이 제후에게 먼저 만날 것을 요청하였다.
여름, 그 때문에 양구梁丘에서 만난 것이다.

【齊侯】당시 齊 桓公(小白)이 패자였으므로 국제적인 문제를 해결하기 위해 회의를 요청한 것임.
【楚伐鄭】莊公 28년 子元이 息嬀를 유혹하기 위해 鄭나라를 친 사건.

㊉

　秋七月, 有神降于莘.
　惠王問諸內史過曰:「是何故也?」
　對曰:「國之將興, 明神降之, 監其德也; 將亡, 神又降之, 觀其惡也. 故有得神以興, 亦有以亡, 虞·夏·商·周皆有之.」
　王曰:「若之何?」
　對曰:「以其物享焉. 其至之日, 亦其物也.」
　王從之.
　內史過往, 聞虢請命, 反曰:「虢必亡矣. 虐而聽於神.」
　神居莘六月.
　虢公使祝應·宗區·史嚚享焉, 神賜之土田.
　史嚚曰:「虢其亡乎! 吾聞之, 國將興, 聽於民; 將亡, 聽於神. 神, 聰明正直而壹者也, 依人而行. 虢多涼德, 其何土之能得!」

　가을 7월, 신神이 괵虢나라의 신莘 땅에 내려오는 일이 있었다.
　주周 혜왕惠王이 내사內史 과過에게 물었다.
　"이는 무슨 까닭인가?"
　과가 대답하였다.
　"나라가 장차 흥하게 될 때는 신이 내려와 나라의 덕을 살펴봅니다. 나라가 장차 망하게 될 때도 또한 신이 내려와 그 악을 살펴봅니다. 그 때문에 신이 내려오는 것으로써 흥하기도 하고 또 망하기도 합니다. 우虞·하夏·상商·주周 모두 이런 일이 있었습니다."
　왕이 물었다.
　"어찌하면 되겠소?"
　과가 대답하였다.
　"신의 형상으로써 제사를 드려야 합니다. 신이 내려온 날에 그에 맞는 이의 형상을 사용해야 합니다."
　혜왕이 그의 말대로 하였다.
　내사 과가 괵나라 신 땅으로 갔더니 괵나라는 이미 신에게 제사를 올리며 복을 내려 달라고 빌 준비를 한다는 말을 듣고는 돌아가 이렇게 말하였다.

"괵나라는 틀림없이 망할 것입니다. 백성은 학대하면서 신에게는 복을 내려달라고 빌고 있다니."

신은 여섯 달 동안 신 땅에 머물렀다.

괵공은 축응祝應·종구宗區·사은史嚚으로 하여금 신에게 제사를 올리도록 하였더니 신은 토지와 농토를 내려주겠노라 하였다.

사은이 말하였다.

"괵나라는 망하리라! 내 듣기로 '나라가 장차 흥하려면 백성의 소리를 듣고, 나라가 장차 망하려면 신에게 부탁한다'라 하였다. 신은 총명하고 정직하여 한결같다. 사람이 하는 행동에 따라 내려줄 뿐이다. 괵나라는 덕이 모자란 짓을 많이 하였는데 어찌 그런 땅을 얻을 수 있겠는가!"

【莘】虢나라 땅 이름. 지금의 河南 三門峽市 서쪽에 峽口鎭이 있으며 그 서쪽에 莘原이 있음.
【惠王】周나라 왕. B.C.676~652년까지 25년간 재위함.
【內史過】內史는 궁중 사관의 벼슬이며 過는 그 이름. 周나라 대부.
【虞夏商周皆有之】《國語》周語(上)의 기록에 의하면 夏나라가 흥할 때는 祝融(불의 신)이 崇山에 내려왔고, 망할 때는 回祿(화재의 신)이 聆隧에 내려왔으며, 殷(商)이 흥할 때는 檮杌이 丕山에 나타났으며, 망할 때는 神獸 夷羊이 牧野에 나타났으며, 周나라가 흥할 때는 鸞鳳이 岐山에서 울었고, 쇠퇴하였을 때는 杜伯이 귀신으로 나타나 鎬京에서 周 宣王을 활로 쏘아 죽였다 하였음.
【其物享焉】其物은 토템을 뜻함. 그 신의 형상을 토템으로 하여 제사를 올림.
【其至之日, 亦其物也】신이 강림한 날짜를 보아 옛 선조 중에 그날 태어난 자의 형상을 그려 신(토템)으로 모셔야 한다는 뜻. 고대의 神觀을 표현한 것.
【聽於神】신에게 빌어 신의 말을 들음. 신에게 자신의 요구를 들려줌을 말함.
【祝應】祝은 大祝. 宗廟나 文廟에서 제사에 祝文을 읽는 벼슬. '應'은 그의 이름.
【宗區】宗은 大宗. 의전과 제사에 관한 일을 맡은 관직. '區'는 그의 이름.
【史嚚】史는 太史. 史官들을 통솔하는 벼슬. 嚚은 그의 이름.
【神賜之土田】《漢書》五行志에 "谷永曰:「昔虢公爲無道, 有神降曰, 賜爾土田.」"

이라 하여 "신이 토지를 내려주었다"로 보았음. 혹 "세 사람으로 하여금 신에게 토지를 내려달라고 빌었다"로 보기도 함.

【依人而行】신은 사람 선악의 행동을 보아 그에 맞추어 화복을 내린다는 뜻.

【凉德】薄德과 같음. 백성을 학대하는 악한 행동을 뜻함. 한편 이상의 내용은 《國語》周語(上)에 "十五年, 有神降於莘, 王問於內史過, 曰:「是何故? 固有之乎?」對曰:「有之. 國之將興, 其君齊明·衷正·精潔·惠和, 其德足以昭其馨香, 其惠足以同其民人. 神饗而民聽, 民神無怨, 故明神降之, 觀其政德而均布福焉. 國之將亡, 其君貪冒·辟邪·淫佚·荒怠·麤穢·暴虐; 其政腥臊, 馨香不登; 其刑矯誣, 百姓攜貳. 明神不蠲, 而民有遠志, 民神怨痛, 無所依懷, 故神亦往焉, 觀其苛慝, 而降之禍. 是以或見神以興, 亦或以亡, 昔夏之興也, 融降于崇山; 其亡也, 回祿信於聆隧. 商之興也, 檮杌次於丕山; 其亡也, 夷羊在牧. 周之興也, 鸑鷟鳴於岐山; 其衰也, 杜伯射王於鄗. 是皆明神之志者也.」王曰:「今是何神也?」對曰:「昔昭王娶於房, 曰房后, 實有爽德, 協於丹朱, 丹朱憑身以儀之, 生穆王焉. 是實臨照周之子孫而禍福之. 夫神壹不遠徙遷, 若由是觀之, 其丹朱之神呼?」王曰:「其誰受之?」對曰:「在虢土.」王曰:「然則何爲?」對曰:「臣聞之: 道而得神, 是謂逢福; 淫而得神, 是謂貪禍. 今虢少荒, 其亡呼?」王曰:「吾其若之何?」對曰:「使太宰以祝史帥狸姓, 奉犧牲·粢盛·玉帛往獻焉, 無有祈也.」王曰:「虢其幾何?」對曰:「昔堯臨民以五, 今其胄見, 神之見也, 不過其物. 若由是觀之, 不過五年.」王使太宰忌父帥傅氏及祝·史奉犧牲·玉鬯往獻焉. 內史過從至虢, 虢公亦使祝·史請土焉. 內史過歸, 以告王曰:「虢必亡矣, 不禋於神而求福焉, 神必禍之; 不親於民而求用焉, 人必違之. 精意以享, 禋也; 慈保庶民, 親也. 今虢公動匱百姓以逞其違, 離民怒神而求利焉, 不亦難呼!」十九年, 晉取虢"이라 하였고, 《說苑》辨物篇에도 "周惠王十五年, 有神降于莘. 王問於內史過曰:「是何故有之乎?」對曰:「有之國將興, 其君齊明中正, 精潔惠和, 其德足以昭其馨香, 其惠足以同其民人, 神饗而民聽, 民神無怨, 故明神降焉, 觀其政德而均布福焉. 國將亡, 其君貪冒淫僻, 邪佚荒怠, 蕪穢暴虐; 其政腥臊, 馨香不登, 其刑矯誣, 百姓攜貳, 明神不蠲, 而民有遠意, 民神痛怨, 無所依懷, 故神亦往焉, 觀其苛慝而降之禍. 是以或見神而興, 亦有以亡. 昔夏之興也, 祝融降于崇山; 其亡也, 回祿信於亭隧. 商之興也, 檮杌次於丕山; 其亡也, 夷羊在牧. 周之興也, 鸑鷟鳴於岐山; 其衰也, 杜伯射宣王於鎬. 是皆明神之紀者也.」王曰:「今是何神也?」對曰:「昔昭王娶于房曰房后, 是有爽德協于丹朱, 丹朱馮身以儀之, 生穆王焉. 是監燭周之子孫而福禍之. 夫一神不遠徙遷, 若由是觀之, 其丹朱耶?」王曰:「其誰受之?」對曰:「在虢」王曰:

「然則何爲?」對曰:「臣聞之. 道而得神, 是謂豐福, 淫而得神, 是謂貪禍. 今虢少荒, 其亡也.」王曰:「吾其奈何?」對曰:「使太宰以祝史率貍姓, 奉犧牲粢盛玉帛往獻焉, 無有祈也.」王曰:「虢其幾何?」對曰:「昔堯臨民以五, 今其冑見; 鬼神之見也, 不失其物. 若由是觀之, 不過五年.」王使太宰己父率傅氏及祝, 奉犧牲玉鬯往獻焉. 內史過從至虢, 虢公亦使祝史請土焉, 內史過歸告王曰:「虢必亡矣. 不禋於神, 而求福焉, 神必禍之; 不親於民, 而求用焉; 民必違之. 精意以享, 禋也; 慈保庶民, 親也. 今虢公動匱百姓以盈, 其違離民怒神怨, 而求利焉, 不亦難乎?」十九年晉取虢也"라 함.

✹ 360(莊32-3)

秋七月癸巳, 公子牙卒.

가을 7월 계사날, 공자 아牙가 죽었다.

【癸巳】7월 4일.
【公子牙】莊公의 아우. 慶父와 같은 어머니에게서 태어남.

⑲
初, 公築臺, 臨黨氏, 見孟任, 從之.
閟.
而以夫人言, 許之, 割臂盟公.
生子般焉.
雩, 講于梁氏, 女公子觀之.
圉人犖自牆外與之戲.
子般怒, 使鞭之.
公曰:「不如殺之, 是不可鞭. 犖有力焉, 能投蓋于稷門.」

公疾, 問後於叔牙.
對曰:「慶父材.」
問於季友, 對曰:「臣以死奉般.」
公曰:「鄉者牙曰『慶父材』.」
成季使以君命, 命僖叔, 待于鍼巫氏, 使鍼季酖之.
曰:「飲此, 則有後於魯國; 不然, 死且無後.」
飲之, 歸, 及逵泉而卒.
立叔孫氏.

 당초, 장공莊公이 누대를 짓고 그 위에 올라 장씨黨氏 집을 내려다보다가 그 집 딸 맹임孟任을 발견하고 그녀를 쫓아갔다.
 맹임이 문을 닫아걸었다.
 장공은 그에게 부인으로 삼아주겠다고 하여 허락을 얻어내어 팔을 베어 그 피를 마셔 장공과 약속을 하였다.
 그리하여 그녀는 자반子般을 낳았다.
 기우제를 지내고자 대부 양씨梁氏 집에서 그 의식을 연습하고 있을 때 자반의 누이동생, 즉 장공의 딸도 가서 이를 구경하고 있었다.
 그때 어인圉人 낙犖이라는 자가 담장 밖에서 들여다보며 누이를 희롱하는 것이었다.
 자반은 노하여 그에게 매질하게 가하였다.
 그러자 장공이 말하였다.
"죽여 없애느니만 못하다. 매질로는 안 된다. 낙이란 놈은 힘이 세어 수레 덮개를 직문稷門까지 던질 수 있는 놈이다."
 장공이 병이 들자 후계자에 대해 숙아叔牙에게 물었다.
 숙아는 이렇게 답하였다.
"경보慶父가 재목감입니다."
 공이 다시 계우季友에게 물었더니 계우는 이렇게 대답하는 것이었다.
"신은 죽음으로써 자반을 받들겠습니다."
 장공이 말하였다.

"지난번에 숙아는 경보가 재목감이라고 하던데."

이에 성계成季(季友)가 임금의 명령이라 하면서 희숙僖叔(叔牙)을 겸무씨鍼巫氏 집에서 기다리도록 하고 겸계鍼季로 하여금 숙아에게 짐주酖酒를 먹이면서 이렇게 말하도록 하였다.

"이것을 마시면 노나라에 후손이 있게 되겠지만, 마시지 않으면 당신도 죽고 당신의 후손도 끊어지고 말 것입니다."

숙아는 짐주를 받아 마시고 돌아가다가 규천逵泉에 이르러 죽고 말았다. 그가 죽은 뒤 그 아들 숙손씨叔孫氏가 대를 잇게 하였다.

【黨氏】魯나라 대부. '黨音掌'이라 하여 '장'으로 읽음.
【孟任】黨氏의 딸. '孟'은 첫째임을 뜻하며 성은 '任'씨.
【閟】문을 닫아걸고 거절함.
【子般】莊公과 孟任 사이에 난 아들.
【女公子】桓公과 孟任 사이에 난 딸이며 자반의 여동생.
【圉人犖】圉人은 말을 기르며 관리하는 임무를 맡은 직책. '犖'은 그의 이름. 이 일로 뒤에 犖은 子般을 죽이는 일을 맡게 됨.《國語》楚語(下)에 "魯圉人犖 殺子般於次"라 함.
【蓋】수레의 지붕. 덮개.
【稷門】노나라 도성의 남쪽 성문.
【叔牙】莊公의 아우이며 慶父의 同腹 아우. 僖叔.《史記》魯世家에 "莊公有三弟, 長曰慶父, 次曰叔牙, 次曰季友"라 함.
【慶父】魯 桓公의 둘째 아들. 莊公의 이복동생. 시호는 共仲.
【季友】장공의 同腹 아우. 시호는 成.
【鄉】'曏'과 같음. 방금 전.
【成季】季友. 그의 시호가 '成'이었음.
【僖叔】叔牙의 시호.
【鍼巫氏】노나라 대부. '鍼'은 '겸'으로 읽음.《左傳》注에 "鍼, 其廉反"이라 함.
【鍼季】鍼巫.
【酖】'鴆'으로도 표기하며 鴆毒. 毒鳥로써 그 깃털로 술을 젓기만 하여도 사람이 죽을 정도라 함.《左傳》注에 "酖, 鳥名. 其羽有毒, 以畫酒飲之則死"라 함.
【逵泉】魯나라 땅 이름. 지금의 山東 曲阜縣 동남쪽.

【叔孫氏】僖叔(叔牙)의 後孫으로써 뒤에 魯나라 三桓의 하나가 됨.《左傳》注에 "不以罪誅, 故得立後世其祿"이라 함. 이상의 이야기는《史記》魯世家에 자세히 실려 있음.

* **361**(莊32-4)

八月癸亥, 公薨于路寢.

가을 7월 계해날, 공이 노침路寢에서 훙거하였다.

【癸亥】 8월 5일.
【路寢】 고대 천자나 제후가 머물던 正殿. 고대 천자에게는 正寢이 하나, 燕寢이 다섯 등 六寢이 있었으며, 제후에게는 正寢이 하나, 燕寢이 둘로 모두 三寢이 있었음. 正寢은 路寢, 혹은 大寢이라고도 하였으며 燕寢은 혹 小寢이라고도 하였음. 평소에는 燕寢에 거처하며 齋戒나 질병이 있을 경우 路寢에 거함.

傳
八月癸亥, 公薨于路寢.
子般卽位, 次于黨氏.

8월 계해날, 장공莊公이 노침路寢에서 훙거하였다.
자반子般이 즉위하였으나 장씨黨氏 집에 머물러 있었다.

【子般】 莊公과 孟任 사이에 난 아들.
【次】 군사가 주둔함을 뜻함. 莊公 3년 傳에 "凡師, 一宿爲舍, 再宿爲信, 過信爲次"라 함.
【黨氏】 자반의 외갓집.

3.〈莊公 32年〉 535

※ 362(莊32-5)

冬十月己未, 子般卒.

겨울 10월 기미날, 자반子般이 죽었다.

【己未】10월 2일. 《公羊傳》과 《穀梁傳》에는 '乙未'로 되어 있으나 10월에는 을미날이 있을 수 없음.
【子般】孟任과 사이에 난 莊公의 아들. 즉위 즉시 피살당하고 말았음.

※ 363(莊32-6)

公子慶父如齊.

공자 경보慶父가 제齊나라로 갔다.

【慶父】魯 桓公의 둘째 아들. 莊公의 이복동생.
＊無傳

㉠
冬十月己未, 共仲使圉人犖賊子般于黨氏.
成季奔陳, 立閔公.

겨울 10월 기미날, 공중共仲이 어인圉人 낙犖으로 하여금 장씨黨氏 집에 머물러 있던 자반子般을 죽이도록 하였다.
성계成季는 진陳나라로 달아나고 노나라에서는 민공閔公을 옹립하였던 것이다.

【共仲】慶父의 시호.
【圉人犖】장공의 딸을 희롱했다는 이유로 채찍을 맞았던 인물.
【賊】자객 노릇을 함. 子般을 시살함.
【閔公】흔히 '湣公'으로도 표기하며 莊公의 庶子. 杜預는 당시 8살이었다고 하였고 服虔은 9살이었다 함.《史記》魯世家에 "三十二年, 初, 莊公築臺臨黨氏, 見孟女, 說而愛之, 許立爲夫人, 割臂以盟. 孟女生子斑. 斑長, 說梁氏女, 往觀. 圉人犖自牆外與梁氏女戲. 斑怒, 鞭犖. 莊公聞之, 曰:「犖有力焉, 遂殺之, 是未可鞭而置也.」斑未得殺. 會莊公有疾. 莊公有三弟, 長曰慶父, 次曰叔牙, 次曰季友. 莊公取齊女爲夫人曰哀姜. 哀姜無子. 哀姜娣曰叔姜, 生子開. 莊公無適嗣, 愛孟女, 欲立其子斑. 莊公病, 而問嗣於弟叔牙. 叔牙曰:「一繼一及, 魯之常也. 慶父在, 可爲嗣, 君何憂?」莊公患叔牙欲立慶父, 退而問季友. 季友曰:「請以死立斑也.」莊公曰:「曩者叔牙欲立慶父, 柰何?」季友以莊公命命牙待於鍼巫氏, 使鍼季劫飮叔牙以鴆, 曰:「飮此則有後奉祀; 不然, 死且無後.」牙遂飮鴆而死, 魯立其子爲叔孫氏. 八月癸亥, 莊公卒, 季友竟立子斑爲君, 如莊公命. 侍喪, 舍于黨氏. 先時慶父與哀姜私通, 欲立哀姜娣子開. 及莊公卒而季友立斑, 十月己未, 慶父使圉人犖殺魯公子斑於黨氏. 季友奔陳. 慶父竟立莊公子開, 是爲湣公" 이라 함.

364(莊32-7)

狄伐邢.

적狄이 형邢나라를 쳤다.

【狄】당시 북방 이민족을 통틀어 지칭하던 말.
【邢】지금의 河北 邢臺에 있던 작은 나라. 姬姓이며 周公(姬旦)의 아들이 봉을 받았던 땅.
＊無傳

장공(莊公) 在位期間(32년: B.C.693~662년)

B.C. \ 國	周	齊	晉	衛	蔡	鄭	曹	陳	宋	秦	楚	燕	魯
	莊王	襄公	閔公	黔牟	哀公	子儀	莊公	莊公	莊公	武公	武王	桓公	莊公
693	4	5	12	3	2	1	9	7	18	5	48	5	1
692	5	6	13	4	3	2	10	宣公 1	19	6	49	6	2
691	6	7	14	5	4	3	11	閔公 1	2	7	50	7	3
690	7	8	15	6	5	4	12	3	2	8	51	莊公 1	4
689	8	9	16	7	6	5	13	4	3	9	文王 1	2	5
688	9	10	17	惠公 再立 12	7	6	14	5	4	10	2	3	6
687	10	11	18	13	8	7	15	6	5	11	3	4	7
686	11	12	19	14	9	8	16	7	6	12	4	5	8
685	12	桓公 1	20	15	10	9	17	8	7	13	5	6	9
684	13	2	21	16	11	10	18	9	8	14	6	7	10
683	14	3	22	17	12	11	19	10	9	15	7	8	11
682	15	4	23	18	13	12	20	11	10	16	8	9	12
681	僖王 1	5	24	19	14	13	21	12	桓公 1	17	9	10	13
680	2	6	25	20	15	14	22	13	2	18	10	11	14
679	3	7	26	21	16	厲公 1	23	14	3	19	11	12	15
678	4	8	武公 1	22	17	2	24	15	4	20	12	13	16
677	5	9	2	23	18	3	25	16	5	德公 1	13	14	17
676	惠王 1	10	獻公 1	24	19	4	26	17	6	2	堵敖 1	15	18
675	2	11	2	25	20	5	27	18	7	宣公 1	2	16	19
674	3	12	3	26	穆公 1	6	28	19	8	2	3	17	20
673	4	13	4	27	2	7	29	20	9	3	4	18	21
672	5	14	5	28	3	文公 1	30	21	10	4	5	19	22
671	6	15	6	29	4	2	31	22	11	5	6	20	23
670	7	16	7	30	5	3	僖公 1	23	12	6	7	21	24
669	8	17	8	31	6	4	2	24	13	7	8	22	25
668	9	18	9	懿公 1	7	5	3	25	14	8	9	23	26
667	10	19	10	2	8	6	4	26	15	9	10	24	27
666	11	20	11	3	9	7	5	27	16	10	11	25	28
665	12	21	12	4	10	8	6	28	17	11	12	26	29

B.C.\國	周	齊	晉	衛	蔡	鄭	曹	陳	宋	秦	楚	燕	魯
664	13	22	13	5	11	9	7	29	18	12	13	27	30
663	14	23	14	6	12	10	8	30	19	成公 1	14	28	31
662	15	24	15	7	13	11	9	31	20	2	15	29	32

※〈大事記〉(B.C.)

693: 魯나라 전 군주 부인, 齊나라로 피신하다. 10月, 陳나라 莊公이 죽다.

692: 魯나라 전 군주 부인, 齊나라 군주와 만나다. 12月, 宋나라 莊公이 죽다.

691: 魯나라 公, 滑에 머물다.

690: 楚나라 鄧曼, 武王에 대해 말하다.

689: 衛나라를 치다.

688: 楚나라, 鄧나라를 치다.

687: 文姜, 齊나라 군주와 만나다.

686: 齊나라 無知, 군주를 죽이다.

685: 齊나라 사람, 無知를 죽이다. 管仲, 齊나라 宰相이 되다.

684: 齊나라, 譚을 멸망시키다.

683: 宋나라, 魯나라로 쳐들어가다.

682: 宋나라 南宮長萬, 군주를 죽이다. 周나라 莊王 薨去하다.

681: 齊나라 桓公, 諸侯들을 거느리고 宋나라 난을 다스리다. 齊나라, 遂나라를 滅亡시키다.

680: 鄭나라 傅瑕, 군주를 죽이고 厲公을 다시 세우다.

679: 齊나라 桓公, 霸者가 되다.

678: 諸侯들 연합군, 鄭나라를 치다. 周王, 曲玉伯을 晉나라 군주로 삼다.

677: 周 僖王 薨去하다.

676: 巴나라 사람, 楚나라를 치다.

675: 周 王子(莊王의 아들) 頹, 亂을 꾸미다. 齊나라와 宋나라, 陳나라가 魯나라를 치다.

674: 周나라 惠王, 鄭나라 櫟에서 지내다.

673: 鄭나라와 虢나라, 周나라 洛邑으로 쳐들어가 頹를 죽이고 惠王을 洛邑으로 모시다

672: 陳나라 사람, 御寇를 죽이다. 楚나라 熊惲, 군주 堵敖를 죽이다.

671: 晉 士蔿, 公室을 强하게 하다.

670: 魯나라 大夫 禦孫, 莊公의 非禮를 忠諫하다.

669: 魯나라, 陳나라와 우호관계를 맺다. 衛나라 惠公이 죽다.

668: 虢나라, 晉나라를 치다.
667: 齊나라 桓公, 宋나라와 陳나라, 鄭나라와 幽에서 동맹을 맺다.
666: 齊나라, 衛나라를 치다. 楚나라, 鄭나라를 치다. 晉 驪姬, 여러 公子들을 축출하다.
665: 鄭나라 사람, 許나라를 치다.
664: 齊나라, 山戎을 치다. 楚 令尹 子元이 殺害되고 子文이 뒤를 잇다.
663: 齊나라, 山戎을 치고 얻은 戰利品을 周王에게 바치다.
662: 魯나라 莊公 죽다. 公子 慶父, 太子를 죽이고 閔公을 세우다.

4. 〈閔公〉

◎ 魯 閔公 在位期間(2년: B.C.661~660년)

　莊公의 庶子. 이름은 啓方. 그러나 《史記》 魯世家에는 이름을 '開'라 하였으며 이에 대해 孔穎達 疏에는 "漢景帝諱啓, 啓·開因是而亂"이라 하였음. 僖公의 아우. 8세에 즉위. 어머니는 叔姜. B.C.661~660년까지 2년간 재위함. 《史記》에는 '湣公'으로, 《漢書》에는 '愍公'으로 표기하고 있음. 〈諡法〉에 "在國遭難曰閔"이라 함.

062. 閔公 元年(B.C.661) 庚申

周	惠王(姬閬) 16년	齊	桓公(小白) 25년	晉	獻公(詭諸) 16년	衛	懿公(赤) 8년
蔡	穆侯(肹) 14년	鄭	文公(捷) 12년	曹	昭公(班) 원년	陳	宣公(杵臼) 32년
杞	惠公 12년	宋	桓公(御說) 21년	秦	成公 3년	楚	成王(頵) 11년
許	穆公(新臣) 37년						

❈ 365(閔元-1)

元年春王正月.

원년 봄 주력周曆 정월.

㊃
元年春, 不書卽位, 亂故也.

원년 봄, 민공閔公의 즉위를 쓰지 않은 것은 나라 안에 난이 있었기 때문이다.

【亂故】 魯나라 내란으로 즉위식을 거행하지 못함. 子般이 피살되고 成季가 陳나라로 도망한 일. 杜預 注에 "國亂不得成禮也"라 함.

366(閔元-2)

齊人救邢.

제齊나라가 형邢을 구원하였다.

【邢】지금의 河北 邢臺縣 서남.

⑲
狄人伐邢.
管敬仲言於齊侯曰:「戎狄豺狼, 不可厭也; 諸夏親暱, 不可棄也. 宴安酖毒, 不可懷也.《詩》云:『豈不懷歸? 畏此簡書.』簡書, 同惡相恤之謂也. 請救邢以從簡書.」
齊人救邢.

적인狄人이 형邢나라를 쳤다.
관경중管敬仲이 제후齊侯에게 말하였다.
"융적戎狄은 승냥이나 이리와 같아 그 욕심이 끝이 없습니다. 중원 여러 제후국과는 친하게 지내야 하며 버려서는 안 됩니다. 그리고 연회와 안락함에 빠지는 것은 짐독酖毒과 같은 것이니 그러한 생활을 꿈꾸어서도 안 됩니다.《시詩》에 '어찌 돌아가서 편안하게 지내고 싶지 않을까마는 죽간 기록이 두렵기 때문'이라 하였습니다. 기록이란 악을 미워하고 서로를 구휼하자는 뜻입니다. 간서簡書대로 형나라를 구할 것을 청합니다."
이에 제나라가 형나라를 구하였던 것이다.

【管敬仲】管仲. 管夷吾. 管子. 당시 齊나라 재상. 敬仲은 시호.
【齊侯】당시 齊나라 군주는 春秋五霸의 首長이었던 桓公(小白)이었음.
【豺狼】승냥이와 이리. 아주 상대하기 어려운 대상을 말함.
【諸夏】中原 지역을 일컫는 말.

【簡書】竹簡의 기록. 역사 기록에 남는 것은 매우 중요한 것임을 뜻함.
【詩】《詩經》小雅 出車篇에 "昔我往矣, 黍稷方華. 今我來思, 雨雪載塗. 王事多難, 不遑啓居. 豈不懷歸, 畏此簡書"라 함.
【簡書】沈欽韓의 〈補注〉에 "國有急難, 不可連簡爲策, 單執簡往告, 猶今之羽檄矣"라 함.

❋ 367(閔元-3)

夏六月辛酉, 葬我君莊公.

여름 6월 신유날, 우리 군주 장공莊公의 장례를 치렀다.

【辛酉】6월 7일.

㊉
夏六月, 葬莊公.
亂故, 是以緩.

여름 6월, 장공莊公의 장례를 치렀다.
나라 안에 난이 있어 이 때문에 늦어진 것이다.

【緩】대체로 제후는 5월장을 치르지만 난으로 인해 11개월 만에 장례를 치른 것임.

※ **368**(閔元-4)

秋八月, 公及齊侯盟于落姑.

가을 8월, 공이 제후齊侯와 낙고落姑에서 동맹을 맺었다.
계자季子가 돌아왔다.

【落姑】지금의 山東 東平縣과 平陰縣의 경계 지역.《公羊傳》과《穀梁傳》에는 '洛姑'로 되어 있음.
【季子】季友. 陳나라에 報聘을 갔던 魯나라 공자. 시호가 '成'이어서 '成季'로도 불림. 그 후손이 뒤에 季氏로 발전함.《史記》魯世家에 "莊公有三弟, 長曰慶父, 次曰叔牙, 次曰季友"라 함.《公羊傳》에는 莊公의 同母弟라 하였음. 子般이 피살되자 陳나라로 도망갔다가 다시 돌아온 것임.

㊉
秋八月, 公及齊侯盟于落姑, 請復季友也.
齊侯許之, 使召諸陳, 公次于郎以待之.
「季子來歸」, 嘉之也.

가을 8월, 공이 제후齊侯와 낙고落姑에서 동맹을 맺은 것은 계우季友를 돌려 보내줄 것을 청하기 위해서였다.
제후가 이를 허락하고 사람을 보내어 진陳나라로부터 그를 불러오도록 하여 민공은 낭郎에 머물며 그를 기다렸다.
'계자가 돌아왔다'라 기록한 것은 경사스러운 일이라 여겼기 때문이다.

【次】사흘 이상 머물며 기다림. 莊公 3년 傳에 "凡師, 一宿爲舍, 再宿爲信, 過信爲次"라 함.
【郎】魯나라 도읍 曲阜 近郊.

※ 369(閔元-4)

冬, 齊仲孫來.

겨울, 제齊나라 중손仲孫이 왔다.

【仲孫】仲孫湫. 齊나라 대부. 仲孫은 氏, 湫는 이름.

傳
冬, 齊仲孫湫來省難, 書曰「仲孫」, 亦嘉之也.
仲孫歸, 曰:「不去慶父, 魯難未已.」
公曰:「若之何而去之?」
對曰:「難不已, 將自斃, 君其待之!」
公曰:「魯可取乎?」
對曰:「不可. 猶秉周禮. 周禮, 所以本也. 臣聞之:『國將亡, 本必先顚, 而後枝葉從之.』魯不棄周禮, 未可動也. 君其務寧魯難而親之. 親有禮, 因重固, 間携貳, 覆昏亂, 霸王之器也.」

겨울, 제齊나라 중손추仲孫湫가 노나라로 와서 환난을 살펴보았다. '중손'이라 기록한 것은 역시 좋은 일이었기 때문이다.
중손이 돌아가 말하였다.
"경보慶父를 없애지 않으면 노나라의 환난은 멈추지 않을 것입니다."
제 환공이 물었다.
"어떻게 하면 그를 없앨 수 있겠소?"
중손이 대답하였다.
"환난이 끝나지 않으면 그는 장차 스스로 엎어질 것입니다. 임금께서는 그때를 기다리십시오!"
환공이 다시 물었다.
"우리가 노나라를 취할 수 있겠소?"

중손이 대답하였다.

"안 됩니다. 노나라는 주周나라의 제도를 그대로 지키고 있습니다. 주례周禮는 나라의 근본입니다. 제가 듣기로 '나라가 장차 망하려면 반드시 그 근본이 먼저 무너지고, 그런 다음에 지엽枝葉이 따라 무너진다'라 하였습니다. 노나라가 주례를 버리지 않고 있는 한 아직은 행동을 해서는 안 됩니다. 그러므로 군주께서는 노나라를 평안케 하는 데 힘써 난리를 가라앉히시고 가까이 지내도록 하십시오. 예가 있는 나라와 친하게 지내면서 그를 근거로 더욱 견고히 하되, 두 마음을 가진 자가 이끄는 나라는 이간시키고, 도리에 어둡고 어지러운 나라를 전복시키는 것이 패왕의 기량입니다."

【省難】 魯나라의 禍難을 살펴봄.
【公】 齊 桓公을 가리킴.
【慶父】 魯 桓公의 둘째 아들이며 魯 莊公의 이복동생. 시호는 共仲.
【周禮】 周公이 제정한 주나라 문물제도.《周禮》책을 지칭하는 것은 아님.
【本必先顚】《詩經》大雅 蕩篇에 "人亦有言, 顚沛之揭, 枝葉未有害, 本實先撥"이라 함.
【間携貳】 두 마음을 가진 자를 끌어들여 이간시킴.

㊟

晉侯作二軍, 公將上軍, 大子申生將下軍.
趙夙御戎, 畢萬爲右, 以滅耿·滅霍·滅魏.
還, 爲大子城曲沃, 賜趙夙耿, 賜畢萬魏, 以爲大夫.
士蔿曰:「大子不得立矣. 分之都城, 而位以卿, 先爲之極, 又焉得立? 不如逃之, 無使罪至. 爲吳大伯, 不亦可乎? 猶有令名, 與其及也. 且諺曰:『心苟無瑕, 何恤乎無家?』天若祚大子, 其無晉乎?」
卜偃曰:「畢萬之後必大. 萬, 盈數也; 魏, 大名也, 以是始賞, 天啓之矣. 天子曰兆民, 諸侯曰萬民. 今名之大, 以從盈數, 其必有衆.」

初, 畢萬筮仕於晉, 遇屯☷☳之比☷☵.
辛廖占之, 曰:「吉. 屯固·比入, 吉孰大焉? 其必蕃昌. 震爲土, 車從馬, 足居之, 兄長之, 母覆之, 衆歸之, 六體不易, 合而能固, 安而能殺, 公侯之卦也. 公侯之子孫, 必復其始.」

진晉 헌공獻公이 2군을 편성하여 헌공은 상군上軍을 이끌고 태자 신생申生은 하군下軍을 이끌었다.

조숙趙夙이 헌공의 전차 왼쪽에서 타고, 필만畢萬은 오른쪽에 자리를 담당하여 경耿나라와 곽霍나라를 멸하고 위魏나라까지 차례로 멸망시켰다.

그리고 돌아가서는 태자를 위해 곡옥曲沃에 성을 쌓고 조숙에게는 경나라 땅을, 필만에게는 위나라 땅을 주어 대부大夫로 삼았다.

사위士蔿가 말하였다.

"태자 신생은 임금 자리에 오르지 못할 것이다. 도성을 나누어주고 경의 지위에 올라 미리 최고 자리에 이르렀으니 어찌 다시 임금 자리에 오를 수 있겠는가? 다른 나라로 도망하여 그 자신 죄에 빠지지 않도록 하느니만 못하다. 오吳 태백太伯처럼 한다면 이 역시 좋지 않겠는가? 오히려 그것이 이름을 아름답게 하는 것이라면 화가 이르도록 하는 것보다는 나으리라. 게다가 속담에 '마음에 진실로 허물이 없다면 어찌 나라를 가지지 못함을 근심하리오?'라 하였다. 하늘이 태자에게 복을 내리고자 한다면 진나라는 길이 있지 않겠는가?"

점술가 곽언郭偃은 이렇게 말하였다.

"필만의 후손은 틀림없이 번성할 것이다. '만萬'은 가득 찬 숫자이고, '위魏'는 크다는 뜻을 지닌 이름이다. 이렇게 비로소 상을 받은 것은 하늘이 그의 앞길을 열어 준 것이다. 천자는 백성을 조민兆民이라 부르고, 제후는 백성을 만민萬民이라 부른다. 이제 그 이름이 장대하고 가득 찬 숫자를 따라가고 있으니 앞으로 틀림없이 많은 무리를 갖게 될 것이다."

이전, 필만이 진나라에서 벼슬을 어디까지 하게 될지 점을 쳤더니 둔괘屯卦가 비괘比卦로 변하는 것이었다.

대부 신료辛廖가 이를 풀이하여 말하였다.

"길합니다. 둔괘는 지위가 견고하여 안정됨을 가리키며, 비괘는 대궐로 들어감을 뜻합니다. 무엇이 이보다 더 길하겠습니까? 틀림없이 번창할 것입니다. 진震이 변하여 토土가 되고, 수레는 말을 따라가고, 발은 땅을 딛고 서 있으며, 형이 우두머리가 되고, 어머니는 감싸주고, 무리가 따르며 섬기게 된다는 것입니다. 이렇게 6효爻는 바뀌지 않으므로 무리가 모이면 견고해질 것이며, 지위는 안정되어 누구라도 죽일 수 있으니 이는 공후公侯가 될 점괘입니다. 공후의 자손은 틀림없이 다시 그 처음처럼 창성하게 될 것입니다."

【晉侯】 당시 쯥나라 군주는 獻公. 文公의 아버지. B.C.767~651년까지 26년간 재위함.

【二軍】 원래 1군만 가질 수 있었으나 獻公에 이르러 上下 2군의 제도를 택함. 장공 16년을 볼 것.

【申生】 당시 태자. 뒤에 驪姬의 逼迫으로 자결함.

【趙夙】 晉나라 卿. 뒤에 대부에 오름.

【御戎】 임금이 탄 전투 수레.

【畢萬】 역시 진나라 卿. 이 전투에 공을 세워 대부에 오름. 《史記》 魏世家에 "魏之先, 畢公高之後也. 畢公高與周同姓. 武王之伐紂, 而高封於畢, 於是爲畢姓. 其後絶封, 爲庶人, 或在中國, 或在夷狄. 其苗裔曰畢萬, 事晉獻公"이라 함.

【耿】 姬姓, 혹 嬴姓의 제후국. 지금의 山西 河津縣 동남쪽 耿鄕城.

【霍】 姬姓의 제후국. 文王의 아들 叔處가 봉을 받았던 나라. 지금의 山西 霍縣 서남쪽.

【魏】 지금의 山西 芮城縣 동북쪽. 桓公 3년을 볼 것.

【曲沃】 지금의 山西 聞喜縣. 진나라가 처음 봉을 받았던 舊都. 태자 申生이 거처하고 있었음. 莊公 28년을 볼 것.

【士蔿】 晉나라 대부. 《通志》 氏族略에 "士氏, 陶唐之苗裔, 歷虞夏商周, 至成王遷之杜, 爲伯. 宣王殺杜伯, 其子隰叔奔晉, 爲士師, 故爲士氏. 其子孫居隨及范, 故又爲隨氏·范氏, 有三族焉. 隰叔生士蔿, 字子輿, 故謂之士輿"라 하였고, 《國語》 晉語(8)에 "昔隰叔子違周難於晉國, 生子輿, 爲理"라 함.

【吳大伯】 吳나라 太伯. 泰伯으로도 표기하며 周 文王의 증조 周 太王(古公亶甫)의 맏아들. 주 태왕이 막내인 季歷의 아들 姬昌을 후계자로 삼고 싶어 함을 알고

둘째 동생인 仲雍과 함께 荊蠻 땅으로 가서 오나라를 세움.《史記》吳泰伯世家에 "吳太伯, 太伯弟仲雍, 皆周太王之子, 而王季歷之兄也. 季歷賢, 而有聖子昌, 太王欲立季歷以及昌, 於是太佰·仲雍二人乃奔荊蠻, 文身斷髮, 示不可用, 以避季歷. 季歷果立, 是爲王季, 而昌爲文王. 太伯之奔荊蠻, 自號句吳. 荊蠻義之, 從而歸之千餘家, 立爲吳伯"이라 함. 그 밖에 周本紀 및《論語》泰伯篇을 참조할 것.

【卜偃】晉나라 때 유명한 점술가로 이름은 郭偃. 職名이 卜偃이었음.

【兆民】沈彤의〈小疏〉에 "天子曰兆民, 齊侯曰萬民"이라 함.

【屯】《周易》의 3번째 괘. 水雷屯(震下坎上)로 이루어져 있으며 "屯: 元亨, 利貞; 勿用有攸往, 利建侯. 象曰: 屯, 剛柔始交而難生; 動乎險中, 大亨貞. 雷雨之動滿盈, 天造草昧; 宜建侯而不寧. 象曰: 雲雷, 屯; 君子以經綸. 初九, 磐桓, 利居貞, 利建侯. 象曰: 雖磐桓, 志行正也; 以貴下賤, 大得民也. 六二, 屯如邅如, 乘馬班如, 匪寇婚媾; 女子貞不字, 十年乃字. 象曰: 六二之難, 乘剛也; 十年乃字, 反常也. 六三, 卽鹿無虞, 惟入于林中; 君子幾不如舍, 往吝. 象曰:「卽鹿无虞」, 以從禽也; 君子舍之, 往吝, 窮也. 六四, 乘馬班如, 求婚媾; 往吉, 无不利. 象曰: 求而往, 明也. 九五, 屯其膏. 小, 貞吉; 大, 貞凶. 象曰:「屯其膏」, 施未光也. 上六, 乘馬班如, 血漣如. 象曰:「泣血漣如」, 何可長也"라 함.

【比】《周易》의 8번째 괘. 水地比(坤下坎上)로 구성되어 있으며, "比: 吉, 原筮, 元永貞, 无咎. 不寧方來, 後夫凶. 象曰: 比, 吉也; 比, 輔也, 下順從也.「原筮, 元永貞, 无咎」, 以剛中也.「不寧方來」, 上下應也;「後夫凶」, 其道窮也. 象曰: 地上有水, 比; 先王以建萬國, 親諸侯. 初六, 有孚比之, 无咎; 有孚盈缶, 終來有它, 吉. 象曰: 比之初六, 有它吉也. 六二, 比之自內, 貞吉. 象曰:「比之自內」, 不自失也. 六三, 比之匪人. 象曰:「比之匪人」, 不亦傷乎? 六四, 外比之, 貞吉. 象曰: 外比於賢, 以從上也. 九五, 顯比, 王用三驅, 失前禽, 邑人不誡, 吉. 象曰:「顯比」之吉, 位正中也; 舍逆取順, 失前禽也; 邑人不誡, 上使中也. 上六, 比之无首, 凶. 象曰:「比之无首」, 无所終也"라 함.

【辛廖】晉나라 대부.

【震爲土】震은《易》에서 장남을 뜻하며 土는 坤卦. 坤은 母親.

【車從馬】震은 車이며 坤은 馬. 震괘가 변하여 坤괘가 되는 것은 수레가 말을 따라가는 것과 같음.

【足居之】震은 足. 震이 움직여 坤괘를 만나 안정을 이룸.

【兄長之】震은 장남. 그 때문에 큰형이 됨.

【母覆之】坤은 母, 어머니가 덮어주고 있음.

【衆歸之】 坤은 衆. 많은 이들이 따라와 귀의함.
【六體不易】 六體는 六爻. 震이 土가 되어 많은 이들이 따라주므로 변화가 있을 수 없음.
【公侯之子孫】 畢萬은 원래 周 畢公高의 후손이며 그는 侯爵이었음.

063. 閔公 2年(B.C.660) 辛酉

周	惠王(姬閬) 17년	齊	桓公(小白) 26년	晉	獻公(詭諸) 17년	衛	懿公(赤) 9년
蔡	穆侯(肸) 15년	鄭	文公(捷) 13년	曹	昭公(班) 2년	陳	宣公(杵臼) 33년
杞	惠公 13년	宋	桓公(御說) 22년	秦	成公 4년	楚	成王(頵) 12년
許	穆公(新臣) 38년						

✽ 370(閔2-1)

二年春王正月, 齊人遷陽.

2년 봄 주력周曆 정월. 제齊나라가 양陽나라 사람을 이주시켰다.

【遷】 강제로 이주시킴.
【陽】 나라 이름. 지금의 山東 沂水縣에 陽都城이 있으며 이곳이 고대 陽나라였음. 姬姓, 혹은 偃姓이었다 함.
＊無傳

㊉
二年春, 虢公敗犬戎于渭汭.
舟之僑曰:「無德而祿, 殃也. 殃將至矣.」
遂奔晉.

2년 봄, 괵공虢公이 견융犬戎을 위예渭汭에서 패배시켰다.

이를 두고 괵나라 대부 주지교舟之僑가 말하였다.

"덕이 없는데도 복록을 받는 것은 재앙을 받는 일이다. 앞으로 재앙이 닥칠 것이다."

이렇게 말하고는 마침내 진晉나라로 달아났다.

【犬戎】匈奴의 전신. 殷周시대에는 鬼方과 昆夷, 전국시대에는 胡와 匈奴로 불렀음. 混夷 또는 犬夷라고도 함.《穆天子傳》에 "犬戎胡觴天子于雷首之阿"라 하였으며 雷首山은 지금의 山西 永濟縣에 있음.
【渭汭】渭水가 黃河로 흘러들어가는 곳. 지금의 陝西 華陰縣 동북쪽.
【舟之僑】虢나라 대부. 미래를 예견하는 지혜가 있었음. 虢國의 무도함을 보고 晉나라로 망명함.

※ **371(閔2-2)**

夏五月乙酉, 吉禘于莊公.

여름 5월 을유날, 장공莊公의 길체吉禘를 지냈다.

【乙酉】5월 6일.
【莊公】魯 莊公. 閔公의 아버지.
【吉禘】禘는 돌아가신 조상이 위패를 모셔 宗廟에 안치하는 큰 제사. 이 제사에서 昭穆을 구분함. 昭穆은 고대 宗法制度로써 宗廟에 위패를 배열하는 규정. 始祖는 중앙에, 二世 이후 짝수 선조는 왼쪽에 배치하며 이를 '昭'라 함. 그리고 三世 이후 홀수의 선조는 오른쪽에 배치하며 이를 '穆'이라 함.《孔子家語》問禮篇에 "宗廟之序. 品其犧牲, 設其豕臘, 修其歲時, 以敬其祭祀, 別其親疏, 序其昭穆"이라 함.

傳
夏, 吉禘于莊公, 速也.

여름, 장공莊公의 길체吉禘를 지냈으나 이는 그 시일이 너무 빠른 것이었다.

【速也】 3년 거상을 마치지 않고 22개월 만에 이 제사를 지냈으므로 시기가 빨랐던 것임을 말함.

※ 372(閔2-3)

秋八月辛丑, 公薨.

가을 8월 신축날, 공이 훙거하였다.

【辛丑】 8월 24일.
【薨】 閔公이 죽음.

※ 373(閔2-4)

九月, 夫人姜氏孫于邾.

9월, 부인 강씨姜氏가 주邾나라로 달아났다.

【姜氏】 哀姜. 齊나라 출신으로 魯 莊公의 부인이며 慶父와 사통하다가 죽음을 당함.《列女傳》孽嬖傳「魯莊哀姜」참조.

【孫】 '도망하다'의 뜻. '遜'과 같음. '奔'을 완곡하게 표현하는 말. 莊公 원년을 볼 것.
【邾】 周 武王이 祝融 八姓의 하나였던 邾俠(曹俠)을 封하여 附庸國으로 삼았었으며 지금의 山東 鄒縣. 이 때문에 戰國시대에 이름을 '鄒'로 바꾸었음. 曹姓이며 子爵 작위를 받았으나 魯나라에 예속되어 있었음.

✱ 374(閔2-5)

公子慶父出奔莒.

공자 경보慶父가 거莒나라로 달아났다.

【慶父】 共仲. 魯 桓公의 둘째 아들이며 魯 莊公의 이복동생. 시호는 共仲.

㊧
初, 公傅奪卜齮田, 公不禁.
秋八月辛丑, 共仲使卜齮賊公于武闈.
成季以僖公適邾, 共仲奔莒, 乃入, 立之.
以賂求共仲于莒, 莒人歸之.
及密, 使公子魚請, 不許.
哭而往, 共仲曰:「奚斯之聲也!」
乃縊.
閔公, 哀姜之娣叔姜之子也, 故齊人立之.
共仲通於哀姜, 哀姜欲立之.
閔公之死也, 哀姜與知之, 故孫于邾.
齊人取而殺之于夷, 以其尸歸, 僖公請而葬之.

당초, 민공閔公의 스승이 대부 복기卜齮의 전답을 빼앗았으나 공이 이를 말리지 않았다.

가을 8월 신축날, 공중共仲(慶父)이 복기로 하여금 공을 무위문武闈門에서 죽이도록 하였다.

성계成季는 희공僖公을 모시고 주邾나라로 갔다가 공중이 거나라로 달아나자 성계는 다시 들어와 희공을 군주로 세웠다.

그리고 거나라에 뇌물을 주어 공중을 송환해 줄 것을 요구하여 거나라에서 공중을 돌려보냈던 것이다.

공중은 밀密 땅에 이르러 공자 어奚로 하여금 용서를 청하도록 하였으나 허락받지 못하였다.

공자가 울며 되돌아가자 공중이 멀리서 듣고 말하였다.

"해사奚斯(魚)의 울음소리로구나!"

그리고는 목을 매어 죽었다.

민공은 애강哀姜의 여동생 숙강叔姜의 아들이었으므로 그 때문에 제齊나라에서 그를 임금으로 세워준 것이었다.

그런데 공중이 애강과 정을 통하면서 애강은 공중을 임금으로 세우고자 욕심을 품었었다.

민공의 죽음에 애강도 협조한 터라 미리 알고 있었으므로 그 때문에 주나라로 달아난 것이다.

제나라가 그녀를 잡아 이夷 땅에서 죽인 뒤 시신을 가지고 제나라로 돌아가자 희공은 애강의 시신을 돌려 달라고 청하여 장사를 치르게 된 것이었다.

【御傅】 '御'는 임금. '傅'는 師傅. 민공의 스승.
【卜齮】 노나라 대부.
【辛丑】 8월 24일.
【共仲】 慶父의 시호.
【武闈】 路寢이 있는 正殿에 양쪽으로 난 작은 문.
【成季】 季友. 陳나라에 報聘을 갔던 魯나라 공자. 시호가 '成'이어서 '成季'로도

불림. 그 후손이 뒤에 季氏로 발전함.《史記》魯世家에 "莊公有三弟, 長曰慶父, 次曰叔牙, 次曰季友"라 함.《公羊傳》에는 莊公의 同母弟라 하였음.

【僖公】閔公의 서형. 成風에게서 태어남. 閔公을 이어 魯나라 왕위에 오름. B.C.659~627년까지 33년간 재위함.

【密】魯나라 땅 이름으로 지금의 山東 費縣 북쪽.《水經注》에 "沂水南逕東安縣故城東而南. 合時密水, 水出時密山, 莒人歸共仲於魯及密而死, 是也"라 함.

【奚斯】공자 魚의 이름.

【哀姜】齊나라 출신으로 莊公의 부인. 慶父와 사통하다가 죽음을 당함.《列女傳》孽嬖傳「魯莊哀姜」에 "哀姜者, 齊侯之女, 莊公之夫人也. 初, 哀姜未入時, 公數如齊, 與哀姜淫. 旣入, 與其弟叔姜俱. 公使大夫宗婦用幣見, 大夫夏甫不忌曰: 「婦贄不過棗栗, 以致禮也. 男贄不過玉帛禽鳥, 以章物也. 今婦贄用幣, 是男女無別也. 男女之別, 國之大節也, 無乃不可乎?」公不聽. 又丹其父桓公廟宮之楹, 刻其桷以夸哀姜. 哀姜驕淫, 通於二叔公子慶父・公子牙, 哀姜欲立慶父, 公薨, 子般立, 慶父與哀姜謀, 遂殺子般於黨氏, 立叔姜之子是爲閔公. 閔公旣立, 慶父與哀姜淫益甚, 又與慶父謀殺閔公而立慶父. 遂使卜齮襲弑閔公於武闈, 將自立. 魯人謀之, 慶父恐, 奔莒. 哀姜奔邾. 齊桓公立僖公, 聞哀姜與慶父通以危魯, 乃召哀姜酖而殺之, 魯遂殺慶父.《詩》云:『啜其泣矣, 何嗟及矣!』此之謂也. 頌曰: 『哀姜好邪, 淫於魯莊. 延及二叔, 驕妒縱橫. 慶父是依, 國適以亡. 齊桓征伐, 酖殺哀姜』"이라 하였으며《史記》魯世家에도 자세히 실려 있음.

【叔姜】哀姜의 여동생. 閔公의 어머니.

【通】私通함. 哀姜과 共仲(慶父)이 사통함.

【與知之】'與'는 '預, 豫'와 같음. '미리'의 뜻.

【夷】杜預는 노나라 땅 이름이라 하였으나《公羊傳》에는 제나라 땅이었다 함. 魯 隱公 元年 傳을 볼 것.

㊖
成季之將生也, 桓公使卜楚丘之父卜之, 曰:「男也, 其名曰友, 在公之右; 間于兩社, 爲公室輔. 季氏亡, 則魯不昌.」

又筮之, 遇大有☰之乾☰, 曰:「同復于父, 敬如君所.」

及生, 有文在其手曰「友」, 遂以命之.

4.〈閔公 2年〉 557

성계成季가 태어날 때 환공桓公은 점복 일을 맡고 있는 대부 복초구卜楚丘의 아버지로 하여금 점을 치도록 하였더니 그가 이렇게 풀이하다.

"아들이며 이름은 우友입니다. 군주의 오른쪽에 자리 잡을 것이며 양사兩社 사이에서 왕실을 보필할 것입니다. 계씨季氏가 망하면 노나라가 창성하지 못하게 됩니다."

다시 점을 쳐 대유괘大有卦가 건괘乾卦로 변하는 점괘가 나오자 복초구의 아버지가 다시 말하였다.

"다시 해도 아버지와 같으니 군주와 같이 공경을 받게 될 것입니다."

성계가 태어났을 때 그 손바닥에 '友'자의 글자 무늬가 있어 드디어 이름을 그렇게 지었던 것이다.

【成季】季友. 陳나라에 報聘을 갔던 魯나라 공자. 시호가 '成'이어서 '成季'로도 불림. 그 후손이 뒤에 季氏로 발전함.《史記》魯世家에 "莊公有三弟, 長曰慶父, 次曰叔牙, 次曰季友"라 함.《公羊傳》에는 莊公의 同母弟라 하였음.

【卜楚丘】卜은 점복, 점쟁이. 楚丘는 그의 이름. 노나라 대부.

【公之右】임금보다 권세가 더 대단함을 표현한 것.

【間于兩社】노나라 도성에는 周社와 亳社가 있었음. 亳社는 殷나라 사당으로 노나라가 은나라에서 이어 내려온 것임을 알 수 있음. 두 社廟 사이에 계우의 집정 관청이 있게 됨을 말한 것임.

【季氏】季는 흔히 셋째 아들. 여기서는 季友를 가리키며 그가 이어갈 씨족.

【大有】《周易》제 14째 괘명. 火天大有(乾下離上)의 구성이며 "大有: 元亨. 象曰: 「大有」, 柔得尊位大中, 而上下應之, 曰大有. 其德剛健而文明, 應乎天而時行; 是以元亨. 象曰: 火在天上, 「大有」; 君子以遏惡揚善, 順天休命. 初九, 无交害, 匪咎; 艱則无咎. 象曰: 大有初九, 无交害也. 九二, 大車以載, 有攸往, 无咎. 象曰: 「大車以載」, 積中不敗也. 九三, 公用亨于天子, 小人弗克. 象曰: 公用亨于天子, 小人害也. 九四, 匪其彭, 无咎. 象曰: 「匪其彭无咎」, 明辨晢也. 六五, 厥孚交如, 威如, 吉. 象曰: 「厥孚交如」, 信以發志也; 「威如之吉」, 易而無備也. 上九, 自天祐之, 吉, 无不利. 象曰: 大有上吉, 自天祐也"라 함.

【乾】《周易》제 첫째 괘명. 乾爲天(乾下乾上)으로 이루어져 있으며 "乾: 元·亨·利·貞. 初九, 潛龍勿用. 九二, 見龍在田, 利見大人. 九三, 君子終日乾乾, 夕惕若,

厲, 无咎. 九四, 或躍在淵, 无咎. 九五, 飛龍在天, 利見大人. 上九, 亢龍有悔. 用九, 見羣龍无首, 吉. 象曰: 大哉乾元! 萬物資始, 乃統天. 雲行雨施. 品物流形. 大明終始, 六位時成, 時乘六龍以御天. 乾道變化, 各正性命, 保合大和, 乃利貞. 首出庶物, 萬國咸寧. 象曰: 天行健; 君子以自强不息.「潛龍勿用」, 陽在下也;「見龍在田」, 德施普也;「終日乾乾」, 反復道也;「或躍在淵」, 進无咎也;「飛龍在天」, 大人造也;「亢龍有悔」, 盈不可久也;「用九」, 天德不可爲首也"이라 함.
【文】'紋'과 같음. 문양, 무늬.

❋ 375(閔 2-6)

冬, 齊高子來盟.

겨울, 제齊나라 고자高子가 와서 동맹을 맺었다.

【高子】齊나라 대부. 高傒. 齊나라는 田(陳)氏, 高氏, 國氏 등이 世族이었음.《國語》 齊語와《管子》小匡篇에 "桓公憂天下齊侯, 魯有夫人‧慶父之亂, 二君弑死, 國無嗣. 桓公聞之, 使高子存之"라 함.
＊無傳

❋ 376(閔 2-7)

十有二月, 狄入衛.

12월, 적狄이 위衛나라를 침입하였다.

【狄】북쪽 이민족. 匈奴의 전신. 赤狄.

㉠

冬十二月, 狄人伐衛.

衛懿公好鶴, 鶴有乘軒者.

將戰, 國人受甲者皆曰:「使鶴! 鶴實有祿位, 余焉能戰?」

公與石祁子玦, 與甯莊子矢, 使守, 曰:「以此贊國, 擇利而爲之.」

與夫人繡衣, 曰:「聽於二子!」

渠孔御戎, 子伯爲右, 黃夷前驅, 孔嬰齊殿.

及狄人戰于熒澤, 衛師敗績, 遂滅衛.

衛侯不去其旗, 是以甚敗.

狄人囚史華龍滑與禮孔, 以逐衛人.

二人曰:「我, 大史也, 實掌其祭. 不先, 國不可得也.」

乃先之, 至, 則告守曰:「不可待也.」

夜與國人出.

狄入衛, 遂從之, 又敗諸河.

初, 惠公之卽位也少, 齊人使昭伯烝於宣姜, 不可, 强之, 生齊子·戴公·文公·宋桓夫人·許穆夫人.

文公爲衛之多患也, 先適齊.

及敗, 宋桓公逆諸河, 宵濟.

衛之遺民男女七百有三十人, 益之以共·滕之民爲五千人.

立戴公以廬于曹.

許穆夫人賦〈載馳〉.

齊侯使公子無虧帥車三百乘·甲士三千人以戍曹.

歸公乘馬, 祭服五稱, 牛·羊·豕·鷄·狗皆三百與門材.

歸夫人魚軒, 重錦三十兩.

겨울 12월, 적인狄人이 위衛나라를 쳤다.

위衛 의공懿公은 학鶴을 좋아하여 그 가운데는 초헌軺軒에 올라타고 있는 학도 있을 정도였다.

장차 출군하려 할 때 귀족들은 군복을 지급 받고는 모두 이렇게 말하였다.

"학을 시켜 싸우도록 하시지요! 학이 작록과 직위를 받았으니 우리가 어찌 싸우겠습니까?"

의공은 석기자石祁子에게 패옥을 주고, 영장자甯莊子에게는 화살을 주어 지키도록 하면서 말하였다.

"이것들을 가지고 나라를 이끌되 편리한 방법을 택하여 다스리도록 하시오."

그리고 부인에게는 수놓은 옷을 주며 말하였다.

"이 두 사람의 말을 들으시오!"

대부 거공渠孔이 의공의 싸움 수레를 몰고 자백子伯이 그 오른쪽에 올랐으며, 대부 황이黃夷는 선봉을 맡고, 공영제孔嬰齊는 후미를 맡았다.

적인들과 형택熒澤에서 싸웠으나 위나라 군사가 크게 패하여 적인들은 마침내 위나라를 멸망시키고 말았다.

의공은 군주의 깃발을 버리지 않고 지키다가 이 때문에 공격을 받아 대패하였던 것이다.

적인들이 위나라 사관 화룡활華龍滑과 예공禮孔을 포로로 잡고 그들을 앞세워 위나라 사람들을 뒤쫓았다.

그 두 사람이 적인들에게 말하였다.

"우리는 이 나라의 태사大史로써 나라의 제사를 주관하고 있소. 우리가 먼저 사당으로 들어가지 않으면 이 나라를 차지할 수 없을 것이오."

이에 적인들이 그들을 먼저 들여보냈다.

그들이 도성에 들어서서 도착하자 수비하는 이들에게 사실을 알렸다.

"기다리고 있을 수만은 없소."

그리고 밤이 되자 도성 사람들과 함께 달아나 버렸다.

적인이 위나라 도성으로 진입하여 달아나는 사람들을 쫓아가서 다시 하수河水 가에서 위나라 사람들을 패배시켰다.

당초, 위衛 혜공惠公이 즉위하였을 때 그 나이가 어렸으며 이에 제齊나라에서 소백昭伯으로 하여금 그의 아버지 선공宣公의 부인 선강宣姜과 음증淫烝하도록 하자 소백이 거절하였으나 억지로 그렇게 시켜 제자齊子·대공戴公·문공文公·송宋 환공桓公의 부인·허許 목공穆公의 부인을 낳게 된 것이다.

문공은 위나라에 환난이 많다고 여겨 임금에 오르기 전 제나라로 갔다.

위나라가 패배하자 송 환공이 위나라 사람들을 하수 가에서 맞이하여, 야음을 틈타 하수를 건넜다.

위나라 유민들은 남녀 7백 30명이었고, 공共 땅과 등滕 땅의 백성을 더하여 5천 명이 되었다.

송 환공은 대공을 위나라 군주로 세우고 조曹 땅에 임시로 머물게 하였다.

허 목공의 부인은 이 슬픔을 〈재치載馳〉라는 시로 읊었다.

제 환공은 공자 무휴無虧에게 전차 3백 승과 갑사甲士 3천 명을 거느리고 조 땅을 지키도록 하였다.

위 대공에게 승마乘馬·제사용 복식 다섯 벌·소·양·돼지·닭·개 등 모두 3백 마리와 문을 만들 목재를 주었다.

그리고 대공의 부인에게는 물고기 가죽으로 꾸민 부인용 수레와 귀한 비단 중금重錦 30필을 주었다.

【衛懿公】 이름은 赤. 衛나라 군주. 惠公 朔의 아들. B.C.668~660년 재위.
【軒】 韶軒. 대부나 벼슬아치가 타던 수레. 학을 좋아하여 학에게 그러한 직위를 주어 수레에 싣고 다닐 정도였음을 말함.
【受甲】 전투에 징발되어 갑옷과 무기 등을 지급 받음.
【石祁子】 衛나라 대부. 莊公 12년을 볼 것.
【玦】 구멍이 있고 넓적한 玉. 결단을 잘 내려주길 바란다는 뜻으로 '決'과 같음.
【甯莊子】 衛나라 대부. 甯速. 甯詭의 손자이며 甯穆仲子의 아들.
【繡衣】 수를 놓을 때는 옷감의 바깥쪽에서 안쪽으로 바느질하듯이 바깥사람의 충고를 잘 받아들이라는 뜻.
【渠孔】 위나라 대부.
【子伯】 역시 위나라 대부.

【黃夷】위나라 대부.

【孔嬰齊】위나라 대부. 孔達의 아버지. 孔達은 文公 원년을 볼 것.

【殿】군사 행렬의 뒤를 지키는 임무. 퇴각할 때 맨 뒤에서 추격하는 적을 막아내는 임무를 말함. 《論語》雍也篇의 "子曰:「孟之反不伐, 奔而殿, 將入門, 策其馬, 曰:『非敢後也, 馬不進也.』」"의 集註에 "軍後曰殿"이라 하였고, 본 《左傳》 哀公 11년 傳에「師及齊師戰于郊. 右師奔; 齊人從之. 孟之側後入, 以爲殿; 抽矢策其馬, 曰:『馬不進也!』」라 함.

【熒澤】狄과 접한 黃河 북쪽으로 지금의 河南 汲縣과 淇縣 서북쪽 경계.

【敗績】全軍이 대패하였을 때 쓰는 말. 莊公 11년 傳에 "凡師, 敵未陳曰敗某師, 皆陳曰戰, 大崩曰敗績"이라 함.

【華龍滑·禮孔】둘 모두 위나라 대부.

【大史】太史와 같음. '태사'로 읽음. 고대 三公의 하나.

【國人】귀족을 가리킴. 이상 衛 惠公의 好鶴 故事는 《韓詩外傳》(7)에 "衛懿公之時, 有臣曰弘演者, 受命而使未反, 而狄人攻衛. 於是懿公欲興師迎之. 其民皆曰:「君之所貴而有祿位者, 鶴也; 所愛者, 宮人也. 亦使鶴與宮人戰, 余安能戰?」遂潰而皆去. 狄人至, 攻懿公於熒澤, 殺之, 盡食其肉, 獨舍其肝. 弘演至, 報使於肝, 辭畢, 呼天而號. 哀止, 曰:「若臣者, 獨死可耳.」於是, 遂自剖出腹實, 內懿公之肝, 乃死. 桓公聞之, 曰:「衛之亡也, 以無道也, 今有臣若此, 不可不存.」於是復立衛於楚丘. 如弘演, 可謂忠士矣. 殺身以捷其君, 非徒捷其君, 又令衛之宗廟復立, 祭祀不絶, 可謂有大功矣. 詩曰:『四方有羨, 我獨居憂, 民莫不穀, 我獨不敢休.』"라 하였으며, 《呂氏春秋》忠廉篇에도 "衛懿公有臣曰弘演, 有所於使. 翟人攻衛, 其民曰:「君之所予位祿者, 鶴也; 所貴富者, 宮人也. 君使宮人與鶴戰, 余焉能戰?」遂潰而去. 翟人至, 及懿公於榮澤, 殺之, 盡食其肉, 獨捨其肝. 弘演至, 報使於肝. 畢, 呼天而啼, 盡哀而止, 曰:「臣請爲襮.」因自殺, 先出其腹實, 內懿公之肝. 桓公聞之曰:「衛之亡也, 以爲無道也. 今有臣若此, 不可不存.」於是復立衛於楚丘. 弘演可謂忠矣, 殺身出生以徇其君. 非徒徇其君也, 又令衛之宗廟復立, 祭祀不絶, 可謂有功矣"라 하였고, 《新序》義勇篇에도 역시 "衛懿公有臣曰弘演, 遠使未還. 狄人攻衛, 其民曰:「君之所與祿位者, 鶴也; 所富者, 宮人也. 君使宮人與鶴戰, 余焉能戰?」遂潰而去. 狄人追及懿公於榮澤, 殺之, 盡食其肉, 獨捨其肝. 弘演至, 報使於肝, 畢, 呼天而號, 盡哀而止. 曰:「臣請爲表.」因自刺其腹, 乃懿公之肝而死. 齊桓公聞之曰:「衛之亡也以無道, 今有臣若此, 不可不存.」於是救衛於楚丘"라

하였으며,《新書》(賈誼) 春秋篇에는 "衛懿公喜鶴, 鶴有飾以文繡, 賦斂繁多而 不顧其民, 貴優而輕大臣. 群臣或諫則面叱之. 及翟伐衛, 寇挾城堞矣. 衛君垂淚 而拜其臣民曰:「寇迫矣. 士民其勉之」士民曰:「君亦使君之貴優, 將君之愛鶴 以爲君戰矣. 我儕棄人也. 安能守戰?」乃潰門而出走, 翟寇遂入, 衛君奔死, 遂喪 其國"이라 하였고,《論衡》儒增篇에는 "儒書言:「衛有忠臣弘演, 爲衛哀公使, 未還, 狄人攻哀公而殺之, 盡食其肉, 獨捨其肝. 弘演使還, 致命於肝. 痛哀公之死, 身肉盡, 肝無所附, 引刀自剖其腹, 盡出其腹實, 乃內哀公之肝而死.」言此者, 欲稱 其忠矣. 言其自剖內哀公之肝而死, 可也; 言盡出其腹實乃內哀公之肝, 增之也" 라 하는 등 널리 실려 있음.

【惠公】懿公의 아버지. 이름은 朔. B.C.699~669년까지 31년간 재위함.

【昭伯】衛나라 宣公의 아들이며 惠公의 庶兄. 이름은 頑.

【烝】淫烝. 아랫사람이 손위 여자와 私通함. 원래는 고대 군주나 귀족의 多妻制 에서 媵娣制와 烝報制가 있었음. 烝報制란 부친이 죽은 뒤 자신의 생모 이외 에는 아버지가 거느리던 모든 여인을 자신의 처로 삼을 수 있으며 그리하여 낳은 아들의 지위도 역시 적자와 같은 대우를 해 주는 것임. 춘추시대 이러한 제도가 통용되었으며《左傳》에 예닐곱 가지 예가 보임. 한편 媵娣制는 여자가 시집갈 때 함께 데리고 가는 여동생 등도 역시 남편의 媵妾이 되는 예로 이는 장기간 지속되었음.

【宣姜】齊 僖公의 딸이며 衛 宣公이 아들 急子를 위해 맞이하였다가 자신이 차지한 부인.

【齊子】昭伯과 宣姜 사이에 난 아들.

【戴公】昭伯과 宣姜 사이에 난 아들. 이름은 申. 懿公을 이어 왕위에 올랐으나 B.C.660년 1년만 재위함.《史記》衛世家에 "十八年, 初, 宣公愛夫人夷姜, 夷姜 生子伋, 以爲太子, 而令右公子傅之. 右公子爲太子取齊女, 未入室, 而宣公見所 欲爲太子婦者好, 說而自取之, 更爲太子取他女. 宣公得齊女, 生子壽·子朔, 令左 公子傅之. 太子伋母死, 宣公正夫人與朔共讒惡太子伋. 宣公自以其奪太子妻也, 心惡太子, 欲廢之. 及聞其惡, 大怒, 乃使太子伋於齊而令盜遮界上殺之, 與太子 白旄, 而告界盜見持白旄者殺之. 且行, 子朔之兄壽, 太子異母弟也, 知朔之惡太子 而君欲殺之, 乃謂太子曰:「界盜見太子白旄, 卽殺太子, 太子可毋行.」太子曰: 「逆父命求生, 不可.」遂行. 壽見太子不止, 乃盜其白旄而先馳至界. 界盜見其驗, 卽殺之. 壽已死, 而太子伋又至, 謂盜曰:「所當殺乃我也.」盜幷殺太子伋, 以報

宣公. 宣公乃以子朔爲太子. 十九年, 宣公卒, 太子朔立, 是爲惠公. 左右公子不平朔之立也, 惠公四年, 左右公子怨惠公之讒殺前太子伋而代立, 乃作亂, 攻惠公, 立太子伋之弟黔牟爲君, 惠公奔齊. 衛君黔牟立八年, 齊襄公率諸侯奉王命共伐衛, 納衛惠公, 誅左右公子. 衛君黔牟奔于周, 惠公復立. 惠公立三年出亡, 亡八年復入, 與前通年凡十三年矣. 二十五年, 惠公怨周之容舍黔牟, 與燕伐周. 周惠王奔溫, 衛·燕立惠王弟頹爲王. 二十九年, 鄭復納惠王. 三十一年, 惠公卒, 子懿公赤立. 懿公卽位, 好鶴, 淫樂奢侈. 九年, 翟伐衛, 衛懿公欲發兵, 兵或畔. 大臣言曰:「君好鶴, 鶴可令擊翟.」 翟於是遂入, 殺懿公. 懿公之立也, 百姓大臣皆不服. 自懿公父惠公朔之讒殺太子伋代立至於懿公, 常欲敗之, 卒滅惠公之後而更立黔牟之弟昭伯頑之子申爲君, 是爲戴公"이라 함.

【文公】昭伯과 宣姜 사이에서 태어난 아들로 이름은 燬. 戴公을 이어 왕위에 올라 B.C.659~635년까지 25년간 재위함.

【宋桓夫人】宋 桓公 御說의 부인.

【許穆夫人】許 穆公의 부인. 許나라는 姜姓으로 周 武王이 그 苗裔 文叔을 許에 봉함. 지금의 河南 許昌市 동쪽.

【宵濟】夜陰을 틈타 강을 건너 도망함.

【共滕】衛나라에 예속되었던 작은 나라들. 共은 지금의 河北에 있었으며 衛나라의 다른 지파.

【曹】楚丘 부근에 있었으며 지금의 河南 滑縣 남쪽 白馬城.

【載馳】《詩經》鄘風에 "載馳載驅, 歸唁衛侯. 驅馬悠悠, 言至於漕. 大夫跋涉, 我心則憂. 旣不我嘉, 不能旋反. 視爾不臧, 我思不遠. 旣不我嘉, 不能旋濟. 視爾不臧, 我思不閟. 陟彼阿丘, 言采其蝱. 女子善懷, 亦各有行. 許人尤之, 衆稚且狂. 我行其野, 芃芃其麥. 控于大邦, 誰因誰極. 大夫君子, 無我有尤. 百爾所思, 不如我所之"라 함.

【齊侯】당시 齊나라 군주는 桓公(小白)이었음.

【公子無虧】齊 桓公의 庶出 長子 武孟.

【歸公乘馬】'歸'는 '증송하다'의 뜻. 衛 戴公의 거마 4필을 증송함.

【五稱】稱은 홑옷을 세는 단위. 다섯 벌.

【歸夫人魚軒】夫人은 戴公의 부인을 가리키며, 魚軒은 어류의 가죽으로 꾸민 군주 부인용 수레.

【重錦】비단의 한 종류. 지극히 가는 실로 짠 비단 옷감.

✵ 377(閔2-8)

鄭棄其師.

정鄭나라가 자신의 군사를 버렸다.

㊇
鄭人惡高克, 使帥師次于河上, 久而弗召, 師潰而歸, 高克奔陳.
鄭人爲之賦〈淸人〉.

정鄭나라는 대부 고극高克을 미워하여 그에게 군사를 이끌고 하수河水 가에 진을 치고 머물도록 하고는 오랫동안 불러들이지 않자 결국 군사들이 뿔뿔이 흩어져 돌아가 버리고 고극도 진陳나라로 달아났다.
정나라 사람이 그를 위해 〈청인淸人〉이라는 시를 지어 불렀다.

【高克】鄭나라 대부.
【次】군사가 주둔함을 뜻함. 莊公 3년 傳에 "凡師, 一宿爲舍, 再宿爲信, 過信爲次"라 함.
【淸人】《詩經》鄭風 淸人에 "淸人在彭, 駟介旁旁, 二矛重英, 河上乎翺翔. 淸人在消, 駟介麃麃, 二矛重喬, 河上乎逍遙. 淸人在軸, 駟介陶陶, 左旋右抽, 中軍作好"라 함.

㊇
晉侯使大子申生伐東山皐落氏.
里克諫曰:「大子奉冢祀·社稷之粢盛, 以朝夕視君膳者也, 故曰冢子. 君行則守, 有守則從. 從曰撫軍, 守曰監國, 古之制也. 夫帥師,專行謀,誓軍旅,君與國政之所圖也.非大子之事也.師在制命而已,稟命則不威,專命則不孝,故君之嗣適不可以帥師.君失其官,帥師不威,將焉用之?且臣聞皋落氏將戰.君其舍之!」

公曰:「寡人有子,未知其誰立焉!」

不對而退.

見大子,大子曰:「吾其廢乎?」

對曰:「告之以臨民,教之以軍旅,不共是懼,何故廢乎?且子懼不孝,無懼弗得立.修己而不責人,則免於難.」

大子帥師,公衣之偏衣,佩之金玦.

狐突御戎,先友為右.梁餘子養御罕夷,先丹木為右.

羊舌大夫為尉.

先友曰:「衣身之偏,握兵之要.在此行也,子其勉之!偏躬無慝,兵要遠災,親以無災,又何患焉?」

狐突歎曰:「時,事之徵也;衣,身之章也;佩,衷之旗也.故敬其事,則命以始;服其身,則衣之純;用其衷,則佩之度.今命以時卒,閟其事也;衣之尨服,遠其躬也;佩以金玦,弃其衷也.服以遠之,時以閟之,尨,涼;冬,殺;金,寒;玦,離;胡可恃也?雖欲勉之,狄可盡乎?」

梁餘子養曰:「帥師者,受命於廟,受賑於社,有常服矣.不獲而尨,命可知也.死而不孝,不如逃之.」

罕夷曰:「尨奇無常,金玦不復.雖復何為?君有心矣.」

先丹木曰:「是服也,狂夫阻之.曰『盡敵而反』,敵可盡乎?雖盡敵,猶有內讒,不如違之.」

狐突欲行,羊舌大夫曰:「不可.違命不孝,弃事不忠.雖知其寒,惡不可取.子其死之!」

大子將戰,狐突諫曰:「不可.昔辛伯諗周桓公云:『內寵並后,外寵二政,嬖子配適,大都耦國,亂之本也.』周公弗從,故及於難.今亂本成矣,立可必乎?孝而安民,子其圖之!與其危身以速罪也.」

진晉 헌공獻公이 태자 신생申生으로 하여금 동산東山의 고락씨皋落氏를 정벌토록 하였다.

이에 이극里克이 간하여 말하였다.

"태자는 총사冢祀와 사직社稷에 자성粢盛을 올리며 아침저녁으로는 임금의 식사를 살피는 자입니다. 그 때문에 태자를 '총자冢子'라 부르는 것입니다. 그리고 임금께서 밖으로 행차하시면 도성에 남아 지키고, 대신해 도성을 지킬 사람이 있을 때라면 임금을 따라나섭니다. 이렇게 따라나서는 것을 '무군撫軍'이라 하며, 도성에 남아 나라를 돌보는 것을 '감국監國'이라 하여 이는 예로부터의 법도입니다. 무릇 군사를 거느리고 혼자 결정을 내리며 군령을 내리는 일 등은 임금만이 할 수 있는 것이며 정경正卿들이 참여하여 국정을 함께 도모하는 것이지 태자가 할 수 있는 일은 아닙니다. 군사에는 반드시 임금의 제명制命이 있어야 합니다. 그런데 명령을 여쭈어 행한다면 위엄이 세워지지 않고, 단독으로 명을 내린다면 불효가 됩니다. 그러므로 임금을 뒤이을 적자嫡子는 군사를 이끌 수 없습니다. 태자의 군사 통솔은 그 능력을 발휘할 장수를 잃는 것이고 품의를 받아 하는 것은 위엄을 잃는 것이니 어찌 태자를 그런 데에 사용하겠습니까? 또 신이 듣기로 고락씨도 이미 싸움을 대비하고 있다 합니다. 임금께서는 그 생각을 거두어 주십시오."

헌공이 말하였다.

"과인은 아들이 많아 아직 누구를 후계자로 할지 결정하지 않았소."

이극은 대답하지 않고 물러났다.

그리고 태자를 만나자 태자가 말하였다.

"제가 태자의 지위를 잃게 될 것 같습니까?"

이극이 대답하였다.

"백성에게 군림하는 방법을 일러주시는 것이며, 군사의 일로써 가르치고 계신 것이니 공경을 다하지 못함을 걱정하면 그 뿐이오. 어찌 지위를 잃게 되겠습니까? 또한 태자께서는 불효를 저지른 일이 없는지를 두려워할 것이지 즉위하지 못할 것을 걱정해서는 안 됩니다. 자신을 갈고닦아 남을 책망하지 않는다면 재난은 면할 수 있을 것입니다."

태자가 군사를 거느리고 나서자 헌공은 태자에게 편의偏衣를 입히고

금결金玦을 채워주었다.

호돌狐突이 태자의 전차를 조종하고, 선우先友가 오른쪽에 올랐으며, 양여자양梁餘子養이 한이罕夷의 전차를 조종하고, 선단목先丹木이 그 오른쪽에 올랐다.

양설대부羊舌大夫가 군위軍衛가 되었다.

선우가 말하였다.

"한쪽을 임금의 옷처럼 만들어 입히신 것은 병권兵權을 장악하라는 뜻입니다. 이번 원정에 태자께서는 더욱 힘써야 할 것입니다! 그리고 편의를 입혀 주신 것은 악의惡意가 있어서가 아니며, 병권을 장악하여 재앙을 멀리 하도록 함이었던 것입니다. 임금과는 사이가 좋아지고 재앙도 없을 텐데 또 무슨 걱정을 하겠습니까?"

호돌이 탄식하며 말하였다.

"때는 일에서 상징하는 것이 있고, 옷은 신분의 겉모습을 표현하는 것이며, 패물은 속마음의 표지입니다. 그러므로 일을 신중히 여긴다면 시작할 때인 봄에 명령을 내려야 하며, 옷을 입힐 때는 순색을 입혀야 하고, 속마음을 드러낼 때는 패물이 법도에 맞아야 하는 것입니다. 그런데 지금 끝나가는 겨울에 명하신 것은 일이 잘 풀리지 않도록 한 것이고, 잡색(尨) 옷을 입히신 것은 군주께서 태자를 멀리 하고자 하는 것을 뜻하며, 금결을 차게 하신 것은 태자를 버리고자 하는 속마음을 나타낸 것입니다. 옷으로써 태자를 멀리하시고 좋지 않은 때를 골라 일을 틀어지게 하시니 방尨이 싸늘함, 동冬은 살해, 금金은 차가움, 결玦이 떠남을 뜻하는 것입니다. 이러니 어찌 군주를 믿을 수 있겠습니까? 비록 정벌에 온 힘을 다 쓴들 적狄을 모조리 없앨 수야 있겠습니까?"

양여자양이 말하였다.

"군사를 통솔하는 사람은 묘당廟堂에서 명령을 받고, 사직에서 제육祭肉을 받으므로 법도에 맞는 옷을 입어야 합니다. 그런데 그렇게 하지 못하고 잡색 옷을 받았으니 그 명령이 무슨 뜻인지 알 수 있습니다. 싸우다 죽어 불효하느니 다른 나라로 달아나는 것만 못합니다."

한이가 말하였다.

"잡색 옷은 괴이하여 떳떳할 수가 없고 금으로 만든 결은 돌아올 수 없음을 말합니다. 비록 되돌아온다 하더라도 무슨 일을 할 수 있겠습니까? 임금께서는 다른 마음을 가지고 계십니다."

선단목이 말하였다.

"이런 옷은 미친 사람도 그 앞을 가로막을 것입니다. 임금께서 '적을 진멸하고 돌아오라' 하셨지만 적을 모두 없앨 수가 있겠습니까? 비록 적을 모조리 없앤다 하더라도 오히려 조정에는 태자를 참소하는 자가 있을 것입니다. 군주의 명을 어기는 것만 못합니다."

호돌이 태자를 데리고 달아나려 하자 양설대부가 말하였다.

"안 됩니다. 아버지의 명령을 어기는 것은 불효요, 맡은 임무를 수행하지 않는 것은 불충입니다. 비록 군주의 싸늘한 마음을 알았다 하더라도 악한 이름을 얻을 수는 없습니다. 태자께서는 죽으십시오!"

태자가 장차 전투에 임하려 하자 호돌이 간하였다.

"안 됩니다. 옛날에 주周나라 대부 신백辛伯이 주周 환공桓公(黑肩)에게 '내총內寵이 왕후와 나란히 하고, 외총外寵이 정경正卿과 대립하며, 총애 받는 서자가 적자와 짝을 이루, 큰 고을 도성이 나라 도성과 그 크기가 비슷하면 나라가 어지러워지는 근원이 된다'라 간하였습니다. 그러나 주공이 그 말을 따르지 않아 결국 환난을 당하고 만 것입니다. 지금 그 어지러움의 뿌리가 조성되어 있는데 태자께서 틀림없이 후계자가 될 수 있겠습니까? 효도로써 자신을 안전하게 보존하여 백성을 편안히 하셔야 합니다. 태자께서는 대책을 세우십시오! 싸움에 뛰어들어 몸을 위태롭게 하여 죄를 급히 불러들이는 것보다는 낫습니다."

【晉侯】晉 獻公. 驪姬에게 미혹하여 태자 신생을 멀리하고자 한 것임.
【皐落氏】東山지방에 사는 戎狄의 하나. 지금의 山西 樂平縣 동쪽 皐落山 일대.
【里克】진나라 대부. 태자 신생의 측근. 里季.
【冢祀】조상 능묘의 제사를 책임짐.
【粢盛】조상의 종묘에 새로운 곡식을 올리는 것.
【冢子】冢祀를 담당한 적자. 태자를 가리킴.

【國政】國政을 논하는 정경을 뜻함.
【制命】임금에 군사에 대한 결정권과 작전권 등을 가짐.
【稟命】태자가 군사를 인솔할 경우 중요한 작전권을 임금에게 품의하여야 함.
【專命】품의를 받지 않고 태자가 독단적으로 작전권을 결정함.
【廢嗣】계승자에게서 그 자격을 없애고 폐함.
【不共】여기서의 '共'은 '恭'의 뜻임.
【偏衣】좌우의 색깔을 달리한 도포.
【金玦】金環은 둥글게 이어져 있어 마음이 바뀌지 않으며 떠났다가도 다시 돌아옴을 상징함. 아울러 '缺, 訣'과 같아 '玦'은 한쪽이 끊어진 고리이므로 돌아올 수 없음, 訣別함을 뜻함.
【狐突】진나라 대부. 晉 文公의 외조부.
【先友】진나라 대부.
【梁餘子養】진나라 군사 이름.
【罕夷】진나라 下軍을 통솔하던 正卿.
【先丹木】上軍을 통솔하던 정경.
【羊舌大夫】羊舌 성을 가진 대부. 羊舌은 複姓.
【有躬無慝】옷 반쪽의 색깔이 임금과 같은 것은 특별히 나쁜 뜻이 아님.
【時卒】일 년 중 때가 이미 끝날 때인 12월을 가리킴.
【閟】닫힘. 꽉 막힘.
【尨】여러 잡색이 섞인 것. 순색이 아닌 삽살개의 색깔.
【內讒】궁궐에서 태자를 시기하여 헐뜯음. 구체적으로 驪姬의 무리를 가리킴.
【辛伯】周나라 왕실의 대부.
【諗】'심'으로 읽으며 '諫'과 같은 뜻임.
【周桓公】周나라 왕실의 대부이며 正卿. 이름은 黑肩.
【內寵】군주의 총애를 받는 첩.
【外寵】군주가 총애하는 신하.
【嬖子】군주의 총애를 받는 애첩의 아들.
【內寵並后~亂之本也】이 구절은 桓公 18년 傳文(183)에 "辛伯諫曰:「幷后·匹嫡·兩政·耦國, 亂之本也.」"라 하여 같은 내용으로 실려 있음.
【孝而安民】아버지에게 효도를 다하고 백성을 안정시킴. 이상의 이야기는《國語》晉語(1)에 자세히 전재되어 있음.

㊝
成風聞成季之繇, 乃事之, 而屬僖公焉, 故成季立之.

성풍成風이 성계成季에 관한 점괘 이야기를 듣고 그를 잘 받들면서 희공僖公을 부탁하여 그 때문에 성계가 희공을 옹립한 것이다.

【成風】 魯 僖公의 어머니로 莊公의 妾.
【成季】 季友. 僖公을 옹립하여 군주로 세우는 데 큰 역할을 한 대부. 陳나라에 報聘을 갔던 魯나라 공자. 시호가 '成'이어서 '成季'로도 불림. 그 후손이 뒤에 季氏로 발전함.《史記》魯世家에 "莊公有三弟, 長曰慶父, 次曰叔牙, 次曰季友"라 함.《公羊傳》에는 莊公의 同母弟라 하였음.
【繇】 '주'로 읽으며 점괘의 풀이를 뜻함.

㊝
僖之元年, 齊桓公遷邢于夷儀.
二年, 封衛于楚丘.
邢遷如歸, 衛國忘亡.

희공僖公 원년, 제齊 환공桓公이 형邢나라 사람들을 이의夷儀로 옮겼다.
2년, 위衛나라를 초구楚丘에 봉封하였다.
형나라 사람들은 옮겨 가면서 자기 나라로 돌아가는 것처럼 여겼고, 위나라 사람들은 자기 나라가 멸망하였음을 잊었다.

【僖之元年】 이 구절로, 孔子가 편찬했던《春秋》와 左丘明의《左氏春秋》는 별개의 두 책이었음을 증명하기도 함.
【齊桓公】 당시 패자였던 제나라 군주. 小白.
【夷儀】 지금의 河北 邢臺縣 서쪽 夷儀城. 혹 山東 聊城縣 서쪽이라고도 함.

【楚丘】衛나라 땅. 지금의 河北 滑縣 동쪽.《呂氏春秋》簡選篇에 "齊桓公良車 三百乘, 教卒萬人, 以爲兵首, 橫行海內, 天下莫之能禦. 南至石梁, 西至酆郭, 北至 令支. 中山亡邢, 狄人滅衛. 桓公更立邢于夷儀, 更立衛于楚丘"라 함.
【邢遷如歸】邢나라는 천도하기를 마치 집으로 돌아가듯이 편안히 여김.
【衛國忘亡】위나라 사람들은 자신의 나라가 망한 것을 잊음.

(傳)
衛文公大布之衣·大帛之冠, 務材訓農, 通商惠工, 敬孝勸學, 授方任能.
元年, 革車三十乘; 季年, 乃三百乘.

위衛 문공文公은 거친 베옷을 입고 거친 비단관을 썼으며, 백성의 재물을 늘리는 데 힘쓰도록 하고, 농민을 가르치고, 통상에 노력하면서 공인工人들에게는 혜택을 주며, 효를 훈계하고 배움을 권장하며, 올바른 도리를 가르치고 능력 있는 자를 임용하였다.
그리하여 즉위 원년에 30승뿐이던 전차가 말년에는 3백 승이나 되었다.

【衛文公】衛나라 戴公의 아우. 이름은 燬, 혹은 燬로 표기함. 대공이 이해에 죽고 그 뒤를 이어 임금 자리에 오름. B.C.659~635년까지 25년간 재위함.
【務材】孔穎達 疏에 "務材, 務在植財用也"라 함.
【訓農】孔穎達 疏에 "訓農, 訓民勤農業也"라 함.
【通商】孔穎達 疏에 "通商, 通商販之路, 令貨利往來也"라 함.
【惠工】孔穎達 疏에 "惠工, 加恩惠於百工, 賞其利器用也"라 함.
【教敬】孔穎達 疏에 "敬教, 敬民五教也"라 함.
【元年】衛 文公(燬, 燬) 원년. B.C.659년
【季年】'末年'과 같음. 衛 文公 25년. 魯 僖公 25년에 해당함. B.C.635년.

민공(閔公) 在位期間(2년: B.C.661~660년)

B.C. \ 國	周	齊	晉	衛	蔡	鄭	曹	陳	宋	秦	楚	燕	魯
661	惠王	桓公	獻公	懿公	穆公	文公	昭公	宣公	桓公	成公	成王	莊公	閔公
	16	25	16	8	14	12	1	32	21	3	11	30	1
660				戴公									
	17	26	17	1	15	13	2	33	22	4	12	31	2

※〈大事記〉(B.C.)

661: 魯나라 閔公, 齊나라 桓公과 만나다. 晉나라, 二軍을 두다.

692: 魯나라 公子 慶父, 閔公을 죽이다. 狄, 衛나라를 쳐서 군주 懿公을 죽이다.

임동석(茁浦 林東錫)

慶北 榮州 上茁에서 출생. 忠北 丹陽 德尙골에서 성장. 丹陽初中 졸업. 京東高 서울教大 國際大 建國大 대학원 졸업. 雨田 辛鎬烈 선생에게 漢學 배움. 臺灣 國立臺灣師範大學 國文硏究所(大學院) 博士班 졸업. 中華民國 國家文學博士(1983). 建國大學校 교수. 文科大學長 역임. 成均館大 延世大 高麗大 外國語大 서울대 등 大學院 강의. 韓國中國言語學會 中國語文學硏究會 韓國中語中文學會 會長 역임. 저서에《朝鮮譯學考》(中文)《中國學術槪論》《中韓對比語文論》. 편역서에《수레를 밀기 위해 내린 사람들》《栗谷先生詩文選》. 역서에《漢語音韻學講義》《廣開土王碑硏究》《東北民族源流》《龍鳳文化源流》《論語心得》〈漢語雙聲疊韻硏究〉 등 학술 논문 50여 편.

임동석중국사상100
춘추좌전 春秋左傳

左丘明 撰 / 林東錫 譯註
1판 1쇄 발행/2013년 4월 10일
2쇄 발행/2015년 7월 20일
발행인 고정일
발행처 동서문화사
창업 1956. 12. 12. 등록 16-3799
서울강남구신사동도산대로163(신사동,1층) ☎546-0331~6 (FAX)545-0331
www.dongsuhbook.com
잘못 만들어진 책은 바꾸어 드립니다.

＊

이 책의 출판권은 동서문화사가 소유합니다.
의장권 제호권 편집권은 저작권 법에 의해 보호를 받는 출판물이므로 무단전재와 무단복제를 금합니다.
이 책의 일부 또는 전부 이용하려면 저자와 출판사의 서면허락을 받아야 합니다.

＊

사업자등록번호 211-87-75330
ISBN 978-89-497-0815-7　04080
ISBN 978-89-497-0542-2　(세트)